Johann N. Schmidt, Felix C. H. Sprang, Roland Weidle (Hg.)

Wer lacht, zeigt Zähne:
Spielarten des Komischen

Johann N. Schmidt, Felix C. H. Sprang, Roland Weidle (Hg.)

Wer lacht, zeigt Zähne:
Spielarten des Komischen

wvt Wissenschaftlicher Verlag Trier

Wer lacht, zeigt Zähne: Spielarten des Komischen
Hg. v. Johann N. Schmidt, Felix C. H. Sprang und Roland Weidle. -
Trier: WVT Wissenschaftlicher Verlag Trier, 2014
ISBN 978-3-86821-505-2

Umschlagbild: Woman, Shawl, Cat
(Contemporary Calaveras Series), Carolyn Leigh, 2003.
Die Illustrationen von Carolyn Leigh stehen in der Tradition
von José Guadalupe Posada (1852-1913), der Skelette
in zeitgenössischen Kleidern und in Alltagsszenen darstellte
und so das Lebensgefühl der Mexikaner portraitierte.

Umschlaggestaltung: Brigitta Disseldorf

© WVT Wissenschaftlicher Verlag Trier, 2014
ISBN 978-3-86821-505-2

Alle Rechte vorbehalten
Nachdruck oder Vervielfältigung nur mit
ausdrücklicher Genehmigung des Verlags

WVT Wissenschaftlicher Verlag Trier
Postfach 4005, 54230 Trier
Bergstraße 27, 54295 Trier
Tel. (0651) 41503, Fax 41504
Internet: http://www.wvttrier.de
E-Mail: wvt@wvttrier.de

Für Norbert Greiner

Inhalt

Wer lacht, zeigt Zähne: Spielarten des Komischen 1
Johann N. Schmidt, Felix C. H. Sprang und Roland Weidle

I. Göttlicher Humor und tabuisiertes Lachen

Signatur des Satanischen oder christliches Existential?
Ein Beitrag zur Theologie des Lachens 7
Dieter Borchmeyer

Zähne zeigen: Wie aggressiv, wie blasphemisch kann und darf Lachen sein? 19
Jochen Hörisch

Die sieben Todsünden: Ein Streifzug 27
Werner Brönnimann und Markus Marti

"Schön, dass ihr da seid. Und jetzt habt viel Spaß!"
Jessica und die Spaßgesellschaft 41
Sabine Schülting

Black Laughter: Vom Lachen und Verlachen der Schwarzen
in Antebellum-Amerika 49
Joseph C. Schöpp

Dürfen wir über den Holocaust lachen? 59
Susanne Rohr

II. Akademischer Witz und fröhliche Wissenschaft

Selbstironie als Integrationsstrategie: Alexander Popes "Club of Little Men" 69
Susanne Rupp

Gelehrte Narretei: Zum satirischen Rubrizieren der deutschen *academia* 81
Jörg Schönert

Komik und Satire in modernen englischen Universitätsromanen 89
Rüdiger Ahrens

Thoreaus *Walden* als Jux 99
Dieter Schulz

Der amerikanische Pragmatismus als fröhliche Wissenschaft 107
Herwig Friedl

Wit and Humour in the English Cryptic Crossword 117
Jörg Hasler

III. Theatrale Heiterkeit und performative Komik

Angeber! Prahlerei und Körperkomik zwischen Karl dem Großen
und Francisco Scaramanga 125
Marc Föcking

"Ha! Ha!...Hee! Hee!": Zur Natur des Lachens in Middletons *Changeling* 135
Andreas Höfele

Konkomitante Komik: Rosencrantz und Guildenstern in *Hamlet* 147
Roland Weidle

Das Ewig-Kindliche, Spielerische und Komödiantische der Kunst:
Was der Romancier Thomas Mann dem Theater verdankt 157
Lothar Pikulik

Das prekäre Lachen der Dadaisten 167
Helmuth Kiesel

Zur Übersetzung des Komischen durch Hilde Spiel in der Wiener Inszenierung
von Tom Stoppards *Jumpers*, 1973 175
Ewald Mengel

Terror, Tiere und Publikum: Das Lachen in Martin McDonaghs
The Lieutenant of Inishmore 187
Ute Berns

Talking Hats: Verrückte Hüte in den *screwball comedies* der dreißiger Jahre 197
Bettina Friedl

Der Mann auf Lincolns Nase: Alfred Hitchcocks "comedy thriller"
North by Northwest 207
Johann N. Schmidt

IV. Satirisches Erzählen und scherzhaftes Gelächter

Unterwegs zu einer Definition des Komischen, mit Blick auf
Swift, Gogol, Busch und Schopenhauer 217
Horst-Jürgen Gerigk

Exequias de la lengua castellana von Juan Pablo Forner: Ein satirischer
Leichenzug der kastilischen Sprache und die *Ars-Ingenium*-Debatte 227
Inke Gunia

Ironie bei Jane Austen 239
Wolfgang G. Müller

"[…] laughing with glistening eyes […]": Lachen in Dickens' *Little Dorrit* 249
Felix C. H. Sprang

Postkoloniales Gelächter: Zur Erfahrung der Inkongruenz in Zadie Smiths
White Teeth 259
Ralf Hertel

Witze als Erzählungen: Vorschläge zu einer Narratologie des Witzes 267
Peter Hühn

Über die Autorinnen und Autoren 277

Wer lacht, zeigt Zähne: Spielarten des Komischen

Johann N. Schmidt, Felix C. H. Sprang und Roland Weidle

> "There are few doors through which liberality, joined with good humor, cannot find its way."
>
> Samuel Johnson, *Rasselas*

Witz und Humor äußern sich vielfältig: zwischen schallendem Gelächter und süffisantem Lächeln lassen sich unzählige Abstufungen ausmachen. Kann es angesichts dieser facettenreichen Reaktionen auf das Komische überhaupt eine allgemeine Theorie des Komischen geben? Dabei könnte es doch so einfach sein. Die anthropologischen Wurzeln unserer emotionalen und körperlichen Reaktionen auf das Komische liegen zwar im Dunkeln, aber unbestritten gilt: Wer lacht, zeigt Zähne! Dass es sich beim Lachen ursprünglich um eine Drohgebärde handelt, wie wir von Anthropologen wissen, hilft allerdings nur bedingt, die Funktion des Lachens in unserer Kultur zu klären. Insbesondere in der Gestalt des *good humour*, der durchaus von Lachsalven begleitet sein kann, scheinen die aggressiven Ursprünge suspendiert. Den Spielarten des Komischen nachzugehen, heißt folglich auch, der menschlichen Natur den Spiegel ihrer Kultur vorzuhalten und dabei ganz fundamentale Fragen zu stellen: Können wir mit Gewissheit bestimmen, wo unsere Natur aufhört und unsere Kultur beginnt? Nicht nur im Bereich der Körper-Komik stellt sich diese Frage – auch unsere Affektsteuerung bei der Lektüre einer Satire bewegt sich an dieser Grenze.[1] Das Komische ist folglich immer eine Grenzen überschreitende Erfahrung – und dieser Grenzüberschreitung spürt dieser Sammelband nach.

"Tragedy is when I cut my finger. Comedy is when you fall down an open sewer and die."[2] Wenn es darum geht, "Comedy" zu definieren, wird meist eine der folgenden beiden Richtungen eingeschlagen: Entweder geht man der Bestimmung der literarischen, meist dramatischen Gattung der Komödie nach, oder man widmet sich der Frage, warum bestimmte Situationen, sei es auf der Bühne oder im wirklichen Leben, komisch sind. Im ersten Fall ist die Frage eine literatur- bzw. gattungstheoretische, im letzteren eine anthropologische. Innerhalb beider Perspektiven kommt es zu weiteren Ausdifferenzierungen, je nachdem, worauf der Fokus liegt. Denn das literarische Strukturmerkmal des Komischen kann sowohl als dramatische Gattung als auch als Tonart ("tonal quality")[3] oder appellative Funktion verstanden werden. Auch die Formen und Funktionen des Komischen als anthropologisches Merkmal werden in verschiedenen Disziplinen und Fachrichtungen auf unterschiedlichste Weise beschrieben

---

1 Vgl. Greenberg 2011, 3-7.
2 Mel Brooks, zit. in Stott 2005, 1.
3 Stott 2005, 2.

und erklärt: z. B. als Eindringen des Unbewussten in das Bewusstsein (Freud), als Ventil zur Regulierung sozialer Normen (Bachtin) oder gar als Auseinandersetzung mit dem eigenen Tod,[4] um nur einige zu nennen. Wiederkehrende Themen und Motive sind dabei unterschiedliche Formen von Inversion, Prozesse der Mechanisierung und Transformation, aber auch menschliche Dummheit und Beschränktheit, alternative Identitäten, Wortwitz und besondere sprachliche Eigenschaften.[5]

Auch hinsichtlich der Trennlinie zwischen beiden Auffassungen, Komödie als Gattung einerseits und das Komische andererseits, besteht Uneinigkeit: Denn eines der Grundmerkmale dramatischer Präsentation ist ja gerade die leibhaft-präsentische Darstellung meist menschlicher Handlungen, die sich eben durch o. g. komische Eigenschaften auszeichnen können. Andererseits wissen wir spätestens seit den Arbeiten von Goffman,[6] dass sich menschliche Interaktion generell durch theatrale Merkmale auszeichnet und nach dramaturgischen Gesichtspunkten 'inszeniert' wird; also auch das Komische als scheinbar anthropologische Konstante kann unter dramatischen und somit gattungsrelevanten Gesichtspunkten analysiert werden.

Die Beiträge in diesem Band verdeutlichen diese Grenzüberschreitungen zwischen realweltlichen und fiktionalen Lebensbereichen und nähern sich dem Thema aus unterschiedlichen Perspektiven. Sie befassen sich also sowohl mit dem Komischen als literarisches Strukturmerkmal, also der "Komödie" im weitesten Sinne, als auch mit "comedy conceived as an instinct that can exceed specified boundaries as container for expectations and surprises, and as a way of encountering the world".[7] Damit wollen die Herausgeber gleichzeitig nicht nur ein zentrales Forschungsinteresse, sondern auch eines der herausragenden Persönlichkeitsmerkmale Norbert Greiners würdigen, dem dieser Band in freundschaftlicher und kollegialer Zuneigung gewidmet ist.

Die Autoren und Autorinnen untersuchen die unterschiedlichen Ausformungen, Wirkungsweisen und Funktionen, welche komischen Ausdrucksformen innewohnen und zu welchen Reaktionen diese führen können. Dabei spielen die oben angesprochenen Fragen der Gattungszugehörigkeit eine eher untergeordnete Rolle: Der Band enthält Aufsätze zu so disparaten Gattungen und Medienformen wie dem Roman, Film, TV-Serien, dem Drama, *minstrel shows*, der Bibel, Essays, Briefen, Witzen und Kreuzworträtseln.

Die Beiträge sind in vier Gruppen angeordnet, in denen sich die Autorinnen und Autoren jeweils einem Aspekt von Komik widmen: ihrem enttabuisierenden Potenzial, ihrer Instrumentalisierung in gelehrter Selbstreflexion, ihrem materiell-performativen Charakter und schließlich ihrer Rückführung auf narrative Strukturen.

---

4 Langer 1953.
5 Vgl. hierzu auch Stott 2005, 1-16 und Weitz 2009, 1-19.
6 Vgl. u. a. Goffman 1986 und 1990.
7 Bevis 2013, 3.

Im ersten Abschnitt des Bandes, **"Göttlicher Humor und tabuisiertes Lachen"**, wird die Frage nach den Grenzen des Lachens gestellt, wobei vor allem Tabubereiche und eine in Religionen verankerte Humorlosigkeit ins Blickfeld geraten. Verfügt auch Gott – oder doch nur der Teufel – über eine *vis comica*, und gibt es verbotene Zonen, die Lachen schlichtweg unmöglich machen? Die ersten beiden Beiträge gehen von gegensätzlichen Positionen aus, die aber auch als komplementär zu begreifen sind. Während **Dieter Borchmeyer** das Komische als ein Existenzial christlichen Lebens sieht, das die Paradoxa des Daseins zu ertragen hilft, vertritt **Jochen Hörisch** die These, dass Gott (zumindest in seiner monotheistischen Ausprägung) gar nicht mit sich spaßen lässt, was allein in den zahlreichen Blasphemieverboten zum Ausdruck kommt. Zum Teufel also mit dem Lachen – aber ist nicht auch der Teufel ein Geschöpf Gottes? **Werner Brönnimann** und **Markus Marti** untersuchen die sieben Todsünden nach dem Kriterium, wie weit sie sich zum (Ver-)Lachen eignen und wie ihre exemplarische Beschreibung, wie etwa die der Trägheit, zur Belustigung beiträgt. Die nachfolgenden Beiträge begeben sich auf das prekäre Terrain ethnisch-religiöser Tabus. **Sabine Schülting** untersucht die Deutung von Shylocks Tochter Jessica in neueren Inszenierungen. Erscheint sie nach dem Holocaust noch als herzlos-flatterhaftes Geschöpf, wird sie nunmehr zur rebellischen Muslima uminterpretiert, die – gegen das Verbot des Vaters – an der modernen "Spaßgesellschaft" teilhaben will. **Joseph C. Schöpp** sieht in den amerikanischen *minstrel shows* nicht allein die rassistische Komponente, sondern auch ein Entlastungsventil, wenn die parodistische Darstellung der Schwarzen wiederum parodiert wird und so befreiendes Gelächter auslöst. **Susanne Rohr** schließlich begreift den ästhetischen Tabubruch bei der Behandlung des Holocaust unter den Genrebedingungen der Komödie als Ausdruck eines tiefen Unbehagens: des Ungenügens an den Ritualen einer Erinnerungskultur, die sich aus obsoleten künstlerischen Darstellungsformen eines Pseudorealismus speist.

Der zweite Abschnitt, **"Akademischer Witz und fröhliche Wissenschaft"**, richtet das Augenmerk auf die Burleske am Rand gelehrter und philosophischer Traditionen. Ausgangspunkt für diese Schneise durch die Spielarten des Komischen ist Popes "Club of Little Men", den **Susanne Rupp** als eine humorvolle Utopie deutet, die den Weg für einen Paradigmenwechsel im Umgang mit körperlicher Missbildung aufzeigt. Selbstironie wird hier als Strategie vorgestellt, die der Gesellschaft die Augen öffnet, wie man missgebildeten Menschen mit Würde begegnen kann. Die Gelehrten-Satire nimmt **Jörg Schönert** in den Blick. Diese satirische Gattung entfaltet ihren Witz, indem sie das normativ Erwartbare einer akademischen Realität gegenüberstellt, die in der Kontrastierung noch irrsinniger und skurriler erscheint, als sie ohnehin ist. Ein ähnliches Terrain betritt **Rüdiger Ahrens,** der die Erfolgsgeschichte des Universitätsromans nachzeichnet und dabei das Stilmittel der Parodie als einen wesentlichen Faktor für die Beliebtheit dieses Romantyps benennt. **Dieter Schulz** stellt Thoreaus *Walden* als nicht nur geistreiches, sondern geradezu witziges Buch in der Tradition des *mock-heroic* vor, das wieder und wieder mit dem Stilmittel der Antiklimax die Leser überrascht und dabei vor allem das Fiktive der Ökonomie entlarvt. Eine ebenfalls humorvolle Seite des amerikanischen Pragmatismus nimmt **Herwig Friedl** in den Blick. Er erläutert, dass hier Sprache, Denken und Handeln als "gaia scienza" permanent im Begriff sind, die Welt spielerisch zu begreifen und dabei eins zu werden mit der kreativen Exuberanz der Natur. Spielerisch kreatives Denken fordert auch **Jörg Hasler**s Beitrag über *cryptic crosswords*. Wie die Gattung der *detective novel* stellen uns diese Rätsel vor schwierige Aufgaben, die sich allerdings bei Kenntnis der Strukturmerkmale "hint" und "recipe" als lösbar erweisen und eine besondere Form des Geisteswitzes und des humorvollen 'Um-die-Ecke-Denkens' sichtbar machen.

Die Beiträge in dem dritten Abschnitt **"Theatrale Heiterkeit und performative Komik"** eint der Fokus auf die körperlichen und sinnlichen Aspekte einer – in jeder Hinsicht – inszenierten und zur Schau gestellten Komik. **Marc Föcking**s Beitrag zur Figur des Angebers in der Literatur nimmt dabei besonders die von diesen Figuren eingesetzte Körperlichkeit in den Blick. Figuren wie der *alazon*, der Miles Gloriosus, der "Capitano" aus der *commedia dell'arte*, aber auch Karl der Große als "Kaiser der Angeber" in der *Pèlerinage de Charlemagne*, Baron Münchausen und der Schurke Francisco Scaramanga in Ian Flemings *The Man with the Golden Gun*, sie alle sind Beispiele für eine Instrumentalisierung des Körpers in der Erzeugung komischer Effekte. Eine etwas andere Richtung verfolgt **Andreas Höfele** in seiner Analyse des Lachens in Thomas Middletons und William Rowleys Renaissance-Drama *The Changeling*. Hier wird das auf der Bühne leibhaft präsentierte Lachen nicht nur ausgestellt, sondern auch in seiner anthropologischen Funktion thematisiert. Das in Form des "Ha" wiederholt verbalisierte Lachen wird bei Middleton/Rowley zur 'Verkörperung' der Trennlinie zwischen der triebhaften Affektnatur menschlicher Existenz einerseits und einer vernunftgesteuerten Kontrolle des Körpers andererseits. In seinem Beitrag zu *Hamlet* beleuchtet **Roland Weidle** die Komik der Figuren Rosencrantz und Guildenstern, und zwar vor dem Hintergrund ihrer stets gleichzeitigen physischen Präsenz auf der Bühne. So wird, paradoxerweise, gerade die Doppelung und Synchronizität von Handlungen und Aussagen zum Ausweis einer im Dienste der Komik stehenden Figurenautonomie. **Lothar Pikulik** widmet sich einer anderen, allgemeineren Dimension theatraler Komik. Er zeigt auf, dass Thomas Mann dem Theater nicht nur skeptisch gegenüberstand, sondern das Theater auch als Ausdruck "kindlichen Spiels" und "naiver Sinnlichkeit" verstand, das die Geistigkeit reifen Künstlertums wie kein anderes Medium komplementieren könne. Ausdruck dieser positiven Grundhaltung ist Manns theatralische Erzählweise und die wiederkehrende Figur des Hochstaplers, des Schauspielers par excellence. Der körperliche und performative Aspekt des Komischen spielt auch in **Helmuth Kiesel**s Beitrag zum Lachen der Dadaisten eine bedeutende Rolle. Denn erst in der mehrstimmigen Realisierung und den "hoch artistischen Reproduktionen" der Texte eines Kurt Schwitters oder Hugo Ball kann das dadaistische Lachen seine volle kathartische Wirkung entfalten. In **Ewald Mengel**s Aufsatz wird hingegen deutlich, dass sowohl die performative als auch die verbale 'Akrobatik' von Tom Stoppards *Jumpers* in Hilde Spiels deutscher Übersetzung viel von der ursprünglichen syntagmatischen Komik einbüßt und dieses direkt auf idiomatische Fehlübertragungen zurückgeführt werden kann. Ausgestellte theatrale Körperlichkeit in einem anderen Sinne ist der Gegenstand von **Ute Berns'** Beitrag zur Funktion der Tiere und insbesondere der Katzen in Martin McDonaghs *The Lieutenant of Inishmore*. Tiere fungieren in ihrer Körperlichkeit auf der Bühne nicht nur als Signifikanten, sondern verweisen immer auch auf ihre eigene Materialität. Letztere wird, unterstützt von verschiedenen dramaturgischen Strategien, von McDonagh kunstvoll in der Überdeterminierung unseres Lachens über Tiere eingesetzt. Die letzten beiden Beiträge in diesem Abschnitt widmen sich Aspekten filmischer Komik. **Bettina Friedl** untersucht den komischen Einsatz von aufwändigen und kunstvoll 'zur Schau gestellten' Hüten in US-amerikanischen Filmkomödien der 1930er Jahre. Dabei steht der Hut als ursprünglich abstraktes und eher funktionsloses modisches Element in einem spannungsreichen Verhältnis zu dessen Instrumentalisierung und semantischer Aufladung in den Filmen. **Johann N. Schmidt** nimmt sich Hitchcocks *North by Northwest* und dessen Status als *comedy thriller* an. Die zahlreichen Doppeldeutigkeiten, *puns* und Ambiguitäten thematisieren nicht nur auf inhaltlicher Ebene die zentralen Motive der Desorientierung und Instabilität, sie verleihen dem Film auch, zusammen mit der physischen Beweglichkeit des Hauptdarstellers Cary Grant, eine besondere Oberflächeneleganz.

Im letzten Abschnitt **"Satirisches Erzählen und scherzhaftes Gelächter"** steht Erzählen als Quelle des Komischen im Vordergrund. **Horst-Jürgen Gerigk** erinnert uns daran, dass der Ernst die Voraussetzung für das Komische ist und dass Swift, Gogol und Busch gerade deshalb großartige Humoristen sind, weil diese eine pessimistische Grundhaltung teilen. Einen Abgesang auf das Spanische, Forners *Exequias de la lengua castellana*, nimmt **Inke Gunia** zum Anlass, über das Fortleben der menippeischen Satire im 18. Jahrhundert nachzudenken. Gerahmt von einem extrafiktionalen Leseradressat ist die ironische Brechung hier nicht mehr gattungsbestimmend, sondern abhängig vom Blickwinkel des jeweiligen Rezipienten. Ganz ähnlich verhält es sich, so **Wolfgang G. Müller**, in Jane Austens Romanen. Diesen wird zwar allgemein Ironie bescheinigt, um die Funktionsweise der Ironie jedoch zu verstehen, muss man insbesondere das kognitive Stimulationspotenzial des Lesers berücksichtigen. Austen stellt das Komische nicht zur Schau, sie lenkt vielmehr Perspektiven, die eine ironische Brechung erlauben. **Felix C. H. Sprang** beleuchtet den ironischen Unterton in Dickens' *Little Dorrit*, der Distanz zwischen Figuren und Lesern schafft, und stellt diesem ein empathisches, genuin befreiendes Lachen gegenüber, in dem Menschlichkeit vis-à-vis einer korrupten und korrumpierten Gesellschaft aufblitzt. Im Oszillieren zwischen Pathos und Bathos erkennt **Ralf Hertel** postkoloniales Gelächter, das – beispielsweise in Smiths *White Teeth* – die Konstruktion eines "Happy Multicultural Land" als Trugbild entlarvt. **Peter Hühn** lenkt unseren Blick auf die Sequenzstruktur, Perspektivtechnik und Ereignishaftigkeit des erzählten Witzes. Wenngleich diese Ereignishaftigkeit immer auf einem Rahmenwechsel als Grenzüberschreitung beruht, lassen sich drei Witztypen unterscheiden, je nachdem ob der Bruch auf der Geschehens-, Präsentations- oder Rezeptionsebene verortet ist.

Zu guter Letzt sei noch jenen gedankt, die uns bei der Fertigstellung dieses Bandes unterstützt haben: dem Wissenschaftlichen Verlag Trier unter der Leitung von Dr. Erwin Otto, sowie ganz besonders Sarah Briest, Melanie Heermann, Annette Pieper und Jonas Wrede, deren Mitarbeit an diesem Band weit über die im Rahmen einer Redaktion anfallenden Aufgaben hinausging.

Johann N. Schmidt, Felix C. H. Sprang, Roland Weidle
Hamburg/Bochum, im November 2013

Bibliografie

Bevis, Matthew. *Comedy: A Very Short Introduction.* Oxford: Oxford UP, 2013. Print.

Goffman, Erving. *Frame Analysis: An Essay on the Organization of Experience.* Boston: Northeastern UP, 1986. Print.

---. *The Presentation of Self in Everyday Life.* London et al.: Penguin, 1990. Print.

Greenberg, Jonathan. *Modernism, Satire, and the Novel.* Cambridge: Cambridge UP, 2011. Print.

Langer, Susanne K. *Feeling and Form.* New York: Charles Scribner's Sons, 1953. Print.

Stott, Andrew. *Comedy.* London: Routledge, 2005. Print.

Weitz, Eric. *The Cambridge Introduction to Comedy.* Cambridge: Cambridge UP, 2009. Print.

Signatur des Satanischen oder christliches Existential?
Ein Beitrag zur Theologie des Lachens

Dieter Borchmeyer

"Wir sind Narren um Christi willen"
(1 Kor 4,10)

Das Lachen, so haben viele seiner Feinde immer wieder betont, ist des Teufels. Durch die Geschichte des Christentums zieht sich eine lange Linie der Humorlosigkeit, ja der Verteufelung des Lachens. Vor allem sind es das altchristliche Mönchstum und die Patristik gewesen, die das Lachen als unvereinbar mit der Würde des Menschen verworfen haben.[1] Diese Tradition orthodoxer Lachfeindschaft reicht über die jesuitische wie jansenistische Komödienkritik des 17. Jahrhunderts bis zu Charles Baudelaires Essay *De l'essence du rire* (1855), der das Lachen als Signatur der gefallenen Menschheit decouvriert, als Merkmal des Satanischen im Menschen: "un des plus clairs signes sataniques de l'homme."[2] Im Paradies sei das Lachen unbekannt gewesen, und auch Christus habe nie gelacht – wohl aber geweint –, was für Baudelaire den widergöttlichen Charakter des Lachens bestätigt.

Nicht zuletzt von Baudelaire inspiriert, haben zwei Hauptwerke der modernen Kunst und Literatur das Lachen in die Sphäre des Bösen gerückt. Es ist Wagners *Parsifal*, dessen weibliche Hauptgestalt Kundry den kreuztragenden Jesus auf seinem Leidenswege verlacht und deshalb wie der ewige Jude Ahasver verurteilt ist, bis ans Ende der Tage in "verfluchtem Lachen" durch die Geschichte zu wandern.[3] Doch sie wird von dem Fluch des Lachzwangs – der als Manifestation des auf seine Fleischlichkeit zurückgeworfenen Menschen (dazu später mehr) zugleich ein Verführungszwang ist – endlich erlöst, als sich ihr am Karfreitag die Tränen der Reue lösen, als sie den "Karfreitagszauber" der erlösten Natur und ein ganz anderes Lachen erfährt: das Lachen der Erlösungsfreude. "Auch deine Träne" – so Parsifal zu Kundry – "wird zum Segenstaue: / du weinest – sieh! Es lacht die Aue."[4]

Das andere Beispiel neben *Parsifal* – und diesem eng verbunden – ist das Lachen des Teufelsbündners Adrian Leverkühn in Thomas Manns *Doktor Faustus*, ein Lachen, das nichts mit wahrer Heiterkeit, nichts mit "Humor" zu tun hat, wie der seinem Namen nach 'heitere' Erzähler Serenus Zeitblom hervorhebt, sondern "orgiastische [...] Auflösung der Lebensstrenge"[5] und diabolisch-parodistische Infragestellung der

---

1   Zur christlichen Verurteilung des Lachens vgl. Kuschel 1994, 85-92.
2   Baudelaire 1961, 980.
3   Wagner 1888, Bd. 10, 360. Vgl. hierzu auch Borchmeyer 1991, 447-51; 2002, 313-24.
4   Wagner 1888, Bd. 10, 372.
5   Mann 1974, Bd. 6, 115.

Grundgesetze des Seins ist. In der *Entstehung des Doktor Faustus* hat Thomas Mann berichtet, wie beunruhigt Franz Werfel bei der Vorlesung der ersten drei Kapitel des Romans durch Adrians Lachen war, "in dem er augenscheinlich sofort etwas nicht Geheueres, Religiös-Dämonisches spürte". In diesem Lachen, so fährt Thomas Mann fort, sei schon "der Teufel, als hintergründiger Held des Buches, gestaltlos anwesend".[6] Im "Triumphgelächter der Hölle", in der "Windsbraut infernalischer Lachlust", welche durch Adrians Komposition "Apocalipsis cum figuris"[7] fährt, wird der Satanismus des Lachens, zu dem Thomas Mann sich nach seinen Worten vom "allegorischen Teufelsjokus des Mittelalters"[8] hat inspirieren lassen, zum Äußersten gesteigert.[9]

Noch in Goethes *Faust* ist der Teufel, ist Mephisto, der lachende Gegenspieler Gottes. Gleich im "Prolog im Himmel" bekennt er, dass er nicht wie die Engel, welche diesen Prolog hymnisch-feierlich angestimmt haben, "hohe Worte" machen möchte,[10] dass er die erhabene Stilsphäre lieber meide, was er mit den an den Herrn gerichteten Versen begründet: "Mein Pathos brächte dich gewiß zum Lachen, / Hättst du dir nicht das Lachen abgewöhnt."[11] Lachen wird also nach der Theorie Mephistos durch eine Diskrepanz ausgelöst – hier durch das dem Erhabenen zugehörende Pathos im Munde des teuflischen Schalksnarren. Freilich, das Pathos Mephistos wird von diesem selber ebenso in den Irrealis verwiesen wie das Lachen des Herrn. Gott lacht anscheinend nicht – nicht mehr, seit er durch das Christentum zum reinen Geist abstrahiert worden ist. Lachen ohne Physis ist nicht möglich, ist es doch der momentane Triumph des Körpers über den Geist. Mephisto schreibt dem göttlichen Herrn jene dogmatische Gelotophobie zu, die im Christentum eine ungute Tradition hat, wohl wissend, dass Gott sich das Lachen nur "abgewöhnt" hat, während es ihm ursprünglich, in vorchristlicher Zeit, durchaus eigen war. Denken wir nur an das Gelächter der homerischen Götter.[12]

Doch Mephisto täuscht sich in Gott. Er wird als komische Figur vom Herrn im "Prolog im Himmel" durchaus toleriert: "Von allen Geistern, die verneinen, / Ist mir der Schalk am wenigsten zur Last."[13] (338f.) Im göttlichen Haushalt genießt er also im wahrsten Sinne Narrenfreiheit. In fast allen Mythologien gibt es die Figur des göttlichen oder halbgöttlichen Schelms, des "Tricksters",[14] der von den anderen Göttern mehr oder weniger widerwillig toleriert wird – eine der Rollen des Hermes etwa in der griechischen oder des Loki in der germanischen Mythologie. Vor allem seit den Forschungen

---

6   Mann 1974, Bd. 11, 191.
7   Ibid., Bd. 6, 501f.
8   Ibid., Bd. 11, 270.
9   Vgl. Borchmeyer 1994, 123-67.
10 Goethe 1949, 275.
11 Ibid., 277f.
12 Vgl. Borchmeyer 2000, 199-226.
13 Goethe 1949, 338f.
14 Vgl. Radin, Kerényi und Jung 1979; und Jung 1990.

von Carl G. Jung, Karl Kerényi und Paul Radin (*Der göttliche Schelm*, 1954) wissen wir genauer über diese Figur Bescheid. Schon 1940 hat Paul Mohr einen so gut wie vergessenen Aufsatz verfasst,[15] in dem er Loki mit Mephisto vergleicht und beide auf den Nenner des mythologischen Tricksters bringt, wie er seine vertrauteste Erscheinungsform im griechischen Hermes und lateinischen Merkur gefunden hat. Die Mythologie des Hermes als göttlichen "Schalks" entfaltet auch der Chor in einem großen Lied im Helena-Akt des *Faust II*. Folgende Tricks des mythischen Tricksters zählt der Chor etwa auf:

> Schnell des Meeres Beherrscher stiehlt
> Er den Trident, ja dem Ares selbst
> Schlau das Schwert aus der Scheide;
> Bogen und Pfeil dem Phöbus auch,
> Wie dem Hephästos die Zange;
> Selbst Zeus', des Vaters, Blitz
> Nähm' er, schreckt' ihn das Feuer nicht;
> Doch dem Eros siegt er ob
> In beinstellendem Ringerspiel;
> Raubt auch Cyprien, wie sie ihm kost,
> Noch vom Busen den Gürtel.[16]

Fast keine große mythische Dichtung selbst noch der Moderne kommt ohne diesen Trickster aus: Denken wir nur eben an Goethes Mephisto, an Loge in Richard Wagners *Ring des Nibelungen* – in dem gewissermaßen Loki und Mephisto verschmolzen sind – oder an die komödiantischen Varianten des Hermes, mit Goethe- wie Wagner-Spuren, in Thomas Manns *Joseph*-Romanen, in denen die Titelgestalt selber immer mehr in die Hermes-Rolle schlüpft, auch und gerade in die des Tricksters, über dessen mythologische Faktur Thomas Mann zumal durch Karl Kerényi genau informiert war.

In vielen Mythologien, zumal indianischen und fernöstlichen, hat der Trickster, der göttliche Schelm, eine phallische Tendenz; ihm wird ein so riesiger Phallus zugeschrieben, dass er ihn auf seinen Wanderungen um den Leib schlingen muss oder gar zu verlieren droht, so als er ihn eines Nachts ausrollt und er ihm im Schlaf von Tieren abgefressen wird. Auch Mephisto hat diesen phallischen Bezug. Mit dem Phallus gibt er sich in der Hexenküche gleich zu erkennen: "Sieh her, das ist das Wappen, das ich führe! *Er macht eine unanständige Gebärde.*"[17] Die Hexe, mit höllischem Sinn begabt für die phallische Komik des Teufels "*lacht unmäßig.* Ha! Ha! Das ist in Eurer Art! / Ihr seid ein Schelm [!], wie Ihr nur immer wart!"[18] Den Phallus stellt Mephisto auch in der Szene "Wald und Höhle" als den wahren Regenten aller Dinge hin, wenn er Fausts Naturmystik drastisch als Geschlechtsakt decouvriert:

> Ein überirdisches Vergnügen!
> In Nacht und Tau auf den Gebirgen liegen,

---

15 Kluckhohn und Rothacker 1940, 173-200.
16 Goethe 1949, 9645-78.
17 Ibid., 1213.
18 Ibid., 2514f.

> Und Erd und Himmel wonniglich umfassen,
> Zu einer Gottheit sich aufschwellen lassen,
> Der Erde Mark mit Ahndungsdrang durchwühlen,
> Alle sechs Tagewerk' im Busen fühlen,
> In stolzer Kraft ich weiß nicht was genießen,
> Bald liebewonniglich in alles überfließen,
> Verschwunden ganz der Erdensohn,
> Und dann die hohe Intuition –
> *mit einer Gebärde*
> Ich darf nicht sagen, wie – zu schließen.[19]

Den Gipfel der Versuche Mephistos, Faust "von seinem Urquell abzuziehen",[20] bildet dessen Initiation in die Walpurgisnacht mit den obszönen Wechselreden zwischen Faust, Mephisto und den nackten Hexen,[21] ganz zu schweigen von der phallischen 'Bergpredigt' in den von Goethe sekretierten Satansszenen. Und noch einmal zeigt Mephisto seine phallische Seite, wenn er in der Mummenschanz am Kaiserhof des *Faust II* in der allegorischen Rolle des Geizes aus dem eingeschmolzenen Gold einen Phallus formt und damit die weibliche Gesellschaft schockiert.[22]

Auch in der von Goethe noch einmal beschworenen christlichen Himmelsordnung bleibt dem Trickster – obwohl er nun in die teuflische Gegenwelt zum göttlichen Kosmos emigriert ist – sein Platz eingeräumt, wenngleich der Herr ihn sehr deutlich von den Engeln als den "echten Göttersöhnen" unterscheidet.[23] Mephisto ist gewissermaßen der Narr am göttlichen Hofe. In der Gestalt des 'Schalks' ist der verneinende Geist dem Herrn keine Last: "Ich habe deinesgleichen nie gehaßt",[24] gesteht er ihm mit der Konzilianz dessen, der sich der Intaktheit seiner Weltordnung sicher ist.[25] Und selbst in der Menschenwelt billigt er ihm ein Minoritätsrecht zu: "Du darfst auch da nur frei erscheinen."[26] Wo die Schalkheit waltet, der Witz mit seinen wie immer auch diabolischen Implikationen, welche die Gesetze der Alltagswelt infrage stellen und wider den Stachel der etablierten Ordnung löcken, da bleibt der Mensch agil:

> Von allen Geistern die verneinen,
> Ist mir der Schalk am wenigsten zur Last.
> Des Menschen Tätigkeit kann allzuleicht erschlaffen,
> Er liebt sich bald die unbedingte Ruh;
> Drum geb ich gern ihm den Gesellen zu,
> Der reizt und wirkt und muß als Teufel schaffen.[27]

---

19 Goethe 1949, 3282-92.
20 Ibid., 324.
21 Ibid., 4128-43.
22 Ibid., 5775-94.
23 Ibid., 344.
24 Ibid., 337.
25 Guthke 1960, 104-11.
26 Goethe 1949, 336.
27 Ibid., 338-43.

Gott selbst als Apologet der Verneinung in der Gestalt der Schalkheit. Wann wäre je die subversive Kraft der Komik, des Witzes als eines ständigen Inzitaments menschlichen 'Strebens' mit höherer Autorität verkündet worden? Wahrhaftig, Mephisto scheint allen Anlass zu haben, den "Alten" von Zeit zu Zeit gern zu sehen und mit ihm nicht brechen zu wollen.[28] Und so schließt er den "Prolog im Himmel" mit einer komischen Pointe, welche die Umgangsform zwischen Gott und Teufel durch das menschliche Verhältnis von Herr und Narr parodiert: "Es ist gar hübsch von einem großen Herrn, / So menschlich mit dem Teufel selbst zu sprechen;"[29] mit dem Teufel, der doch seine Ordnung durch Bosheit und Witz zersetzen will.

Mephisto ist die christlich-teuflische Variante des göttlichen Tricksters. Freilich ist er nicht derjenige, der zuletzt lacht, wird er doch – der im Prolog so sicher ist, dass er die Wette mit dem Herrn um die Seele Fausts gewinnt – am Ende selbst zum Genarrten, ganz gemäß seiner Rolle im mittelalterlichen Mysterien- und Heilsdrama. Jane K. Brown hat Mephisto eingehend als "Komiker", "Rollenspieler" und "Bühnenkünstler" dargestellt, ja eine weitere Hermes-Facette an ihm beschrieben: die des Diebesgottes.[30] Aber so genial der Bühnenkünstler Mephisto auch sein mag, er hat einen noch genialeren im Rücken. Wird doch das Faustdrama vom Herrn selber als Komödie prädestiniert und inszeniert, mit einem Teufel als "Schalk" und stets zur Tätigkeit reizendem "Gesellen" der Hauptgestalt, der endlich freilich aus dem Subjekt zum Objekt der Komik wird. Die göttlich vorgesehene Komödie um Faust spielt sich zugleich mit Mephisto und hinter seinem Rücken ab. Gott steht als der wahre Regisseur dieser Divina Commedia in den Kulissen.[31]

So oft auch die Theologie das Lachen verteufelt hat, es gibt doch, wir sehen es, Gegenströmungen zu seiner Dämonisierung in der Tradition des Christentums, eine positive Gelotologie. Eines der merkwürdigsten Exempel ist der *risus paschalis*, das Osterlachen nach der Trauer der Passionszeit, ein Brauch aus dem Spätmittelalter, der seit dem 18. Jahrhundert freilich durch pietistische und aufklärerische Humorlosigkeit mehr und mehr verdrängt, ja vielfach sogar unter Strafandrohungen verbannt worden ist, neuerdings in manchen Kirchen aber wieder gern gepflegt wird. Der *risus paschalis* war der Brauch, im Ostergottesdienst die Gemeinde zum Ausdruck der Osterfreude durch scherzhafte Reden und Geschichten, die sogenannten 'Ostermärlein', auf bisweilen recht drastische, nicht selten sogar obszöne Weise zum Lachen zu bringen.[32] Das Osterlachen sollte den Sieg über den – nun der Lächerlichkeit preisgegebenen – Tod zur Geltung bringen, wobei sich auch Kritik an der kirchlichen und weltlichen Obrigkeit einmischte. Vor allem der Protestantismus verurteilte den *risus paschalis*, dessen Begriff auf den Reformator Johannes Oekolampad (1518) zurückgeht.

---

28 Goethe 1949, 351.
29 Ibid., 352f.
30 Brown 1999, 90-104. Hier bes. 98ff.
31 Vgl. Borchmeyer 2001, 157-84.
32 Vgl. Jacobelli 1992.

Da ging es im Gottesdienst recht burlesk zu. So zauberte ein Pfarrer vorgeblich selbst gelegte Eier aus seinem Gewand, ein anderer schnatterte wie eine Gans oder lief auf allen Vieren quiekend durch die Kirche, und Kurfürst Max I. von Bayern schaltete sich 1643 persönlich ein, als ihm zugetragen wurde, dass ein Pfarrer in Dachau ein Ostermärlein von einem Paar erzählte, das sich auf einem Hühnerboden verlustierte, wobei der Hahn krähte, den der Pfarrer täuschend echt nachmachte. Maria Caterina Jacobelli hat in ihrem Buch über das Ostergelächter (1992) eine ganze Reihe solcher Geschichten gesammelt. Es ist nun einmal so, wie Goethe in einem von Böttiger aufgezeichneten Gespräch mit Wieland vom Anfang 1799 anlässlich der Verankerung der attischen Komödie im Phalloskult gesagt hat: "daß die ursprünglich einzige vis comica in den Obszönitäten und den Anspielungen auf Geschlechtsverhältnisse liege, und von der Comödie gar nicht entfernt gedacht werden könne."[33] Das Nebeneinander von Heiligkeit und Sexualkomik im Ostergelächter ist ein Nachklang der heidnischen Frühjahrsfeiern, ihrer vegetations- und fruchtbarkeitsmagischen Elemente.[34] Da wiederholte sich, was schon in den Mysterienspielen des Mittelalters so ausartete, dass sie aus dem sakralen Raum vor die Kirche verlegt wurden und nicht mehr wie vorher von Klerikern gespielt werden durften.

Wie aber steht es mit dem Neuen Testament? Hat Jesus wirklich nicht gelacht, wie Baudelaire ganz im Sinne der Tradition behauptet? Wie soll indessen jemand die Frohe Botschaft verkünden, der selbst nicht einmal lachen kann? Behielte Nietzsche da nicht recht, wenn er im *Zarathustra* spottet, "erlöster" müssten die Jünger Jesu aussehen, wenn man an ihren Erlöser glauben solle. Der Philosoph Kurt Hübner hat in seinem Buch *Glaube und Denken* (2001) ein ganzes Kapitel dem Lachen und dem Humor gewidmet,[35] ja diesen als "Existential christlichen Lebens" bestimmt.[36] Humorlosigkeit wird da geradezu zur Häresie erklärt, da sie im Gegensatz zum Gebot christlicher Liebe und zur Freude des Kerygmas stehe. Nicht immer haben die Theologen und Philosophen so gedacht – und gelacht. Gäbe es nicht das *Lob der Torheit* von Erasmus von Rotterdam (1511) – *Moriae encomium*, wie der Originaltitel heißt, der auf den Namen des Widmungsträgers und Freundes Thomas Morus anspielt –, so wäre es um die Theologie- und Philosophiegeschichte des Humors schlecht bestellt.

Doch wie steht es nun mit dem Humor Jesu? Im Matthäus-Evangelium (11,19) sagt er von sich selber: anders als Johannes der Täufer, der immer wie ein Trauernder aufgetreten sei und auf Brot und Wein verzichtet habe, gelte er selber den Leuten als Schlemmer und Trinker, als "Fresser und Weinsäufer". Nun, so ganz aus der Luft gegriffen ist diese üble Nachrede nicht, wenn wir an die Hochzeit zu Kana denken, wie sie das Johannesevangelium im zweiten Kapitel als erstes Wunder Jesu überhaupt

---

33 Böttiger 1998, 251.
34 Zum österlichen Gelächter vgl. Kuschel 1994, 143-48.
35 Hübner 2004, 320-40.
36 Ibid., 339.

schildert.[37] Da geht den Hochzeitsgästen der Wein aus, und Jesu Mutter macht ihn mit durchsichtiger Absicht darauf aufmerksam. Zum Befremden zahlloser Bibelleser bis heute verbittet Jesus sich schroff die mütterliche Bevormundung, fordert dann aber die Tischdiener auf, die für Reinigungszwecke herumstehenden sechs Krüge, die jeweils 80 bis 120 Liter fassen – das ist genau angegeben –, mit Wasser zu füllen. Und das tun sie auch bis an den Rand der Krüge. Alsbald verwandelt Jesus das Wasser in Wein. Das sind insgesamt bis zu 720 Liter. Da die Gäste ja schon vorher den ganzen Wein des Gastgebers ausgetrunken haben, müssen sie – bedenkt man die Durchschnittszahl der Gäste einer galiläischen Hochzeit – eine für uns kaum vorstellbare Menge Wein konsumiert haben. Und Jesus soll mit ernster Miene dabei gesessen haben, ohne mitzuessen und mitzutrinken? Nein, wer Wein trinkt, der lacht auch, und Jesus sagt ja selbst im Matthäusevangelium, dass er – anders als der asketische Johannes der Täufer – gerne isst und trinkt, sodass man ihn gar als Fresser und Säufer verleumdet hat. Das ist von der ausgelassenen jüdischen Festkultur her auch gar nicht anders zu erwarten.

Aber macht Jesus in seinen Reden und Gleichnissen denn je eine humoristische Bemerkung, gar einen Witz? Nun, das ist in erster Linie doch wohl ein Gattungsproblem. Auch in einer Tragödie wird nicht gelacht, und die Heilige Schrift ist schließlich kein *gagbook*. Doch Jesu Gleichnisse streifen oft das Groteske, Parodistische und Satirische. Ein Musterbeispiel ist das folgende Gleichnis: "Eher geht ein Kamel durch ein Nadelöhr, als daß ein Reicher in das Reich Gottes gelangt."[38] Die Exegeten haben sich darüber den Kopf zerbrochen, ob der Schreiber da nicht *kámelos* (Kamel) mit *kámilos* (Seil) verwechselt hat. Eher geht ein Seil durch ein Nadelöhr als ein Reicher ins Reich Gottes: das klingt freilich vernünftiger. Oder man spekulierte darüber, dass eines der Tore in Jerusalem "Nadelöhr" hieß, durch das ein Kamel nur kniend komme. All diese Rationalisierungsversuche können aber die Paradoxie jenes Gleichnisses nicht auflösen, das die Unmöglichkeit ausdrücken will, ins Reich Gottes zu gelangen, wenn man sich diesem nicht radikal, auch um den Preis seines Vermögens, hingibt. Und diese Unmöglichkeit drückt Jesus in dem absurden Bild von Kamel und Nadelöhr aus, das ganz die Struktur eines Witzes mit seiner Pointe hat, die schlagend eine Diskrepanz zwischen Erwartetem und tatsächlich Eintretendem 'auf den Punkt' bringt. Haben Jesu Hörer da gelacht? Wenn ja, blieb ihnen das Lachen freilich – wie es so oft bei jüdischen Witzen der Fall ist, die mehr Beklemmung als Heiterkeit auslösen – im Halse stecken, da sie sich fragen, wer angesichts jenes von Jesus ins Spiel gebrachten paradoxen Gleichnisses überhaupt noch gerettet werden kann. Wohlfeil war Jesu Humor also gewiss nicht.

Wenn man vom Lachen im Neuen Testament spricht, ist vor allem an den ersten paulinischen Korintherbrief und seine Passagen über die "Torheit" des Kreuzes in den Au-

---

37 Vgl. Lütgehetmann 1990.
38 Mk 10,25.

gen der Heiden[39] zu denken: "Wir sind Narren um Christi willen",[40] heißt es da, oder: "was töricht ist vor der Welt, das hat Gott erwählt, daß er die Weisen zu Schanden mache."[41] Helmut Thielicke hat diesem Narrentum in der Nachfolge des auf einem Esel in Jerusalem einziehenden oder des – zumal in der parodistischen Dornenkrönung durch die römischen Soldaten – verspotteten und gedemütigten Jesus sein Buch *Das Lachen der Heiligen und Narren* (1974) gewidmet. "Wer mit der Unbedingtheit des absoluten Ideals den Bedingungen dieser fragwürdigen Welt begegnet", schreibt er, "ist entweder ein Narr oder ein Heiliger oder auch – in Gestalt des reinen Toren – beides zugleich."[42] Hier hat das Lachen freilich nicht das Recht auf seiner Seite – das immer wieder, wie wir noch sehen werden, die Überspanntheit des Ideals an der fleischlichen Realität zerschellen lässt –, sondern ganz im Gegenteil ist es der Verlachte, der in der Wahrheit wohnt.

Kant hat das Lachen als einen "Affekt aus der plötzlichen Verwandlung einer gespannten Erwartung in nichts" definiert.[43] Die gespannte Erwartung, das ist der Mensch mit seinen hybriden Zielen, seiner Überheblichkeit, seinen babylonischen Türmen. Das Nichts aber ist der Staub, in den er doch am Ende zerfällt, die Bruchstücke, in die der Turm seines Hochmuts auseinanderbricht. – "Vom Erhabenen zum Lächerlichen ist nur ein Schritt", hat Napoleon gesagt, weil gerade das Erhabene unweigerlich ins Komische umschlägt, sobald der Körper seinen Höhenflug durchkreuzt. Die "Sorge um den Körper", so Henri Bergson, dem die vielleicht wichtigste Untersuchung über das Lachen zu verdanken ist (*Le rire: Essai sur la signification du comique*, 1900), lasse sofort "ein Einsickern des Komischen befürchten." Deshalb trinken und essen die Helden der Tragödie nicht." Ja, so fährt Bergson im Blick auf die klassische französische Tragödie fort, die tragischen Protagonisten "setzen sich auch nicht. Sich mitten in einer pathetischen Rede setzen, hieße sich daran erinnern, daß man einen Körper hat." So habe der große "Psychologe" Napoleon gewusst, "daß allein durch die Tatsache, daß man sich setzt, aus einer Tragödie eine Komödie werden kann". Nach der preußischen Niederlage bei Jena und Auerstedt habe ihn, so berichtet Napoleon, die Königin von Preußen "wie eine Tragödin" empfangen. Um sie von ihren pathetischen Tiraden abzubringen, habe er sie einfach genötigt, sich zu setzen. "Nichts macht einer tragischen Szene besser ein Ende", so seine Worte; "wenn man sitzt, wird es sofort Komödie."[44] Der Körper, der dem Geist ein Schnippchen schlägt – die Pointe, die *punch line* jedes guten Witzes lehrt uns das –, ist das Komische schlechthin.

Gewissermaßen die Urszene der Geschichte des Lachens ist die von Platon im *Theaitetos* Sokrates in den Mund gelegte Anekdote von Thales, der, vertieft in die Betrach-

---

39 1 Kor 1,23.
40 1 Kor 4,10.
41 1 Kor 1,27.
42 Thielicke 1974, 127.
43 Kant 1963, 190 (§ 54).
44 Bergson 1928, 38f.

tung des Sternenhimmels, in einen Brunnen fällt, den er übersehen hat, was eine thrakische Magd, die diesen Fall beobachtet, in schallendes Gelächter versetzt.[45] Den Blick zu den Sternen gerichtet, fällt der Philosoph, statt neue Himmelskenntnisse zu gewinnen, in ein Loch. Die europäische Philosophie beginnt also mit einem Witz, denn was ist dieser anderes als der plötzliche Umschlag eines Erwarteten in ein Unvorhergesehenes, die Disproportion, Inkongruenz zwischen Erwartung und Ergebnis – zumal der Fall aus prätendierter Höhe ins Banale. Der Funke des Komischen entspringt dem Umschlag des Geistig-Allzugeistigen in die körperliche 'Hinfälligkeit' – das Hinfallen ist geradezu die Ursituation des Komischen, das Grundelement zumal jeder Clownskomik.

Das Komische als plötzliche, schockartige Aufdeckung einer Inkongruenz, der Sturz aus der Höhe einer Erwartung in das Nichtvorhergesehene, in den übersehenen Brunnenschacht der empirischen Wirklichkeit – ist ein Riss, ein Widerspruch, eine Diskrepanz oder Inkompatibilität im Material unserer Erfahrungswelt. Die Erfahrung dieses Risses in der vermeintlichen Geschlossenheit der Empirie verbindet das Heilige mit dem Komischen, weshalb der Heilige und der Narr sich oft so verblüffend ähneln. Das Heilige wie das Komische stellen – *totaliter aliter* – eigene Sinnbereiche, Nebenwelten, Subtexte oder Inseln innerhalb der gewöhnlichen Realität dar. Unvergleichlich hat das der amerikanische Religionssoziologe Peter L. Berger in seinem Buch *Redeeming Laughter* (1997) dargestellt, in dem er eine förmliche Theologie des Lachens entwickelt. Das Heilige und das Komische sind – ihrer institutionellen Verankerung in der Gesellschaft nach – der modernen rationalistischen Entzauberung der Welt zum Opfer gefallen, üben aber immer noch in diffuser Form ihren Gegenzauber aus. Das Komische transzendiert die von der Göttin der Vernunft beherrschte normale Realität. Diese von Berger sogenannte "niedere Transzendenz" kann in dem von Kierkegaard beschriebenen "Sprung" des Glaubensaktes in die "höhere Transzendenz" umschlagen, das Komische also zum Signal der Transzendenz, das Lachen erlösend werden.[46]

Das Erlösungsversprechen, so Berger, sei

> das Versprechen einer Welt ohne Schmerz. Empirisch gesehen ist die Komik ein begrenztes und endliches Spiel innerhalb einer ernsten Welt, die gekennzeichnet ist durch unseren Schmerz und unausweichlich zu unserem Tod führt. Der Glaube aber stellt die Empirie in Frage und bestreitet, daß sie wesentlich ernsthaft ist. Darin ist er meta-empirisch. Er stellt uns nicht eine Illusion, aber eine Vision der Welt vor Augen, die unendlich wirklicher ist als alle Wirklichkeit *dieser* Welt.[47]

Der Glaube beweist also, "daß die Komödie tiefer ist als die Tragödie".[48] Wer vom "bitteren Wein des modernen Denkens getrunken" hat,[49] wie Berger sich ausdrückt, wird sich gegen diese Einsicht sperren. Sie ist indessen auch die Einsicht Goethes, der

---

45 Vgl. Berger 1998, 19ff.
46 Ibid., 241ff.
47 Ibid., 248.
48 Ibid., 251.
49 Ibid., 253.

zwar kein Glaubender war, aber in der Schlussszene seines Lebenswerks *Faust* dem menschlichen "Streben", der menschlichen Selbststeigerung eine Grenze setzte, jenseits derer nur die Gnade, die Erlösung als "Liebe von oben" zu wirken vermag.[50] Diese Liebe von oben ist der Angelpunkt der in eine göttliche Komödie überführten Tragödie *Faust*.

Seit der aristotelischen *Poetik* (Kap. 5) ist es eine Grundregel der Komik, dass ihr Objekt, ihr Opfer durch seinen 'Fall' nicht ernsthaft zu Schaden kommt. Thales kann von der Thrakerin nur deshalb ausgelacht werden, weil er sich kein Bein bricht. Wie gesagt, der Fall, das Hinfallen, die Hinfälligkeit ist die Ursituation des Komischen – aber nur dann, wenn der Hingefallene auch, ohne wirklich Schaden erlitten zu haben, wieder aufstehen kann. In diesem Sinne hat Henri Bergson das mechanische Spielzeug des Springteufels oder Stehaufmännchens als Chiffre der komischen Figur beschrieben, die hinfällt, untergeht, aber immer wieder emporkommt. Den Springteufel drückt man platt, und er schnellt gleich wieder hoch. Das stets erneut aufspringende Schachtelmännchen sei – so Berger – die "mechanische Wiederholung jener Leugnung des menschlichen Falles, wie sie jeder Clown im Repertoire hat, der lang hinschlägt, nur um sofort wieder aufzuspringen – ganz gleich, wie oft man ihn stürzen läßt." Berger deutet jene Mechanik geradezu als ein "soteriologisches Paradigma" – als "Symbol der Erlösung".[51] Und er geht so weit, die Auferstehung aus der Symbolik des Schachtel- und Stehaufmännchens heraus zu deuten: "Christus war das erste 'Männchen', das wieder aufstand, und wie der Apostel Paulus erläuterte, ist dies der Grund für unsere eigene Hoffnung, wieder aufstehen zu dürfen, wenn wir (auf der Bananenschale des Lebens) ausgerutscht und hingefallen sind."[52] Berger bezeichnet das Drama der Erlösung als "kosmisches Versteckspiel", ja als Kuckuck-Spiel Gottes:

> Wir erhaschen ganz kurz Seinen Anblick, und dann ist Er prompt wieder verschwunden. Seine Abwesenheit ist das zentrale Faktum unserer Existenz, und der letzte Grund all unserer Ängste. Religiöser Glaube ist die Hoffnung, daß Er einmal wieder erscheinen wird und uns jene letzte Erleichterung schenkt, die eben die Erlösung ist.[53]

Im Verlauf von Manns *Joseph*-Romanen geht die Titelfigur immer mehr in den Spuren des Tricksters und "Gott-Schalks"[54] Hermes. Wer zuletzt lacht, lacht am besten. Fast wie diese Redensart endet der Roman. Der Schelm Joseph lacht auf dessen letzter Seite über den Gedanken, er hätte seine Macht brauchen können, um sich an seinen Brüdern dafür zu rächen, dass sie ihn in den Brunnen geworfen haben: "Daß ich nicht lache! Denn ein Mann, der die Macht braucht, nur weil er sie hat, gegen Recht und Verstand, der ist zum Lachen."[55] Im Gespräch mit seinem Hausvogt vor dem Verhör der

---

50 Goethe 1949, 11936ff. Vgl. auch Bremer 1995.
51 Berger 1998, 249.
52 Ibid.
53 Ibid., 250.
54 Mann 1974, Bd. 5, 1428.
55 Ibid., 1822.

Brüder, das er als Spiel anlegt, wie sich ihm seine eigene Geschichte mehr und mehr als "Spiel Gottes",[56] als Divina Commedia enthüllt, zieht Joseph eine Quintessenz aus seiner Lebenserfahrung, welche die Lebens- und Kunstmaxime seines eigenen Dichters ist, der Angelpunkt seiner Metaphysik, nicht zuletzt aber das Prinzip der *Joseph*-Romane:

> Denn die Heiterkeit, Freund, und der verschlagene Scherz sind das Beste, was Gott uns gab, und sind die innigste Auskunft vor dem verwickelten fragwürdigen Leben. Gott gab sie unserem Geist, daß wir selbst dieses, das strenge Leben, mögen damit zum Lächeln bringen.[57]

Die tiefsten Fragen, die das Leben stellt, lassen sich eben im *Ernst* nicht beantworten. "Nur in Heiterkeit kann sich der Menschengeist aufheben über sie, daß er vielleicht mit innigem Spaß über das Antwortlose Gott selbst, den gewaltig Antwortlosen, zum Lächeln bringe."[58] Dieser Gott ist jedenfalls keiner mehr, der sich, wie Mephisto wähnt, das Lachen abgewöhnt hat, sondern der dem Menschen die Gnade eines Humors schenkt, der vielleicht das Einzige ist, das ihn die Unlösbarkeit der Rätsel seines Daseins lachend verschmerzen lässt und ihn dem Deus absconditus nahebringt, der ihm die – alle Probleme lösenden – Antworten auf seine existenziellen Fragen vorenthält, aber dafür lächelnd sein Heil verheißt.

Bibliografie

Baudelaire, Charles. *Oeuvres complètes*. Paris: Gallimard, 1961. Print.

Berger, Peter L. *Erlösendes Lachen: Das Komische in der menschlichen Erfahrung*. Berlin: de Gruyter, 1998. Print.

Bergson, Henri. *Das Lachen*. 1900. Übers. Julius Frankenberger und Walter Fränzel. Jena: Diederichs, 1921. Print.

Böttiger, Karl August. *Literarische Zustände und Zeitgenossen: Begegnungen und Gespräche im klassischen Weimar*. Hg. Klaus Gerlach und René Sternke. Berlin: Aufbau Verlag, 1998. Print.

Borchmeyer, Dieter. "*Faust* – Goethes verkappte Komödie." *Die großen Komödien Europas*. Hg. Franz Norbert Mennemeier. Tübingen: Francke Verlag, 2000. 199-226. Print.

---. "Goethes göttliche Komödie: *Faust*." *Meisterwerke der Literatur: Von Homer bis Musil*. Hg. Reinhard Brand. Leipzig: Reclam, 2001. 157-84. Print.

---. "Kundrys Lachen, Weinen und Erlösung: Eine Betrachtung zu Richard Wagners *Parsifal*." *Communio* 20 (1991): 447-51. Print.

---

56 Mann 1974, Bd. 5,1821.
57 Ibid.
58 Ibid., 1597.

---. "Musik im Zeichen Saturns: Melancholie und Heiterkeit in Thomas Manns *Doktor Faustus*." *Thomas Mann Jahrbuch* 7 (1994): 123-67. Print.

---. *Richard Wagner: Ahasvers Wandlungen*. Frankfurt a. M.: Insel Verlag, 2002. Print.

Bremer, Dieter. "'Wenn starke Geisteskraft ...': Traditionsvermittlungen in der Schlußszene von Goethes *Faust*." *Goethe-Jahrbuch* 112 (1995): 287-308. Print.

Brown, Jane K. *Ironie und Objektivität: Aufsätze zu Goethe*. Würzburg: Königshausen und Neumann, 1999. Print.

Goethe, Johann Wolfgang von. *Goethes Werke*. Hg. Erich Trunz. Hamburg: Wegner, 1949. Print.

Guthke, Karl S. "Goethe, Milton und der humoristische Gott: Eine Studie zur poetischen Weltordnung im *Faust*." *Goethe* XXII (1960): 104-11. Print.

Hübner, Kurt. *Glaube und Denken: Dimensionen der Wirklichkeit*. 2. Aufl. Tübingen: Mohr Siebeck, 2004. Print.

Jacobelli, Maria Caterina. *Ostergelächter: Sexualität und Lust im Raum des Heiligen*. Regensburg: Pustet Verlag, 1992. Print.

Jung, Carl G. "Zur Psychologie der Trickersterfigur." 1954. *Archetypen*. Hg. Carl G. Jung und Lorenz Jung. München: DTV, 1990. 159-76. Print.

Kant, Immanuel. *Kritik der Urteilskraft*. 1790. Hg. Karl Vorländer. Hamburg: Felix Meiner Verlag, 1963. Print.

Kluckhohn, Paul und Erich Rothacker, Hg. "Mephistopheles und Loki." *Deutsche Vierteljahrsschrift für Literaturwissenschaft und Geistesgeschichte* XVIII (1940): 173-200. Print.

Kuschel, Karl-Josef. *Lachen Gottes und der Menschen Kunst*. Freiburg: Herder, 1994. Print.

Lütgehetmann, Walter. *Die Hochzeit von Kana (Joh 2,1-11): Zu Ursprung und Deutung einer Wundererzählung im Rahmen johanneischer Redaktionsgeschichte*. Regensburg: Pustet Verlag, 1990. Print.

Mann, Thomas. *Gesammelte Werke*. 2. Aufl. 13 Bde. Frankfurt a. M.: S. Fischer, 1974. Print.

Radin, Paul, Karl Kerényi und Carl G. Jung. *Der göttliche Schelm: Ein indianischer Mythos-Zyklus*. 2. Aufl. Hildesheim: Gerstenberg Verlag, 1979. Print.

Thielicke, Helmut. *Das Lachen der Heiligen und Narren: Nachdenkliches über Witz und Humor*. Freiburg: Herder, 1974. Print.

Wagner, Richard. *Gesammelte Schriften und Dichtungen*. 2. Aufl. 10 Bde. Leipzig: E.W. Fritzsch, 1888. Print.

Zähne zeigen: Wie aggressiv, wie blasphemisch kann und darf Lachen sein?

Jochen Hörisch

Ich lache ob den abgeschmackten Laffen,
Die mich anglotzen mit den Bocksgesichtern;
Ich lache ob den Füchsen, die so nüchtern
Und hämisch mich beschnüffeln und begaffen.

Ich lache ob den hochgelahrten Affen,
Die sich aufblähn zu stolzen Geistesrichtern;
Ich lache ob den feigen Bösewichtern,
Die mich bedrohn mit giftgetränkten Waffen.

Denn wenn des Glückes hübsche Siebensachen
Uns von des Schicksals Händen sind zerbrochen,
Und so zu unsern Füßen hingeschmissen;

Und wenn das Herz im Leibe ist zerrissen,
Zerrissen, und zerschnitten, und zerstochen –
Dann bleibt uns doch das schöne gelle Lachen.[1]

Heines Sonett über das Lachen aus dem *Buch der Lieder* ist nicht recht zum Lachen. Denn es macht unmissverständlich deutlich, wie viel Aggressivität im Lachen steckt bzw. sich im Lachen verstecken kann. Wem "feige[...] Bösewichter[...] / [...] mit giftgetränkten Waffen" (7-8) ein zerrissenes, zerschnittenes und zerstochenes Herz beschert haben, dem bleibt doch noch "das schöne gelle Lachen" (14) – um sich zu wehren. Wer lacht, fletscht die Zähne. Wer lacht, signalisiert körpersprachlich: Ich könnte jetzt auch zubeißen. Ein Witz kann voll beißender Ironie sein. Ohne aggressive Momente ist das Lachen kaum zu haben. Das unterscheidet das gellende Lachen vom heiteren Lächeln.[2] Wer sich unter Berufung auf Normen der *political correctness* etwa sexistische Witze verbittet, verkennt, dass nicht nur Witze über Blondinen, sondern auch solche über Politiker, Geistliche, Kaufleute, Professoren, Touristen, Einheimische, Ostfriesen etc. systematisch aggressiv sind. Dass Witze dennoch beliebt sind, lässt sich leicht erklären. Wer lacht, wer gar eine mächtige und würdevolle Institution wie die Kirche oder die Polizei und ihre Repräsentanten verlacht, respektiert zugleich die Beißhemmung: Er zeigt die Zähne, ohne zuzubeißen. Der Lachende, der Verlachende, derjenige, der eine Institution oder eine Person der Lächerlichkeit preisgibt, bringt das Kunststück fertig, zugleich aggressiv und friedlich zu sein. Denn er trägt Kämpfe in der semantischen und nicht in der somatischen Sphäre aus. Wer einen Witz erzählt und seine Hörer zum Lachen bringt, braucht nicht die Fäuste sprechen zu las-

---

1 Heine 1976, 68.
2 Vgl. die klassische Studie von Helmuth Plessner: Plessner 1970, 11-172.

sen. Was nicht aus-, sondern einschließt, dass auch ein Witz verletzend und kränkend sein kann. Häufig gibt es jemanden, der einen Witz gar nicht komisch findet, nämlich den auf seine Kosten oder auf Kosten der Institutionen und Werte, für die er einsteht. Deshalb werden Witze häufig nur dann kommuniziert, wenn der, den sie betreffen, nicht anwesend ist.

In Anwesenheit eines Polizisten hätte man im kommunistisch regierten Polen folgenden aggressiven Witz nicht erzählen sollen – es sei denn, dass man weder Tod noch Teufel fürchtet: Die Regierung überlegt, wie sie den Intelligenzquotienten der Gesamtbevölkerung erhöhen kann. Ganz einfach: Man weist die Dümmsten in die befreundete Sowjetunion aus, und die Dümmsten sind bekanntlich die Polizisten der Bürgermiliz. Der Vorschlag wird praktiziert, der Erfolg gemessen. Und siehe da: Der Plan geht auf. Die Bevölkerung Polens ist nach der Ausweisung der Polizisten signifikant intelligenter als zuvor – und die der Sowjetunion auch. Wenn Witze wie dieser erzählt werden, entbrennen obligatorisch die Kämpfe: Ist er zu aggressiv, denunziatorisch, gar rassistisch (hier doch nicht, eher völkerfeindlich o. ä.), oder ist er herrlich subversiv – da zeigen es die polizeistaatlich und imperialistisch Beherrschten den Herrschern mal so richtig? Und macht der Witz nicht auf ein Problem aufmerksam, das weitgehend tabuisiert ist: Wie steht es um die Leistungsfähigkeit einer Bevölkerung, die durch stalinistische Massenmorde an Millionen von qualifizierten Köpfen (ob Aristokraten oder Priester, Vertretern bürgerlicher Berufe oder an Trotzki orientierten Oppositionellen, ob alphabetisierte Kulaken oder Juden etc.) und durch systematische Zensur um ihre Intelligenzija gebracht wurde? Gibt es Grenzen für die Akzeptanz aggressiver Witze, wo verlaufen die Demarkationslinien, die der gute Geschmack, der Respekt und die Logik der Anerkennung des anderen errichten, um kränkende, unkorrekte, stillose Witze abzuwehren oder zu domestizieren? Ist die Szene aus Dani Levys Film *Mein Führer – Die wirklich wahrste Wahrheit über Hitler* aus dem Jahr 2007 atemberaubend witzig oder unerträglich, in der Goebbels den geschundenen, ausgemergelten, aus dem KZ in die Reichskanzlei überstellten deutschjüdischen Theaterprofessor, der Hitler einst Schauspielunterricht gab und der den Führer nun zur Jahreswende 1944/45 noch einmal für einen großen Auftritt fit machen soll, mit den Worten begrüßt: "Herr Professor, dat mit der Endlösung, dat dürfen Sie nicht persönlich nehmen."

In letzter Zeit finden hitzige Diskussionen über zulässigen und unzulässigen Witz statt. Erregt werden Debatten über beißenden Witz zumal dann, wenn juristische, politische, diskursethische, vor allem religiöse Rücksichten verletzt werden. Ernsthaft wird man über die ästhetische und stilistische Qualität des Covers der Satirezeitschrift *Titanic* (Juli 2012) nicht diskutieren wollen, das nach der Vatileaks-Affäre das Bild eines inkontinenten Papstes Benedikt XVI. mit der Unterschrift "Halleluja im Vatikan – Die undichte Stelle ist gefunden" versah. Sonderlich geistreich und stilsicher ist dieser Bilderwitz, wenn man ihn denn überhaupt mit dieser Bezeichnung nobilitieren will, sicherlich nicht. Die katholische Kirche erwirkte eine einstweilige Verfügung, nahm dann aber die Klage einen Tag vor dem angesetzten Prozesstermin zurück. Dabei dürften neben aufmerksamkeitsökonomischen auch kirchenrechtliche Aspekte eine Rolle gespielt haben – was wäre, wenn ein kleines deutsches Gericht Diskurshoheitsansprüche des Heiligen Stuhls zurückweist? Das wäre aus kirchenrechtlicher und vatikanischer Sicht gar nicht komisch. Dass mächtige Politiker und selbst gekrönte Häupter zumindest der westlichen Welt es sich gefallen lassen müssen, be- und mitunter auch verlacht zu werden, hat sich herumgesprochen. Sie sind dann "not amused", können und müssen aber damit (weiter-)leben.

Ob man auch die Instanz, welche höher ist denn alle menschlichen Souveräne und alle menschliche Vernunft, ob man auch Gott verlachen darf, stand stets und steht heute erneut zur Diskussion. Konservative Intellektuelle wie Martin Mosebach oder Robert Spaemann, die nicht durch Kritik an den tausendfachen und gar nicht komischen Missbrauchsfällen in der katholischen Kirche oder am entspannten Verhältnis von Papst Benedikt XVI. zu den Holocaustleugnern unter den Pius-Brüdern aufgefallen waren, fordern ein schärferes Blasphemieverbot. Witze, gar aggressive Witze über Gott und fanatische Gottesgläubige sind ihrer Meinung nach des Teufels. Motivgeschichtlich haben Blasphemiekritiker recht. Der monotheistische Gott des Judentums, der Christenheit und des Islam ist ein sehr ernster, eifriger, unironischer und humorloser Gott – anders als die griechischen Götter, die sich nach Nietzsches frechem Wort[3] zu Tode lachten, als ein junger Gott des Weges kam, der von sich sagte, er sei der Sohn des Einzigen. Der Teufel hingegen lacht gerne und viel; er hat einen ausgeprägten Sinn für Paradoxien wie die, dass militante Gläubige so gerne ein satanisches Geschäft betreiben. Am Comeback der Religion hat der Teufel seine helle Freude; die Frommen lachen selten, geben aber dem Teufel viel Anlass zu gellendem Lachen.

Die Bibel ist eine Anthologie, die ein enthusiastisch entspanntes Verhältnis zu fast allen Textgenres pflegt; sie kennt Legenden, Gesänge, Chroniken, Gesetze, historische Berichte, Prophezeiungen, Apokalypsen, erotische Dichtung, Sex and Crime-Storys, Briefe, Gedichte, Gebete, Epen, Dramen, Kommentare. Eine Sammlung guter Witze über Gott und die Welt, über Gläubige wie Ungläubige, über Priester wie Laien sucht man in der Anthologie, die da "Buch der Bücher" heißt, vergeblich. Denn Witze sind der Bibel so fremd wie dem gattungspoetisch weitaus strengeren, homogeneren und eintönigeren Koran. Nur einige wenige Bibel-Passagen handeln vom Lachen. Die bekannteste erzählt vom Gelächter des Paares Abraham und Sara, als Gott ihnen, den Kinderlosen, im hohen Alter noch einen Nachkommen verheißt.

> Und Gott sprach abermals zu Abraham: Du sollst dein Weib Sarai nicht mehr Sarai heißen, sondern Sara soll ihr Name sein. / Denn ich will sie segnen, und auch von ihr will ich dir einen Sohn geben; denn ich will sie segnen, und Völker sollen aus ihr werden und Könige über viele Völker. /

---

3   Vgl. Nietzsche 1966, 431: "Mit den alten Göttern ging es ja lange schon zu Ende: – und wahrlich, ein gutes fröhliches Götter-Ende hatten sie! / Sie 'dämmerten' sich nicht zu Tode – das lügt man wohl! Vielmehr: sie haben sich selber einmal zu Tode – *gelacht*! / Das geschah, als das gottloseste Wort von einem Gotte selber ausging – das Wort: 'Es ist *ein* Gott! Du sollst keinen andern Gott haben neben mir!' / – ein alter Grimm-Bart von Gott, ein eifersüchtiger, vergaß sich also: – / Und alle Götter lachten damals und wackelten auf ihren Stühlen und riefen: 'Ist das nicht eben Göttlichkeit, daß es Götter, aber keinen Gott gibt?' / Wer Ohren hat, der höre."

> Da fiel Abraham auf sein Angesicht und lachte, und sprach in seinem Herzen: Soll mir, hundert Jahre alt, ein Kind geboren werden, und Sara, neunzig Jahre alt, gebären?[4]

Wie Gott darauf reagiert, dass der von ihm auserwählte betagte Abraham ihn verlacht, lässt das erste Buch Mose nicht unerwähnt. Gott ist offenbar nicht nach Witzen über guten Altersex zumute; er reagiert seinerseits ernst auf Abrahams und Saras lachend-ungläubige Reaktion.

> Und sie waren beide, Abraham und Sara, alt und wohl betagt, also daß es Sara nicht mehr ging nach der Weiber Weise. / Darum lachte sie bei sich selbst und sprach: "Nun ich alt bin, soll ich noch Wollust pflegen, und mein Herr ist auch alt?" / Da sprach der HERR zu Abraham: "Warum lacht Sara und spricht: Meinst du, dass es wahr sei, daß ich noch gebären werde, so ich doch alt bin? / Sollte dem HERRN etwas unmöglich sein? Um diese Zeit will ich wieder zu dir kommen über ein Jahr, so soll Sara einen Sohn haben."[5]

Die Frage, ob Gott dem Herrn etwas unmöglich sein könne, lässt sich mit einem klaren Ja beantworten: Witze zu reißen fällt ihm nicht nur schwer, es ist ihm unmöglich und offenbar buchstäblich versagt. Wenn Gott doch einmal lacht, so ist die aggressive Qualität des göttlichen Lachens unverkennbar. So in Psalm 2.1-4:

> Warum toben die Heiden, und die Völker reden so vergeblich? / Die Könige der Erde lehnen sich auf, und die Herren ratschlagen miteinander wider den HERRN und seinen Gesalbten: / "Lasset uns zerreißen ihre Bande und von uns werfen ihre Seile!" / Aber der im Himmel wohnt, lacht ihrer, und der HERR spottet ihrer.

Wer sich mit Gott, dem Herrn und Herrscher über alle Dinge anlegt, hat nichts zu lachen. Denn Gott ist laut Selbstauskunft nicht sonderlich humorvoll, vielmehr ist er "ein eifriger Gott, der da heimsucht der Väter Missetat an den Kindern bis in das dritte und vierte Glied, die mich hassen".[6] Gott lässt nicht mit sich spaßen. Wer sich mit ihm anlegt, muss aber damit rechnen, seinerseits göttlich verlacht zu werden. "Der Gottlose droht dem Gerechten und beißt seine Zähne zusammen über ihn. / Aber der HERR lacht sein; denn er sieht, daß sein Tag kommt."[7] Die Gottlosen werden nichts zu lachen haben, wenn der Tag des Herrn anbricht – die Frommen aber auch nicht, denn die himmlische Hosianna-Existenz dürfen wir uns nicht als aufgekratzt lustige Runde von Witze-Erzählern vorstellen.[8] Machen Sie, verehrte Leserin, verehrter Leser, den Selbsttest. Können Sie sich vorstellen, wäre es akzeptabel und mit religiösen Gefühlen

---

4 Luther 1912, Genesis 17.15-17.
5 Genesis 18.11-14.
6 2. Mose 20.5; fast wortgleich 5. Mose 5.9; vgl. Josua 24.19 und Nahum 1.2.
7 Psalm 37.12-13.
8 Eine gewisse Ausnahme stellt der 126. Psalm dar. Er handelt vom Lachen, vom freudigen und aggressionsfreien Lachen der Erlösten, die von den Heiden neidisch beobachtet werden: "Ein Lied im Höhern Chor. Wenn der HERR die Gefangenen Zions erlösen wird, so werden wir sein wie die Träumenden. / Dann wird unser Mund voll Lachens und unsere Zunge voll Rühmens sein. Da wird man sagen unter den Heiden: Der HERR hat Großes an ihnen getan! / Der HERR hat Großes an uns getan; des sind wir fröhlich. / HERR, bringe wieder unsere Gefangenen, wie du die Bäche wiederbringst im Mittagslande. / Die mit Tränen säen, werden mit Freuden ernten. / Sie gehen hin und weinen und tragen edlen Samen und kommen mit Freuden und bringen ihre Garben." (1-6)

kompatibel, dass im Himmel folgender Witz erzählt wird? Der Papst und Bill Clinton sterben am selben Tag. Clinton kommt in den Himmel und der Papst in die Hölle – wogegen der Heilige Vater lebhaft protestiert. "Pardon, eine dumme Verwechslung", so die Antwort von Petrus an seinen Nachfolger auf Erden, "wegen der vielen täglichen Todesfälle kommt es ab und an zu administrativen Fehlern. Wir tauschen dann jeweils am nächsten Morgen aus." Und so fährt der Papst am Morgen danach mit dem Aufzug aus der Hölle in den Himmel, wo an der Aufzugstür schon Bill Clinton auf seine Höllenfahrt wartet. "Sei mir bitte nicht böse", sagt der Heilige Vater zum Schwerenöter, "dass ich auf diesem Austausch bestanden habe. Aber ich habe mich doch Zeit meines Lebens darauf gefreut, die Heilige Jungfrau Maria zu sehen." "Jungfrau", antwortet Clinton, "da kommst du eine Nacht zu spät". Ein Witz über Deplatzierungen, den viele Fromme deplatziert finden werden. Da haben es Geschichten über Trauer und Weinen einfacher, Eingang in fromme Ohren zu finden. Denn Weinen ist in biblischer Perspektive besser als Lachen. Daran lässt das Wort aus dem Prediger-Buch keinen Zweifel. Es stellt apodiktisch fest: "Es ist besser in das Klagehaus zu gehen, denn in ein Trinkhaus; in jenem ist das Ende aller Menschen, und der Lebendige nimmt's zu Herzen. Es ist Trauern besser als Lachen; denn durch Trauern wird das Herz gebessert."[9]

Diesen Ton nimmt auch das Neue Testament auf. So heißt es in der Feldpredigt Christi, dem Parallelstück aus dem Lukas-Evangelium zur Bergpredigt des Matthäus-Evangeliums: "Weh euch, die ihr hier lachet! Denn ihr werdet weinen und heulen."[10] Die große Freude und die frohe Botschaft, die Christus allen bringt, ist eine ernste Angelegenheit; sie bietet keinen Anlass zum Lachen. Das betont auch der Jakobus-Brief:

> So seid nun Gott untertänig. Widerstehet dem Teufel, so flieht er von euch; naht euch zu Gott, so naht er sich zu euch. Reiniget die Hände, ihr Sünder, und macht eure Herzen keusch, ihr Wankelmütigen. Seid elend und traget Leid und weinet; euer Lachen verkehre sich in Weinen und eure Freude in Traurigkeit.[11]

Die Tradition des Osterlachens (*risus paschalis*) ist regional und historisch im Katholizismus wie im Protestantismus marginal geblieben; beim Ostergottesdienst die Gemeinde durch das Erzählen religiös-theologischer Witze zum Lachen zu bringen, ist den Predigern beider Konfessionen häufig von der Kirchenleitung explizit untersagt worden. Schwer vorstellbar, dass Franziskus I. in der heiligen Ostermesse im Petersdom die Gläubigen zum schallenden Gelächter animieren wird; der eben zitierte Witz über Maria und Präsident Clinton dürfte dort wie auch in den vatikanischen Privatgemächern aus dem Mund des Papstes und seines Privatsekretärs nicht zu vernehmen sein.

Kurzum: Die frohe Botschaft unterhält ein bemerkenswert angespanntes Verhältnis zum Lachen und ein bemerkenswert enges zur Trauer und zum Weinen. Genau darüber macht sich der gute Gotteskenner Mephisto in Goethes *Faust* lustig.

---

9 Prediger 7.3-4.
10 Lukas 6.25.
11 Jakobus 4.7-9.

MEPHISTOPHELES Da du, o Herr, dich einmal wieder nahst
Und fragst, wie alles sich bei uns befinde,
Und du mich sonst gewöhnlich gerne sahst,
So siehst du mich auch unter dem Gesinde.
Verzeih, ich kann nicht hohe Worte machen,
Und wenn mich auch der ganze Kreis verhöhnt;
Mein Pathos brächte dich gewiß zum Lachen,
Hättst du dir nicht das Lachen abgewöhnt.[12]

Zur Attraktivität des Teufels gehört, dass er sich anders als Gott nicht das Lachen abgewöhnt hat. Der Teufel lacht Gott und Faust ins Gesicht und sich ins Fäustchen, wenn er das Comeback der heißen Religiosität mitsamt der ihr innewohnenden Lust am Satanischen beobachtet. Seit dem religionshistorischen Epochenjahr 1978/79 hat er besonders viel Grund zu lachen. Denn in diesem Jahr kam im Iran mit Khomeini ein ziemlich humorloser und ironiefreier Ajatollah an die Macht, um eine Theokratie zu errichten und Todesdrohungen gegen einen Schriftsteller auszusprechen, der dem rechten Glauben auch komische Aspekte abgewinnen konnte. In Rom kam im selben Jahr mit Papst Johannes Paul II. ein polittheologisch versierter Stellvertreter Christi auf den Stuhl Petri (sein Namensvorgänger mit der Ordnungszahl I, ein Papst, der mitunter lachte, aber offenbar nicht viel zu lachen hatte, hatte ein äußerst kurzes Pontifikat). Und in Washington bereitete sich die religiöse Rechte, die gegen das "evil Empire" zu kämpfen versprach und Armageddon, die in der Johannes-Apokalypse[13] prophezeite Endschlacht zwischen Gut und Böse, erwartete, auf die Machtübernahme vor, die 1981 mit Ronald Reagans Einzug ins Weiße Haus erfolgte (ein Präsident, der allerdings ein entspanntes Verhältnis zu Witzen hatte). Im Jahr 1979 kam aber auch der Film *Life of Brian* der britischen Komikergruppe Monty Python in die Kinos; ein Film, der mit glänzendem Gefühl für historisches Timing so aggressiv wie virtuos das Comeback militanter Religiosität verlachte, sodass er in vielen Ländern (darunter USA, England, Italien und Norwegen) verboten oder boykottiert wurde.[14]

Nur ein Jahr später, also 1980, erschien Umberto Ecos Bestseller-Roman *Der Name der Rose*. Auch er kreist um die Frage nach dem Verhältnis von Religion und Gelächter: Fromme mittelalterliche Mönche tun alles, um die Entdeckung zu verhindern, dass kein Geringerer als Aristoteles im unterdrückten zweiten Teil seiner Poetik das Lachen – gerade auch das Götterlachen und das Lachen über Gott – gerechtfertigt hat. Das zentrale Motiv von Ecos Roman hat eine lange Vorgeschichte. Nicht nur Buster Keaton, auch der Gott der monotheistischen Buchreligionen ist der Mann, der niemals lachte. Atheismus und Lachen gelten deshalb seit jeher als enge Verbündete. Um nur einen, wenn auch prominenten Beleg anzuführen – in Georg Büchners Erzählung *Lenz* heißt es vom Protagonisten:

---

12 Goethe 271-78.
13 Offenbarung 16.16.
14 Di Fabio 2012.

So kam er auf die Höhe des Gebirges, und das ungewisse Licht dehnte sich hinunter, wo die weißen Steinmassen, und der Himmel war ein dummes blaues Aug, und der Mond stand ganz lächerlich drin, einfältig. Lenz mußte laut lachen, und mit dem Lachen griff der Atheismus in ihn und faßte ihn ganz sicher und ruhig und fest.[15]

Köpfe wie Goethe, Büchner und Eco haben eine unfrohe Botschaft: Die frohe Botschaft ist so froh nicht. Durchs Abendland, das so gerne seine griechisch-jüdisch/christliche Doppelherkunft beschwört, geht ein tiefer Riss. Griechischer Polytheismus heißt: über und mit Göttern über Götter und Menschen lachen dürfen, ja sogar sollen und müssen. Monotheismus heißt: Lachen ist verboten, wenn es um letzte Dinge geht. Lachen ist des Teufels. Mit dieser Entscheidung aber hat der Monotheismus den Teufel attraktiv gemacht. Er lacht und freut sich darüber, dass die Frommen so entsetzlich humorlos sind. Denn er weiß, dass sie nicht nur auf Erden nichts zu lachen haben.

Zum Lachen ist selbstredend schon die Paradoxie, dass der reichlich humorlose und wenig zu Witzen aufgelegte Gott in theologischer Tradition als der Letztbeobachter der Welt konzipiert ist – und seinerseits von Theologen beobachtet wird. Goethes Teufel freut sich diabolisch über diesen eklatanten Widerspruch. Die eigentlich Hybriden sind die Frommen, die den Letztbeobachter Gott beobachten und trockenen Auges behaupten zu wissen, was sein Wille sei. Einige endliche Köpfe tun es solchen Hybris-Theologen nach, die ernsthaft prätendieren, in der Furcht des Herrn zu leben. Es sind Philosophen, die ironiefrei nach Letztbegründungen suchen und Letztbeobachtungspositionen suchen. Von ihnen heißt es in einem Gedicht Wilhelm Buschs:

Der Philosoph

Ein Philosoph von ernster Art
Der sprach und strich sich seinen Bart:

Ich lache nie. Ich lieb es nicht,
Mein ehrenwertes Angesicht
Durch Zähnefletschen zu entstellen
Und närrisch wie ein Hund zu bellen;
Ich lieb es nicht, durch ein Gemecker
Zu zeigen, daß ich Witzentdecker;
Ich brauche nicht durch Wertvergleichen
Mit andern mich herauszustreichen,
Um zu ermessen, was ich bin,
Denn dieses weiß ich ohnehin.

Das Lachen will ich überlassen
Den minder hochbegabten Klassen.
Ist einer ohne Selbstvertraun
In Gegenwart von schönen Fraun,
So daß sie ihn als faden Gecken
Abfahren lassen oder necken.
Und fühlt er drob geheimen Groll
Und weiß nicht, was er sagen soll,
Dann schwebt mit Recht auf seinen Zügen
Ein unaussprechliches Vergnügen.

---

15 Büchner 1992, 242.

Und hat er Kursverlust erlitten,
Ist er moralisch ausgeglitten,
So gibt es Leute, die doch immer
Noch dümmer sind als er und schlimmer,
Und hat er etwa krumme Beine,
So gibt's noch krümmere als seine.
Er tröstet sich und lacht darüber
Und denkt: Da bin ich mir doch lieber.

Den Teufel laß ich aus dem Spiele.
Auch sonst noch lachen ihrer viele,
Besonders jene ewig Heitern,
Die unbewußt den Mund erweitern,
Die, sozusagen, auserkoren
Zum Lachen bis an beide Ohren.

Sie freuen sich mit Weib und Kind
Schon bloß, weil sie vorhanden sind.

Ich dahingegen, der ich sitze
Auf der Betrachtung höchster Spitze,
Weit über allem Was und Wie,
Ich bin für mich und lache nie.[16]

Bibliografie

Büchner, Georg: "Lenz". *Sämtliche Werke, Briefe und Dokumente in zwei Bänden.* Hg. Henri Poschmann. Bd. 1. Frankfurt a. M.: Deutscher Klassiker Verlag, 1992. 223-50. Print.

Busch, Wilhelm. "Der Philosoph." *Gesamtausgabe in vier Bänden.* Hg. Friedrich Bohne. Bd. 4. 4 Bde. Wiesbaden: Emil Vollmer Verlag, 1968. 303-04. Print.

Di Fabio, Udo. *Gewissen, Glaube, Religion – Wandelt sich die Religionsfreiheit?* 2. erw. Aufl. Freiburg: Herder, 2012. Print.

Goethe, Johann Wolfgang. *Faust: Eine Tragödie. Faustdichtungen.* Hg. Ernst Beutler. 2. Aufl. Zürich: Artemis Verlag, 1962. 139-526. Print.

Heine, Heinrich. "Fresko-Sonette an Christian S." *Buch der Lieder. Heine: Sämtliche Werke in zwölf Bänden.* Hg. Klaus Briegleb. Bd. 1. München: Carl Hanser Verlag, 1976. 68. Print.

Luther, Martin. *Die Bibel, oder die ganze Heilige Schrift des Alten und Neuen Testaments.* Stuttgart: Privilegierte Württembergische Bibelanstalt, 1912. Print.

Nietzsche, Friedrich. *Also sprach Zarathustra. Werke.* Hg. Karl Schlechta. Bd. 2. München: Carl Hanser Verlag, 1966. 431. Print.

Plessner, Helmuth. "Lachen und Weinen". *Philosophische Anthropologie.* Hg. Günter Dux. Frankfurt a. M.: 1970. 11-172. Print.

---

16 Busch 1968, 303-04.

Die sieben Todsünden: Ein Streifzug

Werner Brönnimann und Markus Marti

Nymph, in thy orisons / Be all my sins remembered.
Junges Fräulein, gedenke in deinen Gebeten all meiner Sünden.[1]

Da vorsintflutlich, sind Religionen meist ohne Systematik. Im Christentum haben Mönche, Kirchenlehrer und Päpste des Mittelalters sich bemüht, für Anhänger die gängigsten Übertretungen der Zehn Gebote vernünftig zu katalogisieren und auf dem Papier in Griff zu kriegen. Aufbauend auf der Vorarbeit Gregor des Großen (540-604) gelang dies Thomas von Aquin (1225-74) am überzeugendsten. Nach Thomas gibt es lässliche Sünden und schwere Sünden, bei welchen man im Todesfall mit einer präzise abgestuften Wartezeit rechnen muss, bevor man in den Himmel darf; aber es gibt auch *tödliche* Sünden, bei denen der Gläubige, wenn er sie nicht vor seinem Ableben beichtet und sich so vorläufig entschuldigt, die ewige Seligkeit für immer vergessen kann. Die sieben Todsünden (Geiz, Lust, Neid, Stolz, Trägheit, Völlerei und Wut) sind nicht mit diesen Sünden zu verwechseln. Als charakterliche Eigenschaften jedes Menschen gehören sie in eine andere Kategorie und haben nichts mit dieser himmlischen Kundenbuchhaltung zu tun, sind aber Ursprung und Erklärung für lässliche, schwere und tödliche Sünden. Wenn man – gemäß Thomas von Aquin – aufgrund seines Charakters so ist, wie man ist, wird man bestimmte Sünden eher begehen als andere.

Ob Ophelia sich alle Sünden Hamlets gemerkt hat? Vor katholischen Beichtstühlen liegen Gebetsbücher aus, in denen man unter "Beichte" die nach katholischer Morallehre möglichen Sünden dank dazugehöriger Fragen finden und memorieren kann, um sie in korrekter Reihenfolge zu beichten. Im Alltag hat man solch ein Büchlein nicht zur Hand. Versuche, aus dem Stegreif alle sieben Todsünden aufzuzählen, schlagen deshalb meist fehl. Auch Shakespeares Malcolm hat dieses Problem:

> MACDUFF Not in the legions
> Of horrid hell, can come a devil more damned
> In evils, to top Macbeth.
> MALCOLM   I grant him bloody,
> Luxurious, avaricious, false, deceitful,
> Sudden, malicious, smacking of every sin
> That has a name.[2]

Malcolm zählt sieben Eigenschaften Macbeths auf, kriegt dabei aber die sieben Todsünden nicht zusammen: "luxurious" bezieht sich auf Lust, "avaritious" auf Geiz/Habgier, "sudden", aber auch "bloody" auf Wut, "malicious", vermutlich aber auch "false" und

---

1 Shakespeare *Hamlet* III.1.89f. Übers. von Norbert Greiner.
2 Shakespeare *Macbeth* IV.3.56-60.

"deceitful" lassen auf Neid schließen. In der folgenden, nur vorgetäuschten Beschreibung eigener Fehler bezichtigt sich Malcolm selbst als Lustmolch und Geizhals. Stolz, Trägheit und Völlerei fehlen in beiden Sündenregistern. Vielleicht lässt sich daraus schließen, dass vom Herrscher Stolz erwartet wird und dass man ihm besseren Wein und gutes Essen gönnt, wenn das zu Trägheit im Durchsetzen drakonischer Gesetze gegen den Adel oder im Erklären von Kriegen führt. Vermutlich ist es aber nur eine freudsche Fehlleistung Malcolms: Eigene Sünden kommen uns oft einfach nicht in den Sinn.

Trägheit – *Acedia* – *Sloth*

I must be idle.
Ich muss untätig sein.[3]

Die prototypische Frage der Trägheit gehört Falstaff: "Now, Hal, what time of day is it, lad?"[4] Schon in Spensers *Faerie Queene* heißt es von der Figur Idlenesse: "Scarse could he once upholde his heavie hed, / To looken, whether it were night or day."[5] Bei aller Empörung über Faulpelze sind uns die Trägen und Faulen einfach sympathischer als die Streber, sagt Evelyn Waugh, und der Kultstatus von Filmen wie *Zur Sache Schätzchen* und *Alexandre Le Bienheureux* geben ihm recht. Auch bei den scheinbar Fleißigen verbirgt sich ein *laus pigritiae*, wie das Beispiel des Arbeitgebers von Bartleby zeigt. Dagegen meint Thomas Pynchon, es sei die Bequemlichkeit der Allgemeinheit, die katastrophale geschichtliche Entwicklungen mitzuverantworten habe. Gewiss hat die Trägheit ihre böse, depressive Seite – die Panik vor der Sinnlosigkeit des Betens und des Seins, die die Mönche als *acedia* in der Abgeschiedenheit der Wüste in der Mittagsglut ergriff –, sie kann schlimme Folgen haben. Hier sollen die heiteren Seiten der Faulheit im Vordergrund stehen.

Die Trägheit reizt zur Stereotypisierung und zur Überzeichnung der verformenden Wirkung der Faulheit auf den menschlichen Körper. Den Dichter fordert diese Sünde dazu heraus, neuartige Vergleiche zu finden. Zunächst steht dem englischen Schriftsteller des Mittelalters und der Frühen Neuzeit ein Fundus von konventionellen Formeln, die das Wesen der Sünde der Trägheit erfassen sollen, zur Verfügung. Faulenzer werden stets mit Tieren verglichen, die als faul oder langsam gelten. So heißt es immer wieder, jemand sei faul wie eine Schnecke, eine Schildkröte, ein Esel, ein Schwein, eine Drohne, die nur konsumiert. Was die Körperhaltung betrifft, findet man den Faulpelz liegend, schlafend oder dösend vor, und wenn er sich bewegt – denn meist ist er bewegungsunfähig – dann kriechend, schleichend oder, besonders der Klerus, schlurfend (*crawling, creeping, slouching*). Der Träge gähnt, schnieft, schnarcht und schläft mit offenem Mund. Sein Körper ist fett und klumpig, seine Hände sind weich, denn

---

3   Shakespeare *Hamlet* III.2.87. Übers. von Norbert Greiner.
4   Shakespeare *Henry IV. Part 2* I.2.1.
5   Spenser I.4.19.5-6.

lieber erhängt er sich als zu arbeiten, und er hält sie untätig ineinander gefaltet oder unter den verschränkten Armen versteckt. Die Augen sind gummig verklebt, das Haar ungekämmt und die Kleidung ungepflegt (*course araiment*).

Die Beschreibungen der Trägheit dienen stets der Belustigung der Leser oder Zuschauer, denn sie werden lustvoll mit wohlformulierten Beschimpfungen ausgedrückt. In den Worten der Beobachter der Trägheit halten sich Anklage und stilles Amüsement die Waage. Nur selten stellt sich Trägheit mit eigenen Worten vor; immerhin geschieht dies in Marlowes *Dr. Faustus*, und in der gutgelaunten Antwort von Sloth wird die ansteckende Wirkung dieser Sünde deutlich: "Heigh-ho! I am Sloth. I was begotten on a sunny bank, where I haue lain euer since."[6] Dieser Idyllisierung von Zeugungsort und Immobilität geht jede Scham ab. Ähnlich unverfrorenes Lob der Trägheit ist nicht selten und wird bei Paul Lafargue zum provokativen "Recht auf Faulheit" (1883). Seine These, dass der zyklischen Überproduktion und nachfolgenden Arbeitslosigkeit durch radikale Arbeitszeitverkürzung zu begegnen sei, leitet der Schwiegersohn von Karl Marx mit flotten Sprüchen ein. So etwa: "Jehova, der bärtige und sauertöpfische Gott, gibt seinen Verehrern das erhabenste Beispiel idealer Faulheit: nach sechs Tagen Arbeit ruht er auf alle Ewigkeit aus."[7] Das könnte fast von Marlowe stammen.

Wollust – *Luxuria* – Lust – *Luxury*

Let not the royal bed of Denmark be / A couch for luxury and damned incest.
Laß das königliche Bett Dänemarks kein Lager für Wollust und verruchten Inzest sein.[8]

Greiner gibt in seiner oben zitierten Hamlet-Übersetzung keine Anmerkung, denn was der erzürnte und gehörnte Geist meint, ist klar: Wenn sich seine lustige Witwe vergnügt, soll sie es nicht mit seinem Bruder treiben, und schon gar nicht im Staatsbett, sondern im zweitbesten Bett, dem Lotterbett.

Luxury heißt bei Shakespeare nie 'Luxus', sondern immer nur 'Wollust' in für Christen verbotenen Varianten. Eine *luxury suite* wäre also keine Unterkunft im Nobelhotel, sondern eher einer dieser tristen Container, welche die Zwingli-Stadt Zürich den Straßenprostituierten und ihren Freiern als 'Sexbox' aufzwingt.

Dass sich eine protestantische Stadt im 21. Jahrhundert der sexuellen Bedürfnisse ihrer Einwohner bewusst wird, ist erstaunlich fortschrittlich. Auch für Zwinglianer galt bisher Platons Ansicht: Ein Pfui über alles Fleischliche! ("Fie on lust and luxury!"[9]) Fast alle Spielarten des Christentums folgen der von Platon beeinflussten katholischen Version und sehen den natürlichsten Trieb jeder Kreatur als schlimmste Sünde überhaupt. Die jüdische Schöpfungsgeschichte wird so umgedeutet, dass die 'verbotene Frucht'

---

6 Marlowe VI.160.
7 Lafargue 1978, 11.
8 Shakespeare *Hamlet* I.5.82f. Übers. von Norbert Greiner.
9 Shakespeare *Merry Wives* V.5.93.

nicht für den faustschen Trieb nach einer Gott vorbehaltenen Erkenntnis steht, sondern Symbol sei für banale Erkenntnis im nun frech 'biblisch' genannten Sinn, der Erforschung des anderen Geschlechts. Feldforschungen auf diesem Gebiet stehen nur Wesen zu, die nicht wie Tamino nach Höherem streben; sie sind nur im Rahmen der Ehe und selbst da nur zur Arterhaltung gestattet.

Auch wenn sich in katholischen Kreisen begründeter Widerstand gegen Lustfeindlichkeit regt, ist man in sexuellen Dingen immer noch zurückhaltend. Was das Musical *Hair* als unerfüllbaren Hippie-Traum zusammenfasste in einer Strophe, die nur aus vier Wörtern besteht, von denen aber jedes bestimmt war, den Christmenschen im Zuschauerraum zu schockieren, wäre in weniger philosophisch, religiös und lebensfeindlich beeinflussten Primatenkulturen, beispielsweise bei den Bonobos, kein Problem: "sodomy", "fellatio", "cunnilingus", "pederasty".

Lebemenschen könnten Trost und Zuflucht suchen in der Dichtung von Adligen aus dem 17. und 18. Jahrhundert, aufgeklärten Libertins, die als zügellos galten. Doch der Marquis de Sade und vor ihm Wilmot, der Graf von Rochester, meinten nie so ernst, was sie schrieben.

> Regime d'viver
>
> I Rise at Eleven, I Dine about Two,
> I get drunk before Seven, and the next thing I do,
> I send for my *Whore*, when for fear of a *Clap*,
> I Spend in her hand, and I Spew in her *Lap*:
> Then we quarrel, and scold, till I fall fast asleep,
> When the *Bitch*, growing bold, to my Pocket does creep;
> Then slyly she leaves me, and to revenge th'affront,
> At once she bereaves me of *Money*, and *Cunt*.
> If by chance then I wake, hot-headed, and drunk,
> What a coyle do I make for the loss of my *Punck*?
> I storm and I roar, and I fall in a rage,
> And missing my *Whore*, I bugger my *Page*:
> Then crop-sick, all *Morning*, I rail at my *Men*,
> And in Bed I lye Yawning, till Eleven again.[10]

Man kann Wilmots Sonett als Feldgeschrei eines perversen Adligen lesen und man kann Sade lesen, um sich an seinen Folterszenen aufzugeilen. Aber das ist bei beiden nicht die Intention, *intentional 'phallacy'* hin oder her. Wilmots Sonett mag selbstironisch sein, ist aber vor allem zeitkritisch, wie alle unter dem Ladentisch verkauften Texte Rochesters (man lese z. B. auch "A Ramble in St James's Park"). Der mit Charles II. aus dem Exil zurückgekehrte Wilmot bestätigt alles, was das eben noch republikanische und puritanische England von seinen in Frankreich verdorbenen Adligen erwartet, aber bei genauerem Lesen handelt es sich um die Beschreibung einer Hölle, nicht des Paradieses. Die zwölf Stunden, in denen der Sprecher sein Leben zu genießen meint, vergehen und verpuffen in vierzehn Zeilen, und sie sind frustrierend. Er schläft aus, diniert, besäuft sich. Kaum ist er wieder munter, lässt er eine Hure kom-

---

10 Wilmot 1984, 130.

men, entscheidet sich aber aus Angst vor Krankheiten im Urogenitalbereich gegen die Missionarsstellung oder den gut französischen Cunnilingus und wählt Fellatio aus dem Angebot. Was folgt ist Streit, die Prostituierte bestiehlt ihn und läuft weg. Das einzige sexuelle Vergnügen, das dem Unbefriedigten bleibt, ist *sodomy*, vielleicht kombiniert mit *pederasty* (Z.12: "I bugger my Page"), danach folgt die Strafe, die vor der Erfindung von Alka Seltzer jeden Ausschweifer traf: "crop-sick, all Morning", und alles beginnt wieder von vorne, alle Tage wieder, *in aeternis*.

Zorn – *Ira* – *Wrath* – *Anger*

PEDRO. I shall see thee, ere I die, look pale with love.
BENEDICK. With anger, with sickness, or hunger, my lord, not with love.
PEDRO. I werde dich [noch], bevor ich sterbe, bleich vor Liebe sehen.
BENEDICK. Vor Zorn, vor Krankheit oder vor Hunger, Herr, vor Liebe nicht.[11]

Zorn beeindruckt. Verlust der Fassung hat einen mnemonischen Effekt; man braucht keine Eselsbrücke, um sich daran zu erinnern. *Zorn weckt.* Oft wurde darauf hingewiesen, dass Zorn ein wirksames Mittel gegen die Trägheit sei. Sagt ein Lehrer zu einem Schüler, "Du bist sogar zu faul, um deine Kinder selbst zu zeugen", sucht er den Faulenzer durch die Beleidigung zu erzürnen und wach zu rütteln. *Zorn verändert.* Wutausbrüche verzerren das Gesicht des Rasenden, sein Blick brennt gemäß Ovid feuriger als die Augen der Gorgo, er 'sieht rot', er ist 'außer sich'. *Zorn zerstört.* Achill nach dem Tod des Patroklus, Ajax in seinem Wahn, Odysseus im Blutrausch sind mythologische Vertreter der mörderischen Kraft des Zorns. Dagegen erscheinen die Zertrümmerer störrischer Elektronik und feindlicher Fahrzeuge in Anfällen von Computer- und Road-Rage harmlos. Doch hinter solch individuellen Ausbrüchen steht von Troja bis heute das kollektive Wüten des Kriegs, obwohl selbst im Krieg die Wut eines Einzelnen wirkmächtig werden kann. Nach Homer hintertreibt ja der Zorn des singulären Helden Achill die Anstrengungen des gesamten Griechenheers. Sein Zorn, der die *Ilias* eröffnet, äußert sich paradoxerweise als Dienstverweigerung, als passiver Widerstand, der zum Tod der eigenen griechischen Kämpfer führt. Die Wut des Peleiaden schlüpft also ins Gewand der Trägheit – eine für die Todsünden typische Verwandlung.

Betrachtet man die Reaktionen, die der Zorn auslöst, findet sich eine große Bandbreite, die neben Entsetzen, peinlicher Berührung, Verständnis, Bewunderung auch Belustigung einschließt. Der Wütende sucht *post furorem* oft Verständnis, schließlich gilt noch heute die 'allgemein begreifliche heftige Gemütsbewegung' als strafmildernd: Mord wird zu Totschlag. Verständnis, wenngleich eher im harmloseren Bereich der Rauferei, sucht auch Kent in Shakespeares *King Lear*. Seine Wut auf den Schleimer Oswald sichert ihm zweifellos die Zuneigung eines Großteils des von seinen genialen Verbalinjurien und gekonnten Haken und Hieben amüsierten Publikums. Er sagt zu Cornwall "anger has a

---

11 Shakespeare *Much Ado* I.1.220-23. Übers. von Norbert Greiner.

privilege"[12] und drückt damit einen ganz unchristlichen Gedanken aus, der jedoch dem zeitgenössischen Publikum nicht fremd war, obwohl es durchaus wusste, dass *ira* zu den Todsünden gehört. Im Drama der Renaissance finden sich immer wieder Formulierungen einer versuchsweise permissiven Haltung zum Verlust der Selbstbeherrschung, zum 'gerechten Zorn' (*righteous anger*), der ursprünglich ein Privileg Gottes, der Götter oder der Könige war. So in Davenants *The Just Italian* (1629):

> ALTA. [...] Divinitie which calls our anger sin, and courage pride, hath sent this sillie Cherubine on Earth, Patience, (The Cowards sword)[13]

Diese Ethik des Zorns mit ihrem Angriff auf die Tugend der Geduld als Feigheit gehört dem frischverheirateten Titelhelden Altamont, dem 'gerechten Italiener', der allerhand Grund zur Wut hat. Seine ihm neuvermählte Alteza will nichts von ihm wissen, hat sich aber einen Gigolo bestellt, der sich Altamont mit folgenden Worten vorstellt: "I am come to get your children for you."[14] Seine auf die männliche Erbfolge getrimmte Zeugungskraft belegt dieser *über*zeugende Don Giovanni mit der Aussage, noch im laufenden Monat würden ungefähr dreiundvierzig von ihm geschwängerte Damen männliche Zwillinge zur Welt bringen. Für den monologischen Ausbruch des frustrierten Altamont hat das Publikum sicher Verständnis, selbst wenn die grotesken satirischen Übertreibungen als Ironiesignal erkannt werden. Die Sympathie des Publikums mit einer der Wut verfallenen Figur ist jedoch hier wie in *King Lear* eine Identifikations-Falle, denn das Ausleben des Zorns im blutigen Zweikampf und in niederträchtiger Intrige führt in Davenants *The Just Italian* an den Rand der selbstzerstörerischen Katastrophe, bis im versöhnlichen Schluss die zunächst lächerlich gemachten christlichen Werte der Geduld und Treue durch Reue und Erkenntnis erneuert werden. Kents markige Sprache und physische Gewalt hingegen schaffen Hoffnungen, die sich als leer entpuppen. Im Drama der Frühen Neuzeit schafft das Energiefeld des Zorns spannende Unterhaltung, eine Identifikation mit dem Zorn und den Zornigen führt jedoch in die Irre.

Stolz – Superbia – Pride

For who would bear ... the proud man's contumely
Denn wer ertrüge ... des Überheblichen Anmaßung[15]

Ein finstrer Esel sprach einmal
zu seinem ehlichen Gemahl:
"Ich bin so dumm – du bist so dumm
Wir wollen sterben gehen, kumm."
("Die beiden Esel")[16]

---

12 Shakespeare *King Lear* II.2.68.
13 Davenant *Just Italian* II.1.205-08.
14 Ibid. II.1.110-11.
15 Shakespeare *Hamlet* III.1.70f. Übers. von Norbert Greiner.
16 Morgenstern 1965.

Morgensterns finstrer Esel ist eine sympathische Seltenheit. Helden leiden sonst in der Literatur immer an Hybris, Stolz und Eitelkeit. "Dummheit und Stolz wachsen auf demselben Holz", sagt der Volksmund, aber tragische Helden merken immer zu spät, wie dumm sie sind. Sie wollen hoch hinaus und scheitern dann ganz kläglich wie Ikaros. Das gefällt uns, denn es soll sich keiner zu hoch über uns erheben und dann noch sanft landen.

Stolz kann für gewisse Gruppen nützlich sein, vor allem für Leute, die aus nationalistischen, rassistischen oder politischen Gründen, wegen ihrer Sexualpraktiken oder wegen ihrer Zugehörigkeit zum schwächeren Geschlecht von der dominanten Gruppe diffamiert, unterdrückt oder verfolgt werden: *Autistic Pride, Black Pride, Bisexual Pride, Feminist Pride, Gay Pride, Pet Pride* usw., man könnte das ganze ABC durchgehen.

Wir dominanten, nicht-tierischen, arischen und männlichen Normalos oder *WASPs* quittieren diese Form der Selbstbestätigung mit gütigem Lächeln, denn wir wissen natürlich, dass all diese drolligen Minderheiten auch in unseren aufgeschlossenen Demokratien keinen Grund zum Stolz haben, sind sie doch krank oder schwarz oder schwul oder weiblich oder gleich alles zusammen. Unter rechter Führung hätte es so etwas nie gegeben, doch wir sind nicht neidisch und gönnen den erbärmlichen Pinschern mit ihren peinlichen Anliegen und Anlagen ihre *Pride Days*, an denen sie einen Feiertag lang von uns geduldet ihr bisschen unberechtigten Stolz zur Schau tragen mögen. Nur Personen, die einen einleuchtenden Grund hätten, stolz zu sein, und die es dann auch noch sind und zeigen, die mögen wir nicht. Damit sind wir in bester Gesellschaft und können richtig stolz sein, teilen wir unsere Abneigung gegen Stolze doch mit den wirklich allerhöchsten Instanzen, denn auch die Götter sind neidisch: Prometheus musste ebenso büßen wie Satan, der seit Origines fälschlicherweise mit Luzifer, dem Morgenstern, gleichgesetzt wird und auf ewig in der Hölle brät. Den Esel des *Dichters* Morgenstern aber, der gar nicht stolz ist, lassen wir gerne leben.

Neid – *Invidia* – *Envy*

CLAUDIUS   Sir, this report of his
Did Hamlet so envenom with his envy
That he could nothing do but wish and beg
Your sudden coming o'er to play with you.

Herr, dieser sein Bericht hat Hamlet so mit Neid vergiftet, dass er nichts [anderes] tun konnte, als sich Eure sofortige Rückkehr zu wünschen und zu erbitten, mit Euch zu fechten.[17]

Den Personifikationen des Neides mangelt es an Schönheit. Dies erstaunt nicht, denn der Neid wird häufig als die einzige Todsünde gesehen, die dem Sünder nicht das geringste Vergnügen bereitet. Als ausgedörrte alte Hexe mit unterlaufenen roten Schielaugen und als Schlangenfresserin wird der Neid in Sinnbild und *subscriptio* eines

---

17 Shakespeare *Hamlet* IV.7.100-03. Übers. von Norbert Greiner.

Whitney-Emblems dargestellt. In männlicher Gestalt erscheint der Neid als Bühnenfigur im anonymen Stück *Mucedorus* von 1597, einer damals sehr beliebten Komödie. Im Vorspiel treffen die personifizierten Figuren der Komödie und des Neids aufeinander. Dabei ist der Neid nicht als Tragödienfigur konzipiert, obwohl er mit seinen Androhungen von Gewalt und Tod Elemente der Tragödie für sich in Anspruch nimmt. Die Komödie tritt mit Lorbeer bekränzt auf, sie bekräftigt ihren Wunsch, das Publikum mit Musik und Heiterkeit zu erfreuen und zum Lachen zu bringen. Neid erscheint mit blutverschmierten, nackten Armen und stellt sich der Figur der Komödie nach deren Eingangsmonolog plötzlich in den Weg:

> ENVY Nay staie minion, there lies a block.
> What al on mirth; Ile interrupt your tale.
> And mixe your musicke with a tragick end.[18]

Envy greift an und kündigt sein Eingreifen in die Handlung und Grundstimmung des Stückes an. Dieser Eingriff ist neidgetrieben, wie die Frage "Alles froh?" deutlich macht. In ihren folgenden Repliken beschreibt die weibliche Figur der Komödie diesen Störenfried und seine Absichten fast noch deutlicher als er selbst mit seinen Drohungen und erklärt ihr Prinzip des gewaltfreien Widerstands:

> COMEDY Then uglie monster doe thy woorst,
> I will defend them in despite of thee:
> And though thou thinkst with tragicke fumes
> To brave my play unto my deepe disgrace,
> I force it not, I scorne what thou canst doe
> Ile grace it so, thy selfe shall it confesse:
> From Tragicke stuffe, to be a pleasant Comedie.
> ENVY Why then Comedie, send thy Actors foorth,
> And I will crosse the first steppes of their trade,
> Making them feare the very dart of Death.[19]

Die Illusionen, die Comedy in ihrem Spiel namens *Mucedorus* zu schaffen gedenkt, sind fröhliche Musik, entzückende Frühlingsblüten, dreifache Freuden in allen Schattierungen des Frohsinns. Die Komödie schafft die Illusion der Lebensfreude. Der Spielverderber Envy, der niemandem eine Freude gönnt, sucht all dies zu zerstören. Er will die Musik mit Donner übertönen, alle Formen der Freude in einer Blutflut ertränken, der dreifachen Freude mit dreifachem Tod begegnen.

Ein Spielverderber wird üblicherweise vom Spiel verbannt, er wird verjagt. Comedy versucht dies, denn sie ruft "Vaunt",[20] der Ruf mit dem man Hexen vertreibt, doch es gelingt ihr nicht, die Figur des Neides los zu werden. So kommt es denn zu einem Spiel, in dem die Regeln der Komödie zwar ständig von Envy untergraben werden, in dem jedoch der Spielverderber integriert statt ausgeschlossen wird. Dies geschieht deshalb, weil der Spielverderber die Regeln des Stücks nicht in Stücke schlägt, son-

---

18 *Mucedorus* 9-11.
19 Ibid. 65-74.
20 Ibid. 36.

dern sie in ihr Gegenteil zu verkehren sucht, also die generische Systematik des Dramas akzeptiert. Vom Neid lässt sich somit sagen: *Et in comoedia ego*. So wird die Gattung der Komödie variiert, obwohl sie insgesamt intakt und siegreich bleibt. Der Spielverderber Envy kann am Ende nur drohen, im nächsten Stück noch mehr Schaden anzurichten. Dem Neid geht die Arbeit nie aus.

Völlerei – *Gluttonia* – *Gluttony*

They clepe us drunkards and with swinish phrase Soil our addition ...
Sie nennen uns Säufer und beschmutzen unsern Ruf mit säuischen Formulierungen ...[21]

"Let him be damned like the glutton!"[22]: Dass gerade Falstaff die schönste Sünde für ältere Herren verdammt, erstaunt. Dabei hat ein Glas zu viel noch keinem geschadet – *liquida non frangunt ieiunum* ('Flüssiges bricht das Fasten nicht') bzw. *liquida non obstant* stand in den alten Mönchsregeln, z. B. in der Fastenregel der Augustiner, und die mussten es schließlich wissen, auch die Dominikaner, Prämonstratenser und Gilbertiner hielten sich daran und becherten, was das Zeug hielt, wenn sie wieder wochenlang kein Fleisch auf den Tisch kriegten.

Maßloses Essen und Trinken ist weder aus religiösen noch gesundheitlichen Gründen förderlich, es ist auch nicht mehr in Mode, seit der moderne Körperkult bestimmt, wie viel und was wir zu uns nehmen sollten. Wenn es nach Thomas von Aquin geht, der ein respektables Lebendgewicht von ca. 200 kg auf die Waage brachte, bedeutet Gaumenlust nicht einfach nur "zu viel essen". *Praepropere, nimis, ardenter, laute, studiose* – 'zu schnell, zu viel und opulent, zu gierig oder zu wählerisch', ist der Merkspruch, den er in seine *Summa* von Papst Gregor dem Großen übernimmt (aus dessen *Moral*, xxx, 18). Wir sind nach offizieller Kirchenlehre schuldig, egal ob wir in einem vom *Guide* mit drei Sternen bedachten Restaurant kleinste Häppchen aus der *nouvelle cuisine* essen oder in der Kantine eine Extraportion Sättigungsbeilage verschlingen. Wir sündigen, sobald wir uns um unseren realen Leib statt um einen *deus absconditus* kümmern, ob wir nun im Fitnessstudio mit Hamlet aus der Q1-Version seufzen "O schmölze doch dies allzu feste Fleisch", oder ob wir uns wie unser 'Doctor Angelicus Thomas' einen solchen Bauch anfressen, dass unsere Mitmönche gezwungen sind, eine Einbuchtung in den gemeinsamen Esstisch sägen zu lassen.

Fresslust ist nicht nur eine Ersatzbefriedigung für zölibatäre Mönche, sie kann auch Vorspiel zur eigentlichen sexuellen Lustbefriedigung sein, man denke etwa an die Szene zwischen Tom Jones und seiner vermeintlichen Mutter in der Verfilmung von Tony Richardson (1963) nach einem Drehbuch von John Osborne. Aber ist das so schlimm? Wenn es schlimm wäre, müsste man nur das Ausmaß der Völlerei erhöhen, und schon wäre man von der noch schlimmeren Sünde, der Wollust, geheilt.

---

21 Shakespeare *Hamlet* I.4.19f. Übers. von Norbert Greiner.
22 Shakespeare *Henry IV. Part 2* I.2.34.

Die Personifikation der Völlerei, Glotoun, ist in William Langlands *Piers Plowman* (14. Jh.) an einem frühen Freitagmorgen unterwegs zur Kirche, um seine Beichte abzulegen, wird aber von der Wirtin Betty in ihre Kneipe gelockt – sie habe neues Bier gebraut und in der Küche gebe es frischen Pfeffer, Knoblauch, Pfingstrosensamen und Fenchelsamen – schon vergnügt sich Glotoun bei Trank und Spiel mit der dort versammelten spätmittelalterlichen Crème der Gesellschaft, einem Schuhmacher, einem Wildhüter und dessen Frau, einem Kesselflicker mit zwei Lehrlingen, einem Kutscher, einem Kurzwarenhändler, einer Prostituierten von Cock Lane (nomen est omen!), mit dem Sakristan der Pfarrei, dem Friedhofsgärtner, einem Priester mit dubioser weiblicher Begleitung aus Flandern und einem Dutzend weiterer Herren und Damen, darunter auch ein Musikant, ein Müllmann, ein Rattenfänger, ein Seiler, ein Soldat und ein Zinngießer. Man spielt *Handicap* (im Schwäbischen 'Freimarkt', vgl. *Grimms Wörterbuch*), ein Spiel, dessen Regeln wir heute nicht mehr genau kennen, es geht jedenfalls darum, Kleidungsstücke zu verpfänden, ist also fast so etwas wie Strip-Poker, wobei aber das Trinken nicht vergessen werden darf.[23] Das hat am späteren Abend seine Folgen. Glotoun übergibt sich auf den Schoß des Schusters, der es doch nur gut mit ihm meint und ihm aufhelfen will. Das unerwünschte Präsent riecht so, dass kein noch so hungriger Hund in Hertfordshire es mehr auflecken würde. Der arme Kerl wird darauf von seiner Frau und seinen Töchtern heimgetragen und schläft Samstag und Sonntag durch – ein Hinweis auf die gute Qualität des englischen Biers im späten Mittelalter! Von nun an, gelobt er am Montag beschämt, werde er das freitägliche Fastengebot einhalten.

Schade, denken wir. Denn nur, weil er es an diesem speziellen Freitag nicht eingehalten hat, bekommen wir heute noch einen Einblick in die Atmosphäre einer Londoner Bierkneipe – vielleicht derselben Kneipe, in der sich bei Chaucer auch die Pilger auf dem Weg nach Canterbury treffen –, zu einer Zeit, als noch nicht geraucht wurde, als sich aber Männchen und Weibchen in Kneipen trafen und es schön hatten miteinander. Wo sind die Zeiten dahin? Mit unseren heutigen Maßnahmen gegen Trunksucht, Fresssucht, Rauchen usw. zerstören wir zunehmend die wenigen uns noch verbliebenen kulturellen Einrichtungen dieser Art.

Habgier – Geiz – *Cupiditas – Avaritia – Covetousness – Avarice*

The pleasant'st angling is to see the fish
Cut with her golden oars the silver stream
And greedily devour the treacherous bait.

Angeln ist dann am schönsten, wenn man sieht, wie der Fisch mit seinen goldenen Rudern den silbrigen Fluss durchschneidet und gierig den tückischen Köder verschlingt.[24]

Das Wort 'Geiz' meint ursprünglich sowohl das Habenwollen wie das Behaltenwollen; 'Ehrgeiz' bedeutet, dass man Ehre sucht, nicht, dass man sie hortet. Das englische *ava-*

---

23 Langland 1995, 220ff.
24 Shakespeare *Much Ado* III.1.26-28. Übers. von Norbert Greiner.

rice trägt ebenfalls beide Bedeutungen, wird jedoch durch den Begriff der *covetousness* ergänzt, der dem Lateinischen *cupiditas* entspricht: "Covetyse / And hir suster Auarice."[25] Die Raffenden werden in der Literatur mit Erde und Dreck in Verbindung gebracht, weil man Gold ausbuddeln muss; ein Attribut zu *avarice* ist daher *sordid*. Die symbolischen Tiere der Gier sind der Wolf und der Geier; die Sünde der Gier ist verknüpft mit dem Mund, der stets hungert und alles verschlingt. Zudem ist der Raffzahn blutsaugend, also vampirisch. In *Religio Medici* sieht Sir Thomas Browne die Habgier sogar als absurden Wahnsinn: "for to me avarice seemes not so much a vice, as a deplorable piece of madnesse; to conceive our selves Urinals, or bee perswaded that wee are dead, is not so ridiculous, nor so many degrees beyond the power of Hellebore, as this."[26] Die Raffgier ist also ein Wahnsinn jenseits der Heilkraft der Stinkenden Nieswurz, eines traditionellen Psychopharmakons der Frühen Neuzeit, das auch als Abführmittel diente.

Der Geiz mit seiner Symbolik der geschlossenen Hand (*close-fisted avarice, clutch-fist avarice*) erscheint in Whitneys *Emblemen* als mit kulinarischen Köstlichkeiten beladener ausgemergelter Esel, der nur Disteln frisst, oder als Tantalos, der Essen und Trinken vor der Nase hat, aber nichts davon genießen kann, weil es ihm immer entzogen wird. Die zweite Version, mit ihrer schicksalshaften Unerbittlichkeit, macht deutlich, dass der Geizige sich nicht wandeln kann, dass der Geiz unheilbar ist. Diese Lektion erscheint auch in Massingers *The Roman Actor*, wo ein geiziger Alter durch die Aufführung eines Stückes, in dem er selber in seiner ganzen Schäbigkeit vorgeführt wird, geheilt werden soll. "But there ain't no cure for greed" (frei nach Leonard Cohen). Der alte Geizkragen weigert sich; er wolle weiterleben wie bisher, worauf ihn der anwesende Kaiser sofort aufs Schafott schickt, damit er nicht als Geizhals weiterlebt. Die scheinbar komische Mausefalle schnappt zu und tötet die Maus.

Dickens' Scrooge ist in Disneys Film-Version zwar nicht eine Maus, sondern eine Ente ('Dagobert Duck' in der deutschen Namensgebung) – der Neffe ist eine Maus –, doch stellt sich bei der weihnachtlichen Bekehrung des notorischen Geizkragens die Frage, ob diese Verwandlung nicht ein Humbug sei, weil Geiz schlicht nicht heilbar ist. Edmund Wilson ist jedenfalls in *The Wound and the Bow* der Ansicht, Scrooge werde bald einen Rückfall erleiden.[27] Wenn Gier und Geiz unheilbare Persönlichkeitsstörungen sind, sind sie jedoch keine Sünden, denn der Wolf, der Geier, der arme Esel und die reiche Ente können nichts dafür, sie können nicht anders.

---

25 John Lydgate *Reson and Sensuallyte*, Z. 4947f.
26 Browne 1964, 90.
27 Wilson 1978, 53.

Bibliografie

Alexandre Le Bienheureux. Reg. Yves Robert. Les Films de la Colombe, Les Productions de la Guéville und Madeleine Films, 1968. Film.

Aquin, Thomas von. *Summa Theologica.* Die deutsche Thomas-Ausgabe. Vollständige ungekürzte deutsch-lateinische Ausgabe. Hg. Heinrich Maria Christmann. Salzburg: Pustet, 1933. Print.

Browne, Sir Thomas. *Religio Medici.* 1643. *The Works of Sir Thomas Browne.* Bd. 1. Hg. Geoffrey Keynes. London: Faber and Faber, 1964. 3-93. Print.

Davenant, William. *The Just Italian. The Works of Sir William Davenant. First Published London 1673.* New York: Benjamin Blom, 1968. Print.

Dickens, Charles. *A Christmas Carol and Other Christmas Writings.* London: Penguin Classics, 2003. Print.

Lafargue, Paul. *Das Recht auf Faulheit: Widerlegung des "Rechts auf Arbeit" von 1848.* 1883. Übers. Eduard Bernstein. Hg. Aslan V. Grimson. Edition Sonne und Faulheit, Juli 1978. K. A. Print.

Langland, William. *Piers Plowman: A Parallel-Text Edition of the A, B, C and Z Versions.* Hg. A. V. C. Schmidt. London: Longman, 1995. Print.

Lydgate, John. *Reson and Sensuallyte.* Ci. 1408. *Literature Online (LION).* Web. 1. Okt. 2013.

Marlowe, Christopher. *Dr. Faustus.* Hg. John D. Jump. London: Methuen, 1962. Print.

Massinger, Philip. *The Roman Actor.* London, 1629. *Literature Online (LION).* Web. 1. Okt. 2013.

Mickey's Christmas Carol. Reg. Burny Mattinson. Walt Disney Productions, 1983. Film.

Morgenstern, Christian. "Die beiden Esel." *Gesammelte Werke.* Hg. Margareta Morgenstern. München: Piper, 1965. Print.

Mucedorus: Old English Drama Students' Facsimile Edition. 1598. Amersham: K. A., 1910. Print.

Pynchon, Thomas, et al. *Deadly Sins.* New York: W. Morrow, 1993. Print.

Shakespeare, William. *Henry IV. Part 2.* Hg. René Weis. Oxford: Oxford UP, 1997. Print.

---. *Hamlet: Englisch-deutsche Studienausgabe.* Hg. Norbert Greiner und Wolfgang G. Müller. Tübingen: Stauffenburg, 2005. Print.

---. *King John: Englisch-deutsche Studienausgabe.* Hg. Marie-Theres Harst. Tübingen: Stauffenburg, 2002. Print.

---. *King Lear.* Hg. R. A. Foakes. Walton-on-Thames: Nelson, 1997. Print. Arden Shakespeare.

---. *Macbeth.* Hg. Nicholas Brooke. Oxford: Oxford UP, 1990. Print.

---. *The Merry Wives of Windsor: Englisch-deutsche Studienausgabe.* Hg. Rudolf Bader. Tübingen: Stauffenburg, 2000. Print.

---. *Much Ado about Nothing.* Hg. Norbert Greiner. Englisch-deutsche Studienausgabe. 2. erw. Auflage. Tübingen: Stauffenburg, 2013. Print.

Spenser, Edmund. *The Faerie Queene.* Hg. A.C. Hamilton. London: Longman, 1977. Print.

Tom Jones. Reg. Tony Richardson. Woodfall Film Productions, 1963. Film.

Waugh, Evelyn. "Sloth." *The Seven Deadly Sins.* Hg. Ian Fleming und Raymond Mortimer. New York: Morrow, 1962. 55-64. Print.

Whitney, Geoffrey. *A Choice of Emblems, and Other Devises*: The English Emblem Book Project. Penn State University Libraries' Electronic Text Center. Web. 1. Okt. 2013.

Wilmot, John. *The Poems of John Wilmot, Earl of Rochester.* Hg. Keith Walker. Oxford: Blackwell, 1984. Print.

Wilson, Edmund. *The Wound and the Bow.* 1941. New York: Farrar Straus Giroux, 1978. Print.

Zur Sache, Schätzchen. Reg. May Spils. Peter Schamoni Film, 1968. Film.

"Schön, dass ihr da seid. Und jetzt habt viel Spaß!" Jessica und die Spaßgesellschaft

Sabine Schülting

"Indeed, seen from any angle, *The Merchant of Venice* is not a very funny play",[1] stellte Graham Midgley 1960 fest. Er fügte hinzu: "and we might gain a lot if, for the moment, we ceased to be bullied by its inclusion amongst the Comedies". In dem Maße, in dem Shylock seit Ende des 18. Jahrhunderts zur zentralen Figur des Stücks avancierte, schien es erforderlich, die komischen Elemente zurückzustellen und das Stück bestenfalls als Tragikomödie oder *problem play*, keinesfalls aber als Komödie zu lesen, zu sehen oder zu spielen. Für Heinrich Heine war *Der Kaufmann von Venedig* sogar klar den Tragödien zuzuordnen.[2] In der zweiten Hälfte des 20. Jahrhunderts, nach dem "Zivilisationsbruch" (Dan Diner) des Holocaust, schien das Schicksal des *Kaufmann* schließlich besiegelt und eine unreflektiert komische Inszenierung des Stücks nicht mehr möglich. Umso erstaunlicher – oder provokativer – war der Kommentar im Programmheft zum Düsseldorfer *Kaufmann von Venedig* (1994) unter der Regie von Karin Beier, in dem es hieß:

> Es gibt kein anderes Shakespeare-Stück, das wir so unangemessen eingeengt durch die Brille historischer Erfahrung betrachten wie den 'Kaufmann von Venedig'. Die spezielle Shylock-Frage, die für uns immer die des Antisemitismus und des Holocausts war, ist den komisch-melancholischen Geschichten der venezianischen und belmontischen Gesellschaft unterzuordnen. In Shylock hat sie ihren 'Störenfried' und Außenseiter gefunden. Shylock ist im Prinzip die jüdische Variante von Malvolio.[3]

Tatsächlich scheint seit den 1990er Jahren der grob skizzierte Konsens zu Shakespeares Problemstück aufzubrechen, insbesondere im Theater, wo verschiedene Inszenierungen den *Kaufmann von Venedig* aus dem bis dato dominanten Interpretationsmuster herauszulösen suchen. Dies zeigt sich u. a. in solchen Regieentscheidungen, die Shylocks religiöse und kulturelle Identität nicht explizit markieren. In der Inszenierung von Nora Somaini für die bremer shakespeare company (2007) sagt beispielsweise Peter Lüchingers Shylock in seinem berühmten Monolog in III.1 nicht mehr: "Warum tut er das? Weil ich ein Jude bin", sondern "Weil ich ich bin".

Im Licht dieser Beobachtungen möchte ich Shylocks Tochter Jessica in den Blick nehmen, deren Rolle in verschiedenen aktuellen Inszenierungen aufgewertet worden ist.[4] Stärker als in früheren Produktionen klagt sie ihren Anspruch auf Teilhabe an der

---

[1] Midgley 1960, 121.
[2] Heine 1993, 119.
[3] Düsseldorfer Schauspielhaus 1994.
[4] Dies gilt auch für die neuere Forschung zum Stück; vgl. z. B. Adelman 2003, Bovilsky 2010, Drakakis 2002, Hall 1992, Kaplan 2007, Metzger 1998 und Slights 1980.

sie umgebenden Spaßgesellschaft ein und setzt ihn schließlich gegenüber Shylock durch. Die Implikationen solcher Revisionen werde ich insbesondere am Beispiel einer Inszenierung des *Kaufmann* am Landestheater Tübingen im Jahr 2008 diskutieren.

Bei der bremer shakespeare company ist Jessica Shylocks Gefangene und – wie es scheint – Opfer sexuellen Missbrauchs, sodass ihr Wunsch, dieser 'Hölle' zu entfliehen, nur allzu verständlich ist. Nach ihrer Flucht wird sie zu Portias *sidekick* und ist in der Gerichtsszene anwesend, wo sie ihre persönliche Rache gegen ihren Vater ausagieren kann. Sie beschimpft und bespuckt ihn und geht ihn mit einer solchen Aggression an, dass Lorenzo Schwierigkeiten hat, sie zurückzuhalten. Als Shylock sie am Ende der Gerichtsszene ansprechen will, reagiert sie hysterisch, schreit ihn an – "Du scheiß Vater, Du!" – und attackiert ihn mit ihren High Heels.

Ein Jahr nach der Bremer Inszenierung kam *Der Kaufmann von Venedig* in einer Bearbeitung von Clemens Bechtel auf die Bühne des Landestheaters Tübingen. Die Revisionen waren noch umfangreicher. Wieder war das Wort "Jude" aus Shylocks Monolog gestrichen, doch darüber hinaus war Jessica, gespielt von Annabelle Leip, durch ihr Kostüm als Tochter einer traditionellen muslimischen Familie zu erkennen. Sie trug Kopftuch und ein tunikaartiges Hemd über einer weiten Hose. Als sie mit Lorenzo durchbrennt, bekommt ihre Zeile "I am much ashamed of my exchange" (II.6.36) eine neue Bedeutung, denn anders als im Shakespeareschen Drama ist sie nicht als junger Mann verkleidet, sondern hat ihre traditionelle Kleidung abgelegt und durch ein ärmelloses Kleid, eine lilafarbene Boa und hochhackige Schuhe ersetzt. In Tübingen war Jessica nicht nur während der Gerichtsszene anwesend, sondern übernahm auch einige Zeilen von Portia, sodass sie es war, die am Ende fragte: "Bist du's zufrieden, Shylock?"

Die Inszenierung verortete sich ganz bewusst in den aktuellen Debatten um die kulturelle Integration der muslimischen Bevölkerung Deutschlands im Besonderen und die Sorge um das Konfliktpotenzial moderner multiethnischer Gesellschaften im Allgemeinen. Im Programmheft wird Karl-Heinz Kuschel von der Katholisch-Theologischen Fakultät der Universität Tübingen zitiert, der den "religiöse[n] Pluralismus" in vielen europäischen Ländern "seit der Mitte des 20. Jahrhunderts" als besondere Herausforderung beschreibt. Eine religiöse Minderheit wie die der drei Millionen Muslime habe "es in Deutschland geschichtlich noch nie gegeben. Selbst das Judentum, im 20. Jahrhundert bis zu Beginn der 30er Jahre in Deutschland die größte religiöse Minderheit, hatte rund 600.000 Menschen umfasst."[5] Kuschel führt nicht weiter aus, was er aus diesem irritierenden Vergleich zwischen Gegenwart und den 1930er Jahren folgert, der auch so (miss)verstanden werden kann, dass Faschismus und Genozid die Folge von religiöser und ethnischer Pluralität sind oder zumindest sein können.

In der Tübinger Inszenierung wurde der Bezug auf die tagesaktuellen Diskussionen um den Islam in Deutschland dadurch unterstrichen, dass zwei Schauspieler an der

---

5   Kuschel, "Die abrahamische Ökumene" (2002), zit. in "Der Kaufmann von Venedig" 2008.

Bühnenrampe Begriffe aus der Erinnerungsdebatte ("virtuelle Erinnerung", "Erinnerungsstein" etc.) sowie Ralph Giordanos provokante Thesen zum Bau einer Kölner Moschee, zum Kopftuchstreit und zur Nähe zwischen Islam und Terrorismus rezitierten. Auf diese Weise wurden die aufgeladenen öffentlichen Auseinandersetzungen um die Integration deutscher Muslime mit denen um die Erinnerungskultur vermengt und so gewissermaßen Islamophobie mit Antisemitismus gleichgesetzt.[6] Doch eigentlich waren diese Zitate nur mehr Hinter- bzw. Vordergrundgemurmel zur rauschenden Party von Antonio, Bassanio, Lorenzo und Gratiana [sic!] – monotone Diskurse, die diese ebenso wenig hörten wie Shylocks wiederholte Rufe, "Ich will euer Freund sein." Die junge Generation, so schien es, wollte sich ihren Spaß weder vom Erinnerungsdiskurs noch von der Integrationsdebatte verderben lassen.

Zweifellos war die Gesellschaft von Bassanio & Co. dekadent und oberflächlich: "Portias Männersuche findet mittels Liebeslotterie statt, die Bechtel mit viel Kitsch, Glitter und Trash in eine parodistisch verzerrte Glücksspirale aus 'Traumhochzeit', 'Bauer sucht Frau', 'Geld oder Liebe', 'Herzblatt' und Castingshow münden lässt",[7] wie ein Rezensent schrieb. Obwohl die "Bassanios, Portias und Jessicas" im *Blatt*, dem Journal des Landestheaters Tübingen, als "in ihrer Ziellosigkeit unberechenbare Nachfolgegeneration" gefasst wurden, die ihre Väter als "emotionale[...] und finanzielle[...] Verlierer"[8] zurücklassen, galt dieser Spaßgesellschaft der jungen Leute das Hauptaugenmerk der Inszenierung. Das Treiben der jungen Liebenden, ihre Gedankenlosigkeit und ihr Materialismus wurde zwar kritisch beäugt, doch gab es mit der Figur der Jessica eine Sympathieträgerin, die schließlich ein Happy End erleben durfte. Zunächst ein eingeschüchtertes junges Mädchen, das wie ein eingesperrtes Tier hin- und herrannte und den Kopf senkte, wenn ihr Vater mit ihr sprach, war sie am Ende des Stücks eine selbstbewusste und lebenslustige Frau, die sich gegenüber ihrem Verlobten selbstbewusst behauptete. Als sie beim Anblick ihres alten Kopftuchs leicht melancholisch wurde, erinnerte Portia sie daran, dass *ihre* Rolle keine traurige sei. Und tatsächlich sitzt nur Antonio "[e]insam und verlassen [...] am Ende auf der Bühne, während sich die jungen Pärchen lieben, necken und trollen".[9]

Damit kehrte die Tübinger Inszenierung gewissermaßen zur Logik der frühneuzeitlichen Komödie zurück. In Shylock verknüpfte Shakespeare den Typus des geizigen Vaters aus der lateinischen Komödie, der dem Glück des jungen Liebespaars im Weg steht, mit frühneuzeitlichen antisemitischen und anti-puritanischen[10] Stereotypen. Shylock versteht keinen Spaß; die Türen seines Hauses sucht er gegen das fröhliche Treiben des Karnevals zu verschließen. Maskeraden, Festmahle und Ausschweifungen aller Art sind ihm fremd, und von den Feierlichkeiten zu Ende der Komödie, die die

---

6   Vgl. hierzu auch Schülting 2011, 113.
7   "Die Welt als Drehbühne" 2008.
8   "Der Kaufmann von Venedig" 2008.
9   "Doppelspiele und geplatzte Wechsel" 2008.
10 Vgl. hierzu z. B. Fisch 1974 und Siegel 1968.

Eheschließungen zelebrieren, bleibt er folgerichtig ausgeschlossen. Mit anderen Worten: Das tragische Ende Shylocks ist die Bedingung der Komödie um Jessica und Lorenzo, Portia und Bassanio. Damit das von Portia und Jessica repräsentierte Prinzip der Komödie realisiert werden kann, muss Shylock als die Figur, die es gefährdet,[11] entmachtet und ausgetrieben werden.

Jessica, die mit ihrem Liebhaber und Shylocks Dukaten durchbrennt und ein kleines Vermögen in nur einer Nacht verprasst, konterkariert Shylocks Wucher, seine Grausamkeit, aber auch seine Humorlosigkeit. Sie rebelliert gegen das Gesetz des Vaters und beansprucht – ebenso wie andere Komödienheldinnen Shakespeares und mit deutlichen Parallelen zu Portia – das Recht, den Mann ihrer Wahl zu heiraten. Töchter, die aus Liebe gegen geizige oder autoritäre Väter aufbegehren, waren Teil der frühneuzeitlichen Komödientradition;[12] ihnen galten sicherlich die Sympathien des Publikums. Zudem speist sich die Handlung um Jessica aus den mittelalterlichen Geschichten über die Liebe zwischen einem Christen und einer jüdischen Frau, die schließlich zum Christentum konvertiert. Das aristotelische Konzept von Weiblichkeit bzw. dem weiblichen Körper als passiver Matrix männlicher Einschreibung liegt diesen Narrativen zugrunde, die postulieren, dass Jüdinnen – zumal wenn sie in einen Christen verliebt sind – eher konvertierten als jüdische Männer.[13] Shakespeares Jessica reinszeniert damit das christliche Narrativ von der Überwindung des Alten durch den Neuen Bund, des Gesetzes durch die Liebe.[14] In der Handlung um Jessica, Lorenzo und Shylock sind folglich antijüdischer Diskurs und traditionelle Komödienelemente miteinander verknüpft. Die Erfüllung der Komödie – also der Sieg der jungen Liebenden über den missgünstigen und hartherzigen Vater und die damit eingeleitete gesellschaftliche Versöhnung[15] – ist gleichzeitig die Bestätigung der christlichen Substitutionstheologie.

Doch mit dem Wandel Shylocks vom komischen Komödienschurken, der – wie verschiedentlich spekuliert worden ist – auf der elisabethanischen Bühne vermutlich mit falscher Nase und roter Perücke gespielt wurde,[16] zur tragischen Figur veränderte sich auch die Interpretation der Figur Jessica. Seit dem späten 18. Jahrhundert wurde sie zunehmend als herzlose Tochter gefasst, deren Handeln Shylocks Kummer noch vervielfacht bzw. seine grausame Rache erst herausfordert. In der bekannten Passage aus *Shakespeares Frauen und Mädchen* berichtet Heinrich Heine von einer Londoner Inszenierung des *Merchant of Venice*, bei der eine "schöne blasse Brittin" im Publikum ausgerufen haben soll: "*the poor man is wronged!*" Er "habe sie nie vergessen können", schreibt Heine, "diese großen und schwarzen Augen, welche um Shylok [sic!]

---

11 Vgl. Frye 1964, 452.
12 Slights 1980, 358.
13 Kruger 2006, 85; Kaplan 2007, 22.
14 Vgl. Lampert 2004, 150.
15 Frye 1964, 452.
16 Gross 1999, 99.

geweint haben!"[17] Jessica ist diesem Idealbild von Weiblichkeit, in dem sich Schönheit und Mitgefühl gegenseitig bezeichnen und autorisieren, diametral entgegengesetzt, denn es war "kein liebloser Vater, den sie verließ, den sie beraubte, den sie verrieth ... Sie macht sogar gemeinschaftliche Sache mit den Feinden Shylocks [...]."[18] Heines Urteil ist dezidiert: "Schändlicher Verrath!" – "Entsetzlicher Frevel!" Jessicas Motive sind niederer Natur: Sie langweilt sich, und ihr "leichtfertige[s] Herz ward allzusehr angezogen von den heiteren Tönen der Trommel und der quergehalsten Pfeife".[19] Heines Artikel markierte einen Umschlag in der Rezeption des Stücks, im Zuge dessen das traditionell Komödienhafte der Nebenhandlung um Jessica (nicht zuletzt auch aufgrund ihrer antisemitischen Implikationen) zum ethisch-moralischen und nach dem Holocaust auch zum politisch-ideologischen Problem wurde.[20]

Diese neue Distanz gegenüber Jessica (und dem Komödienplot) prägte zahlreiche wichtige Inszenierungen von Shakespeares *The Merchant of Venice* nach dem 2. Weltkrieg. Jessica erschien nun häufig als die rücksichtslose und flatterhafte Tochter, die Heine in ihr gesehen hatte. 1963, bei Erwin Piscator ebenso wie bei Peter Palitzsch, wurde sie als leichtfertige junge Frau gespielt, die nur an ihrem eigenen Vergnügen interessiert war und sexuelle Unabhängigkeit beanspruchte. Ihre Flucht aus dem Hause ihres Vaters hatte keine religiösen Implikationen, sondern markierte ihre Identifikation mit der Mode, den Sexualitätsdiskursen und den Weiblichkeitskonstrukten der Konsumgesellschaft der 1960er Jahre: In Belmont trug sie Minirock und hochhackige Schuhe.[21] Gleichwohl wurde eine derart emanzipierte Jessica in der modernen Spaßgesellschaft nicht dauerhaft glücklich: Jonathan Millers Inszenierung am National Theatre (1970) beispielsweise zeigte sie als isolierte Figur in Belmont, von der niemand Notiz nahm; Portia konnte sich nicht einmal ihren Namen merken. Am Deutschen Theater in Berlin (1985), unter der Regie von Thomas Langhoff, blieben am Ende des Stücks mit Antonio und Jessica die zwei Außenseiter der Belmonter Gesellschaft allein auf der Bühne zurück. Arie Zingers Kölner *Kaufmann von Venedig* (1979) zeigte eine Jessica, die trotz ihres neuen Sex-Appeals ausgeschlossen blieb und zu spät realisierte, dass der Preis, den sie bezahlt hatte, zu hoch war.[22] Ihr neues Leben war ober-

---

17 Heine 1993, 119.
18 Ibid., 124.
19 Ibid.
20 Beispielhaft wäre der Kommentar von Arthur Quiller-Couch, des Herausgebers des Cambridge *Merchant* von 1926, zu nennen, der mit scharfen Worten Jessicas Illoyalität gegenüber ihrem Vater geißelt: "bad and disloyal, unfilial, a thief; frivolous, greedy, without any more conscience than a cat and without even a cat's redeeming love of home. Quite without heart, or worse than an animal instinct – pilfering to be carnal – she betrays her father to be a light-of-lucre carefully weighted with her sire's ducats" (1926, xx). Für Sigurd Burckhardt, der vier Jahrzehnte später schreibt, ist die Rolle der Jessica gar ein Makel im Stück, der nur durch eine Versöhnung zwischen Shylock und Jessica am Ende des Stücks hätte vermieden werden können (1968, 224).
21 Vgl. Monschau 2002, 233.
22 Ibid., 364.

flächlich, die Beziehungen unbeständig; Belmont stand für die von der Linken kritisierte Konsumgesellschaft: materialistisch und geschichtslos.

Eine Reihe von Produktionen seit den späten 1960er Jahren sah Jessica noch wesentlich expliziter als Opfer und betonte die Verbindung zwischen ihr und ihrem Vater, häufig auch ihre jüdische Identität. In Peter Zadeks Wiener Inszenierung von 1988 etwa wurde Jessica in der Fluchtszene beinahe Opfer eines *gang rape*. Zehn Jahre zuvor, in George Taboris verstörender Collage *Ich wollte, meine Tochter wäre tot und hätte die Juwelen in den Ohren*, wurde die Szene gar als brutale Vergewaltigung gespielt, die in ein Pogrom übergeht; später wandelte sich Jessica dann noch in einen homosexuellen KZ-Gefangenen, der von der Folter und seinem Leiden erzählte. In Otto Schenks Fernsehbearbeitung (1968/69) mit Fritz Kortner als Shylock wird Jessica von Lorenzo nur benutzt, um an Shylocks Geld zu kommen. Die letzte Einstellung zeigt ihr Gesicht in Großaufnahme. Sie blickt – lautlos weinend – in den Nachthimmel; und ganz offenbar weint sie nicht nur aus Enttäuschung, sondern auch über das Schicksal ihres Vaters, der am Ende der Gerichtsszene als gebrochener Mann, mit dem Tallith über dem Kopf, abgegangen war. Wie Shylock ist sie tragisches (jüdisches) Opfer der christlichen Mehrheitsgesellschaft. In der Verfilmung der Inszenierung von Jonathan Miller mit Laurence Olivier als Shylock (1974) wurde diese Neuinterpretation durch die Verbindung von Bild und Ton noch unterstrichen. Am Ende gehen alle Figuren bis auf Jessica ab, die über den Richterspruch, von dem sie gerade erfahren hat, sichtlich entsetzt ist. Dazu erklingt erst leise, dann lauter eine Intonation des Kaddish, Teil des jüdischen Trauerrituals. Jessica ist zumindest in den beiden letztgenannten Inszenierungen die einzige Figur, die Shylocks tragisches Scheitern in Venedig erinnert und betrauert – von den Mitgliedern der Mehrheitsgesellschaft unbeachtet.

Die Jessica in Tübingen (2008) und Bremen (2007) war anders entworfen. Ihr war es nun wieder vergönnt, am Triumph der Belmonter Gesellschaft über Shylocks Humorlosigkeit und an den abschließenden Vergnügungen teilzuhaben. Der Tübinger Regisseur, Clemens Bechtel, sah in Jessica eine der spannendsten Figuren des Stücks. "Mit welcher Radikalität dieses Mädchen versucht, ihre Wurzeln und ihre Kultur über Bord zu werfen, das finde ich sehr beeindruckend", gestand Bechtel in einem Gespräch mit der Dramaturgin Inge Zeppenfeld anlässlich der Premiere.[23] Was Bechtel hier nicht erwähnt, ist die Tatsache, dass seine Jessica nicht Jüdin, sondern Muslima ist. Mit seiner Hochachtung gegenüber der Figur übernahm er – bewusst oder unbewusst – das verbreitete Argument, dass muslimische Mädchen und junge Frauen häufig Opfer patriarchaler, autoritärer und letztlich antimoderner Strukturen sind; dass ihr Ausschluss aus der modernen westlichen Gesellschaft ihre mangelnde Emanzipation und Selbstbehauptung zur Folge hat und dass es die Aufgabe der Mehrheitsgesellschaft ist, die Befreiung der Mädchen aus den vormodernen Familienstrukturen zu unterstützen. Es ist dies die Geschichte von der unterdrückten muslimischen Tochter, die von Spaß, Emanzipation und sexueller Selbstbestimmung in der säkularen westlichen Gesell-

---

23 "Angst des anderen" 2008.

schaft träumt – ein Narrativ, in dem westlicher Feminismus und Islamophobie eine unheilige Allianz eingehen. Die Parallelen zur Logik des frühneuzeitlichen *plot* um Jessica sind offensichtlich; an die Stelle der christlichen Substitutionstheorie sind die Heilsversprechen der westlichen säkularen Moderne getreten.

Auf die Frage, was er "einer Schulklasse, also jungen Leuten, über die Inszenierung sagen" würde, antwortete Bechtel in dem Interview: "Ich würde nur sagen: 'Schön, dass ihr da seid. Und jetzt habt viel Spaß!'" Das Theater wird zum Teil der Spaßgesellschaft, die in der Tübinger Inszenierung des *Kaufmann von Venedig* – in Ansätzen zweifellos auch kritisch – auf die Bühne gebracht wird. Diese Gesellschaft, so scheint Bechtel zu suggerieren und so legen es einige aktuelle Inszenierungen nahe, will Shakespeares Stück um den jüdischen Geldverleiher nicht mehr als Tragödie sehen.

Bibliografie

Adelman, Janet. "Her Father's Blood: Race, Conversion, and Nation in *The Merchant of Venice*." *Representations* 81 (2003): 4-30. Print.

"Angst des anderen. Der Kaufmann von Venedig hat heute LTT-Premiere." *Schwäbisches Tagblatt* 18. Apr. 2008. Print.

Bovilsky, Lara. "'A Gentle and No Jew': Jessica, Portia, and Jewish Identity." *Renaissance Drama* 38 (2010): 47-76. Print.

Burckhardt, Sigurd. "*The Merchant of Venice*: The Gentle Bond." *Shakespearean Meanings*. Hg. Burckhardt. Princeton: Princeton UP, 1968. 206-36. Print.

"Der Kaufmann von Venedig." *Blatt: Das Journal des Landestheater Tübingen*. Spielzeit 07/08, Blatt 4 (April/Mai 2008): 3. Print.

"Die Welt als Drehbühne." *Reutlinger Nachrichten* 21. Apr. 2008. Print.

"Doppelspiele und geplatzte Wechsel." *Schwäbisches Tagblatt* 21. Apr. 2008. Print.

Drakakis, John. "Jessica." *The Merchant of Venice: New Critical Essays*. Hg. John W. Mahon und Ellen Macleod Mahon. London: Routledge, 2002. 145-64. Print.

Düsseldorfer Schauspielhaus. *Der Kaufmann von Venedig*. Programmheft. Düsseldorf, 1994. Print.

Edelman, Charles. "Which Is the Jew that Shakespeare Drew: Shylock on the Elizabethan Stage." *Shakespeare Survey* 52 (1999): 99-106. Print.

Fisch, Harold. "Shakespeare and the Puritan Dynamic." *Shakespeare Survey* 27 (1974): 81-92. Print.

Frye, Northrop. "The Argument of Comedy." *Theories of Comedy*. Hg. Paul Lauter. Garden City, NY: Anchor Books, 1964. 450-60. Print.

Gross, John. *Shylock: Four Hundred Years in the Life of a Legend*. London: Chatto and Windus, 1992. Print.

Hall, Kim. "Guess Who's Coming to Dinner: Colonization and Miscegenation in *The Merchant of Venice*." *Renaissance Drama* 23 (1992): 87-112. Print.

Heine, Heinrich. "Jessika (Kaufmann von Venedig)." *Shakespeares Mädchen und Frauen und kleinere literaturkritische Schriften: Historisch-kritische Gesamtausgabe der Werke*. Hg. Manfred Windfuhr. Bd. 10. Hamburg: Hoffmann und Campe, 1993. 119-28. Print.

Kaplan, M. Lindsay. "Jessica's Mother: Medieval Constructions of Jewish Race and Gender in *The Merchant of Venice*." *Shakespeare Quarterly* 58 (2007): 1-30. Print.

Kruger, Steven. *The Spectral Jew: Conversion and Embodiment in Medieval Europe*. Minneapolis: U of Minnesota P, 2006. Print.

Lampert, Lisa. "'O What a Goodly Outside Falsehood Hath': Exegesis and Identity in *The Merchant of Venice*." *Gender and Jewish Difference from Paul to Shakespeare* Philadelphia: U of Pennsylvania P, 2004. 138-67. Print.

Metzger, Mary Janell. "'Now by My Hood, a Gentle and No Jew': Jessica, *The Merchant of Venice*, and the Discourse of Early Modern English Identity." *PMLA* 113 (1998): 52-63. Print.

Midgley, Graham. "*The Merchant of Venice*: A Reconsideration." *Essays in Criticism* 10 (1960): 119-33. Print.

Monschau, Jörg. "Der Jude nach der Shoah: Zur Rezeption des Kaufmann von Venedig auf dem Theater der Bundesrepublik Deutschland und der Deutschen Demokratischen Republik, 1945-1989." Diss. Ruprecht-Karls-Universität Heidelberg, 2002. *HeiDOK*. Web. 25. Juli 2013.

Quiller-Couch, Arthur. Introduction. *The Merchant of Venice*. Hg. Quiller-Couch. Cambridge: Cambridge UP, 1926. vii-xxxii. Print.

Schülting, Sabine. "Shylock als Erinnerungsfigur." *Shylock nach dem Holocaust: Zur Geschichte einer deutschen Erinnerungsfigur*. Hg. Zeno Ackermann und Sabine Schülting. Berlin: de Gruyter, 2011. 103-16. Print.

Siegel, Paul N. "Shylock, the Elizabethan Puritan, and Our Own World." *Shakespeare in His Time and Ours*. Notre Dame, IN: U of Notre Dame P, 1968. 237-54. Print.

Slights, Camille. "In Defense of Jessica: The Runaway Daughter in *The Merchant of Venice*." *Shakespeare Quarterly* 31 (1980): 357-68. Print.

Black Laughter: Vom Lachen und Verlachen der Schwarzen in Antebellum-Amerika

Joseph C. Schöpp

In ihrem Klassiker *American Humor* zitiert Constance Rourke einen englischen Reisenden, der bereits 1795 notierte: "The blacks are the great humorists of the nation",[1] eine Bemerkung, die man später etwa in den Studien von Mel Watkins oder Lawrence W. Levine sinngemäß immer wieder bestätigt findet. Der Schwarze avancierte gleichsam zum offiziellen Humoristen Amerikas.[2] Die amerikanische Ethnie, die unter dem brutalen System der Sklaverei am stärksten zu leiden hatte, fand im Humor ganz offensichtlich eine Art Entlastungsventil für die Aggressionen, die sich bei den Unterdrückten angestaut hatten.[3] "Laughing" wurde für sie zu einem Mittel "to keep from crying".[4] Im Lachen konnte man für einen Moment zumindest sein Leid vergessen; lachend konnten die Sklaven über ihre Unterdrücker triumphieren, indem sie sich über sie lustig machten.

Auch weiße Autoren wie Mark Twain, selbst ein großer Humorist, gehörten zu den Bewunderern des Humors der Schwarzen. Eine wahre Fundgrube für diesen Humor sah Twain in der von ihm überschwänglich gepriesenen "real nigger show – the genuine nigger show, the extravagant nigger show",[5] besser bekannt als *blackface minstrelsy*, die seit seiner Jugend bis weit in die Zeit nach dem Bürgerkrieg das amerikanische Theaterleben beherrschte. Es handelte sich um eine Art autochthones Produkt, das sich diesseits wie jenseits des Atlantiks vorzüglich verkaufte. Die Shows glichen eher heutigen Sportveranstaltungen. Man lachte lauthals, klatschte und grölte, wenn es einem gefiel, man pfiff und zischte, wenn man seinem Missfallen Ausdruck geben wollte.[6] Abraham Lincoln gehörte zu den Bewunderern, Queen Victoria hat sich angeblich bei einer Aufführung zu einem Schmunzeln hinreißen lassen und noch in den beiden Weltkriegen fanden Frontsoldaten durchaus an ihr Gefallen. Wenn Constance Rourke oder Mark Twain über den Humor der Schwarzen sprechen, dann meinen sie vor allem diesen Humor des *blackface minstrel*. Dieser extravaganten *nigger show* hatten weiße Schauspieler wie "Ol' Daddy Rice" oder Dan Emmett in den 1830er und 1840er Jahren ihren Stempel aufgedrückt. Sie hatten den Humor so zurechtgestutzt, dass er seine Wirkung auf ein breites, anfangs zumeist weißes Publikum nicht verfehlte. Darf man

---

1 Rourke 1986, 78.
2 Boskin 1986, 69.
3 Carpio 2010, 316.
4 Hughes 1983.
5 Twain 1959, 58.
6 Toll 1974, 12.

hier noch von Humor der Schwarzen sprechen, da es sich doch deutlich um ein weißes Produkt handelte? Weißer und schwarzer Humor aber unterscheiden sich nach Meinung von W. E. B. Du Bois signifikant:

> This [black] race has the greatest of the gifts of God, laughter. [...] It is frankly, boldly, deliciously human in an artificial and hypocritical land. [...] The white world has its gibes and cruel caricatures, it has its loud guffaws; but to the black world alone belongs the delicious chuckle.[7]

Erst ein Vergleich zwischen dem *minstrel*-Humor und ursprünglicheren, unter Schwarzen praktizierten Formen des Humors wird zeigen, inwieweit Du Bois mit seiner Differenzierung recht behalten sollte.

I.

Die *minstrels* betraten zeitgleich mit den Abolitionisten in den 1830/40er Jahren die öffentliche Bühne Amerikas. Genau genommen waren es zwei höchst unterschiedliche Bühnen, auf denen man oft gegeneinander agierte. Während die einen die sofortige Abschaffung der Sklaverei forderten, schien sich auf der Theaterbühne die Erniedrigung der Sklaven fortzusetzen. Zwar avancierten die Schwarzen, die bislang ein eher marginales Buch- und Bühnendasein gefristet hatten, in den Shows mit ihrem ausgeprägt schwarzen Idiom (*black vernacular*) zu wortwitzigen Protagonisten, reproduzierten dabei aber nur, was ihnen von Rice oder Emmett in den Mund gelegt worden war. Letztlich blieben sie Marionetten, mit denen sich trefflich spielen und in die sich hineinprojizieren ließ, was die Zuschauer gerne sehen wollten. Als Karikaturen, nicht als individuelle Figuren nahm man sie wahr: Ihre Augen und Münder weit aufgerissen, ihre Lippen knallrot und schwülstig; auf dem Kopf eine krause Perücke, ein breites Grinsen auf ihrem Gesicht. Ihre Bewegungen waren tänzelnd, ihre *coon songs* hatten exotische Rhythmen, ihre Arme und Beine konnten sie seltsam verrenken. Gekleidet waren sie nach Art Onkel Sams in den Nationalfarben: weiß-rot gestreifte Hosen und blauer Gehrock, dem legendären "long-tail'd blue". In den Augen der Zuschauer verkörperten diese *stage negroes* wie Jim Crow oder Zip Coon den Schwarzen schlechthin. "Such a natural gait! – such a laugh! – and such a twitching-up of the arm and shoulder! It was THE negro – par excellence. Long live JAMES CROW, Esquire!", konnte man über sie etwa in der Zeitschrift *The Knickerbocker* lesen.[8] Zu dem stereotypen Aussehen der Figuren passte auch das starre Konzept der Show, die stets nach dem gleichen Muster ablief. Drei Typen – ein Gesprächsleiter (*interlocutor*) in der Mitte sowie die sogenannten *endmen* Tambo und Bones, benannt nach ihren Instrumenten, an den beiden Enden der halbkreisförmigen Bühne platziert – standen im Mittelpunkt des ersten Aktes. Eine der Figuren spielte sich dann mit einer Art Wahlkampfrede (*stump speech*) ins Zentrum des zweiten Aktes und den Schlussteil bildeten

---

7 Du Bois 1940, 148.
8 Zit. in Lott 1993, 142.

zumeist Genreszenen aus dem angeblich so glücklichen Sklavenleben auf den Plantagen des Südens mit viel Gesang und Tanz.

Der Dialog, der sich im ersten Akt zwischen dem aufgeblasenen *interlocutor* und den beiden eher einfältigen *endmen* entspann, war geprägt von sprachspielerischen Gags, Missverständnissen und Malapropismen. Sie reichten von schlichten Verwechslungen und Wortverdrehungen, in denen "married" mit "murdered", "elegant" mit "elephant", oder "phrenology" mit "free 'nolage" verwechselt wurden, oder Tambo auf seine Frage "Why does a duck go under water?" zur Antwort erhält "For divers reasons", bis zu stärker politischen Formen des Humors. Ein beliebtes Thema in den 1840er Jahren war neben dem Abolitionismus das der Frauenemanzipation. So fragt Tambo den Gesprächsleiter etwa: "Why is a woman like an umbrella?" Er erhält von ihm zur Antwort: "She's made of ribs and attached to a stick; she always has to be shut up; nobody ever gets the right one."[9] An anderer Stelle wird die *Southern Confederacy* zur "Soudern Conthievocracy" verballhornt und der "first-rater" Jefferson Davis, Präsident der konföderierten Südstaaten während des Bürgerkriegs, wird schlicht zum "worst traitor".[10]

An solchen Beispielen wird deutlich, dass die beiden Bühnen Politik und Theater beileibe nicht nur gegeneinander opponieren, sondern sich durchaus eine gewisse Nähe zwischen ihnen herstellen lässt. Eines der zentralen Postulate der Gründerväter von 1776 hieß: "All men are created equal", ein Thema, auf das der Gesprächsleiter zu sprechen kommt, indem er den "equalizing influence between rich and poor" im Land hervorhebt. Tambo, nicht auf den Mund gefallen, antwortet darauf nur: "Sho, de rich gets ice in summer, and de poor gets it in winter."[11] Zielscheibe des Humors war nicht selten auch die *Black Church*, die im Leben der Afro-Amerikaner bis heute eine prägende Rolle spielt. So heißt es etwa von einem schwarzen Prediger, er habe sich auf die Kanzel begeben "to undress de congregashum".[12] Seine Ansprache wird unbewusst zu einer Entkleidung, ein deutlicher Hinweis auf das ganz und gar nicht so seltene sexuelle Begehren der Geistlichkeit. Versteckter ist der Humor, wenn Bones an einer Stelle zum überschwänglichen Lobpreis einer Frau anhebt, "tall as a big sunflower, and as full of cemetery as – as de Wenus ob Medicine". Der auf Korrektheit achtende *interlocutor* verbessert ihn umgehend. "Venus ob Medici" müsse es doch richtig heißen. Bones freilich, unbeeindruckt von dieser Korrektur, fährt ungerührt fort: "Well, it's all de same – dey was both on 'em wirgins – *wergin' unto forty*."[13] Der Verweis auf Friedhof, Medizin und Alter lässt am Ende die venusgleiche Frau reichlich alt aussehen. In der Konstellation des ersten Aktes – hier ein sich herrisch gebärdender Gesprächsleiter, dort die eher unbedarften *endmen* – konnte man durchaus so etwas wie

---

9   Zit. in Stowe und Grimsted 1975, 84f.
10 Zit. in Moody 1966, 490.
11 Zit. in Stowe und Grimsted 1975, 87.
12 Zit. in Mahar 1999, 80.
13 Zit. in Moody 1966, 486.

eine Spiegelung des Verhältnisses zwischen Herr und Knecht sehen, das jedoch nicht einfach als gegeben hingenommen wurde, denn die beiden *endmen* ordneten sich beileibe nicht sklavisch unter, boten dem Dialogführer durchaus schlagfertig Paroli und rüttelten so kräftig an der Autorität ihres Herrn.

Den Höhepunkt einer *minstrel show* aber bildeten die *stump speeches* des zweiten Akts, in denen sich das humoristische Sprachspiel voll entfalten konnte. Den Büttenreden im Karneval vergleichbar ging es in ihnen um die "major issues of the day: phrenology, abolition, temperance, miscegenation, race relations, and urban social life".[14] Zwar waren auch diese Reden, wie etwa die von einem "skientific locosmokive bulgine niggar" vorgetragene "Negro Lecture on Locomotion" zeigt, voller Verwechslungen und Verdrehungen, doch wer aus der Sprache so viele Funken sprühen ließ, der konnte doch kein bloßer Einfaltspinsel sein, wie die folgende Szene zeigt, in der ein Mann eine Frau in den Zirkus ausführt und sich dabei angesichts der exotischen Tiere in einem regelrechten Sprachdschungel verheddert:

> Dar was gwine to be a caravan come to town one day, so she ax't me to take her down to see it; so I took 'er down to de show, and we see'd all de wild beasteses – dar was de hippockopatamus, de rynossemhoss, de gygragge, de rangumerus, de rangumsnou-routang wid all de udder animals; an she called de bullyphant de emigrant. I didn't say nottin I knowed it was de bullyphant all de time. But what tickled dis nigger most, was to see de ladies ride on de bullyphant in such an elephant manner; it throwed de old nigger right up in de highest of his emigrant.[15]

Weitaus politischer waren die Reden, die den *Election Day* und den Unabhängigkeitstag zum Thema hatten, zwei Feiertage, die für die Afro-Amerikaner der Vorbürgerkriegszeit von eminenter Bedeutung waren, gehörten doch das Wahlrecht und die Freiheit zu ihren legitimen Forderungen. Reden wie etwa "Brother Bones 4th of July Oration" feierten den Unabhängigkeitstag als "glorious fourth Independence when de fus' circumlocution ... scratch wid de goose quill told de tiranific pot-en-tate ob de mudder gubbernment dat we was *bound* to jump out of de political sauce-pan and break de yaller pine stick ob de oppressor." Die gegen den tyrannischen Potentaten aufbegehrenden Revolutionäre "seezed de pitchfork and de poker and wid one farwell blubber over dar wibes and children rushed with busticacious ramification upon de enemy".[16] Der politische Unterdrücker des Jahres 1776, gegen den die Rebellen mit Mistgabeln und Schürhaken vorgingen, wird eins mit dem Sklavenhalter, der ständig mit rebellierenden Sklaven rechnen musste, wie die Aufstände von Denmark Vesey (1822) oder Nat Turner (1831) zeigten. Die Genreszenen von einem glücklichen Plantagenleben mit viel Tanz und Gesang, mit denen die *minstrel show* in der Regel endete, nahmen dem Spektakel wieder einiges von seiner politischen Brisanz und entließen den Zuschauer am Ende heiter gestimmt in einen vergnüglichen, unpolitischen Abend.

---

14 Mahar 1999, 68.
15 Zit. in ibid., 66.
16 Zit. in ibid., 92.

Die Botschaft, die eine *minstrel show* ihrem Publikum vermittelte, war also alles andere als eindeutig. Dass es sich um eine Form grell inszenierten, von Weißen produzierten Humors voller "cruel caricatures" und "loud gaffaws" handelte, wie Du Bois sich ausdrückte, steht außer Frage. Die Schwarzen wurden dabei von den maskierten weißen Schauspielern regelrecht vorgeführt. Da aber im Laufe der Jahre sowohl unter den Schauspielern als auch im Publikum immer mehr Schwarze zu finden waren, wird man annehmen dürfen, dass auch sie an den Shows durchaus Gefallen fanden, wenn auch sicherlich aus ganz anderen Gründen. Was sich für die weißen Zuschauer als naiv und einfältig anhörte, nahmen die Schwarzen als *gespielte* Naivität wahr. Für sie verbarg sich hinter der Einfalt so etwas wie Schläue. Ähnlich den Sklaven auf den Plantagen sahen die schwarzen Zuschauer auf der *minstrel*-Bühne die Beschränktheit als intelligentes Spiel, um dem *master/interlocutor* insgeheim eins auszuwischen. "Puttin' on ole massa" nannten die Sklaven solche Täuschungsmanöver.[17]

Lange Zeit als rassistisches Machwerk verschrien, erkennt man in neueren Studien zunehmend die Komplexität der Show, das trickreiche, subversive Spiel im Dialog zwischen dem *interlocutor* und den beiden *endmen*. Vor allem aber ist es die Maske, "the burnt cork mask",[18] deren Rolle jetzt zunehmend gewürdigt wird. Hinter der Maske ließ sich manches zur Sprache bringen, was ungeschminkt zu sagen kaum möglich gewesen wäre. So konnte der schwarz geschminkte, in Männer- wie Frauengewänder schlüpfende Schauspieler Tabuthemen wie etwa die Attraktion und gleichzeitige Angst vor der sexuellen Potenz der Schwarzen ansprechen. Das Kostüm erlaubte ihm, sich in Erfahrungsbereiche hineinzuspielen, die ihm ansonsten verschlossen geblieben wären:

> Under cover of these polymorphous minstrel masks American white males could explore the irrational and tabooed areas of their own selves. They could enter an *Afrique de l'esprit*, cut loose in a symbolic colony, go native, enjoy (female) sensuality. [...] Phylogenetically the mask was the visa to animalistic pre-civilization. Ontogenetically it permitted the return to infantile orality.[19]

Da die *minstrel show* mit dem gestärkten Selbstbewusstsein der Afro-Amerikaner seit den 1920er Jahren zunehmend als "cruel caricature" in Verruf geraten war, hatte man völlig vergessen, was im 19. Jahrhundert noch allgemein akzeptiert war. "It is common knowledge", hieß es etwa noch 1874, "that white entertainers obtained their materials from blacks by listening to the songs and impersonating them".[20] Erst W. T. Lhamon ging in seiner Einleitung zu Rourkes *American Humor* auf die komplexen Implikationen näher ein, etwa die der doppelten Parodie, die er in der Show am Werk sah: "white men in black makeup parodying black parodies of whites." Nicht selten hatten auf den Plantagen die Sklaven ihre *master* parodiert, wie aus einer Notiz in der *South Carolina Gazette* aus dem Jahr 1772 hervorgeht. Nach getaner Arbeit traf man sich – Freie wie Sklaven – in Privathäusern oder angemieteten Wohnungen: "The entertainment was

---

17 Osofsky 1969.
18 Mahar 1999, passim.
19 Ostendorf 1982, 79.
20 Bean et al. 1996, 44.

opened, by men copying (or *taking off*) the manners of their masters, and the women of their mistresses, and relating some highly curious anecdotes to the inexpressible diversion of that company. Then they danced."[21] Die im privaten Kreis vorgetragene Parodie, die wohl eher leise und dezent geklungen haben wird, erfuhr später in der *minstrel show* ihre öffentliche, eher schrille Zuspitzung. So ist am Ende W. E. B. Du Bois wohl Recht zu geben, wenn er zwischen dem "delicious chuckle" der Schwarzen und den "loud gaffaws" der Weißen unterscheidet. Der Sklave parodierte seinen Herrn mit einem verschmitzten Lachen, während auf der Bühne die Parodie einer Parodie laut und lärmend ausfiel.

II.

Selbst unter dem repressiven System der Sklaverei gab es durchaus Anlässe um herzhaft zu lachen, wie die Notiz in der *South Carolina Gazette* belegt. Wo es diese Anlässe nicht gab, da schuf man sie sich wie etwa bei den *corn shucking festivities*, um im Lachen das Weinen zu vergessen. "At the corn shucking", bemerkt Roger D. Abrahams, "the captain [Vorsänger] found that the event itself provided licence for 'singing the master,' commenting on his presence in praise or jest".[22] Hier hatte man Gelegenheit, auch im Beisein des *master* ungestraft über ihn zu schmunzeln, ja selbst über ihn zu spotten. Auch sich selbst mit den eigenen Schwächen nahm man dabei nicht aus. "No aspect of the stereotype eluded black humor: stealing, lying, excessive drinking, even smell, were all joked about freely."[23] Vor allem Witze über *Colored People's Time*, die sich fundamental vom Zeitgefühl der weißen Amerikaner unterschied, hatten unter den Sklaven Konjunktur. So zeigten sie am Jüngsten Tag beim Schall der Posaune nicht gerade Übereifer:

> [W]hen the trumpet blew announcing Judgment Day the white people left their graves and immediately went to Heaven. Two days later angels noticed dense black clouds arising in the West and immediately gave the alarm that a great storm was coming. "Oh, no," St. Peter assured them. "That's only the colored people coming to Judgment."[24]

Ihre sprichwörtliche Säumigkeit, ja Faulheit, die sie verschmitzt belächelten, verstanden sie, sofern sie unter sich waren, nicht als Laster, sondern als eine gezielte Strategie, um die Funktionstüchtigkeit des Systems 'Sklaverei' subversiv zu unterlaufen. Dass in der *minstrel show* Säumigkeit und Faulheit häufig essentialistisch, d. h. dem Wesen des Schwarzen inhärent verstanden wurde, zeugt von einem profunden Missverständnis und einem gehörigen Maß weißer Naivität.

Wortwitz spielte im Humor der Sklaven wie später auch in der *minstrel show* eine nicht geringe Rolle. "Signifyin(g)" nannte man diesen trickreichen Umgang mit Spra-

---

21 Rourke 1986, xxxiiif.
22 Abrahams 1993, 115.
23 Levine 1977, 332.
24 Zit. in ibid., 332f.

che. Dass es sich dabei um eine in Sklavenkreisen weitverbreitete Praxis handelte, belegen verbale Praktiken wie "marking, loud-talking, testifying, calling out (of one's name), sounding, rapping, playing the dozens", die populär waren und immer noch sind. In einer weitgehend oralen Kultur gediehen solche trickreichen Sprachspielereien vorzüglich. Man liebte Wortverdrehungen und verbales Kräftemessen, zeugten diese Techniken doch nicht nur von Kreativität und Einfallsreichtum, sondern auch von subversiver sprachlicher Aneignung. "[T]he 'master's tropes'", so Gates, wurden im Akt des *signifyin(g)* zu "the slave's trope".[25] Der *master* musste also jederzeit auf der Hut sein, um nicht überlistet zu werden.

Neben den während der *corn shucking festivities* öffentlich vorgetragenen Liedern und Geschichten gab es auch solche, die eher für private Zwecke bestimmt waren. Zu ihnen gehörten etwa die Tierfabeln mit Brer Rabbit, dem schlauen Hasen als Protagonisten, der die viel mächtigeren Tiere wie Fuchs, Bär oder Elefant geschickt austrickste. Mühelos ließen sich solche Fabeln als Handlungsanweisungen verstehen, es dem Hasen doch bitte schön gleichzutun und dem *master* eins auszuwischen. In diesen sich als kindlich gerierenden Fabeln, die exakt ins Bild des naiv-infantilen Schwarzen passten, ließen sich also insgeheim durchaus subversive Botschaften verpacken. Sie waren ursprünglich weitaus schärfer formuliert als die von Joel Chandler Harris in den 1870er Jahren gesammelten Brer-Rabbit-Geschichten, die die onkelhafte Remus-Figur einem kleinen weißen Jungen erzählt und zu diesem Zweck kindgerecht zurechtgestutzt und politisch entschärft hat.

Die sicher am weitesten verbreiteten Geschichten auf den Plantagen waren die von Ole Marsa und John, manchmal auch Nehemiah, Charlie oder Jack genannt. Sie kamen anders als die Fabeln ohne verschlüsselte Botschaften aus. Die Stimme, die hier sprach, war weder die Rabbits noch des schwarz maskierten *minstrel*, sondern die eines authentischen Schwarzen. Die formelhafte Konstellation der Figuren Marsa und John eignete sich vorzüglich, um das Verhältnis Herr-Knecht in allen möglichen Varianten durchzuspielen. Eine dieser Marsa-John/Charlie Geschichten hat Roger D. Abrahams aufgezeichnet:

> One day Charlie saw ole Marsa comin' home wid a keg of whiskey on his ole mule. Cuttin' cross de plowed field, de old mule slipped an' Marsa come tumblin' off. Marsa didn' know Charlie saw him, an' Marsa called Charlie to de house to show off what he knew.[26]

Charlie soll vor einem Gast Marsas auftreten und eine Kostprobe seiner Unterhaltungskunst abgeben. Er wird gleichsam in die stereotype Rolle des schwarzen Entertainers gezwängt. Nur unter der Bedingung nicht ausgepeitscht zu werden, willigt Charlie ein und beginnt zu dichten: "Jackass rared, / Jackass pitch, / Throwed ole Marsa in de ditch." Marsa sieht sich vor den Augen seines Gastes bloßgestellt, hält sich aber, wenn auch widerwillig, an sein Versprechen, ihn nicht zu bestrafen. Charlie nimmt die Verse nun zum Anlass, im privaten Kreis an diesem Gedicht weiterzuarbei-

---

25 Gates 1988, 52.
26 Zit. in Abrahams 1993, 107.

ten und manch andere Strophe hinzuzudichten: "[He] never would sing it when Marsa was roun', but when he wasn't we'd wing all roun' de cabin singin' 'bout how old Marsa fell off de mule's back." Unbeaufsichtigt kann man sich jetzt bei Gesang und Tanz über das Missgeschick des *master* weiter lustig machen: "Jackass stamped, / Jackass neighed, / Throwed ole Marsa on his haid." Helles Gelächter bricht vollends bei der letzten Strophe aus: "Jackass stamped / Jackass hupped, / Marsa hear you slave, you sho' git whupped."[27] So oder so ähnlich wird man sich die in der *South Carolina Gazette* geschilderten Zusammenkünfte vorzustellen haben, bei denen herzhaft über Ole Marsa und Ole Miss gelacht wurde.

Wie befreiend Lachen sein kann, davon handelt eine Geschichte von John alias Nehemiah, einem äußerst wortgewandten, trickreichen Burschen, der stets dann einen witzigen Spruch auf den Lippen hat, wenn es gilt der Arbeit auszuweichen. Kein *master* ist ihm argumentativ gewachsen, keinem gelingt es, aus ihm einen arbeitsamen Sklaven zu machen. Und so wird er ganz konsequent von einer Plantage an die nächste verkauft, bis er schließlich bei David Wharton, einem der grausamsten Sklavenhalter in Südwest-Texas landet. Gleich am ersten Tag soll er beweisen, dass er fähig ist, vierhundert Pfund Baumwolle zu pflücken. "Wal, Massa, dat's aw right", willigt Nehemiah ein, doch es folgt prompt das Aber: "but ef Ah meks yuh laff, won' yuh lemme off fo' terday?"

> "Well," said David Wharton, who had never been known to laugh, "if you make me laugh, I won't only let you off for today, but I'll give you your freedom."
> "Ah decla', Boss," said Nehemiah, "yuh sho' is uh good-lookin' man."
> "I am sorry I can't say the same thing about you," retorted David Wharton.
> "Oh, yes, Boss, yuh could," Nehemiah laughed out, "yuh could, ef yuh tole ez big uh lie ez Ah did."
> David Wharton could not help laughing at this; he laughed before he thought. Nehemiah got his freedom.[28]

Lachend ließ sich das Weinen vergessen, Lachen diente als Ventil für angestaute Aggressionen und selbst die eigene Freilassung ließ sich erlachen.

"Coons are either funny or dangerous", soll Harold Ross, der Begründer des *New Yorker* einmal gesagt haben. Doch ist dieses schlichte Entweder-oder wirklich stichhaltig? Witzig waren die *coon songs* und die zu Späßen aufgelegten Figuren Tambo und Bones, Jim Crow und Zip Coon allemal. Auf ihre Kosten wollte man sich einfach vergnügen. Doch das Vergnügen fiel je nach Hautfarbe anders aus. Schwarze lachten nicht selten über das naive Lachen des weißen Publikums und bezogen daraus ihren Triumph. Das schrille *minstrel*-Vergnügen war also durchaus komplexer Natur. Der auf den Plantagen praktizierte Humor, Du Bois' "delicious chuckle", war zwar weit weniger schrill, dafür aber gefährlich, weil subversiv: Humor als Geheimwaffe, "a

---

27 Zit. in Abrahams 1993, 107f.
28 Zit. in Sterling et al. 1965, 52.

weapon of no mean importance for blacks",[29] im Einsatz gegen ein unmenschliches System.

Bibliografie

Abrahams, Roger D. *Singing the Master: The Emergence of African American Culture in the Plantation South.* New York: Penguin, 1993. Print.

Bean, Annemarie, et al., Hg. *Inside the Minstrel Mask: Readings in Nineteenth-Century Blackface Minstrelsy.* Hanover: Wesleyan UP, 1996. Print.

Boskin, Joseph. *Sambo: The Rise and Demise of an American Jester.* New York: Oxford UP, 1986. Print.

Carpio, Glenda R. "Humor in African American Literature." *A Companion to African American Literature.* Hg. Gene Andrew Jarrett. Chichester: Wiley-Blackwell, 2010. 315-31. Print.

Du Bois, W. E. B. *Dust of Dawn: An Essay Toward an Autobiography of a Race Concept.* New York: Harcourt Brace, 1940. Print.

Gates, Henry Louis, Jr. *The Signifying Monkey: A Theory of African-American Literary Criticism.* New York: Oxford UP, 1988. Print.

Harris, Joel Chandler. *Uncle Remus: His Songs and His Sayings.* New York: D. Appleton, 1910. Print.

Hughes, Langston. *Laughing to Keep from Crying.* Mattituck, NY: Amereon, 1983. Print.

Levine, Lawrence W. *Black Culture and Black Consciousness. Afro-American Folk Thought from Slavery to Freedom.* Oxford: Oxford UP, 1977. Print.

Lomax, Louis E. "The American Negro's New Comedy Act." *Harper's Magazine* 222 (Juni 1961): 41-46. Print.

Lott, Eric. *Love and Theft: Blackface Minstrelsy and the American Working Class.* New York: Oxford UP, 1993. Print.

Mahar, William J. *Behind the Burnt Cork Mask: Early Blackface Minstrelsy and Antebellum American Popular Culture.* Urbana: U of Illinois P, 1999. Print.

Moody, Richard, Hg. *Dramas from the American Theatre, 1762-1909.* Cleveland: World Publishing Co., 1966. Print.

Osofsky, Gilbert, Hg. *Puttin' on Ole Massa: The Slave Narratives of Henry Bibb, William Wells Brown, and Solomon Northup.* New York: Harper & Row, 1969. Print.

Ostendorf, Berndt. *Black Literature in White America.* Totowa: Barnes & Noble, 1982. Print.

---

29 Boskin 1986, 33.

Rourke, Constance. *American Humor: A Study of the National Character.* Introduction and Bibliographic Essay by W. T. Lhamon, Jr. Tallahassee: Florida State UP, 1986. Print.

Sterling, Philip, et al., Hg. *Laughing on the Outside: The Intelligent White Reader's Guide to Negro Tales and Humor.* New York: Grosset & Dunlap, 1965. Print.

Stowe, William F. und David Grimsted. "White-Black Humor." *Journal of Ethnic Studies* 3.2 (1975): 78-96. Print.

Toll, Robert C. *Blacking Up: The Minstrel Show in Nineteenth-Century America.* Oxford: Oxford UP, 1974. Print.

Twain, Mark. *The Autobiography.* Hg. Charles Neider. New York: Harper & Brothers, 1959. Print.

Watkins, Mel. *On the Real Side: Laughing, Lying, and Signifying – The Underground Tradition of African-American Humor that Transformed American Culture, From Slavery to Richard Pryor.* New York: Touchstone, 1994. Print.

Dürfen wir über den Holocaust lachen?

Susanne Rohr

Lachen und Holocaust – geht das zusammen? Spätestens die erhitzte Diskussion um Dani Levys mäßig radikale Filmkomödie *Mein Führer – Die wirklich wahrste Wahrheit über Adolf Hitler* (2007) – ein Film, der sicherlich als Gegenposition zu Oliver Hirschbiegels Hitler-Film *Der Untergang* (2004) verstanden werden kann und der das deutsche Feuilleton ebenso lang anhaltend wie kontrovers beschäftigt hat – zeigt, dass nun auch in Deutschland ein besonders sensibler Bereich der erzählenden Komik in den Blickpunkt des öffentlichen Diskurses gerückt ist: die Verhandlung des Holocaust unter den Genrebedingungen der Komödie. Damit ist mit gehöriger zeitlicher Verzögerung auch in Deutschland eine Debatte aufgegriffen worden, die im Ausland, vor allem in den USA, schon seit Jahren vorangetrieben wird und in der es um eine Auseinandersetzung über die – ethisch und ästhetisch – angemessenen Formen der Holocaust-Repräsentation geht. Diese Diskussion wiederum ist im Wechselspiel mit einer internationalen künstlerischen Bewegung zu sehen, die ungefähr Mitte der 1990er Jahre aufkam und mit allen bis dahin respektierten Konventionen der Holocaust-Darstellung brach.

Was diese Bewegung auszeichnet, ist, dass sie sich freimütig der bis dahin gleichsam sakrosankt gehaltenen Holocaust-Ikonografie bedient und Kunstwerke hervorbringt, die als unerhörte "Skandalkunst" gelten. Diese Kunst, die sich mit dem Holocaust auseinandersetzt, verhandelt ihr Thema mit der Haltung der Avantgarde, mit der Lust am Skandal, am Tabubruch, am Zerschlagen erstarrter Darstellungskonventionen. Dabei ist dieser avantgardistische Impetus ein transnationales und unterschiedliche Medien umfassendes Phänomen, das sich in europäischen wie auch israelischen und amerikanischen Kunstwerken findet. Wir sehen diese Bewegung in der Literatur (Bukiet, *After*, 1996; Foer, *Everything Is Illuminated*, 2002), im Film (Benigni, *La vita è bella*, 1997; Mihaileanu, *Train de vie*, 1998), vielfältig in der bildenden Kunst (z. B. die KZ-Legobaukästen *LEGO Concentration Camp Set* des polnischen Künstlers Zbigniew Libera von 1996), im Drama (das israelisch-palästinensische Akko Theater Center und ihr Stück *Arbeit macht frei*, 1991) und in gewisser Weise sogar auch in der Architektur (Libeskinds Jüdisches Museum in Berlin, 2001).[1]

Die Frage ist nun: Wie erklärt sich dieser tief greifende Stimmungswechsel, die international plötzlich um sich greifende überbordende Lust am darstellerischen Tabubruch? Doch heikler und drängender noch: Wie stellen wir uns zu diesen Kunstwerken, und wie bewerten wir sie – gerade hier in Deutschland? Zunächst einmal: Ich denke, dass wir es bei diesem Stimmungswechsel mit nichts Geringerem als einem

---
1 Vgl. in größerer Ausführlichkeit Rohr und Gross 2010.

genuinen Paradigmenwechsel im künstlerischen – und damit auch gesellschaftlichen – Umgang mit dem Holocaust zu tun haben. Wollen wir ihn verstehen, müssen wir ihn nicht nur im Kontext eines Generationenwechsels betrachten, sondern auch im Zusammenhang mit den dynamischen Formationsprozessen der Globalisierung sowie der Frage nach der "Amerikanisierung" des Holocaust.

Offenbar sind wir im zweiten Jahrzehnt nach der Jahrtausendwende, mehr als siebzig Jahre nach dem historischen Ereignis des deutschen Massenmordes an Millionen von Menschen und angesichts der Tatsache, dass die Zahl der direkt Beteiligten, Opfer wie Täter, dramatisch abnimmt, an einem Ort angekommen, der eine Standortbestimmung im Umgang mit dem historischen Ereignis erfordert. Dass in just diesem Moment solch tief greifende Entwicklungen im Bereich der Kunst sichtbar werden, erscheint dabei folgerichtig. Kommt doch der Kunst, so meine Sichtweise, in Phasen intensiver gesellschaftlicher Neubesinnung eine zentrale Rolle zu, da sie besonders hier ihr Potenzial als handlungsentlasteter Explorationsraum ausspielen kann, um mögliche Varianten der Repräsentation und damit unterschiedliche Sichtweisen zu verhandeln und zu erproben.

Wenn eben von einem "Paradigmenwechsel" die Rede war, so impliziert dieses Konzept die Ablösung eines bislang gültigen Regel- und Wertesystems durch ein neues. Was bedeutet das nun in Bezug auf die Holocaustdarstellung? Diese war von ihren Anfängen explizit an jene erzählerischen Konventionen des Dokumentarischen in all seinen Spielarten gebunden, die als eine Art *master narrative* fungierten: also die Reportage-Fotografie, der Dokumentarfilm, das Tagebuch, die Autobiografie, der Augenzeugenbericht, der realistische Roman etc. Es handelt sich dabei um Formen, die sich einem historischen Authentizitätsanspruch und mimetischen Prinzipien verpflichtet haben, d. h. den Eindruck authentischer Darstellung erzeugen möchten (aber dies natürlich nur suggerieren).

Die Ursachen für die Dominanz dieser Darstellungsformen liegen auf der Hand: Sie bestanden zunächst in der Notwendigkeit oder dem Bedürfnis, die Verbrechen der Täter und das Leid der Opfer möglichst detailliert festzuhalten und objektiv zu dokumentieren und dabei das Ausmaß des Geschehenen überhaupt zu begreifen. Darüber hinaus erschienen aber auch alle Darstellungsformen, die die Dimension der Fiktionalität oder auch die Eigenarten figurativer Sprache in den Vordergrund rückten oder überhaupt zunächst einmal allzu offenbar sichtbar werden ließen, als potenziell gefährlich. Laufen sie doch Gefahr, so die Befürchtung, das Geschehen in seiner Unfassbarkeit in den Bereich der Einbildung zu verschieben und damit Verleugnungstendenzen der unterschiedlichsten Art Vorschub zu leisten. Darüber hinaus wurden bestimmte Genres, wie die Komödie, für nicht angemessen erachtet, da die Gefahr gesehen wurde, dass im Rahmen dieser Genrekonventionen potenziell die Leiden der Opfer trivialisiert bzw. die Opfer der Lächerlichkeit preisgegeben werden könnten. So haben sich denn in der Repräsentation des Holocaust die am Dokumentarischen und der Historiografie orientierten Darstellungskonventionen durchgesetzt und in den vergangenen Jahrzehnten auch dominant gehalten, und auch die zunehmende Fiktionalisierung in der Darstellung hat diesen Gestus der Authentizität in der Regel nachvollzogen.²

Das Erstaunliche nun besteht meiner Ansicht nach nicht darin, *dass* diese Formen für so wichtig erachtet wurden – die oben genannten Gründe sind schließlich durchaus nachzuvollziehen und respektabel – sondern darin, *wie lange* die darstellerischen Gebote der Holocaust-Repräsentation mehr oder minder ungebrochen respektiert wurden. Über all die Jahrzehnte der intensiven theoretischen Auseinandersetzung in der postmodernen Literatur- und Kulturtheorie hinweg, in denen die mimetischen Ansprüche dokumentarischer Darstellungsformen in jeglicher Hinsicht dekonstruiert und als Illusion oder verblendete Gewissheit entlarvt worden sind, blieben sie intakt. Es war fast so, als hätte sich hier mitten im Fluss eines theoretischen Diskurses, der einem Realitätsverständnis doch alle Sicherheit absprechen will, eine Insel erhalten, die der Sehnsucht nach Authentizität und Wahrhaftigkeit noch einen Ort zum Verweilen bieten wollte. Es scheint, als bürgten in diesem Prozess, in dem sich alle Gewissheiten auflösen, ausgerechnet die unfassbaren Fakten des Holocaust für Authentizität.

Erst seit der Mitte der 1990er Jahre also, aber dann abrupt, transnational und radikal, wurde sowohl mit den darstellerischen Konventionen wie der moralisch motivierten Vorsicht gebrochen: seitdem entstehen eben jene "Skandalkunstwerke", über deren Bewertung, Potenzial und Status nun zu streiten ist. Zeitgleich brachte der Kulturwissenschaftler Slavoj Žižek im Bereich der theoretischen Reflexion in Bezug auf ein besonders prominentes (wenn auch vergleichsweise zahmes) Beispiel dieser neuen Kunst, Roberto Benignis Film *La vita è bella* (1997), den provozierenden Begriff der *camp comedy*, also "KZ-Komödie" in Umlauf. Und der amerikanische Kulturwissenschaftler Sander Gilman stellte im Jahr 2000 schließlich in einem viel beachteten Essay die irritierende Frage: "Can the Shoah Be Funny?" Deutschland hat mit den Filmen von Dani Levy (aber auch anderen Projekten, die weit provokanter waren, jedoch weniger mediale Aufmerksamkeit erregt haben wie z. B. Anna Adams Installation *Feinkost Adam* oder Serdar Somuncus *Lesereise mit* Mein Kampf) nun also an die Produktion von Kunst unter neuen Vorzeichen angeschlossen – aber noch nicht unbedingt an die internationale Debatte um den erzählerischen Umgang mit dem Holocaust.

Die Heftigkeit (und oft auch: Hilflosigkeit), mit der in Deutschland öffentlich über Levys Hitler-Film gestritten wurde, macht das große Unbehagen und die ausgeprägte Unsicherheit in der Bewertung dieser Kunst und im Umgang mit ihr im Land der Täter nur allzu offenbar. Und vielleicht erklärt diese Unsicherheit auch die erneute Zuflucht in das Neo-Authentische, die das deutsche Fernsehen neuerdings mit einer Produktion wie *Unsere Mütter, unsere Väter* (2013) zu nehmen versucht. Ich lese gerade *Unsere Mütter, unsere Väter* als Versuch, wieder die Deutungshoheit über das Geschehen zu

---

2 Vgl. hierzu den richtungsweisenden Aufsatz Des Pres 1988.

erlangen und einer amerikanisierten Version des Holocaust eine eigene entgegenzusetzen. Damit meine ich eine deutsche Version, die an einer wie auch immer gearteten Wahrheit festhält und nicht den Konventionen Hollywoods in der Shoah-Darstellung folgt.

Unsere Mütter, unsere Väter scheint eine weitere Stufe im deutschen Ringen um einen angemessenen Umgang mit den Verbrechen des Dritten Reichs zu repräsentieren. Nachdem die Äußerungen des Abgeordneten Martin Hohmann in seiner Rede zum Nationalfeiertag am 21.11.2003, die ihn seine politische Karriere kostete, keineswegs nur Empörung in der deutschen Öffentlichkeit hervorgerufen haben, versucht eine Produktion wie *Unsere Mütter, unsere Väter* nun offenbar zurückzurudern. Hohmann versuchte in seiner Rede, den Status des Opfers auch für die Deutschen zu reklamieren. "Wird hingegen darauf hingewiesen, auch Deutsche seien im letzten Jahrhundert im großen Stil Opfer fremder Gewalt geworden, so gilt das schon als Tabubruch",[3] so Hohmann in seiner Rede. Ganz so weit will die ZDF-Produktion offenbar nicht gehen, denn sie will ihre Protagonisten nicht freisprechen von Schuld, aber auch hier geht es um das Motiv: Täter, die auch Opfer sind. Dabei setzt die Produktion auf generationenübergreifende Kommunikation: Aus der Perspektive der Jugend entwickelt sie im generationenübergreifenden Gespräch zwischen Großeltern-, Elterngeneration und Enkeln, wie es denn nun *wirklich* war. Genau diesen Versuch aber hat die radikale Kunst, um die es mir hier geht, längst vollständig aufgegeben.

Denn Fakt ist, dass die Amerikanisierung des Holocaust, d. h. das Verständnis des Holocaust über amerikanische Sichtweisen und international dominante darstellerische Standards, jetzt wiederum in Deutschland unmittelbar auf die Aneignung eines solchermaßen amerikanisierten deutschen Ereignisses zurückwirkt, sodass die zurzeit in Deutschland entstehende Kunst von vornherein im Dialog mit amerikanischen Interpretationsweisen steht und deshalb auch vor diesem Kontext diskutiert werden muss. So ist z. B. ein Film wie der Levys ohne seine amerikanischen Vorläufer (wie Charlie Chaplins *The Great Dictator* von 1940) gar nicht denkbar. Aber auch *Unsere Mütter, unsere Väter*, das ein scheinbar genuin deutsches und authentisches Bild der Elterngeneration im Dritten Reich zeichnen will, wird in seinen Inszenierungsstrategien erst recht verständlich, wenn wir die Dokumentation vor dem Hintergrund richtungsweisender amerikanischer Produktionen wie z. B. der HBO-Miniserie *Band of Brothers* von 2001 betrachten.

Der Holocaust – ein künstlerisches Sujet wie jedes andere?

Die neue Skandal-Kunst scheint also zu zeigen, dass der Holocaust offenbar mit der Jahrtausendwende seinen Sonderstatus im Bereich der Kunst verloren hat und zu einem Objekt künstlerischer Auseinandersetzung wie jedes andere geworden ist. Damit wäre er zugleich in der kreativen Dynamik angekommen, die seit jeher die künstleri-

---

3   Hohmann 2003.

sche Auseinandersetzung mit der Realität begleitet hat: die Überschreitung etablierter Darstellungsweisen und die Suche nach neuen Formen des Ausdrucks sowie die Aushandlung von darstellerischer Grenzziehung und ihrer lustvollen Überschreitung, von Tabubruch und neuem fiktionalen Terrain.

Der Holocaust, so sieht es aus, ist nun zur Realität eines globalen kulturellen Gedächtnisses geworden, das ihn in einer international verbreiteten[4] – doch national unterschiedlich akzentuierten – Bilderwelt frei repräsentiert. Diese Bilderwelt aber ist, wie oben schon angesprochen, eine wesentlich amerikanische, d. h. von amerikanischen Medien hervorgebrachte und damit zutiefst von amerikanischen Sichtweisen geprägt. Was wir "Amerikanisierung" nennen, übersetzt sich somit folglich als "Mediatisierung". Daraus folgend verweist dieser Begriff dann auch auf die "amerikanische Mediendominanz" und des Weiteren auf die daraus folgende "Dominantsetzung amerikanischer Sichtweisen".[5]

In den neueren Kunstwerken findet nun, so meine Sichtweise, eine kritische Reflexion eben dieses Amerikanisierungsprozesses statt. Das bedeutet, es geht in dieser neuen Kunst immer weniger darum, wie der Holocaust dargestellt werden sollte, oder ob er überhaupt dargestellt werden kann. Dies sind die traditionsreichen Fragen der Moral, der Darstellungskonvention und der Grenzen von Repräsentation, Fragen, die die Kunst, die sich mit dem Holocaust auseinandersetzt, von Anbeginn zentral beschäftigt haben. Nein, diese Kunst beschäftigt eher die Frage, *wie* der Holocaust denn bislang dargestellt *wurde*. Und damit verschiebt sich das darstellerische Interesse der Künstler, die nun aus der zweiten oder auch schon dritten Nach-Holocaust-Generation stammen, deutlich in Richtung einer kritischen Reflexion der ganzen Holocaust-*Rhetorik* und des ganzen Diskurses um die Darstellbarkeit oder Nichtdarstellbarkeit des historischen Ereignisses. Das heißt, es geht nicht mehr um das historische Ereignis als solches, sondern um die spezifische Rhetorik und Ästhetik, mit der es konstruiert wird. Es findet, anders gesagt, eine Verschiebung vom Ereignis zum Diskurs statt. Genau diesen Schritt gehen Produktionen wie *Unsere Mütter, unsere Väter* nicht, da sie versuchen, ihre Inszenierungsstrategien als 'authentisch' zu vermarkten.

Der Paradigmenwechsel in der Holocaust-Darstellung scheint darin zu bestehen, dass nun offenbar in der "Skandalkunst" vom Anspruch einer authentischen Darstellung des Holocaust abgerückt wird und die Frage nach angemessenen Darstellungsformen in den Hintergrund tritt. Stattdessen reflektiert die neuere "Skandalkunst" die Natur eines semiotisierten, mediatisierten und amerikanisierten Holocaust und lotet dessen Dimensionen und Grenzen aus. Dies tut sie auch und gerade in der Art und Weise, wie sie sich der Bilderwelt, der "Ikonografie des Grauens", bedient, wie sie ihr Material einsetzt und dabei mit den bisher herrschenden Darstellungskonventionen spielt, sie ironisiert, attackiert, verwirft – oder respektiert. Das Bild "Self-Portrait at Buchen-

---

4 Vgl. hierzu Levy und Sznaider 2001.
5 Einen sehr nützlichen Überblick über den Prozess der Amerikanisierung des Holocaust geben Flanzbaum 1999 sowie Novick 2000.

wald: It's the Real Thing" (1991-93) vom amerikanischen Künstler Alan Schechner ist hier ein gutes Beispiel. Es handelt sich dabei um ein digital manipuliertes Foto, das im Original von der amerikanischen Kriegsreporterin Margaret Bourke-White bei der Befreiung des KZs Buchenwald aufgenommen worden war und ausgemergelte KZ-Häftlinge in ihrer Schlafbaracke vor den grob gezimmerten Bettstellen zeigt. In dieses berühmte Bild hat sich Schechner, ebenfalls in Häftlings-Montur, digital hineinmontiert. Er hält eine rot leuchtende Dose Diet Coke in die Kamera. Dieses Foto lässt sich vielfach deuten: Auf der einen Seite verweist es auf die Inszeniertheit des scheinbar dokumentarischen Fotos von Bourke-White, die offenbar die Häftlinge gebeten hatte, für das Foto noch einmal in ihrer Schlafbaracke zu posieren. Der Coca-Cola Slogan "It's the Real Thing", den Schechner in seinem Titel verwendet, weist darauf hin. Andererseits kritisiert der Künstler auch die Vermarktung des Holocaust, die "Holocaust Industry", um aus dem Titel von Norman G. Finkelsteins Untersuchung zu zitieren.

Diese Art Kunst legt offen, dass es die Medien sind, die einen zentralen Platz in der Vermittlung des Themas einnehmen und dass damit neben ethischen auch Fragen des Marketing und der Ästhetik die Darstellung des Massenmords dominieren. Sie zeigt, dass der Holocaust für die Nachgeborenen ein *ästhetisch mediatisiertes* Ereignis ist und im öffentlichen Bewusstsein heute primär ein Produkt der Populärkultur. Dieses Abschreiten neuen Terrains scheint die radikalen Tabubrüche, die von vielen als unerträglicher Skandal, als Beleidigung der Opfer des Massenmordes, als geschmacklos oder auch als unethisch verstanden werden, zu motivieren. Doch die Frage stellt sich: Ist das wahr? Ist diese Kunst respektlos den Opfern gegenüber? Wie sollen wir diese Kunst bewerten?

Die Holocaust-Komödie – der ultimative Tabubruch?

Um uns einer möglichen Antwort zumindest anzunähern, ist es hilfreich, eine bestimmte Untergruppe dieser Kunstwerke in den Blick zu nehmen, die Holocaust-Komödie in Romanform. Wie oben schon erwähnt, hatte die Sichtweise, dass die autobiografisch orientierten Darstellungsformen für die Repräsentation der Shoah die angemessenen seien, den Status eines Paradigmas inne und dominierte folglich die Kunst, die sich mit dem Holocaust beschäftigte. Darauf gründend und darüber hinaus entwickelte sich für die Repräsentation des Holocaust ein, wie Imre Kertész, ungarischer Schriftsteller, Literatur-Nobelpreisträger und Auschwitz-Überlebender, ihn nennt, "Holocaust-Konformismus", "ein Holocaust-Sentimentalismus, ein Holocaust-Kanon, ein Holocaust-Tabusystem und die dazugehörige zeremonielle Sprachwelt".[6]

Doch auch wenn schon mit dem Beginn der 1970er Jahre die ersten Werke erscheinen, die im darstellerischen Umgang mit dem Holocaust neue Wege beschreiten und nun zwei bislang für inkommensurabel gehaltene Dimensionen zusammenbringen, den

---

6 Kertész "Wem gehört Auschwitz?", 149-50.

Bereich der Komödie und die Darstellung der Shoah,[7] so wird der genuine Paradigmenwechsel erst Mitte der 1990er vollzogen. Nun erscheinen Romane wie Melvin Jules Bukiets *After* (1996) oder Jonathan Safran Foers *Everything Is Illuminated* (2002), die bewusst die Kraft der Repräsentation zelebrieren – jedoch unabhängig von Fragen der Authentizität und Wahrheit, jenen Fragen, die die Debatten um die Darstellbarkeit oder Undarstellbarkeit der Shoah immer begleitet hatten. Von diesen Kriterien verabschieden sich diese Texte, und sie folgen damit einem allgemeinen Trend, der sich aus den literaturtheoretischen Debatten der vergangenen dreißig Jahre erklärt, in denen sich die Vorstellung durchsetzte, dass Repräsentation und Sprache als bar jeder direkten Möglichkeit der Referenz auf eine außersemiotische Welt zu verstehen sind.

Das heißt, diese Romane setzen die grundsätzliche Einsicht um, dass körperliche Erfahrungen von Schmerz, Demütigung, Gewalt etc. sich einer mimetischen Repräsentation entziehen, dass es keinen künstlerischen Zugriff auf einen unmittelbaren, körperlichen, außer-semiotischen Realitätsbereich des Schmerzes gibt, dass Realität immer schon eine zeichenhaft-sprachlich gefasste ist. Der Holocaust ist in dieser Sichtweise nicht einzigartig, sondern nur *ein* Beispiel dessen, was nicht unmittelbar repräsentiert oder vermittelt werden kann. Er kann höchstens über unterschiedliche formale Strategien je anders *evoziert* werden. Durch die Abkehr von der Forderung, das historische Ereignis authentisch und in einer für angemessen erachteten Genreform zu repräsentieren, kann der Holocaust nun in seiner rhetorischen Verfasstheit, als mediatisierter, immer schon vermittelter aufgerufen und ausgeleuchtet werden. Die Texte zeigen, wie das Dokumentarische zur Folie erstarrt, das Authentische zum Mythos geworden ist und die Bilder des Holocaust zu einer Ikonografie des Grauens stilisiert worden sind. Demgegenüber sind jetzt Fragen nach der Konstruktion, Weitergabe und dem Erhalt von Wissen und Erinnerung zentral, die in der neuen Form ebenso verhandelt werden wie die schon erwähnten der Amerikanisierung und Funktionalisierung des Holocaust. Der böse Satz "There is no business like Shoah business" ist vielleicht der Ausdruck, der die kritische Stoßrichtung zumindest einiger dieser neuen Komödien zusammenfasst. Dabei wollen die Holocaust-Komödien weder ein Lachen über die Opfer des Massenmordes erzeugen, noch schmälern oder gar leugnen sie die Enormität des Verbrechens. Sie konfrontieren ihr Publikum vielmehr mit seinen eigenen imaginierten Holocaust-Vorstellungen, indem sie ihm die internalisierten, stilisierten Holocaust-Narrative vor Augen führen und damit in manchmal komischer, manchmal schockie-

---

7 Die ersten Werke wie z. B. Leslie Epsteins Roman *King of the Jews* (1979) erscheinen in den USA, die im darstellerischen Umgang mit dem Holocaust neue Wege beschreiten und den Paradigmenwechsel in der Repräsentation einleiten. Dies gilt auch für den Bereich des Films, wie z. B. Mel Brooks' Nazi-Persiflage *The Producers* (1969) oder Hal Ashbys *Harold and Maude* (1971) zeigen. Ähnliches gilt im Übrigen mit Jurek Beckers *Jakob der Lügner* (1969), Edgar Hilsenraths *Der Nazi und der Friseur* (1971 in den USA, 1977 in Deutschland) und Jakov Linds *Eine Seele aus Holz* (1962) auch für die deutschsprachige Literatur bzw. mit Herbert Achternbuschs *Das letzte Loch* (1981) auch für den deutschen Film.

render Art und Weise die Aufmerksamkeit darauf lenken, dass durch die weltweite Zirkulation der Geschichten bestimmte ästhetische Muster in der Holocaust-Repräsentation als Standard etabliert worden sind und diese Normen endlos reproduziert und auch vermarktet werden.

Doch wenn wir realisieren, dass der Holocaust nun vor allem ein ästhetisch mediatisiertes Ereignis ist, werden wir damit aber vielleicht der unfassbaren Realität des historischen Ereignisses sogar in ganz besonderer Weise gerecht. Ich folge hier einer Aussage Imre Kertész', der zur Realität von Auschwitz, so wie er sie erlebt hat, ausführt: "Ich selbst sah mich gezwungen, in mein 'Galeerentagebuch' zu schreiben: 'Das Konzentrationslager ist ausschließlich in Form von Literatur vorstellbar, als Realität nicht. (Auch nicht – und sogar dann am wenigsten –, wenn wir es erleben.)'"[8] Aus all dem folgt, dass wir auch in den ästhetischen Mustern der Holocaust-Geschichten, die von den Überlebenden geschrieben wurden, nicht dem Holocaust begegnen können, "wie er wirklich war", sondern dem Holocaust, wie er narrativisiert und ästhetisiert wurde (auch und gerade durch diejenigen, die ihn selbst erlebt haben). Indem die Holocaust-Komödien die Aufmerksamkeit auf genau diesen Umstand lenken, begehen sie den Tabubruch, den Holocaust als ästhetisches Ereignis zu begreifen und die Strukturen dieser Ästhetisierung offenzulegen. Und damit legen sie gleichzeitig offen, dass dies die einzige Form ist, in der der Holocaust den Nachgeborenen je gegenübertreten wird, sei es in der spezifischen Rhetorik der Historiografie, der Formensprache der Dokumentation, den vielfältigen literarischen Darstellungsmustern oder den Werken der bildenden Kunst. Und sie tun dies auf manchmal komische Art und Weise, die zugleich reflektiert, dass das Lachen über die Rhetorik der Holocaust-Darstellung auch die Position des Rezipienten in der Generationenfolge und damit die Nähe oder Ferne zum historischen Ereignis offenbart. Die dritte oder vierte Generation lacht eben anders als die zweite oder die der unmittelbar Betroffenen. Somit – und so möchte ich die oben aufgeworfene Frage, ob diese Art von Kunst die Opfer verhöhnt, beantworten – sind die Ziele des komischen Angriffs weder die Opfer des Holocaust noch die verbrecherischen Vorgänge selbst, sondern vor allem die Rituale der Erinnerungskultur oder auch die Prozesse der Mediatisierung und Amerikanisierung des historischen Ereignisses. Damit ironisieren die Texte bestimmte Effekte dieser Prozesse und möglicherweise auch die politisch korrekte Position des Lesers, aber sie machen sich nicht über die Opfer lustig, und sie behaupten auch keinesfalls, dass die Shoah komisch sei.

Doch ergibt sich an diesem Punkt gleich die nächste schwierige Frage, und zwar die, ob bei all diesen Verweisen und der Selbstreferentialität der Respekt vor den real erlittenen Qualen der Opfer überhaupt noch mitgedacht werden kann. Gerinnt auch die Geste des Mitgefühls zur rhetorischen Pose? Imre Kertész' Überlegungen zum Umgang der Nachgeborenen mit dem Leid der Opfer mögen zur Beantwortung dieser Frage hilfreich sein. In seinem Essay "Wem gehört Auschwitz?", in dem er sich gegen jegliche Form von "Holocaust-Stilisierung" ausspricht, schreibt Kertész: "Es scheint,

---

8 Kertész "Wem gehört Auschwitz?", 148.

dass mit dem Abklingen der lebendigen Empfindung das unvorstellbare Leid und die Trauer in der Qualität eines *Wertes* in einem weiterleben, an dem man nicht nur stärker als an allem anderen festhält, sondern den man auch allgemein anerkannt und angenommen wissen will."[9] Kertész führt diesen Gedanken noch weiter, denn bei ihm schreiben sich im Moment des Erkennens und Anerkennens die Nachgeborenen gleichzeitig in das Erbe des Holocaust ein, als Form der "Welterfahrung", denn

> [s]chließlich hat sich Auschwitz nicht im luftleeren Raum vollzogen, sondern im Rahmen der westlichen Kultur, der westlichen Zivilisation, und diese Zivilisation ist ebenso Auschwitz-Überlebender wie einige zehn- oder hunderttausend über die ganze Welt verstreute Männer und Frauen, die noch die Flammen der Krematorien gesehen und den Geruch des verbrannten Menschenfleisches eingeatmet haben.[10]

Die von ihm aufgeworfene Frage "Wem gehört Auschwitz?" beantwortet Kertész ganz eindeutig: den nächsten Generationen, solange sie Anspruch darauf erheben. Und es scheint mir, als würde die neue Kunst eben dies tun, als erhöbe sie Anspruch auf die Erinnerung an Auschwitz, und zwar in genau der Form der Wiederbemächtigung, in der sie dies für die nachgeborenen Generationen nur tun kann: als Imagination, als "Eingreifen der Fiktion",[11] wie Jorge Semprun es nennt, als Spiel mit tradierter Formensprache. Und damit, in diesem Akt bewusster und reflektierter Appropriation, vielleicht auch in einem Moment des Lachens, vollzieht sich meines Erachtens gleichzeitig der Akt des *Anerkennens* des Schmerzes des Anderen, den Kertész fordert.

Und es scheint so, als könne die neue Kunst diesen Schritt des Anspruch-Erhebens umso effektiver – oder zumindest: nicht minder effektiv – in einer neuen, weil in diesem Kontext ungewohnten und deshalb (noch) nicht entleerten Formensprache, vollziehen, eben gerade in den Genres der Komödie, Satire, Groteske, und in den Masken des Karnevalesken, Komischen, Makabren und Absurden. Doch nicht nur das: Für diejenigen, welche diesen Schritt nachvollziehen, bedeutet er zugleich eine tiefere Reflexion des eigenen Standpunktes im Geflecht der Anforderungen von Erinnern und Gedenken.

Bibliografie

Band of Brothers. Reg. Phil Alden Robinson et al. Prod. Mary Richards. HBO. 9. Sept.-4. Nov. 2001. Television.

Bukiet, Melvin Jules. *After*. New York: Picador-St. Martin's, 1996. Print.

Cole, Tim. *Selling the Holocaust: From Auschwitz to Schindler: How History is Bought, Packaged, and Sold*. London: Routledge, 1999. Print.

---

9 Kertész "Wem gehört Auschwitz?", 147 (Kursivschrift im Original).
10 Kertész "Die exilierte Sprache", 216.
11 Semprun 2003, 7.

Des Pres, Terrence. "Holocaust *Laughter?*" *Writing and the Holocaust.* Hg. Berel Lang. New York: Holmes & Meier, 1988. 216-33. Print.

Finkelstein, Norman G. *The Holocaust Industry: Reflections on the Exploitation of Jewish Suffering.* London: Verso, 2000. Print.

Flanzbaum, Hilene. "The Americanization of the Holocaust." *The Americanization of the Holocaust.* Hg. Flanzbaum. Baltimore: Johns Hopkins UP, 1999. 1-17. Print.

Foer, Jonathan Safran. *Everything Is Illuminated.* 2002. London: Penguin, 2003. Print.

Gilman, Sander. "Is Life Beautiful? Can the Shoah Be Funny? Some Thoughts on Recent and Older Films." *Critical Inquiry* 26.2 (2000): 279-308. Print.

Hohmann, Martin. "Der Wortlaut der Rede von MdB Martin Hohmann zum Nationalfeiertag." 3. Okt. 2003. *heise.de.* Heise Online, 31. Okt. 2003. Web. 18. März 2013.

Kertész, Imre. "Die exilierte Sprache." Übers. Christian Polzin. *Die exilierte Sprache: Essays und Reden.* Hg. Kertész. Frankfurt a. M.: Suhrkamp, 2003. 206-21. Print.

---. "Wem gehört Auschwitz? Zu Roberto Benignis Film '*Das Leben ist schön*'." Übers. Christian Polzin. *Die exilierte Sprache: Essays und Reden.* Hg. Kertész. Frankfurt a. M.: Suhrkamp, 2003. 147-55. Print.

La vita è bella. Reg. Roberto Benigni. Cecchi Gori Distribuzione, 1997. Film.

Levy, Daniel und Natan Sznaider. *Erinnerung im globalen Zeitalter: Der Holocaust.* Frankfurt a. M.: Suhrkamp, 2001. Print.

Mein Führer – Die wirklich wahrste Wahrheit über Adolf Hitler. Reg: Dani Levy. X Verleih, 2007. Film.

Novick, Peter. *The Holocaust in American Life.* Boston: Mariner-Houghton Mifflin, 2000. Print.

Rohr, Susanne und Andrew S. Gross. *Comedy – Avant-Garde – Scandal: Remembering the Holocaust after the End of History.* Heidelberg: Winter, 2010. Print.

Semprun, Jorge. "Vorwort." *Klaras NEIN.* Von Soazig Aaron. Berlin: Friedenauer Presse, 2003. 5-7. Print.

Train de vie. Reg. Radu Mihaileanu. Paramount Pictures, 1998. Film.

Unsere Mütter, unsere Väter. Reg. Philipp Kadelbach. Prod. Nico Hofmann/Teamworx. ZDF. 17.-20. März 2013. Television.

Der Untergang. Reg. Oliver Hirschbiegel. Constantin Film, 2007. Film.

Žižek, Slavoj. "Camp Comedy." *Sight and Sound* 27.4 (2000): 26-29. Print.

Selbstironie als Integrationsstrategie: Alexander Popes "Club of Little Men"

Susanne Rupp

Das Konzept der sozialen Inklusion erlebt derzeit eine beachtliche Konjunktur. Mit dem damit einhergehenden Anspruch, Integration und die Frage von Gruppenzugehörigkeit neu und grundsätzlicher als bisher zu denken, löst das Paradigma der Inklusion das der Integration ab. In Anbetracht der aktuellen Entwicklung kann es durchaus aufschlussreich sein, sich mit historischen Dimensionen des Umgangs mit Alterität vertraut zu machen. Die folgenden Ausführungen sollen hierzu einen Beitrag leisten, indem sie zu zeigen versuchen, wie im 18. Jahrhundert der Umgang mit missgestalteten Menschen im Kontext der bürgerlichen Kultur eine Wandlung erfuhr, innerhalb derer dem Humor eine strategisch wichtige Funktion zugestanden wurde. Wurde Humor bis zum 18. Jahrhundert vor allem im Sinne des Verlachens als Reaktion auf Andersartigkeit eingesetzt, erfährt Humor – zumindest in bürgerlichen Kreisen – im 18. Jahrhundert einen Funktionswandel, indem der humorvolle Umgang mit der eigenen Missgestalt zur Voraussetzung für gesellschaftliche Akzeptanz wird. Paradigmatisch für diesen Wandel ist Alexander Popes Praxis der Selbstironie, die sich unter anderem auch in der Gründung eines fiktiven "Club of Little Men" manifestierte und die er einsetzte, um seinen *wit* auszustellen und seine eigene Integration voranzutreiben.

Im Zeitalter der Entstehung einer bürgerlichen Öffentlichkeit erfreuten sich in der britischen Gesellschaft Clubs und 'societies' besonderer Beliebtheit.[1] In der Regel waren die erforderlichen Voraussetzungen für die Gründung eines Clubs niedrigschwellig und es genügte ein kleiner gemeinsamer Nenner hinsichtlich der Interessen, um den Auftakt für diese Form der Vergesellschaftung zu geben. Joseph Addison und Richard Steele beschrieben diesen Umstand im *Spectator* in lakonischen Worten: "When a Sett of Men find themselves agree in any Particular, tho' never so trivial, they establish themselves into a kind of Fraternity, and meet once or twice a Week."[2] Die frühen Clubgründungen waren in erster Linie informelle Zusammenkünfte, die vor allem der zwanglosen Geselligkeit unter Gleichgesinnten galten, während sich die späteren Gründungen durch eine stärkere Institutionalisierung auszeichneten, die sich beispielsweise in der Verabschiedung von Satzungen niederschlug.[3] Doch trotz aller Versuche, das Clubleben zu formalisieren, darf nicht vergessen werden, dass in erster Linie der

---

1 Der Historiker Peter Clark geht davon aus, dass es in der gesamten englischsprachigen Welt des 18. Jahrhunderts (d. h. im britischen Archipel und in Nordamerika) rund 25.000 Clubs und Gesellschaften gab. Vgl. Clark 2001, 61.
2 Addison und Steele 1964, 28.
3 Vgl. Clark 2001, 70.

Exzess in Gestalt von Trinkgelagen zur Praxis der meisten derartigen Bruderschaften gehörte.[4]

Die soziale Funktion von Clubs war durch eine paradoxe Dynamik gekennzeichnet: Auf der einen Seite strebten viele Mitglieder der englischen Gesellschaft nach der Verwirklichung von Individualität, darin dem Ideal des *free-born Englishman* folgend. Diese Tendenz zur Individualisierung konnte sich auch in von der bürgerlichen Norm abweichenden Verhaltensmustern niederschlagen, in der für die englische Kultur durchaus charakteristischen und tolerierten Exzentrik oder Skurrilität. Auf der anderen Seite boten Clubs und *associations* vor diesem Hintergrund einen Raum, in dem potenziell hochgradig individualisierte Menschen mit ihresgleichen zusammenkommen und Gemeinschaft im Zeichen der Differenz erleben konnten. Diese Institutionen boten damit die Möglichkeit, die Tendenz zur Vereinzelung zugleich zu kultivieren und in der Vergemeinschaftung für einen begrenzten Zeitraum zu überwinden.

Clubs und *societies* waren derart populär, dass sie auch für Satiriker ein dankbares Objekt der humoristischen Übung darstellten. So veröffentlichte Edward (Ned) Ward 1709 *A Compleat and Humorous Account of all the Remarkable Clubs and Societies in the Cities of London and Westminster*, in dem die meisten der 32 darin beschriebenen Clubs fiktiver Natur waren (mit Ausnahme des prominenten "Kit-Cat Club", eines Zusammenschlusses von Whig-Politikern und deren Sympathisanten). Das Buch lebt geradezu davon, dass die Grenze zwischen Realität und Fiktion geschickt verunklart wird. In London gab es zu diesem Zeitpunkt bereits eine ganze Reihe skurriler Clubs, sodass sich die erfundenen – wie in Wards Buch oder in den moralischen Wochenschriften – wenig von den realen unterschieden. Ein Blick in Edward Wards Typologie (fiktiver) Londoner Clubs lässt ebenso unterschiedliche Interessenprofile erkennen, wie sie auch die 'echten' Clubs beherrschten: Da gibt es zum einen die Gruppierungen der wissenschaftlich oder botanisch Interessierten (z. B. "The Vertuoso's Club", "The Florists Club") oder der weltanschaulich Umtriebigen ("Atheistical Club"). Im "Surly Club" kommen die Menschen zum Fluchen zusammen, im "Beef-Steak Club" huldigt man den kulinarischen Vorzügen des Rindfleischs sowohl durch den Verzehr desselben als auch in einschlägiger Panegyrik zum Thema (der Eintrag zum Club stellt auch die Gedichte "On an Ox" und "In Praise of Beef" vor), und das Anliegen des "Farting Club" ist selbsterklärend.[5] Während einige dieser skurrilen Vereinigungen dem Leser des 21. Jahrhunderts noch ein Schmunzeln entlocken können, ist dies bei Clubs, deren Grundlage physische Deformationen sind, kaum mehr möglich: Im "No-Nose Club", oder dem "Club of Ugly-Faces" werden die davon Betroffenen wenig einfühlsam vorgeführt. Ward erweist sich hierin als populistischer Satiriker, dessen Darstellung vor

---

4   Vgl. die Illustration "A Modern Midnight Conversation" in Ward. Hier sind alle Stadien des geselligen Beisammenseins dokumentiert: der Genuss von Punsch und Tabak, der Sturz vom Stuhl sowie erste Anzeichen von Kopfschmerzen.

5   Alle dargestellten Clubs verfügen über Satzungen und ahmen damit die von Clark beobachtete "formalization" nach, vgl. Clark 2001, 70.

allem darauf zielt, die Clubmitglieder mit ihren physischen Unzulänglichkeiten zu verlachen. So zum Beispiel verfügt der Gründer des "Club of Ugly-Faces" über "at least two Pounds of Nose"[6] und wird von seinen Mitmenschen unbarmherzig verspottet. Da er sich im Alltag gegen den Spott nicht zur Wehr setzen kann, gründet er einen Club, der nur Mitglieder mit einem vergleichbaren Handicap aufnimmt, sodass er erstmals "an equal Opportunity of returning their [der Clubmitglieder] Jokes" hat.[7]

Während das Lachen auf der intradiegetischen Ebene einen gemeinschaftsbildenden Effekt zeitigt, zeigt sich auf der extradiegetischen Ebene eine von einer doppelten Dynamik geprägte Tendenz. Der Erzähler nimmt unkritisch die Haltung des Verlachenden ein, zielt klar auf Ausgrenzung der beschriebenen Form physiognomischer Alterität und sucht über die im Verlachen ausgestellte 'Normalität' die Verbindung mit dem Leser. James Sambrook hat Edward Ward im *Oxford Dictionary of National Biography* darum auch als einen populären Autor klassifiziert und dessen "subjects and readership" als "vulgar" beschrieben. Der *Compleat and Humorous Account* ist passgenau auf diese Leserschicht zugeschnitten, denn die geselligen Aspirationen der Angehörigen der bürgerlichen Schicht – oder derer, die dazugehören wollten – werden überzeichnet dargestellt und dem Spott preisgegeben. Dazu gesellt sich derber 'Unterschichten'-Humor, welcher auf das Verlachen physischer Alterität zielt.

Im Folgenden möchte ich der besagten, bei Ward vorgestellten Gruppe – den Trägern physischer Handicaps – besonderes Augenmerk schenken. Während Ward dazu tendierte, deren selbstbewussten Umgang mit der eigenen Differenz als lächerlich zu inszenieren, entwickelte sich zeitgleich eine alternative Sicht- und Umgangsweise, welcher beispielsweise im *Spectator* – wie so häufig wegweisend bei der Ausbildung bürgerlicher Sensibilität – Ausdruck verliehen wurde. In der Ausgabe vom 20. März 1711 ist in einem Artikel zu lesen, dass wahre Stärke vor allem darin bestünde, zu den eigenen Unzulänglichkeiten zu stehen und diese als unabänderlich zu akzeptieren: "[...] it is [...] an honest and laudable Fortitude to dare to be Ugly [...] to keep our selves from being abashed with a Consciousness of Imperfections which we cannot help, and in which there is no guilt."[8] Das Verlachen von hässlichen Attributen – die hier sehr diplomatisch nur angedeutet werden – wird als nicht standesgemäß und somit zum Zeichen mangelnder Bildung erklärt:

> It is to the ordinary People, who are not accustomed to make very proper Remarks on any Occasion, matter of great Jest, if a Man enters with a prominent Pair of Shoulders into an Assembly, or is distinguished by an Expansion of Mouth, or Obliquity of Aspect.[9]

Während der Betrachter dazu angehalten wird, unreflektierte Scherze zu meiden, skizzieren die Autoren zugleich einen idealen Träger des Handicaps, der dazu in der Lage ist, mit gepflegter Selbstironie und daraus resultierender Gelassenheit seinen Mitmen-

---

6   Ward 1709, 51.
7   Ibid., 52.
8   Addison und Steele 1964, 52.
9   Ibid., 53.

schen – vor allem schreckhaften Damen und Kindern – den Umgang mit ihm zu erleichtern und seiner Integration damit Vorschub zu leisten:

> It is happy for a Man, that has any of these Odnesses about him, if he can be as merry upon himself, as others are apt to be upon that Occasion: When he can possess himself with such a Chearfulness, Women and Children, who are at first frighted at him, will afterwards be as much pleased with him. As it is barbarous in others to railly him for natural Defects, it is extreamly agreeable when he can Jest upon himself for them. [...] The best Expedient therefore is to be pleasant upon himself.[10]

Sowohl das Schämen für als auch das Verlachen von "Odnesses" wird als sozial inadäquat markiert und von einer Kultur der Selbstironie abgelöst, welche es dem Betroffenen erlauben soll, aus der Rolle des erleidenden und verlachten (oder auch verängstigenden) Objekts in die Rolle eines selbstbestimmten Subjekts zurückzufinden, welches durch einen offensiven, aber zugleich moderaten, humorvollen Umgang mit seinen eigenen Unzulänglichkeiten die eigene Integration aktiv vorantreibt und ermöglicht. Die Proben aufs Exempel werden dann auch gleich vorgeführt in der Gestalt sowohl zeitgenössischer ("Madam *Maintenon's* first Husband was an Hero in this Kind"[11]) als auch literarischer Persönlichkeiten (Shakespeares Prince Harry sowie Falstaff). Der *Spectator*, der stets sensibel auf neue gesellschaftliche Trends reagierte, erkannte die Möglichkeiten, die sich in der Formation eines Clubs für Träger eines Handicaps ergaben. Es wird berichtet von einem fröhlichen ("Merry"[12]) Club aus Oxford (eine Hochburg des Clubwesens, was dem Umstand geschuldet war, dass ein Großteil der Population aus Studenten und Junggesellen bestand), über dessen Existenz der Leserbrief eines "Alexander Carbuncle" informiert. Dieser Brief dokumentiert die Kultur der Selbstironie in idealer Weise – "it abounds with the Spirit of Mirth and good Humour"[13] – und verdiene es deshalb, so die Herausgeber, vollständig abgedruckt zu werden. Aus diesem Brief erfahren die Leser, dass es in Oxford zunächst einen "Handsom Club" gab, dessen Mitglieder sich durch programmatische Selbstverliebtheit auszeichneten. Vom Geist der "Burlesque" angetrieben, kam es zu einer Gegengründung, dem "Ugly Club". In diesem Club walten – dem Zeitgeschmack folgend – strenge Regeln: Die engen Auswahlkriterien sind in einer "Table entitled *The Act of Deformity*" niedergelegt und sehen beispielsweise vor, dass ein neues Mitglied eine Antrittsrede "in praise of *Aesop*", dem der Ruf anhing, besonders hässlich gewesen zu sein, zu halten hat.[14] Die Frage, ob es diesen Club tatsächlich gegeben hat, oder ob es

---

10 Addison und Steele 1964, 53. Es fällt auf, dass sich die gegebenen Verhaltensregeln nur auf Männer beziehen. Dass Frauen nicht berücksichtigt wurden, mag dem Umstand geschuldet sein, dass der Wirkungskreis bürgerlicher Frauen auf die Privatsphäre beschränkt war. In diesem vertrauten Kontext bedurfte es – aus Sicht des *Spectators* – keiner weiteren Verhaltensmaßregeln.
11 Ibid.
12 Ibid.
13 Ibid., 52.
14 Ibid., 54. Gelegenheitsdichtung spielte in diesem – und anderen – Clubs eine wichtige Rolle. So zum Beispiel ist von einer "Congratulatory Ode inscrib'd to Mrs. *Touchwood*, upon the loss of her two Fore-teeth" (ibid., 55) die Rede.

sich um eine Fiktion handelt, ist letztlich unerheblich. Entscheidend ist, dass in diesem Kreis deutlich überzeichnet das praktiziert wird, was im *Spectator* programmatisch entwickelt wurde: ein kontrolliert humorvoller und selbstironischer Umgang mit physischer Alterität, der eines *gentleman* würdig und dergestalt untrennbar mit dem Anspruch auf eine Position im bürgerlichen Sozium verbunden ist.

In diesem Beitrag des *Spectator* wird ein Wandel in der Wahrnehmung von *deformity* sichtbar, der für das 18. Jahrhundert insgesamt charakteristisch ist. In der Geschichte des Umgangs mit physischer Alterität lassen sich verschiedene Konzeptualisierungen des Verhältnisses von Körper und innerem Menschen ausmachen. Während im Mittelalter Deformationen häufig noch als Ausdruck einer sündhaften Disposition gedeutet und die Betroffenen mit Verachtung und Spott überzogen wurden, wurde dieser Konnex in der frühen Neuzeit zunehmend gelockert.[15] Ein erster Schritt in diese Richtung findet sich in Francis Bacons Essay "Of Deformity".[16] In Abgrenzung von der mittelalterlichen Position bewertete Bacon körperliche Missbildung nicht mehr als 'Zeichen' für etwas anderes, etwa einen sündhaften Charakter, sondern konstatierte eine davon unterschiedlich gelagerte Kausalverbindung zwischen Deformiertheit und charakterlicher Disposition. "Deformity" wurde von Bacon als Auslöser für die Entwicklung bestimmter Verhaltensmuster beschrieben: "Therefore it is good to consider of deformity, not as a sign, which is more deceivable; but as a cause, which seldom faileth of the effect." Einer der häufig anzutreffenden und aus der Benachteiligung resultierenden Charakterzüge ist nach Bacon ein Mangel an Warmherzigkeit ("natural affection"). Ein weiteres Charakteristikum findet sich in der Kühnheit und Verwegenheit vieler Deformierter, die diese, so sie über "spirit" verfügen, notwendig entwickeln müssen, um sich vor Verachtung und Hohn zu schützen. Was zunächst aus einer Verteidigungshaltung erwächst, entwickelt sich zu einer Strategie, die darauf zielt, die Schwächen der Anderen zu erkennen und auszunutzen, "that they may have somewhat to repay". Begünstigt wird dieses Verhalten durch die wenig ausgeprägte Eifersucht Höherrangiger, da sich diese den Benachteiligten gegenüber stets als überlegen betrachten, sowie der sozial gleichrangigen "competitors", die das Potenzial der Benachteiligten nicht erkennen und die Konkurrenz schlicht unterschätzen. In einem physisch deformierten *great wit* erweist sich die Notwendigkeit der Kompensation von Nachteilen insofern als ein Vorteil, als dass diese den sozialen Aufstieg begünstigt. Auch wenn Bacon betont, dass unter diesen deformierten Menschen immer wieder auch "excellent persons" anzutreffen seien, so ist sein Essay doch von einer Grundhaltung des Misstrauens gegenüber diesen 'Anderen' gekennzeichnet.

Bacons Sichtweise wurde im frühen 18. Jahrhundert noch geteilt, wenn auch die machiavellistischen Züge der 'Deformierten' in den Hintergrund gedrängt und der kompensierende *wit* deutlich positiver bewertet wurden, so zum Beispiel in der 1741 in

---

15 Vgl. Turner 2006, 4ff.
16 Bacon 1985, 191-92. Alle Zitate in diesem Absatz entstammen diesen Seiten.

Frankreich erschienenen und europaweit rezipierten *Orthopaedia: Or, the Art of Correcting and Preventing Deformities in Children* von Nicholas Andry:

> The Blemishes of the Body are so far from indicating any Defect of the Mind, that on the contrary they are frequently made up by some Excellencies of the latter. It is observable, for example, that they who are hump-backed have for the most part a great deal of Wit. If you run over the other Deformities of the Body, you will find that this Compensation we are speaking of, is by no means peculiar to hump-backed People alone. Besides, do not we every day see Persons extremely handsome and well-shaped, who are stupid, and void of all Merit?[17]

Zusammenfassend kann festgehalten werden, dass das determinierte Verhältnis von körperlichen Eigenschaften und psychischer Disposition im 18. Jahrhundert zunehmend infrage gestellt und darüber hinaus die Bestimmung dessen, was als deformiert zu gelten habe, einer Revision unterzogen wurde.[18] Diese Tendenz – die moralische Aufwertung von *deformity* – lässt sich im oben vorgestellten Beitrag aus dem *Spectator* gut nachvollziehen: Dessen Autoren plädieren dafür, wie Bacon, dem Handicap mit *wit* zu begegnen bzw. dieses damit zu kompensieren. Allerdings gehen die Autoren des 18. Jahrhunderts in ihrer Definition des *wit* weiter als Bacon: *Wit* bezeichnet nicht nur soziale Intelligenz und Durchsetzungsfähigkeit, sondern auch Humor im Sinne von Selbstironie, welche gewissermaßen die Flucht nach vorne antritt, potenzielle Angriffe ins Leere laufen lässt, Integration befördert und damit den sozialen Frieden zu wahren hilft.

Alexander Pope bediente sich dieser modernen Strategien in idealer Weise: Er war von Geburt aus von sehr kleiner Statur (unter "5 feet", d. h. 1,52 Meter) und litt am sogenannten "Pott's disease", einer Form von Tuberkulose, welche bereits in jungen Lebensjahren zu einer starken Verkrümmung der Wirbelsäule führte. Begabt mit einem phänomenalen 'wit', kompensierte er seine Benachteiligung nicht nur in Form satirischer Sicht auf Andere, sondern auch durch die Praxis der Selbstironie.[19] Bereits in seinen frühen Briefen war das Bewusstsein für die eigene Alterität deutlich ausgeprägt. So beschrieb er sich selbst in einem Brief an seinen älteren Vertrauten Henry Cromwell als "that little Alexander the women laugh at".[20] Allerdings erwies sich der gelegentlich Verlachte auch als ausgesprochen wehrhaft, und in Maynard Macks Pope-Biographie lesen wir, dass seine Deformiertheit sowohl im *self-fashioning* des Autors als auch in der öffentlichen Wahrnehmung thematisiert wurde und einer glänzenden Karriere nicht im Weg stand: "[B]y the time he began to be known as a successful poet he was already established in his own mind and in the minds of others as a dwarf and

---

17 Andry 1743, 172.
18 Vgl. auch Turner 2006, 5.
19 Diese praktiziert er beispielsweise in seinen *Horatian Poems*. Pat Rogers hat dieses Verfahren als "comic diminuition through ironic self-display" beschrieben (Rogers 1972, 125).
20 Zit. in Mack 1985, 148. Nach dem Bekanntwerden des Todes von zwei weiteren kleinwüchsigen Zeitgenossen schrieb Pope in einem Brief an Henry Cromwell vom 24. Juni 1710: "I may now without vanity esteem my self the least thing like a Man in *England*." (Sherburn 1956, 89)

cripple."[21] Sowohl seine Bewunderer als auch seine Kritiker bezogen sich regelmäßig auf sein Äußeres. So feierte William Fortescue Pope in einer Traumvision als den Nachfolger Apollos, in einer Apotheose, die keinen Hehl aus der kleinen Statur des Gefeierten machte: "Among those few that were entered I observed a young Person of small stature, but a wonderful sweetness and Vivacity in his look, sitting with Nine beautiful maids dancing round him ... he was crowned with Lawrel...."[22] Die wenig schmeichelhaften Invektiven seiner Gegner sind hinreichend dokumentiert, und es genügt, an dieser Stelle auf die umfangreiche Bibliografie zu Pamphleten gegen Pope zu verweisen, die sich allesamt an seiner Deformiertheit sowie seiner Zugehörigkeit zur katholischen Kirche abarbeiten.[23]

Dem Zeitgeschmack folgend, war auch Pope ein Mann der Clubs. Mit Jonathan Swift, John Gay und Thomas Parnell gründete er den sogenannten "Scriblerus Club" (1713/14), in dem man gemeinsam den *dunces* den Kampf ansagte. Darüber hinaus tat sich Pope jedoch auch als 'Gründer' eines fiktiven Clubs hervor, dem "Club of Little Men". Am 25. und 26. Juni 1713 erschienen diesbezüglich im *Guardian* zwei Briefe zu dieser Einrichtung, deren Verfasser mit 'Bob Short' zeichnete.[24]

Kleine Männer hatten in der Literatur des 18. Jahrhunderts durchaus Konjunktur: Man denke etwa an Gullivers Begegnung mit den Bewohnern Liliputs oder an Henry Fieldings Tom Thumb, den Helden des gleichnamigen Dramas. Während sowohl bei Swift als auch bei Fielding die Diminution dazu diente, einen Perspektivenwechsel zu erzielen, welcher Distanzierung und somit satirische Darstellung erlaubte (bei Swift richtete sich die Kritik gegen die zeitgenössische Politik, Fielding persiflierte mit seinem kleinen Helden das heroische Drama und den damit einhergehenden Kult um den Helden), nimmt Popes Artikel seinen Verfasser selbst in den Blick und präsentiert dessen Fähigkeit zur Selbstironie, die wiederum zur Grundlage gesellschaftlicher Akzeptanz werden sollte.

In den den Briefen vorangestellten Worten der Herausgeber des *Guardian* heißt es:

> It is the great Rule of Behaviour to follow Nature, the Author of the following Letter is so much convinced of this Truth, that he turns what would render a Man of a little Soul exceptious, humoursome, and particular in all his Actions, to a Subject of Railery and Mirth. He is, you must know, but half as tall as an ordinary Man, but is contended to be still at his Friend's Elbow, and has set up a Club, by which he hopes to bring those of his own Size into a little Reputation.[25]

Diminution erscheint hier nicht primär als satirische Technik, sondern als das, was die kleinen Männer auszeichnet und eben ihre 'Natur' ist. Dieser Natur habe man – gemäß

---

21 Mack 1985, 153.
22 Zit. in ibid., 185-86.
23 Vgl. Guerinot 1969.
24 Pope 1936, 121-29. Die Verfasserschaft Popes ist durch Richard Steele belegt, vgl. ibid., lvii.
25 Aus dem *Guardian* Nr. XCI vom 25. Juni 1713, online einsehbar unter "British Newspapers 1600-1950" (find.galegroup.com). Diese Einleitung wurde nicht in Aults Ausgabe der *Prose Works of Alexander Pope* (1936) aufgenommen.

der klassizistischen Etikette – zu folgen. Das heißt: Kleine Männer sollen zu ihrer Größe stehen und diese nicht zu verschleiern oder zu manipulieren suchen. Im Bekenntnis zur eigenen Kleinwüchsigkeit wird wahre Größe erst erkennbar. Während "a man of a little soul", der nicht mit sich im Reinen ist und mehr scheinen möchte, als er tatsächlich ist, Schwierigkeiten im Umgang bereitet, zeigt der selbstironische, die eigene Unzulänglichkeit dem gutmütigen Spott ("railery") und Frohsinn ("mirth") aussetzende kleine Mann wahre Größe.

Alexander Popes Club der kleinen Männer ist nach dem etablierten Schema englischer Clubs des 18. Jahrhunderts organisiert: Die Mitglieder sind auf eine Parole eingeschworen ("*Dare to be Short*"[26]), müssen den Aufnahmekriterien genügen, d. h. nicht größer als "*five Foot*" sein,[27] die Gründung erfolgt am kürzesten Tag des Jahres und wird jährlich bei einem "Dish of *Shrimps*" begangen. Die Zusammenkunft findet in der "*Little Piazza*" statt, die Räumlichkeiten sowie die Möblierung des Clubs werden den Größenverhältnissen der Mitglieder angepasst. Gegenstand der Statuten ist der Umgang mit Mitgliedern, welche die Gesetze der Natur missachten und zu manipulieren trachten, etwa durch das Tragen von hohen Perücken, großen Hüten und Schuhen mit Absätzen oder den Gebrauch großer Pferde und Sitzerhöhungen. Diese Formen des Fehlverhaltens werden als "an open Renunciation of Littleness" behandelt und sofort geahndet: Der Schuldige wird ausgeschlossen ("the Criminal shall instantly be expell'd") und mit den Worten "*Go from us, and be tall if you can!*" verabschiedet.[28] Im zweiten Brief werden die einzelnen Mitglieder mit ihren Eigenschaften und Qualitäten beschrieben. Hier fällt vor allem der Dichter Dick Distick auf, welcher aufgrund seines vorbildlichen Umgangs mit seiner Körpergröße zum Präsidenten avanciert und wohl auf Popes eigene Erscheinung anspielt:

> [...] he has entertain'd so just a Sense of the Stature, as to go generally in Black that he may appear yet Less. Nay, to that Perfection is he arrived, that he *stoops* as he walks. The Figure of the Man is odd enough; he is a lively little Creature, with long Arms and Legs: A Spider is no ill Emblem of him. He has been taken at a Distance for a *small Windmill*.[29]

Wie Pope widmet sich auch Dick Distick der Übersetzung antiker Epen. Er nimmt sich jedoch nicht Homer, sondern Statius vor. Dessen *Thebaïde* feiert einen kleinen Helden,

---

26 Pope 1936, 121.

27 Allerdings behaupteten viele der angeschriebenen Kandidaten, dass sie aufgrund Überschreitens der geduldeten Größe nicht qualifiziert seien.

28 Ibid., 124.

29 Ibid., 125. Martinus Scriblerus, Popes archetypischer *dunce*, ist dagegen groß gewachsen: "In the Reign of Queen ANNE, [...] thou may'st possibly, gentle Reader, have seen a certain Venerable Person who frequented the Outside of the Palace of St. James's, and who by the Gravity of his Deportment and Habit, was generally taken for a decay'd Gentleman of Spain. His stature was tall, his visage long, his complexion olive, his brows were black and even, his eyes hollow yet piercing, his nose inclin'd to Aquiline, his beard neglected and mix'd with grey: All this contributed to spread a solemn Melancholy over his countenance." (Pope 1741, 1-2)

den Tydeus, der zu einem Allgemeinplatz in der Geschichte 'kleiner Männer' geworden war, denn es hieß an einer Stelle: "Major in exiguo regnabat corpore virtus."[30]

Als charakteristisches Merkmal des Textes erfüllt die Selbstironie die im *Spectator* erhobene Forderung nach spielerischer Akzeptanz der eigenen Missgestalt. Diese Form der Selbstakzeptanz soll es wiederum der Gesellschaft erleichtern, den gelassenen Umgang mit Andersartigkeit zu pflegen. Benachteiligung wird durch *wit* ausgeglichen, jedoch nicht in der von Bacon beschriebenen machiavellistischen Form, die in der Vertikalen agiert, sondern als eine horizontal ausgerichtete Strategie, die zur Integration führen soll. Mit der Flexibilität seines *wit* – er kann sich sowohl gegen seinen eigenen Urheber als auch gegen Außenstehende richten – erweist sich dessen Träger als kultiviert und um den Zusammenhalt der besseren Gesellschaft bemüht, da Differenzen als relativ und damit überwindbar dargestellt werden.

Die Rezeption von Popes Umgang mit seiner Missbildung und die Wahrnehmung seiner Selbstinszenierung als ein kultiviertes, der selbstironischen Reflexion fähiges Mitglied der Gesellschaft nahm unterschiedliche Formen an. So gab es Zeitgenossen, die, wie bereits oben geschildert, ihn mit Häme und Spott überzogen und auch vor persönlichen Beleidigungen nicht zurückschreckten. John Dennis, einer der vielen Erzfeinde Popes, ist hierfür ein gutes Beispiel: In seinen *Remarks on Mr. Pope's Rape of the Lock* kommentierte Dennis den zwölften Vers des Gedichts ("And lodge such daring Souls in little Men?") und erkennt darin die von Pope im *Guardian* zitierte Stelle aus Statius' Epos. Dennis greift diesen Vers auf und wendet ihn gegen Pope: "Yes certainly, daring Souls dwell often in little Men, and for that very Reason, because they are little Men. Did he never hear of what Statius says of little Tydeus: totosque infusa per artus / Major in exiguo regnabat corpore virtus."[31] Dennis liest Statius im Sinne der von Bacon propagierten Theorie: Es ist just die körperliche Beschränktheit, die den Anlass zur Entwicklung besonderen Wagemutes gibt. Dennis belässt es jedoch nicht bei dieser Wendung und greift Pope im Folgenden direkt an (der informierte zeitgenössische Leser konnte nicht umhin, diese Zeilen auf Pope selbst zu beziehen): "I myself know a little Monster, who, I dare venture to prophesy, will one Day shew as daring a Soul as a mad Indian who runs a muck."[32] Der kleine Dichter wird nicht nur als Monster beschrieben, sondern auch zu zwei weiteren Alteritätsdiskursen in Bezug gesetzt, dem der Wilden und dem der Wahnsinnigen. In Dennis' Darstellung kann sich der kleinwüchsige Dichter, den er selbst gerne als "the little Gentleman" beschreibt, nur durch Beherrschung behaupten.[33] Der integrierende Humor eines *Spectator* oder eines Alexander Pope ist in weite Ferne gerückt.

Eine positive Würdigung erfuhr Popes Selbstdarstellung in William Hays Schrift *Deformity: An Essay* (1765), welche dieser in bester essayistischer Tradition zur Selbst-

---

30 Pope 1936, 125. "Im kleinen Körper herrschte ein größerer Mut."
31 Dennis 1943, 325.
32 Ibid., 351.
33 Ibid., 325.

erkundung – auch er war kleinwüchsig und buckelig – verfasst hatte. Sein Ziel beschrieb er als "to write of Deformity with Beauty",[34] womit er seine eigene Situation mittels ästhetischer Gestaltung reflektieren wollte. Zum Zeitpunkt der Niederschrift des Textes war Hay aufgrund seiner politischen Aktivitäten bereits in einer gesellschaftlich arrivierten Position und Mitglied des Unterhauses. Voller Bedauern blickte er jedoch auf seine jungen Jahre zurück, als man von ihm erwartet hatte, dass er sich für sein Äußeres zu schämen habe. Seine Verbundenheit mit Alexander Pope im gemeinsamen Schicksal der Missbildung kommt in dieser Schrift immer wieder zum Ausdruck. So empfindet er Empathie ob der harten Angriffe auf die äußere Person Popes, welchen dieser immer wieder zum Opfer fiel: "Unmerited Reflections on a Man's Person are hard of Digestion. Men of Understanding have felt them. Even Mr. *Pope* was not invulnerable in this Part."[35]

Im Umgang mit Missbildung unterscheidet Hay grundsätzlich zwischen groben Angriffen und freundschaftlichen Scherzen. Die gegen Popes Äußeres gerichteten Invektiven werden unter Ersteren subsumiert, die "little innocent Pleasantry" eines Freundes wird hingegen als "an Instance of sincere Kindness and Affection" gewertet.[36] Nur ein "churl" könne die Neckereien eines Freundes als Angriff missverstehen. Bei seinem Versuch, gesellschaftliche Umgangsformen mit Missbildung systematisch darzulegen, nimmt Hay auch schichtenspezifisches Verhalten in den Blick und gelangt dabei zu der Einsicht, dass die kultivierte bürgerliche Gesellschaft mit Benachteiligten in der Regel taktvoll umzugehen wisse, "[b]ut the scene changes extremely when I get into a Mob". Hay beschreibt diese Differenz als "the Barrier between the Mob and the civilized Part of Mankind".[37] Im Gegensatz zu Bacon fällt es Hay schwer, spezifische Vorteile zu erkennen, die aus der Situation des Missgebildeten erwachsen (wenn man einmal von sekundären Krankheitsgewinnen wie der "temperance" absieht[38]). Während Bacon Missbildung als einen Vorteil im Konkurrenzkampf betrachtete, hebt Hay hervor, dass derart Benachteiligte erst Vorurteile aus dem Weg räumen müssen, bevor sie überhaupt wahr- und ernstgenommen werden. Selbst eine hohe gesellschaftliche Position kann die Missbildung nicht vergessen machen, denn sie begleitet ihren Träger "like his Shadow", und der Deformierte ist vor "contempt" und "Ridicule of the Vulgar" nie sicher.[39] Andere Eigenschaften, die Bacon den Missgebildeten zuschrieb – den Mangel an "natural affection" sowie überdurchschnittliche "boldness" – weist Hay mit dem Hinweis auf seine eigene Empathiefähigkeit und Schüchternheit zurück. Allein der Humor gilt ihm als geeignetes Instrument, die missliche Situation des Missge-

---

34 Hay 1765, 6.
35 Ibid., 8.
36 Ibid.
37 Ibid., 8f. Für die modernen Clubs, wie den "Ugly Club", hat Hay wenig übrig, denn wenn ähnlich missgebildete Menschen gemeinsam auftreten, erregen sie gesteigerte Aufmerksamkeit.
38 Ibid., 15.
39 Ibid., 20.

bildeten zu entschärfen. Da er stets damit rechnen muss, verlacht zu werden, tut er gut daran, in heiklen gesellschaftlichen Situationen Schlagfertigkeit und Selbstironie unter Beweis zu stellen: "And his Triumph will be complete, if he can exceed others in Pleasantry on himself. Wit will give over when it sees itself out-done."[40] Auch wenn *wit* zeitweilig zu einer Verbesserung der eigenen Lebenssituation beitragen kann, ist für Hay – und hierin geht er einen Schritt weiter als der *Spectator* oder als Pope – letztlich ein Paradigmenwechsel im Umgang mit Missbildung notwendig, um eine wirkliche Integration herbeizuführen:

> POSTSCRIPT. Since I finished this Essay, I am in Doubt whether I ought not to change the Title. For I have heard of a very ingenious Performance, called *The Analysis of Beauty*, which proves incontestibly, that it consists in Curve Lines: I congratulate my Fraternity; and hope for the future the Ladies will esteem them *Des Beaux Garçons*.[41]

Dies ist der Kern der von Hay mit sichtlichem *wit* vorgetragenen und von Hogarth inspirierten Utopie: eine Kultur, in der Unregelmäßigkeit ("Curve Lines") und Schönheit zusammengedacht werden können und einander nicht mehr ausschließen müssen; eine Zukunft, in der dem missgebildeten Körper Würde und ästhetische Qualität zugestanden wird; eine Welt, in der es nicht mehr des *wit* bedarf, um Alterität in Integration zu überführen.

Bibliografie

Addison, Joseph und Richard Steele. *The Spectator*. Hg. Gregory Smith. Bd. 1. London: Dent, 1964. Print. 4 Bde.

Andry, Nicolas. *Orthopaedia: Or, the Art of Correcting and Preventing Deformities in Children*. 2 Bde. London, 1743. Print.

Bacon, Francis. *The Essays*. Hg. John Pitcher. Harmondsworth: Penguin, 1985. Print.

Clark, Peter. *British Clubs and Societies 1580-1800: The Origins of an Associational World*. Oxford: Oxford UP, 2001. Print.

Dennis, John. *Remarks on Mr. Pope's Rape of the Lock. In several letters to a friend. With a preface, occasion'd by the late Treatise on the profound, and the Dunciad*. 1728. *The Critical Works of John Dennis*. Hg. Edward Niles Hooker. Bd. 2. Baltimore: The Johns Hopkins Press, 1943. 322-52. Print.

Guerinot, J. V. *Pamphlet Attacks on Alexander Pope 1711-1744: A Descriptive Bibliography*. London: Methuen, 1969. Print.

Hay, William. *Deformity: An Essay*. Dublin, 1765. Print.

Mack, Maynard. *Alexander Pope: A Life*. New Haven: Yale UP, 1985. Print.

---

40 Hay 1765, 32.
41 Ibid., 43. Zur Neubewertung der 'line of beauty' vgl. auch Sterne 453-55.

Pope, Alexander. "Introduction to the Reader." *Memoirs of the Extraordinary Life, Works, and Discoveries of Martinus Scriblerus*. Dublin,1741. Print.

---. *The Prose Works of Alexander Pope*. Hg. Norman Ault. Bd. 1. Oxford: Blackwell, 1936. Print.

Rogers, Pat. "Pope and the Social Scene." *Alexander Pope: Writers and their Background*. Hg. Peter Dixon. London: Bell, 1972. 101-42. Print.

Sherburn, George, Hg. *The Correspondence of Alexander Pope*. 1704-18. Bd. 1. Oxford: Clarendon, 1956. Print.

Sterne, Laurence. *Tristram Shandy*. Harmondsworth: Penguin, 1986. Print.

Turner, David. "Introduction: Approaching Anomalous Bodies." *Social Histories of Disability and Deformity*. Hg. David M. Turner und Kevin Stagg. London: Routledge, 2006. 1-16. Print.

Ward, Edward. *A Compleat and Humorous Account of all the Remarkable Clubs and Societies in the Cities of London and Westminster*. London, 1709. Print.

"Ward, Edward [Ned] (1667-1731)." *Oxford Dictionary of National Biography*. Oxford UP, 2004. Web. 18. Sept. 2013.

Gelehrte Narretei:
Zum satirischen Rubrizieren der deutschen *academia*

Jörg Schönert

Nach einem ersten Aufflackern in der griechischen Literatur der Antike begleitete die Gelehrten-Satire seit dem 16. Jahrhundert die Entwicklung der *academia* im europäischen Raum. Zu einer Hochkonjunktur kam es im 18. Jahrhundert;[1] in der deutschsprachigen Literatur entbrannte ein Wetteifer mit den großen Satirikern der englischen Literatur[2] und den französischen Autoren. Selbstgefälligkeit und Ehrsucht, Vielschreiberei und Pedanterie, Weltfremdheit und Hypochondrie, Schulfuchserei und Streitsucht der "gelehrten Narren" wurden zu bevorzugten Themen einer Autoren-Phalanx, die von Liscow, Rabener, Hagedorn, Lessing, Justi, Lichtenberg, Wieland und Wezel bis hin zu Jean Paul reicht.[3] Alexander Košenina erschließt mit seiner glänzenden Studie zum "gelehrten Narren" diese Tradition bis in die literarische Gegenwart mit ihrem Vorzeigebereich der Campus-Romane.[4]

In meinem Beitrag will ich einer Nebenstraße folgen: dem Anlegen ironisch-satirischer Wörterbücher mit ihren Einträgen zum Gelehrtentum. Die Wörterbücher, Lexika und Enzyklopädien dokumentierten im 18. Jahrhundert das erreichte hohe Niveau der Gelehrsamkeit. Zugleich wurde diese Vermittlung akademischer Leistungen in die wissensdurstige Öffentlichkeit genutzt zur Inszenierung sowohl von Unernst als auch von satirischer Selbstkritik[5] – und das war gut so.[6] Ich kümmere mich also weder um die satirischen Ausarbeitungen zur Repräsentation des Gelehrten im Drama, in der Lyrik und in der Erzählprosa der deutschsprachigen Literatur im 18. Jahrhundert noch um Darstellungen zur "Beschaffenheit und Verfassung der Republik der Gelehrten",[7] sondern gehe sogleich Gottlieb Wilhelm Rabener (1714-71) mit seinem "Versuch eines

---

1 Vgl. Martens 1978, 7-34.
2 Vgl. insbesondere Kämmerer 1999.
3 Vgl. Schönert 1976; zu Verfahren der Textanalyse vgl. Schönert 2011.
4 Košenina 2003.
5 Vgl. ibid., 262-64.
6 In der englischen Literatur des 18. Jahrhunderts ist die Gelehrtensatire vorzüglich repräsentiert, doch sind *satirical encyclopedias* zum Zustand der *academia* nicht in den Literaturkanon eingegangen. Der enzyklopädische Gestus wird allerdings aufgenommen im Typus des satirischen Kompendiums, wie es etwa Jonathan Swift 1738 zum Gesprächsverhalten in der Adelswelt vorgelegt hat – siehe den Beitrag von Johann N. Schmidt (1993) zu Swifts "A Complete Collection of Genteel and Ingenious Conversation, according to the Most Polite Mode and Method, now Used at Court, and in the Best Companies of England: In Three Dialogues".
7 Der Verfasser dieser 1760 publizierten Satire ist Johann Heinrich Gottlob von Justi (1720-71), dazu Košenina 2003, 307f.

deutschen Wörterbuchs" (1745) und seinem "Beytrag zum deutschen Wörterbuche" (1745) auf den satirischen Leim.[8]

In ironischer Maskierung seiner Absichten verweist der Herausgeber des geplanten Wörterbuchs auf sein Bemühen um 'Aufklärung' zur "wahrhaften Bedeutung" viel gebrauchter Wörter der deutschen Sprache; er will sich dabei in realistischer Selbstbescheidung der Mithilfe weiterer kundiger Beiträger versichern und sich nicht wie ein "rechter Gelehrter" mit dem alleinverantwortlichen Edieren von "sechs Folianten" hervortun.[9] In seinem im selben Jahr nachgereichten "Beytrag" bedankt er sich sogleich für Artikel, die ihm zugesandt wurden. Dabei soll auch die Gestaltungsweise des geplanten Wörterbuchs verdeutlicht werden, die durch den Einsatz von "Witz" (von pointierendem Scharfsinn) zum öffentlichen 'Belachen' des Dargestellten führen will.[10]

Seiner ersten Ankündigung zum Wörterbuch hatte der Herausgeber als einen seiner Probe-Artikel auch Einträge zum Lemma "Gelehrt" angehängt.[11] Die Ausführung des Beitrags kennzeichnet das 'scherzhaft-ironische' und 'sanft tadelnde' Vorgehen des Satirikers Rabener: "Das Wort *gelehrt* hat mit dem Worte tugendhaft beynahe ein gleiches Schicksal. Alle Leute wollen tugendhaft, alle, die studiert haben, wollen gelehrt seyn; aber, im Vertrauen zu sagen, sind es die wenigsten."[12] Der Verfasser des Artikels setzt sogleich in ironischer Negation seine Leser davon in Kenntnis, was eigentlich (im Sinne einer normativen Festlegung) ein Gelehrter geleistet haben müsse:

> Sollten etwan nur diejenigen den Namen eines Gelehrten verdienen, welche sich den Wissenschaften mit ganzem Ernste widmen; die guten Schriften der Alten und Neuern mit Aufmerksamkeit lesen; die höhern Wahrheiten durch eignes Nachdenken untersuchen; sich bemühen, ihnen noch weiter nachzuforschen; auf das bloße Wort ihres Lehrers nicht treuherzig glauben; von der Gründlichkeit eines jeden Satzes sich selbst überführen wollen; Sachen, die in der Welt zu nichts nütze sind, als höchstens eine kritische Neugierigkeit zu befriedigen, für Kleinigkeiten halten, und sich auf solche Wissenschaften legen, welche der menschlichen Gesellschaft wahren Nutzen bringen; und welche diese Wissenschaften auch wirklich zum Nutzen andrer anzuwenden suchen.[13]

Dies – so wird ironisch eingeräumt – seien für die große Menge derjenigen, die sich als Gelehrte verstehen, höchst unangemessene Forderungen, die noch dadurch zu steigern wären, "daß man [...] von einem Gelehrten fordert, daß er bescheiden, ohne Eigenliebe, und eben so tugendhaft, als philosophisch, sey."[14] Angesichts solcher Erwar-

---

8 Die hier diskutierten Schriften Rabeners – "Versuch eines deutschen Wörterbuchs" und "Beytrag zum deutschen Wörterbuche" – werden nach ihrem Abdruck in Grimms Anthologie (1975) zitiert (28-50 und 51-66). Beide Selbstanzeigen des Autors eines zukünftigen Wörterbuchs wurden erstmals gedruckt in der Zeitschrift *Neue Beyträge zum Vergnügen des Verstandes und Witzes*. "Witz" wird auch als eines der möglichen Lemmata für das Wörterbuch in den Verlautbarungen des Autors aufgeführt.
9 Grimm 1975, 28.
10 Ibid., 51.
11 Ibid., 37-44.
12 Ibid., 37.
13 Ibid., 37f.
14 Ibid., 38. Vgl. zu den normativen Vorgaben auch Martens 1978, 20f.

tungen würde die "große gelehrte Welt" der Zeitgenossen auf ein "kleines Häuflein" schrumpfen.[15] Zur ironischen Abwehr eines solchen normativen Rigorismus werden fiktive Gelehrte aus dem weiteren Familienkreis beschrieben, die – in der eigentlichen (normativen) Hinsicht – für eine Typenreihe falsch verstandenen Gelehrtentums stehen. Ihren komisch-entstellten Verhaltensweisen gilt die abwertende Aggression des Satirikers, dessen Anläufe zu vermeintlichen Lobreden in entschiedenen Abwertungen kollabieren. Seine kritisch-satirische Absicht wird den Lesern zudem verdeutlicht: "Nun kann man einen ungefähren Ueberschlag machen, wie viel unnütze Gelehrte in Deutschland seyn müssen, da allein in meiner Familie, welche doch die stärkste nicht ist, so viele sind."[16] Ein abschließendes Diktum bezieht sich auf "*Gelehrtes Frauenzimmer*" – dies sei "ein Problema", das heißt eine für reale Gegebenheiten irrelevante hypothetische Streitfrage.[17] So war es eben noch zu Lessings und Lichtenbergs Lebzeiten.

Will man von solchen Festlegungen zum Zustand der *academia* im 18. Jahrhundert zu gegenwärtigen satirischen Einschätzungen fortschreiten, so bietet die Studie von Alexander Košenina Hilfe nur in eingeschränkter Weise. Seine literarhistorische Bestandsaufnahme der Gelehrtensatire beschließt der Autor mit einem skizzenhaften Fazit zu deutschsprachigen "Universitätssatiren der Gegenwart",[18] wobei er sich auf den Universitätsroman (als Pendant zum angelsächsischen Prototyp *campus novel*) seit den 1970er Jahren konzentriert und feststellt, dass es den meisten dieser Universitätsromane durchaus nicht an (selbst-)anklägerischem Pathos fehlt, aber an satirischer Souveränität gebricht.[19] Nur *Der Campus* (1995) von Dietrich Schwanitz und *Uniklinik* (1999) von Jörg Uwe Sauer lässt Košenina für seinen Gegenstandsbereich uneingeschränkt gelten. Ob ein Jahrzehnt später seine Bilanz anders ausgesehen hätte, wäre zu prüfen.

Wie auch immer eine solche Erkundung ausfiele, halte ich mich für diesen Beitrag weiterhin an den Typus der rubrizierenden Lexika. Im Vorwort zu *Die akademische Hintertreppe* wird eingestanden, dass es auf der Hintertreppe "chaotisch und lästerlich" zugehe, auch wenn davon in öffentlichen Präsentationen der *academia* nichts deutlich wird.[20] Der dabei preisgegebene "Eigensinn [...] der Wissenschaftskommunikation" solle in diesem Lexikon (das – so die Selbstzuschreibung – von Kulturwissen-

---

15 Grimm 1975, 38.
16 Ibid., 44.
17 Ibid.
18 Košenina 2003, 385-405.
19 Diesem Mangel wird wiederholt durch die Allianz mit dem Erfolgsgenre des Kriminalromans abzuhelfen versucht, doch führt auch das Hybrid der 'Kriminalsatire' zumeist nicht zum Erfolg – insbesondere dann, wenn *fast food* der *short stories* angeliefert wird, wie etwa in der von Wolfgang Hämmerling für die Reihe 'rororo thriller' zusammengestellten Sammlung *Amoklauf im Audimax* (1998), die Dietrich Schwanitz (mit "Die nackte Wahrheit") als Galionsfigur der Autorenreihe präsentiert.
20 Leggewie und Mühlleitner 2007, 9.

schaftlern verfasst wurde) wiederhergestellt werden.[21] So wird der Artikel "Geisteswissenschaften" im Gestus einer 'satirischen Schimpfrede' eröffnet: "Unter diesem Stichwort versammelt sich häufig eine [schlecht alimentierte] Jammergemeinschaft. [...] Gleichwohl ist die Lage der Geisteswissenschaften mit Hartz-IV-Empfängern nur insofern vergleichbar, als auch diese hin und wieder zu klagen gelernt haben, ohne wirklich zu leiden."[22] Geisteswissenschaftler legen der Öffentlichkeit "eine kaum einlösbare Bringschuld auf. [Sie behaupten] Nützlichkeit, wo sie niemand danach fragt, und postulieren Nutzenfreiheit, wo sie wirkliche Relevanz unter Beweis stellen könnten."[23] Hart hergenommen werden allerdings die Akteure der *academia* nur selten von den beiden Autoren in ihren Rubrizierungen zum Status quo. Die meisten Texte sind 'launig' gehalten – so wie in der Erzählprosa des 18. Jahrhunderts neben "Witz" auch "Laune" geschätzt wurde, das geistreich-ironische Plaudern. Der Artikel "Vorsingen" möge als Beispiel dienen: Wie rekrutiert sich die *academia*, wenn die Wendung vom Vorsingen einmal – querdenkend – in der primären Bedeutung verstanden wird?

> Beim Vorsingen in der Schule reichte es schon, den Ton halbwegs zu treffen. Wer sich an der Semperoper bewirbt, muss einer Jury vier Opernarien und zwei Kunstlieder vorsingen (der Pianist wird gestellt oder kann mitgebracht werden). Für den Gesang, der beim →Hearing (Vorstellungsgespräch) im Laufe eines akademischen Berufungsverfahrens anzustimmen ist, gibt es keine Musikschule, höchstens ein Coaching beim Hochschullehrerverband. [...]

> Wer siegreich auf die übliche Dreierliste und damit auf die Zielgerade gelangt ist, hat nicht unbedingt die beste → Stimme. Manches Lallen wird von Kommissionen gnädig übergangen (Tagesform), brillante Arien werden ignoriert (der/die passt nicht zu uns). Dafür, wie Auftreten (un/sympathisch), Leistung (retroaktiv via Literaturliste, prospektiv anhand der in Aussicht gestellten Vorhaben und Drittmittel) und, ganz schwammig, pädagogisches Talent gewichtet werden, gibt es keinerlei Regelwerk, meist auch nicht einmal einen annähernden Konsens unter den Mitgliedern der Kommission. Diese bringt Bewerber dann auch oft durch widersprüchliche Signale und, pardon, dämliche Fangfragen aus dem Takt, sodass ein erfolgreich bestandenes Hearing vor allem auf Nervenstärke, Chuzpe und Routine der Sieger schließen lässt. [...]

> So kommen nicht unbedingt die Allerbesten zum Zuge, aber immerhin diejenigen, die am besten in einen bestehenden Gesangsverein passen und den Generalton am ehesten getroffen haben.[24]

Der Satire mehr Raum gibt *Der Campus-Knigge*. Die Publikation wird verantwortet von der Arbeitsgruppe "Manieren!" der Jungen Akademie an der Berlin-Brandenburgischen Akademie der Wissenschaften und der Deutschen Akademie der Naturforscher Leopoldina. Die Projektgruppe hat sich der Mitarbeit von etwa 60 Beiträgern versichert und für ihre Titelei des Patronats eines produktiven Autors satirischer Romane des späten 18. Jahrhunderts, der allerdings als Schulmeister guten Betragens in die Kulturgeschichte einging.[25] Wie agieren Autoren im Geiste des indigenen Satirikers zu Beginn des 21. Jahrhunderts? Als 'Aufklärer' zur Praxis der "Berufungsverfah-

---

21 Leggewie und Mühlleitner 2007, 9.
22 Ibid., 120.
23 Ibid., 121.
24 Ibid., 258-60.
25 Vgl. u. a. Schönert 1976.

ren" in der *academia* von heute offenbart Ulrich Schollwöck, Professor für Theoretische Physik:

> Wenige Riten sind so geheimnisumwittert und von Herrschaftswissen durchsetzt wie das Prozedere zur Cooption eines neuen →Kollegen, sieht man einmal vom Konklave zu Rom ab. [...] Dabei ist alles so einfach: [Berufungsverfahren folgen] in ihrer Dramaturgie der klassischen Tragödie.
>
> *Exposition.* Am Anfang des dramatischen Konflikts steht eine unbesetzte Professur. [...] Entscheidend für die Schürzung des dramatischen Knotens ist der Ausschreibungstext, der das Profil der Stelle festlegt. Entsprechend erbittert wird um seinen Inhalt gerungen: Manche Kollegen wollen die →Ausschreibung so breit wie möglich halten, um "den Besten" zu bekommen – auf die Gefahr hin, dass dieser Geistesriese dann womöglich wegen mangelnder Vernetzbarkeit "ausgemerzt" werden muss [...]. Andere wiederum wollen die Stelle mit möglichst engem Profil versehen, um genau diese Vernetzbarkeit mitsamt Clusterbildung sicherzustellen. [...]
>
> *Peripetie* [...]. An den Vortrag [im Hearing] schließt sich eine hochnotpeinliche Befragung durch die Kommission an. Die Fragen zerfallen in drei Kategorien: beantwortbare, beantwortete und sinnlose Fragen [...] Eine gern gestellte beantwortete Frage ist: "Können Sie sich vorstellen, mit Ihren Kollegen hier zusammenzuarbeiten?" [...]
>
> *Retardation.* Nachdem der engere Kreis der potentiell Berufbaren festgelegt worden ist, wird eine gereihte Liste der Bewerber erstellt. Dabei geht es zunächst um eine vermeintlich objektive Auswahl externer Gutachter, die vergleichend über die wissenschaftlichen Meriten der Bewerber berichten sollen. Tatsächlich [...] kann man sich durch geeignete Gutachterwahl fast jede Reihung ergutachten lassen. [...]
>
> *Dénouement.* Vatikanischen Beobachtern ist nicht immer klar, ob nun weißer oder doch nur schwarzer Rauch aus dem Kamin der Sixtina aufsteigt. Berufungsverfahren sind von ähnlichen Unklarheiten geprägt. Ist man im erlesenen Kreis der Eingeladenen? Die Antwort erhält man meist dadurch, dass man zufällig hört, dass der X in Y *vorgesungen* habe (sog. Botenbericht) oder indem man sich im Internet die Vortragsankündigungen der umworbenen Universität anschaut (sog. Teichoskopie). [...] Offizielle Gewissheit erhält [...] der Tross der Erfolglosen in der Regel mehrere Jahre nach Abschluss des Verfahrens, wenn man ihnen die Bewerbungsunterlagen formlos "zu unserer Entlastung" zurücksendet. Selten wird es in einem Berufungsverfahren so ehrlich.[26]

In der satirischen Verfahrensweise solcher Texte hat sich seit Rabener im Wesentlichen nur geändert, dass die normativen Erwartungen zum Gegenstandsbereich in Negation nicht detailliert verdeutlicht werden. Die kritische Darstellung zur Missachtung des normativ Erwartbaren wird im Vermitteln des Insiderwissens der akademischen Hintertreppen-Kommunikation angelegt und mit 'Witz' getränkt, indem heterogene Erfahrungsbereiche vergleichend verknüpft werden.

Aus der Vorratshaltung der satirischen Tradition stammt auch der Komik erzeugende Umgang mit Neologismen. Der Rechtswissenschaftler Miloš Vec widmet sich im *Campus-Knigge* dem "Einzelschreibtischforscher" im Sinne von *Brehms Tierleben*.

> Früher sehr verbreitete, mittlerweile beinahe ausgestorbene Spezies, die vor allem in den Geisteswissenschaften beheimatet ist. Anders als seine gefräßigen Futterkonkurrenten, die Kooperation, der Projektverbund, der Sonderforschungsbereich und gar der → Exzellenzcluster, bescheidet sich der zum Individualismus neigende Einzelschreibtischforscher mit geringem Verzehr von

---

26 Vec et al. 2006, 31-34.

> Material und vernichtet eigene und fremde Zeitressourcen nur sehr widerwillig, da er um ihre Knappheit weiß. Natürliche Feinde hat er nur unter seinesgleichen. Ihn regelmäßig mit Konferenzen und Kongressen zu füttern, ist anders als bei den vorgenannten Konkurrenten nicht unbedingt nötig, häufig sogar schädlich: Übersättigung dieser Art lässt seine Sinne erlahmen und schränkt sein Reaktionsvermögen ein; der Jagdtrieb und das Imponiergebaren steigen zunächst zwar an, fallen dann aber nach kurzer Zeit umso dramatischer ab. Erfahrene Halter wissen das. Der Einzelschreibtischforscher [zieht es vor], das Gelände allein und in großer Umsicht zu erkunden. [Dafür entwickelt er] eine große Wendigkeit, die bei ausgewachsenen Exemplaren zu traumwandlerischer Sicherheit der Terrainbeherrschung führen kann. Allerdings neigt der Einzelschreibtischforscher dazu, sein einmal abgestecktes Revier nicht mehr zu verlassen. [...] Kapitale Exemplare verraten sich durch unübersehbare Monographien, weniger bedeutende lassen sich über regelmäßig abgesonderte Aufsätze und andere *Papers* aufspüren. Die Genialsten hinterlassen fast gar keine Spuren, skrupulös und monomanisch lassen sie ihren Gedankenreichtum kaum durch Gedrucktes beschmieren. Am wohlsten fühlt sich der Einzelschreibtischforscher in warmen, ruhigen Plätzen mit gesicherter Fütterung, an die er aber keine hohen Anforderungen stellt. [...] Die Mode, ihm vorzugsweise rationierte Drittmittel zum Unterhalt anzubieten und Anreize zum wesensfremden kollektiven Zusammenschluss zu schaffen, zeitigte, obwohl als "Förderinstrument" beworben, fatale Konsequenzen. Sein langsames Aussterben fiel zunächst kaum auf, da Einzelschreibtischforscher scheu sind und sich auch in Bedrängnis nicht zu Herden zusammenschließen. [...] Vermutlich handelt es sich um den seltenen Fall einer Spezies, die Opfer ihrer eigenen Bedürfnislosigkeit wurde.[27]

Mit einem Neologismus krönt auch der Rechtshistoriker Michael Stolleis einen seiner lesenswerten Beiträge im *Campus-Knigge*; gerade in dem hier vorgelegten Band kann der parodistische Artikel "Festschriftendruckkostenzuschussversicherung" (FSDZV) nicht verschwiegen werden.

> Wer Druckkostenzuschüsse für eine Festschrift zusammenbetteln muss, wünscht sich nichts sehnlicher als eine institutionelle Lösung dieses Problems. Da es sich um ein typisches Lebensrisiko innerhalb der Universität handelt, einmal Herausgeber einer Festschrift sein zu müssen, drängt sich das Versicherungsmodell auf: das kalkulierbare Risiko wird durch Umverteilung beherrschbar gemacht. [Mit dem Abschluss einer FSDZV entsteht dem Versicherungsnehmer] nach dem heutigen universitären Gewohnheitsrecht die unverfallbare Anwartschaft auf eine Festschrift. Die Höhe der Beiträge hängt davon ab, wann die Festschrift zwischen 50. und 100. Geburtstag abgerufen werden soll. Bei zweibändigen Festschriften wird eine mit steigenden Lebensjahren degressive Eigenbeteiligung verlangt. [...]
>
> Die Einführung der FSDZV wird garantieren dass jeder/jede Versicherte ohne Rücksicht auf die (ohnehin nicht quantifizierbare) wissenschaftliche Leistung bei Erreichen der Altersgrenze eine Festschrift, im Nichterlebensfalle eine Gedächtnisschrift erhalten wird. Der Grundsatz der Beitragsäquivalenz garantiert dabei, dass der Umfang der Festschrift/Gedächtnisschrift mit der Anzahl der Versicherungsjahre und der Höhe der darin gezahlten Beiträge korreliert. [Die zu erwartende hohe Nachfrage nach Abschluss einer FSDZV wird dazu führen, dass] jeder nur irgend verwertbare Text [...] künftig in Festschriften publiziert werden [muss]. So ist garantiert, dass man dort über Indices alles Publizierte finden kann. Sicherheit der Produktion und Verwertung, Erschließbarkeit durch EDV, allgemeines kollegiales Wohlwollen – ja Steigerung des Lebensgefühls ins "Festliche" [...] werden die beglückende Folge sein.[28]

Die versicherungsrechtlich wasserdichte Rhetorik dieser FSDZV-Ankündigung könnte dafür bürgen, dass eine solche Narretei in der Welt der gelehrten Frauenzimmer und

---

27 Vec et al. 2006, 61f.
28 Ibid., 77f.

Mannsbilder regen Zuspruch findet. In Zukunft, so steht zu vermuten, werden die Risiken bei Publikationen, die aus besonderem Anlass mit Hochachtung für diejenigen Kollegen entstehen, denen es in unserer *academia* das Lachen nicht verschlägt, von einem Versicherungskapital gedeckt.

Bibliografie

Grimm, Gunter, Hg. *Satiren der Aufklärung*. Stuttgart: Reclam, 1975. Print.

Kämmerer, Harald. *"Nur um Himmels willen keine Satyren ...": Deutsche Satire und Satiretheorie des 18. Jahrhunderts im Kontext von Anglophilie, Swift-Rezeption und ästhetischer Theorie*. Heidelberg: Winter, 1999. Print.

Košenina, Alexander. *Der gelehrte Narr: Gelehrtensatire seit der Aufklärung*. Göttingen: Wallstein, 2003. Print.

Leggewie, Claus und Elke Mühlleitner. *Die akademische Hintertreppe: Kleines Lexikon des wissenschaftlichen Kommunizierens*. Frankfurt a. M.: Campus, 2007. Print.

Martens, Wolfgang. "Von Thomasius bis Lichtenberg: Zur Gelehrtensatire der Aufklärung." *Lessing Yearbook* 10 (1978): 7-34. Print.

Schmidt, Johann N. "Talk that Leads to Nowhere." *Reading Swift: Papers from the Second Münster Symposion on Jonathan Swift*. Hg. Richard H. Rodino und Hermann J. Real. München: Fink 1993. 159-64. Print.

Schönert, Jörg. "Satirische Aufklärung: Konstellationen und Krise des satirischen Erzählens in der deutschen Literatur der zweiten Hälfte des 18. Jahrhunderts." Habil. U München, 1976. *Goethezeitportal*. Web. 5. Apr. 2013.

---. "Theorie der (literarischen) Satire: Ein funktionales Modell zur Beschreibung von Textstruktur und kommunikativer Wirkung." *Textpraxis: Digitales Journal für Philologie* 2 (2011): K. A. Web. 5. Apr. 2013.

Vec, Miloš, et al., Hg. *Der Campus-Knigge: Von Abschreiben bis Zweitgutachten*. München: Beck, 2006. Print.

Komik und Satire in modernen englischen Universitätsromanen

Rüdiger Ahrens

I. Soziale Gründe für das Entstehen des modernen Universitätsromans

Für das Entstehen des zeitgenössischen Universitätsromans in der zweiten Hälfte des 20. Jahrhunderts lassen sich mehrere Gründe nennen, auf die Heinz Antor in seiner historischen Gesamtdarstellung des englischen Universitätsromans hinweist:[1] Zunächst unterstreicht er die Öffnung der englischen Universitäten durch den sogenannten *Butler Act* aus dem Jahre 1944, durch den der Nachholbedarf an akademischer Bildung im Vereinigten Königreich evident gemacht wurde. Aus dieser sozialen Notsituation wurde ein Förderungsprogramm für die finanziell und gesellschaftlich benachteiligten Bevölkerungsschichten geboren, das den Jugendlichen dieser Kreise durch eine Aufnahmeprüfung, das sogenannte *eleven plus exam*, und durch ein Stipendienprogramm den Zugang zu der akademischen Bildung eröffnen sollte. Dadurch wurde der *scholarship boy* geschaffen, der sich als literarischer Prototyp in vielfältiger Ausprägung in der zeitgenössischen Literatur wiederfinden sollte. Die sozialen Veränderungen sollten den entscheidenden Nährboden für die satirische Ausrichtung zahlreicher Universitätsromane darstellen. Eine weitere Konsequenz dieser sozialen Entwicklung war der dynamische Ausbau der Universitäten durch zahlreiche Neugründungen in mittleren Städten, den *new universities*, die diese neuen Studentenschichten aufnehmen sollten.[2]

II. Die soziale Satire in den frühen Romanen der *angry young men*

Zu den frühen Romanen des sozialen Protests gegen das sogenannte "establishment", in denen die Ungerechtigkeiten der Oberschicht angeprangert wurden, gehörten die Werke der *angry young men*, ein Begriff, der später von John Osborne mit seinem Drama *Look Back in Anger* (1957) geprägt wurde und das Lebensgefühl der protestierenden Jugend am einprägsamsten wiedergeben sollte. Dort macht sich der junge Jimmy Porter, der ein Studium erfolgreich abgeschlossen, aber dennoch keine adäquate Arbeit gefunden hat, zum Sprachrohr einer hoffnungslosen Generation, wenn er ausruft: "Oh heavens, how I long for a little ordinary human enthusiasm. Just enthusiam – that's all."[3] Dieses Thema des sozialen Protests wird auch von Romanautoren wie John

---

1 Antor 1996, 601-711.
2 Vgl. Ahrens 2004, 677: "Zu diesen Neugründungen, die bewußt an das College-System von Oxford und Cambridge anknüpfen, gehören Universitäten wie East Anglia, Sussex, Kent, Warwick, York oder Stirling in Schottland. Diese Universitäten betonen den gemeinschaftlichen Lebensstil und das Tutorensystem, wie sie durch die alten Universitäten zur intensiven Betreuung des Studenten vorgezeichnet waren."
3 Osborne 1957, 15.

Braine (*Room at the Top*, 1957), John Wain (*Hurry on Down*, 1953) u. v. a., vor allem aber auch vom Universitätsroman aufgegriffen.

Zu den bekanntesten gehört zweifellos der Roman *Lucky Jim* von Kingsley Amis, der im Jahre 1954 erschien. In diesem Werk wird der Protagonist Jimmy Dixon, der sich als Mediävist in einer neuen Universität durchzusetzen versucht, durch widrige Umstände, aber auch durch sein unangemessenes Gebaren, das sich über alle Konventionen hinwegzusetzen versucht, demontiert. Gegenüber seinem Vorgesetzten, Professor Welch, der sich als Kulturträger der etablierten Gesellschaft versteht, wird er der Lächerlichkeit preisgegeben. Jimmy, der durch seine komische Wirkung zum Anti-Akademiker wird, trägt durch die Diskrepanz seines ambitionierten Wollens und seines naiven Handelns zu dieser fast tragischen Figur bei, während sein karikaturistisches Gegenüber, Professor Welch, der alle Klischees eines zerstreuten Professors erfüllt, ebenfalls zum Untergang verurteilt ist. Die Komik der Handlung wird durch die Fremdbestimmtheit Jimmy Dixons bewirkt. Vermengt mit der Satire gegen das herkömmliche Universitätssystem werden parodistische Züge, die Dixon durch die unbewusste Nachahmung seines akademischen Lehrers Professor Welch bei seinem Vortrag hervorbringt. Die Verinnerlichung der akademischen Haltung und Rhetorik, die er von seinem Vorbild Welch in diesem überaus wichtigen Moment seiner eigenen Bewährung übernimmt, lässt ihn schließlich zusammenbrechen. So heißt es gegen Ende seines Vortrags über seine parodistischen Ausfallerscheinungen:

> When he'd spoken about half a dozen sentences, Dixon realized that something was still very wrong. The murmuring in the gallery had grown a little louder. Then he realized what it was that was so wrong: he'd gone on using Welch's manner of address. In an effort to make his script sound spontaneous, he'd inserted an 'of course' here, a 'you see' there, an 'as you might call it' somewhere else, nothing so firmly recalled Welch as that sort of thing.[4]

Jimmy hat sich durch seine eigene Torheit und durch seine Feigheit zum Antihelden gemacht.

III. Sozialsatire bei Malcolm Bradbury und David Lodge

Dem tragikomischen Schicksal des Jimmy Dixon, das schließlich mit einem Happy End in der Zuneigung seiner treuen Freundin Christine seinen Abschluss findet, mag man noch komische Züge und Anlässe der Erheiterung abgewinnen, doch wird in der Folgezeit die Kluft zwischen "establishment" einerseits und vernachlässigter Jugend und benachteiligter Folgegeneration andererseits tiefer und dramatischer. So haben im Anschluss an diese Initialzündung vor allem zwei Romanautoren diesen Faden aufgegriffen, indem sie die kulturelle und soziale Kluft zwischen den arrivierten und den gescheiterten Absolventen der akademischen Ausbildung in Großbritannien institutionell und systematischer ausgebreitet haben. Malcolm Bradbury und David Lodge haben in dieser Hinsicht sicherlich über den anglophonen Bereich hinaus einen bleiben-

---

4   Amis 1954, 223.

den und markanten Weltruf erreicht, der ihren Platz in der englischen Literaturgeschichte garantiert. Insbesondere Bradbury war es daran gelegen, diesen sozialen Gegensatz in der großen Debatte um die zwei Kulturen, die von dem Physiker C. P. Snow in seiner berühmten "Rede Lecture" vom 7. Mai 1959 an der Universität Cambridge ausgelöst wurde, zu thematisieren. Die Bevorzugung der sogenannten *liberal education*, die ihre Erziehungsideale aus dem Erlernen der klassischen Sprachen ableitete und daraus auch eine moralische Überlegenheit behauptete, hatte über viele Jahrzehnte hinweg die englische Bildungspolitik bestimmt. Dieser Gegensatz zwischen Natur- und Geisteswissenschaften, der auch im 21. Jahrhundert noch viele soziale und bildungstheoretische Diskussionen im öffentlichen Leben beherrscht, hat nach Snow auch entscheidende Gründe in der Kluft zwischen den entwickelten Ländern und solchen der Dritten Welt, die noch immer in der technologischen Entwicklung zurückliegen. Auch ist seiner Meinung nach die Kluft zwischen Arm und Reich, die in den gegenwärtigen Zeiten der internationalen Finanzkrise besonders deutlich hervortritt, auf diesen wissenschaftlichen Gegensatz zurückzuführen. C. P. Snow schrieb damals:

> I believe the intellectual life of the whole western society is increasingly being split into two polar groups. When I say the intellectual life, I mean to include also a large part of our practical life, because I should be the last person to suggest the two can at the deepest level be distinguished. [...] Literary intellectuals at one pole – at the other scientists, and as the most representative, the physical scientists. Between the two a gulf of mutual incomprehension – sometimes (particularly among the young) hostility and dislike, but most of all lack of understanding.[5]

Diese gegenseitige Abgrenzung der beiden großen akademischen Disziplinen findet nun auch Eingang in den Universitätsroman – besonders bei Malcolm Bradbury. In seinem Erstlingswerk *Eating People is Wrong* (1959) lässt Bradbury den Anglistikprofessor Stuart Treece in der Auseinandersetzung mit seinem Studenten Louis Bates die Ideale des *liberal humanism* vertreten. Darin wird er nur von der idealistischen Doktorandin Emma Fielding unterstützt, deren Name in doppeltem Sinne an die große Tradition des englischen Romans des 18. und 19. Jahrhunderts erinnert. Gleich zu Beginn des Romans stellt Treece in einem inneren Monolog sein eigenes Dilemma mit den Worten fest:

> The trouble with me is, Treece thought, that I'm a liberal humanist who believes in original sin: I think of man as a noble creature who has only to extend himself to the full range of his powers to be civilised and good; yet his performance by and large has been intrinsically evil and could be more so as the extension continues.[6]

In dieses Weltbild, das sich Treece als Schutzschild von Milde und Gutwilligkeit, eben den Idealen des liberalen Humanismus, gegenüber der bösen Welt aufgebaut hat, passt gar nicht der Anblick des neuen Studenten, dem er sich bei der Eröffnung des Semesters gegenüber gestellt sieht. So fährt er in seinem Selbstgespräch fort:

> He had forgotten the man's name and wondered whether he should, in fact, be here at all; he looked the sort of man who might have been passing the door and, seeing a tutorial about to start,

---

5 Snow 1964, 3f.
6 Bradbury 1978, 15.

had decided to participate. One could tell that he wanted to *know*. He was folded up tightly in a chair too small for him, but he held his head up high, fearless and brave, careless of the shoddy little receptacle that held him. The holes in his pullover disclosed a shirt with a pattern of heavy stripes. "Well, now," he kept saying judicially from time to time; occasionally he nodded his head with slow, approving motions. While he went on talking, Treece furtively consulted the pile of application forms left handy in a folder on his desk. Among the passport photographs pinned to their corners, he noticed one where the face of this disconcerting man peered fearlessly out, as if he was ready to have this one published in *Time*; the heavy light from above and the inferior photography emphasised the large bone structure of the cranium and the shape of his excessively large, wet mouth. The man's name was Louis Bates, aged twenty-six. He had, the form revealed intriguingly, formerly been a teacher in a girls' school.[7]

Diese einführende Beschreibung seines zukünftigen Kontrahenten beunruhigt Treece auf existenzielle Weise, was auch in der Körpersprache und in der Erscheinung von Louis Bates zum Ausdruck kommt. Dass Treece schließlich unterliegt und im Krankenhaus landet, erscheint fast schon erklärlich und als ein Symbol des unaufhaltsamen Niedergangs des liberalen Humanismus nachvollziehbar.

Auch in weiteren Romanen wie *The History Man* (1975) und *Rates of Exchange* (1983) setzt sich Bradbury mit diesem Phänomen des Humanismus auseinander. Hier und dann noch deutlicher in den Romanen von David Lodge tritt die poetologische Funktion der fiktiven Literatur in Erscheinung. Der Universitätsroman wird durch diese kritische Diskussion fachlicher Grundprobleme zur "critifiction", wie Werner Wolf festgestellt hat.[8] In dem ersteren Roman von Bradbury werden aber dieses Mal die Rollen vertauscht, denn dem radikalen marxistischen Universitätslehrer Howard Kirk, der als Soziologe an der *new university* in der fiktiven, aber wohl typisch englischen Stadt Watermouth wirkt und sich für eine utopische Gesellschaft einsetzt, steht die vom liberalen Humanismus geprägte junge Annie Calendar gegenüber. Als 24-jährige Anglistin kommt sie neu an die Universität und vertritt die englische Literatur der Renaissance.

Der erste und längere Teil des Romans wird durch die Vorbereitungen und die Durchführung einer großen Party mit ca. einhundert Gästen in dem Haus der Kirks eingenommen. Mit der Party wird eine wichtige moderne Form der früheren Abendgesellschaft oder des Festmahls fortgesetzt, die als Spiegel der Gesellschaft oder auch als Selbstreflexion der intellektuellen Elite angesehen werden kann. Dieses Ereignis, das in der Tat wie ein unstrukturiertes chaotisches und durch das Prinzip des Zufalls zusammengehaltenes Konglomerat von kommunizierenden Menschen beschrieben wird, dient als Entfaltungsereignis des gesellschaftlichen Lebens. Man muss folglich *The History Man* vornehmlich als Satire auf die Gesellschaft verstehen, was auch den großen Publikumserfolg des Romans erklären kann. Die Frage nach den Normen und Ansichten des Satirikers Bradbury wird durch den Roman zwar nicht schlüssig beantwortet, doch lässt sich ein gewisser politischer Fanatismus mit der Herkunft des Protagonisten aus der stark religiös geprägten nonkonformistischen unteren Mittelschicht in

---

7   Bradbury 1978, 15f.
8   Wolf 1989, 19-37.

Zusammenhang bringen. Howard mag deshalb als ein *radical* des 19. Jahrhunderts in der Tradition von John Wilkes, William Blake oder Tom Paine angesehen werden. Im Vergleich zu dem ersten Roman *Eating People is Wrong*, in dem eher spielerisch mit dem Liberalismus umgegangen wird, wendet Bradbury hier deutlicher die Satire als eine radikale Waffe zur Durchsetzung ideologischer Ziele ein. Dieser Wandel der stilistischen Erzählmittel lässt sich sicherlich aus dem veränderten gesellschaftlichen Klima der 1970er Jahre ableiten.[9]

Viele Facetten des Universitätsromans finden sich in einem weiteren Werk, in dem Bradbury seine Vorliebe für osteuropäische Themen und Charaktere wie in dem früheren Roman *Rates of Exchange* (1983) verfolgt. In dem Universitätsroman *Doctor Criminale* (1992) attackiert er den internationalen Konferenzbetrieb der Akademiker. Mit der Gestalt des ungarischen Gelehrten Dr. Bazlo Criminale entwirft er das Zerrbild eines unermüdlich reisenden und schreibenden Gelehrten, eines – ganz im Sinne des ungarischen Stereotyps der nicht festzulegenden Vielseitigkeit – mit vielen Gesichtern ausgestatteten Wissenschaftlers. Er bezieht von überall her seine kritischen Ideen und schreibt diese in dem nimmer ermüdenden Fluss seiner Werke nieder. Dr. Criminale, der als Welt-Philosoph überall zu Hause ist, beschäftigt sich auch mit allen philosophischen Themen zwischen Derrida und Horkheimer, zwischen Marxismus, Poststrukturalismus und Rezeptionstheorie. Er ist stets den neuesten Entwicklungen auf den Fersen und kann sich eines Schweizer Bankkontos rühmen. Zwei Szenen ragen aus diesen Folgen von satirischen Episoden hervor, die für Ethnologen eine Fundgrube für interkulturelle Stereotype sind. Da ist zunächst die Dampferfahrt über den Genfer See von Lausanne nach Schloss Chillon, dem Gefängnis von Lord Byron in der Nähe von Montreux, zu nennen, an der die internationale Anglistenschar der IAUPE (*International Association of University Professors of English*), wie auch der Autor dieser Zeilen, im Sommer 1989 teilnahm. Dieser denkwürdige Ausflug, der ein entscheidender Anlass für Bradburys Suche nach erhellenden akademischen Gesprächen in der Intimität eines großen Schweizer Schaufeldampfers war, ergibt nicht nur den Anlass für eine genüssliche Beschreibung akademischer Eitelkeiten, sondern ist auch Grund für tiefere soziale Kritik an der Hohlheit und Leere wissenschaftlichen Bemühens. Die zweite Szene betrifft das kuriose Ableben dieses weltberühmten Genies und Textkünstlers, die als Anti-Klimax in ihrer Banalität nicht zu übertreffen ist. Sie ereignet sich am Romanende in der kalifornischen Universitätsstadt Santa Barbara, als Dr. Criminale beim Überqueren einer Straßenkreuzung von einem Fahrradfahrer zu Boden geworfen wird und dabei zu Tode kommt. Die folgende kurze Passage ist voll von Ironie und Sarkasmus über diesen kontrapunktischen Tod von Bazlo Criminale:

---

9 Vgl. dazu Späth 1983, 65-79, insbesondere 77: "Wenn die satirische Technik bei dem späteren Roman direkter, aggressiver ist und dies, wie der Autor selbst meint, ausserliterarische historische Veränderungen widerspiegelt, so lässt sich daraus auf eine entschieden konservative Abwehrhaltung angesichts zunehmender wirtschaftlicher Probleme, sozialer Spannungen und eines geschwundenen Glaubens an gesellschaftlichen Fortschritt schließen."

And Bazlo Criminale's story did stop, just about a week after the end of the Schloßburg seminar. For, back in Santa Barbara, California, where he had returned, Criminale died – knocked over by a helmeted bicyclist in a Sony Walkman, so engrossed in some orgasmic peak of the latest Madonna hit that he failed to notice the great philosopher abstractedly crossing the green campus path in front of him. Criminale was struck in the temple by the rim of the cyclist's safety helmet; they took him to the finest of hospitals, but he never regained consciousness. The best that can be said about it is that he died with his lapel badge on – for he was, of course, attending a conference, on 'Does Philosophy Have a Future?', which was at once abandoned as a mark of respect for a great late modern thinker.[10]

Schlussfolgernd bleibt festzuhalten, dass Bradbury für die typologische Ausgestaltung des englischen Universitätsromans als schlagkräftige Satire entscheidende Impulse gegeben hat.

Dies trifft auch für seinen Freund und gleichzeitigen Gegenpol David Lodge zu, der, in kleinbürgerlichem Milieu 1935 in London geboren und aufgewachsen, nach den Anfängen seiner akademischen Karriere dortselbst und in Birmingham mit einem eindrucksvollen Romanwerk und mit literaturkritischen Schriften hervorgetreten ist.

Seine Universitätsromane, die häufig als "Campus Novel Trilogy" zusammengefasst werden, nämlich *Changing Places, A Tale of Two Campuses* (1975), *Small World* (1984) und schließlich *Nice Work* (1988), sind durch die schon erwähnte Metaebene der kritischen Dimension, aber auch durch Komik und Satire gekennzeichnet, die ihnen einen besonderen Platz in der zeitgenössischen englischen Literatur sichern.[11] Wie wir schon bei Malcolm Bradbury gesehen haben, mit dem er sowohl in Birmingham als auch in Norwich – dort an der von Bradbury geleiteten *school of writers* – zusammenarbeitete, richtet sich seine Invektive nicht nur gegen gewisse soziale Einrichtungen wie die katholische Kirche oder die britische Armee, sondern vor allem gegen die akademische Ausbildung in den Universitäten, wobei er als sein besonderes Kennzeichen auch die wissenschaftlichen Grundlagen einbezog. Somit spielte der kulturelle Kontext der Universität immer eine große Rolle in diesen Werken, wie auch Wolfgang Weiß bereits in seinen Analysen des anglo-amerikanischen Universitätsromans festgestellt hat.[12] In *Changing Places* bezieht er sich parodistisch auf ein narratives Vorbild des 19. Jahrhunderts, nämlich auf den historischen Roman *A Tale of Two Cities* (1859), in dem Charles Dickens die desaströsen Wirkungen der Französischen Revolution demonstriert. Durch diese Vergleichsmöglichkeiten eröffnet Lodge dem zeitgenössischen Leser Einblicke in das englische wie das amerikanische Universitätswesen, denn es handelt sich darin um einen Dozentenaustausch von zwei Professoren zwischen Rummidge, einem Pseudonym für Birmingham, und Euphoria, dem utopischen Namen für die berühmte kalifornische Universität Berkeley. Damit stehen sich zwei Welten in der anglophonen Hemisphäre gegenüber, die unterschiedlicher nicht sein könnten. Diese "duplex chronicle", wie der Erzähler gleich eingangs diesen Text gat-

---

10 Bradbury 1992, 332.
11 Vgl. Ahrens 1992.
12 Weiß 1988, 20f.

tungstypologisch fixiert, handelt von den beiden Professoren Philipp Swallow aus Birmingham und Morris Zapp aus Berkeley. Es folgen an konträren Orten, die Lodge in seiner Einleitungsnotiz als "places on the map of a comic world"[13] beschreibt, wie in einem pikaresken Roman eine Vielzahl von komischen Ereignissen, in die nicht nur diese Protagonisten, sondern auch ihre Ehefrauen und Kollegen einbezogen werden.

In seinem zweiten Universitätsroman *Small World* wird das kontrastive Strukturprinzip durch ein lineares abgelöst, denn nun stehen sich nicht mehr zwei Pole gegenüber, sondern ein globaler Campus wird durch eine lange Reise erforscht. Diese wird von einem jungen Nachwuchswissenschaftler mit dem Namen Persse McGarrigle vollzogen, der aus der Provinzuniversität Limerick in Irland kommt und sich auf den Weg macht, um die Wahrheit für die wissenschaftliche Analyse ausfindig zu machen. Lodge benutzt dazu das Motiv der Gralssuche, das aus den mittelalterlichen Romanzen bekannt ist. Bei dieser Suche geht es aber nicht nur um ein religiöses Motiv, sondern auch um ein erotisches und ein wissenschaftliches Abenteuer. Bei seiner ersten Begegnung in Rummidge mit Angelica, deren Name bereits auf das himmlische Abenteuer hinweist, auf das sich der junge Persse einlässt, erklärt er ihr den Ursprung seines ominösen Namens, der sich aus dem mittelalterlichen Parsival ableitet und an den denkwürdigen Ritter der Artuslegende erinnert. Die Literaturwissenschaftlerin Professor Sybil Maiden, die aus dem traditionsreichen Girton College in Cambridge kommt, erläutert in diesem Zusammenhang bei der ersten Begegnung mit der jungen Akademikerin, in der sie sich am Ende als deren illegitime Mutter erklärt,

> that the quest for the Holy Grail, associated with the Arthurian knights, was only superficially a Christian legend, and that its true meaning was to be sought in pagan fertility ritual. [...] It all comes down to sex, in the end [...] The Grail cup, for instance, is a female symbol of great antiquity and universal occurrence. [...] And the Grail spear, supposed to be the one that pierced the side of Christ, is obviously phallic.[14]

Diese ambitionierte Aussage weist auf ein komisches und ironisches Signal hin, das der gesamte Roman an den Leser vermittelt, nämlich das der Hyperbel. Nicht nur in der inhaltlichen Aussage der modernisierten Suche nach dem Heiligen Gral, sondern auch in dem demonstrativen Aufwand von global orientierten Wissenschaftlern, die die ultimative Feststellung der Wahrheit beanspruchen und philosophisch begründen wollen, liegt der überwältigende Eindruck dieser Versammlung von großen Geistern begründet.[15] Am Ende des Romans lässt Lodge eine weltumspannende Konferenz der *Modern Language Association of America* in New York stattfinden, bei der alle großen Geister der Literaturwissenschaft versammelt sind und der Amerikaner Arthur

---

13 Lodge 1975, 6.
14 Lodge 1985, 12. Vgl. dazu Sava 2006.
15 So beansprucht z. B. der amerikanische Kritiker Morris Zapp, dessen hyperbolischer Name uns schon aus dem vorausgehenden Roman als Spezialist für Jane Austens Romane bekannt ist, dass er als Ziel seines laufenden wissenschaftlichen Projekts die ultimative kritische Ausgabe dieser Romane zu erstellen in der Lage ist, indem er für jeden Roman eine definitive Kommentierung verfassen will.

Kingfisher, dessen sprechender Name uns wiederum an die Artuslegende erinnert, als neuer Präsident und als mehrfacher Lehrstuhlinhaber berufen wird.

Zu der Bipolarität zweier Welten kehrt David Lodge in seinem dritten Universitätsroman zurück, denn in *Nice Work* stellt er der scheinbar heilen Welt der akademischen Suche nach Wahrheit die Alltagswelt der Industrie gegenüber. Auch hier haben wir ganz im Sinne von Michail Bachtin einen "dialogischen" und intertextuellen Roman vor uns, der den modernen Roman des 20. Jahrhunderts mit dem realistischen Industrieroman des 19. kontrastiert. Der modernen, vom Feminismus geprägten Akademikerwelt wird die harte Realität der industriellen Arbeitswelt des 19. Jahrhunderts entgegengestellt, wie sie Elizabeth Gaskell in ihrem Roman *North and South* (1855) beschrieben hat. Lodge weist mit Orts- und Personennamen auf die früheren Romane zurück, um den Eindruck eines kohärenten und epischen Gesamtwerks zu erwecken. Dem maskulinen Bild stellt er eine Feministin mit dem geschlechtsneutralen Namen Robyn Penrose gegenüber, die im Rahmen eines Reformprogramms ihrer Universität den Auftrag erhält, ein *shadow scheme*, also ein Beobachtungsszenario zur Erkundung der Arbeitswelt, durchzuführen. Dieser Gegensatz wird bis in die Erzähltechnik fortgesetzt, denn die Arbeitswelt wird im Sinne des literarischen Realismus aus der auktorialen Distanz beschrieben, während die moderne Gegenwelt der Frau durch poststrukturalistische Vertextungsstrategien gekennzeichnet ist. Während der Protagonist Wilcox in einer scheinbar heilen Familienwelt gefangen ist, bleibt die junge Frau als alleinstehende, aber ehrgeizige Wissenschaftlerin ziellosen Zufällen ausgesetzt. Die Anbahnung einer Beziehung wird in einer solchen Konstellation zu einer notwendigen Konsequenz. Trotz schlechter Arbeitsbedingungen und ohne Zukunftssicherung zieht es aber Robyn letztendlich vor, ihrer wissenschaftlichen Laufbahn treu zu bleiben. Durch eine unverhoffte Erbschaft wird sie schließlich aus ihrem Dilemma befreit, während die Widersprüchlichkeit ihres privaten und professionellen Handelns zu satirischer Betrachtung Anlass gibt. In dem Roman ist auch ein satirischer Angriff auf den gleichzeitig in England praktizierten Thatcherismus zu sehen, der den Universitäten in den 1980er Jahren einschneidende Kürzungen und eine Orientierung an marktwirtschaftlichen Prinzipien auferlegte. Letztlich bleibt das Ende des Romans aber eine dialektische Aporie, ohne eine eigentliche Lösung anzudeuten.

IV. Der Erfolg des Universitätsromans als komischer Roman

Angesichts des Erfolgs der hier vorgestellten Romane von Malcolm Bradbury und David Lodge kann es nicht überraschen, dass sich in der Folgezeit zahlreiche Nachahmer zu Wort meldeten, die sich an diesem Erfolg beteiligen wollten.[16] Dafür mögen zwei Gründe entscheidend sein, nämlich einmal die lange Geschichte des englischen Uni-

---

16 Verwiesen sei hier nur auf Joan Smiths Erstlingswerk *A Masculine Ending* (1987) und Carolyn G. Heilbruns – unter dem Pseudonym Amanda Cross publizierten – Kriminalromane *Death in a Tenured Position* (1981) und *A Trap for Fools* (1989). Vgl. dazu Antor 1996, 706f.

versitätsromans, auf die Heinz Antor in seiner bereits anfangs genannten Untersuchung kompetent und umfassend aufmerksam gemacht hat, wobei sicherlich auch die alte Streitfrage um die bildungstheoretische Ausrichtung der akademischen Ausbildung an englischen Universitäten eine entscheidende Rolle gespielt haben mag. Zweifelsohne kann diese Beliebtheit aber auch auf das breite Lesepublikum zurückzuführen sein, dass unter den zahlreichen Absolventen der englischen Universitäten zu finden ist. Ein weiterer Grund mag in der engen Verzahnung der akademischen Ausbildung in England mit dem politischen Leben im Allgemeinen und mit der Führungsschicht im Besonderen zu sehen sein, denn, wie wir feststellen konnten, wird der Universitätsroman auch immer als Kampfstätte der sozialen Fragen in England angesehen. Diese Beobachtung muss die Einbeziehung von philosophischen und narratologischen Fragen berücksichtigen, die in dieser breiten Form nicht in anderen Ländern gegeben sein dürfte. Zentral jedoch für den Erfolg dieser Gattung ist der latente Humor, der sich auf der Ebene der sprachlichen Mikrostruktur durch rhetorische Stilmittel wie Vergleiche, Hyperbeln, Meiosen ("understatement"), Katachresen oder Malapropismen und auf der inhaltlichen Makrostruktur durch komische Reihen wie Antiklimax, Parodie oder Ironie sowie durch komische Charaktere, Motive und Handlungselemente manifestiert.

Bibliografie

Ahrens, Rüdiger. "David Lodge in Interview." *Anglistik: Mitteilungen des Deutschen Anglistenverbandes* 10.1 (1999): 11-22. Print.

---. "Satirical Norm and Narrative Technique in the Modern University Novel: David Lodge's *Changing Places* and *Small World*." *Literatur im Kontext – Literature in Context: Festschrift für Horst W. Drescher*. Hg. J. Schwend et al. Frankfurt a. M.: Peter Lang, 1992. 277-95. Print.

---. "Das Universitätssystem in Großbritannien." 1989. *Anglophone Kulturwissenschaft und englische Fachdidaktik: Gesammelte Aufsätze von Rüdiger Ahrens*. Hg. Matthias Merkl und Laurenz Volkmann. Heidelberg: Universitätsverlag C. Winter, 2004. 675-97. Print. Anglistische Forschungen 338.

Amis, Kingsley. *Lucky Jim*. Harmondsworth: Penguin, 1954. Print.

Antor, Heinz. *Der englische Universitätsroman: Bildungskonzepte und Erziehungsziele*. Heidelberg: Universitätsverlag C. Winter, 1996. Print. Anglistische Forschungen 238.

Bradbury, Malcolm. *Doctor Criminale*. London: Secker & Warburg, 1992. Print.

---. *Eating People is Wrong*. 1959. London: Arrow Books, 1978. Print.

Lodge, David. *Changing Places*. Harmondsworth: Penguin Books, 1975. Print.

---. *Small World*. Harmondsworth: Penguin Books, 1985. Print.

Osborne, John. *Look Back in Anger: A Play in Three Acts*. London: Faber and Faber, 1957. Print.

Sava, Ramona-Mihaela. "Quest and Conquest in the Fiction of David Lodge." Diss. Universität Würzburg, 2006. Print.

Snow, C. P. *The Two Cultures, and a Second Look: An Expanded Version of the Two Cultures and the Scientific Revolution.* 1959. Cambridge: Cambridge UP, 1964. Print.

Späth, Eberhard. "Malcolm Bradbury: *The History Man.*" *anglistik und englischunterricht* 19 (1983): 65-79. Print.

Weiß, Wolfgang. *Der anglo-amerikanische Universitätsroman.* Darmstadt: Wissenschaftliche Buchgesellschaft, 1988. Print. Erträge der Forschung 260.

Wolf, Werner. "Literaturtheorie in der Literatur: David Lodges *Small World* als kritische Auseinandersetzung mit dem Dekonstruktivismus." *AAA – Arbeiten aus Anglistik und Amerikanistik* 14.1 (1989): 19-37. Print.

Thoreaus *Walden* als Jux

Dieter Schulz

Meine Überlegungen zu *Walden* als Jux wurden durch eine Irritation ausgelöst. Henry David Thoreau starb am 6. Mai 1862; 2012 beging man also seinen 150. Todestag. Einen Thoreau-Fan wie mich freute es, dass der Todestag auch bei uns zum Anlass genommen wurde, die Verdienste und das Nachwirken des Querdenkers von Concord zu würdigen.[1] Dabei wurde vor allem an zwei Ereignisse und deren Folgen erinnert: 1. Seine Steuerverweigerung als Form des Protests gegen eine Regierung, die, wie er es sah, im Interesse der Sklavenhalter Krieg gegen Mexiko führte; die Nacht, die er dafür im Gefängnis verbrachte, inspirierte Thoreau zu einem Aufsatz, der bis heute unter dem Titel *Civil Disobedience* (1849) als Rechtfertigung des Widerstands gegen die Regierung eine große, globale Wirkung entfaltet hat. 2. Sein über zweijähriger Aufenthalt in einer selbst gebauten Hütte am *Walden Pond*, einem kleinen See in den Wäldern etwa drei Kilometer von seiner Heimatstadt entfernt. Das Leben am *Walden Pond* diente Thoreau als Materialbasis für sein Buch *Walden; Or, Life in the Woods*, das 1854 erschien und im Laufe des 20. Jahrhunderts nicht nur zu einem Klassiker der amerikanischen Literatur, sondern auch zu einer Art Bibel ökologischer Bewegungen avancierte. Thoreau der Individualist, der das Gewissen zur alleinigen Richtschnur des Handelns erklärt und zum Widerstand gegen die Staatsmacht aufruft, wenn diese unmoralisch agiert; Thoreau der Naturfreund und -forscher, der in einem naturnahen Leben *das* Heilmittel gegen die vom 'Fortschritt' der Zivilisation erzeugten Schäden erfährt und propagiert: So etwa wurden die Akzente in den Medien gesetzt.

So weit, so gut. Jede Darstellung Thoreaus muss diese beiden Aspekte als zentral für sein Werk und seine Lebensleistung im Blick auf seine anhaltende Aktualität hervorheben. Dennoch war ich irritiert. Wie schon die berühmte Totenrede, die sein Mentor Ralph Waldo Emerson am 9. Mai 1862 hielt, erklären auch die heutigen 'Nachrufe' nicht, weshalb Thoreau-Lektüre ein solches Vergnügen bereitet – weshalb ich vor allem *Walden* immer wieder mit Genuss lese. Was in den zahlreichen Würdigungen Thoreaus fehlte, war ein Hinweis auf seinen Humor. Dies ist ein höchst witziger Autor, und *Walden* ist ein ausgesprochen witziges Buch. Dabei böte gerade die Erinnerung an seinen Tod Anhaltspunkte dafür, dass Thoreau es faustdick hinter den Ohren hatte. Zu seinen letzten Worten auf dem Sterbebett gehören zwei Bemerkungen, die Mark Twain-Format haben. Als man ihn nach seinen Vorstellungen über das Jenseits fragte, wehrte er ab: "One world at a time." Auf die Frage, ob er seinen Frieden mit

---

1 Diogenes und Manesse brachten einige seiner Werke neu heraus, zum Teil als Hörbuch; Fernsehen (3sat), Hörfunk (Deutschlandradio, Bayern 2, DRS 2), überregionale Zeitungen (*FAZ, Neue Zürcher Zeitung, Tagesspiegel*) und die Lokalpresse (*Rhein-Neckar-Zeitung*) widmeten ihm Sendungen bzw. Artikel.

dem Herrgott gemacht habe, antwortete er ebenso pointiert: "I did not know that we ever quarreled."[2] Die Struktur dieser Aperçus zeigt das Muster der Antiklimax oder Deflation. Aus etwas Großem, Bedeutendem – hier der Idee der Transzendenz bzw. des zornigen Gottes des Alten Testaments – wird gleichsam die Luft herausgelassen.

Wenn nun der, der die Luft aus dem Ballon herauslässt, sie zum Teil selbst hineingeblasen hat, spricht man in der Literaturwissenschaft vom Genre der Burleske. In der englischen Literatur war die große Zeit der Burleske die *Restoration Period* des 17. und das *Augustan Age* des 18. Jahrhunderts, und zwar insbesondere in der Form des *mock-heroic*. Leute, die sich für bedeutend halten, die in ihren eigenen Augen oder denen anderer heroisches Format besitzen, werden – wie etwa die Puritaner in Samuel Butlers *Hudibras* (1663) oder die Politiker in John Gays *The Beggar's Opera* (1728) – durch beißenden Spott demontiert. Oder hoffnungslos triviale Gegenstände, wie der Raub einer Locke in Alexander Popes *The Rape of the Lock* (1714), werden mit den Mitteln des heroischen Epos hochstilisiert und auf diese Weise der Lächerlichkeit preisgegeben. Die Burleske hat in der Regel eine satirische Stoßrichtung, sie lebt von der Demontage dessen, was grandios daherkommt und im Grunde hohl und faul ist.

Meine These ist nun, erstens, dass Thoreaus *Walden* in hohem Maße von Strategien der Burleske geprägt ist, und dass man das Buch einer wesentlichen Dimension beraubt, wenn man es nicht auch als *hoax*, als Jux, liest. An einer Stelle zitiert Thoreau zustimmend aus dem Vorwort des ansonsten ungeliebten *Gondibert* Davenants, wonach "wit the soul's powder" (260) sei. *Walden* ist voll von diesem "Schießpulver der Seele". Zweitens möchte ich darlegen, dass die Burleske in *Walden* eng mit einer bestimmten Thematik verknüpft ist. Literarische Einflüsse wie die Autoren des 17. und 18. Jahrhunderts scheiden ebenso aus wie deren antike Modelle; Pope wird in *Walden* nur als Homer-Übersetzer erwähnt (172), und an den klassischen Autoren, mit denen Thoreau dank des Harvard-Curriculums vertraut war, scheint ihn die satirische Tradition kaum interessiert zu haben.[3] Eher wäre an scheinbar Banales wie das Naturell des Autors zu denken; schließlich deutet schon das Wort "Humor" auf das Temperament eines Menschen, wobei das Trockene der Thoreau'schen Aperçus neben persönlicher Veranlagung auch auf das kulturell-mentale Umfeld Neuenglands und den sprichwörtlich unterkühlten Humor des Yankees verweisen könnte.

Letztlich aber ist die Burleske in *Walden* vor allem thematisch motiviert; Thoreau läuft besonders dann zu großer satirischer Form und zum Meister des *mock-heroic* auf, wenn er sich mit einem Kernthema des Buches, der Ökonomik, befasst. Ich hatte die Struktur der Burleske im Bild des Ballons gefasst, aus dem die Luft herausgelassen wird. In den burlesken Passagen werden gleichsam Blasen zum Platzen gebracht – Blasen, die der Autor teils vorfindet, teils stilistisch selbst erzeugt. Thematisch motiviert ist dieses Verfahren insoweit, als Thoreau das ökonomische Handeln und die

---

2 Harding und Meyer 1980, 15.
3 Vgl. Seybold 1951. Auch die Satiren zeitgenössischer Autoren – z. B. Edgar Allan Poes und James Russell Lowells – haben ihn offenbar nicht inspiriert.

ökonomischen Konzepte seiner Zeit für leere Blasen hält. Zuweilen betrachtet er sie von außen, wenn er sich etwa über das wirtschaftliche Verhalten der Farmer und Kaufleute oder der irischen Eisenbahnarbeiter in seiner Umgebung mokiert. Immer wieder aber bläst er sich auch selbst auf, geriert sich als *homo oeconomicus*, scheinbar in Konkurrenz mit seinen Zeitgenossen, die er an Geschäftstüchtigkeit und Cleverness noch zu übertreffen beansprucht, um im Gestus der *one-upmanship* die gängigen Weisheiten der Ökonomik nur umso wirkungsvoller ihrer Hohlheit zu überführen. Die platzenden Blasen der Burleske reagieren auf ein System, dessen Prinzipien und Regeln keinerlei Substanz haben. Darin aber erweist sich die burleske Satire als höchst aktuell: als Vorwegnahme neuerer Analysen unseres Wirtschaftssystems, die darauf hinauslaufen, dass die seit 2007/2008 herrschende Finanzkrise wie schon die zahlreichen Krisen davor – seit dem frühen 18. Jahrhundert werden sie als *bubbles* bezeichnet – kein Betriebsunfall eines an sich intakten und rational funktionierenden Systems sind, sondern dass vielmehr das System als Ganzes in seinen theoretischen Prämissen ebenso wie in seinen praktischen Auswirkungen eine Art Heißluftballon ist.

Wie funktioniert die Burleske in *Walden*? Ich muss mich auf die Betrachtung weniger Passagen beschränken; diese sind jedoch insofern repräsentativ, als die Ökonomik, auf die sie sich beziehen, ein Kernthema des Buches ist. "Economy" ist der Titel des ersten und bei Weitem längsten Essays in *Walden*; ein weiterer Essay – "The Bean-Field" – verarbeitet Thoreaus zweites ökonomisches Experiment (nach dem Bau der Hütte); darüber hinaus durchzieht Nachdenken über Wirtschaft und Wirtschaften das ganze Buch. Es ist neben den Naturschilderungen und -meditationen *das* Thema von *Walden*.

Im "Economy"-Essay und an einigen anderen Stellen spielt Thoreau mit dem Gedanken, eine Farm zu kaufen. "Spielt" ist der richtige Ausdruck, denn übers Spielen mit dem Gedanken kommt er nicht hinaus. Zu seinem Glück, wie er meint:

> As for a habitat, if I were not permitted still to squat, I might purchase one acre at the same price for which the land I cultivated was sold – namely, eight dollars and eight cents. But as it was, I considered that I enhanced the value of the land by squatting on it. (64)

Was ist daran witzig? Seit dem 17. Jahrhundert hatte sich in England eine Tradition politischen Denkens etabliert, die das Besitzbürgertum zur tragenden Schicht der Gesellschaft erklärte. Als bevorzugte, weil solideste Form des Eigentums galt dabei der Landbesitz. Die Privilegierung des Landbesitzes wiederum war die Grundlage für Thomas Jeffersons Vision der USA als eine Republik freier Farmer (*freeholders* im Unterschied zu den leibeigenen *peasants*). Wovon man in Europa meist nur träumen konnte, hier in Amerika ließ es sich praktisch umsetzen, denn hier war Land in Fülle, vor allem nach dem von Jefferson eingefädelten *Louisiana Purchase* (1803), mit dem sich das Territorium der jungen Republik verdoppelte.[4]

Der bürgerliche, anti-feudalistische Zug dieses Denkens ist besonders deutlich in der moralischen Legitimation des Besitzes bei John Locke. Der Anspruch auf Landbesitz

---

4   Scott 1977, Kap. 2 und 3.

ist moralisch gerechtfertigt, insofern als der Bauer im Unterschied zum Aristokraten den Boden produktiv nutzt, ihn nicht deshalb sein Eigen nennt, weil er ihn geerbt hätte, sondern weil er kraft seiner Arbeit etwas von sich selbst in den Boden einbringt. In Lockes berühmter Formulierung: "[Man] hath mixed his labour with it, and joined to it something that is his own, and thereby makes it his property."[5] Locke spricht hier von "property" im Allgemeinen, nicht nur von Landbesitz. Bei Letzterem aber wird Lockes Denkfigur besonders anschaulich, da der Bauer mit seinem Schweiß buchstäblich etwas von sich dem Boden beimischt und damit seinen Wert steigert. Das Land, das dem Adligen vorzugsweise zur Jagd und zur Repräsentation gedient hatte, liegt nun nicht mehr brach, es wird "verbessert", es bringt Getreide und Früchte hervor, mit denen man eine Bevölkerung ernähren kann. Unter den Vorzeichen der bürgerlichen Revolution, verstärkt durch die geopolitischen Voraussetzungen Amerikas, avanciert der freie Bauer zur heroischen Figur. Das vor Tocqueville bedeutendste Amerikabuch trägt den Titel *Letters from an American Farmer* (1782). Für seinen Autor, Crèvecoeur, ist der Farmer der repräsentative Amerikaner. Ein halbes Jahrhundert später wird Emerson in seiner "Concord Hymn" (1836) mit großer Selbstverständlichkeit von den Farmern, die sich 1775 den britischen Truppen in den Weg stellten, als "heroes" (13) sprechen.

Vor diesem Hintergrund wird der geradezu ikonoklastische Gestus von Thoreaus Text deutlich. Der Farmer als heroische Figur ist für ihn eine gewaltige Luftblase, und er lässt kaum eine Gelegenheit aus, sie zum Platzen zu bringen. Zahllose Beispiele ließen sich anführen, vor allem in den "Economy"- und "Bean-Field"-Essays. Die oben zitierte Textstelle erscheint mir aber besonders erhellend, weil ihre Pointe in mehr als einem Sinne den Farmer-Mythos demontiert. Mit der Bemerkung "I enhanced the value of the land by squatting on it" trifft er den moralischen Kern des von Locke bis zur *Homestead*-Bewegung und darüber hinaus erhobenen Anspruches, das Land gehöre dem, der es produktiv nutze und damit seinen Wert steigere. Thoreau greift das Konzept auf, aber nur, um sich darüber lustig zu machen: *Ich* erhöhte den Wert des Bodens, indem ich ihn *nicht* besaß. Das Land, auf dem Thoreau die Hütte gebaut hatte, gehörte nicht ihm, sondern Emerson. Sein juristischer Status war der eines Squatters. Das Wort hatte zwar damals noch nicht die negativen Konnotationen wie heute, aber doch schon so ein "Geschmäckle" des Halb- oder Illegalen, und natürlich rangierte der Squatter auf der gesellschaftlichen Skala weit unter dem Grund*besitzer*, noch dazu, wenn er wie Thoreau das Land größtenteils brachliegen ließ. Soweit Thoreau konkret zur Verbesserung des Bodens beitrug, beschränkte er sich darauf, ihn mit seinen Exkrementen zu düngen; "squat" heißt ja zunächst "sich hinhocken". Wir treffen hier auf eines von unzähligen Wortspielen in *Walden* und auf den ansonsten eher seltenen Glücksfall, dass ein englisches Wortspiel problemlos ins Deutsche übertragen werden kann: Statt als Farmer profiliert Thoreau sich als Squatter, der buchstäblich und meta-

---

5   Locke 1690, Kap. 5, Abschnitt 26.

phorisch aufs Land "scheißt".[6] Eine drastischere Demontage des Heroischen ist schwer vorstellbar; burlesk ist sie insofern, als Thoreau am Anspruch des Farmer-Mythos, den Boden zu "verbessern", festhält und damit in Konkurrenz zum Farmer tritt, sich also seinerseits zugleich heroisch hochstilisiert und durch den Kakao zieht.

Der für die Burleske charakteristische Rhythmus von Inflation und Deflation, heroischer Stilisierung und satirischer Demontage, durchzieht *Walden* von Anfang bis Ende, nirgends aber prägnanter und aggressiver als in den Reflexionen über den Farmer. "[...] I believe that that was doing better than any farmer in Concord did that year" (55), behauptet er auf der Basis einer seitenlangen Kosten-Nutzen-Aufstellung. Die buchhalterische Pedanterie soll einerseits die praktische Machbarkeit des Walden-Experiments unterstreichen, andererseits handelt es sich um einen grandiosen Scherz, eine Parodie gängiger Bilanzierungstechniken, entzieht sich doch der eigentliche Gewinn, den Thoreau dank *Walden* erzielt hat, jeder Quantifizierung. Wieder einmal nimmt Thoreau sich und den Leser auf den Arm.

Im Unterschied zum heutigen Leser waren Thoreaus Zeitgenossen und viele amerikanische Leser bis ins 20. Jahrhundert mit der Ideologie des *Jeffersonian agrarianism* vertraut; John Steinbecks *The Grapes of Wrath* (1939) ist davon ebenso durchdrungen wie Wendell Berrys *The Unsettling of America* (1977). Sie dürften keine Mühe gehabt haben, die burlesken Züge der Selbststilisierung als Farmer zu erfassen. Wir müssen einiges an historischer Rekonstruktion leisten, um solche Passagen zu durchschauen und ihren Witz zu goutieren. Leichter tun wir uns mit Episoden, die das Grundmuster der Burleske, das Pendeln zwischen Heroischem und Lächerlichem, komplett nachvollziehen, wie etwa in einem langen Passus in "Economy", wo Thoreau sich vorstellt, was es heißen würde, mit China Handel zu treiben. Thoreau packt seine Gedanken in einen Absatz von größter sprachlicher Intensität, fast aus einem einzigen Satz mit ständigen Erweiterungen bestehend, damit gleichsam den langen Atem suggerierend, den man braucht, um diesen Riesenballon aufzublasen. Denn als ein solcher enthüllt sich die Passage, wenn der Autor am Beginn des nächsten Absatzes trocken bemerkt – und damit den Ballon platzen lässt: "I have thought that Walden Pond would be a good place for business." (21)

Die brillante *tour de force* kann hier aus Platzgründen nicht weiter analysiert werden. Stattdessen möchte ich auf eine Textstelle aus dem zweiten Essay von *Walden*, "Where I Lived, and What I Lived For", eingehen. Sie schließt unmittelbar an den vorhergehenden Essay "Economy" an; wir sind also noch beim Thema Ökonomie. Thoreau denkt wieder einmal an die Zeit zurück, als er sich mit dem Gedanken trug, oder besser (s. o.) mit dem Gedanken *spielte*, eine Farm zu erwerben. Einmal wäre aus dem Spiel beinahe Ernst geworden. Aber eben nur beinahe. Er war mit dem Besitzer der Hollowell Farm handelseinig geworden, doch vor der Übergabe der Farm bekam

---

6   Vgl.: "I have watered the red huckleberry, the sand cherry and the nettle tree, the red pine and the black ash, the white grape and the yellow violet, which might have withered else in dry seasons." (Thoreau 1971, 18)

die Frau des Farmers kalte Füße, und nun bietet der Farmer Thoreau 10 $ an, damit dieser ihn aus dem vereinbarten Geschäft entlässt. Thoreau geht darauf ein, gegenüber dem Leser aber gibt er sich völlig verwirrt über den ganzen Vorgang:

> The nearest that I came to actual possession was when I bought the Hollowell place, and had begun to sort my seeds, and collected materials with which to make a wheelbarrow to carry it on or off with; but before the owner gave me a deed of it, his wife – every man has such a wife – changed her mind and wished to keep it, and he offered me ten dollars to release him. Now, to speak the truth, I had but ten cents in the world, and it surpassed my arithmetic to tell, if I was that man who had ten cents, or who had a farm, or ten dollars, or all together. However, I let him keep the ten dollars and the farm too, for I had carried it far enough; or rather, to be generous, I sold him the farm for just what I gave for it, and, as he was not a rich man, made him a present of ten dollars, and still had my ten cents, and seeds, and materials for a wheelbarrow left. I found thus that I had been a rich man without any damage to my poverty. (82)

Dann setzt er noch eins drauf, indem er sich zum Alleinherrscher des Landes à la Robinson Crusoe 'aufbläst':

> With respect to landscapes,–
> "I am monarch of all I *survey*,
> My right there is none to dispute." (ibid.)

Die Gedichtzeilen sind William Cowpers *Verses Supposed to Be Written by Alexander Selkirk* entnommen. Selkirk gilt als Vorbild für Defoes Helden. Die Kursivierung von "survey" stößt den Leser nebenbei auf ein weiteres Wortspiel; soweit man bei Thoreau von einem Beruf sprechen kann, war es der des Landvermessers (*surveyor*). Im Anschluss an diese erneute, ins Heroische gesteigerte Selbststilisierung lässt er die Sphäre des Wirtschaftens ganz hinter sich, indem er denjenigen zum wahren Nutznießer der Landschaft erklärt, der sie ästhetisch betrachtet: den Dichter.

Das ist eine andere Geschichte. Für unseren Zusammenhang ist Thoreaus Einsicht in das Fantastisch-Imaginäre des Wirtschaftens wichtig. Die Neigung zur burlesken Übersteigerung, die *Walden* in jenen Passagen enthält, in denen es um scheinbar so solide Sachverhalte wie Verkaufen und Kaufen, Ackerbau, Verkehr und Handel geht, speist sich aus der Überzeugung, dass der Bereich der Ökonomie durchsetzt ist mit Fiktionen. Versucht man, Letzteren auf den Grund zu gehen, läuft man ins Leere.

Genau das ist auch das Fazit der eingangs angesprochenen Bücher zur nun schon einige Jahre andauernden Finanzkrise. Neben Margaret Atwoods bereits im Oktober 2008 erschienener und heute geradezu hellseherisch wirkender Studie *Payback* denke ich vor allem an Joseph Vogls *Das Gespenst des Kapitals* (2010) und David Graebers *Debt: The First 5,000 Years* (2011). Die Bücher eines Philosophen (Vogl) und eines Anthropologen (Graeber) sind in mancher Hinsicht sehr verschieden, beide treffen sich jedoch in der Überzeugung, dass unser ökonomisches System nicht, wie uns die Nationalökonomie in der Nachfolge Adam Smiths glauben machen will, nach rationalen, gar mathematisch formalisierbaren Regeln funktioniert, sondern vielmehr durchsetzt ist mit Phantasmen. Seit dem ausgehenden 18. Jahrhundert, so Vogl, ist die Wirtschaft beherrscht von Spekulation und Kreditwesen; seit etwa 1800 haben die "Produkte", die auf den Finanzmärkten gehandelt werden – und mittlerweile spielen sich dort, und nicht in der "Realwirtschaft", vier Fünftel aller wirtschaftlichen Aktivität ab –, keine Entsprechung in handwerklich, industriell oder landwirtschaftlich Produziertem. Das Kapital ist zum "Gespenst" geworden, die Produkte zu "Spuks", und die Krise – die periodische "Blase" – zur Regel.

Graeber schlägt in die gleiche Kerbe, etwa wenn er die an der Börse gehandelten, immer bizarrer gewordenen Produkte aufzählt, die nicht einmal ihre Erfinder selbst mehr durchschauen: "credit and commodity derivatives, collateralized mortgage obligation derivatives, hybrid securities, debt swaps, and so on."[7] Der Anthropologe erweitert jedoch gegenüber Vogl den Bezugsrahmen erheblich, und zwar zeitlich wie räumlich. Indem er Smiths Phasenmodell (zuerst Tauschhandel, dann Geld- und schließlich Kreditwesen) umkehrt, zeigt er auf, dass Wirtschaft schon immer und überall zuerst Kreditwirtschaft war, ein Beziehungsgeflecht von Schuldnern und Gläubigern, wobei die Frage, wer welche Rolle spielt, in den verschiedenen Kulturen durch imaginäre, zum Teil höchst komplizierte Zuschreibungen geregelt wurde. Dabei ist "geregelt" ein missverständlicher Ausdruck, wenn er die Regeln und Gesetze der neoklassischen Wirtschaftswissenschaft andeutet, denn die Schuldner-Gläubiger-Verhältnisse entziehen sich damals wie heute rationalen Erklärungen.

Das erste Kapitel von Graebers Buch trägt den Titel "On the Experience of Moral Confusion". Die Verwirrung, in die man gerät, wenn man über Schulden nachdenkt, hat ihre komische Seite; Thoreau macht sie, wie gezeigt, zum Gegenstand von Spott, Satire und Burleske. Dass einem dabei aber auch das Lachen im Halse stecken bleiben kann, hat er ebenfalls gewusst. Die satirischen Passagen sind flankiert von Bildern des Todes. Der Farmer, der sich in Freiheit selbst zu verwirklichen meint, schuftet sich zu Tode; während er den Boden im Schweiße seines Angesichts verbessert, gräbt er sich im Grunde sein Grab. Über das Wirtschaftsgebaren der Zeitgenossen kann man sich lustig machen, erledigt ist das Thema damit aber nicht.

Ein letztes Zitat aus "Economy" mag andeuten, wie schwarz der Thoreau'sche Humor eingefärbt sein kann – wie sehr er auch als Abwehrstrategie gegenüber einem als unerträglich empfundenen System fungiert. Thoreau konnte sich vorstellen, eine Zeit lang in einer der großen Kisten zu hausen, in denen die Eisenbahnarbeiter ihr Werkzeug über Nacht einschlossen. Ein paar Löcher würde man wohl bohren müssen, um Luft zu bekommen, aber ansonsten hätte man immerhin Schutz vor Frost und Regen, und man müsste nicht einmal Miete zahlen: "Many a man is harassed to death to pay the rent of a larger and more luxurious box who would not have frozen to death in such a box as this. I am far from jesting. Economy is a subject which admits of being treated with levity, but it cannot so be disposed of." (29) Die Wirtschaft ist eine Blase, die zum burlesk-pointierten Nadelstich herausfordert, aber ihre zerstörerische, ja tödliche Kraft, ist damit nicht aus der Welt. Insofern ist *Walden* als Jux auch ein Ausdruck von Ratlosigkeit. Das Buch bietet im Unterschied zu Benjamin Franklins *Autobiography* keine Erfolgsrezepte; Thoreau warnt ausdrücklich davor, sein Beispiel buchstäb-

---

7 Graeber 2011, 15.

lich ernst zu nehmen und nachzuahmen. Er selbst brach das Experiment nach etwas über zwei Jahren ab und zog wieder nach Concord. Konkrete Lösungsansätze hat er nicht zu bieten. So sehr uns die Burleske von *Walden* erheitert, so entlässt sie uns auch einigermaßen ratlos. Allerdings kann sie für sich das Gleiche geltend machen, was ein Rezensent dem Buch Vogls attestiert, dass wir uns nämlich nach der Lektüre mit unserer Ratlosigkeit "auf beträchtlich höherem Niveau" befinden.[8]

Bibliografie

Balzer, Jens. "Entkoppeltes Wirtschaftssystem." *dradio.de*. Deutschlandradio Kultur, 19. Jan. 2011. Web. 24. Okt. 2012.

Emerson, Ralph Waldo. "Hymn: Sung at the Completion of the Concord Monument, April 19, 1836." *Collected Poems and Translations*. Hg. Harold Bloom und Paul Kane. New York: Library of America, 1994. 125. Print.

Graeber, David. *Debt: The First 5,000 Years*. New York: Melville House, 2011. Print.

Harding, Walter und Michael Meyer. *The New Thoreau Handbook*. New York: New York UP, 1980. Print.

Locke, John. *Second Treatise of Government*. 1690. *john-locke.com*. John Locke eText Archive, k. A. Web. 3. Nov. 2012.

Scott, William B. *In Pursuit of Happiness: American Conceptions of Property from the Seventeenth to the Twentieth Century*. Bloomington: Indiana UP, 1977. Print.

Seybold, Ethel. *Thoreau: The Quest and the Classics*. New Haven: Yale UP, 1951. Print.

Thoreau, Henry David. *Walden*. 1854. Hg. J. Lyndon Shanley. Princeton, NJ: Princeton UP, 1971. Print.

Vogl, Joseph. *Das Gespenst des Kapitals*. Zürich: Diaphanes, 2010. Print.

---

8 Balzer 2011.

Der amerikanische Pragmatismus als fröhliche Wissenschaft

Herwig Friedl

Komik, Humor oder ausgelassene Heiterkeit sind in der Geschichte der Philosophie eher selten, sei es als Dispositionen des Denkenden oder als Gegenstände des Denkens. Die Magd von Milet lacht über Thales, der selbstvergessen den Sternenhimmel betrachtet, stolpert und in den Brunnen fällt; hier gibt der Philosoph unabsichtlich die komische Figur. Demokrit nennt man zuweilen den lachenden Philosophen, gemeint ist aber primär die gelassene Heiterkeit, die Seelenruhe (*euthymia*), die Demokrit als Ideal der Lebensführung entwirft, und wenn sich das Denken des Komischen als Gegenstand annimmt, wie in Emersons "The Comic" (1843) oder in Bergsons *Le rire* (1900), dann ist das doch vornehmlich eine ernste Angelegenheit – einen denkenden Liebhaber der komischen, heiteren Seiten der Existenz finden wir vielleicht am ehesten noch in weiter zeitlicher und räumlicher Ferne, in einigen Parabeln der sogenannten "Inneren Kapitel" des Zhuang Zi.

Jenseits der europäischen Denktradition zeigt sich aber auch im amerikanischen Pragmatismus eine, wenn nicht gerade komische, so doch in der Tat fröhliche oder vielleicht auch frohe Weise des Denkens. Über den Hauptvertreter der frühen Phase pragmatistischen Denkens in Amerika sagt Nietzsche: "Emerson hat jene gütige und geistreiche Heiterkeit, welche allen Ernst entmuthigt; er weiss schlechterdings nicht, wie alt er schon ist und wie jung er noch sein wird, – er könnte von sich mit einem Wort Lope de Vega's sagen: 'yo me sucedo a mi mismo'."[1] Emerson (1803-82) hat die Philosophie Nietzsches (1844-1900) entscheidend geprägt. Alle zentralen Konzeptionen seines Denkens hat Emerson vor-entworfen: den Willen zur Macht, den Übermenschen, die ewige Wiederkehr, die Umwertung aller Werte und nicht zuletzt die "fröhliche Wissenschaft".[2] Die erste Auflage von Nietzsches *Die fröhliche Wissenschaft* (1882) würdigt die Bedeutung des amerikanischen Vorgängers mit einem Motto, das Nietzsche Emersons Essay "History" entnommen hat. Für Nietzsche, so der oben zitierte Aphorismus aus *Götzen-Dämmerung*, ist Emerson die Verwirklichung des anfänglichsten wie des zukünftigsten Denkens, einer wahrhaftigen *philosophia perennis*, und damit gleichzeitig eine prototypische Figuration von Nietzsches eigener denkerischer Aufgabe. Dass dieser von Nietzsche als universal interpretierte Modus des heiteren Denkens, der fröhlichen Wissenschaft, grundsätzlich pragmatistische Züge trägt, hat kürzlich die umfangreiche Studie von Jennifer Ratner-Rosenhagen[3] zur Bedeutung von Nietzsches Präsenz in der amerikanischen Ideengeschichte wieder einmal bestätigt:

---

1 Nietzsche 1980, 120.
2 Vgl. Friedl 1987, Stack 1992, Friedl 1997.
3 Ratner-Rosenhagen 2012, 1-20, 244-50, 285-95.

Die Parallelen von pragmatistischen Grundeinsichten im Denken von Nietzsche und William James sind der gemeinsamen Herkunft aus Emersons Werk geschuldet.

Bevor ich den Versuch unternehme, mithilfe einer Reihe von Aphorismen als Leitfaden eine Führung durch den amerikanischen Pragmatismus als fröhliche Wissenschaft zu veranstalten, sollen einige gängige Vorurteile über den Pragmatismus angesprochen und möglichst ausgeräumt werden.

Der Pragmatismus wird allzu oft in die Nähe europäischer Denkweisen des 19. Jahrhunderts gerückt. Er ist aber kein Positivismus wie die Philosophie Auguste Comtes, kein Szientismus, wie ihn William James bei Thomas Henry Huxley, Herbert Spencer, Ernst Haeckel und vor allem bei William Kingdon Clifford energisch bekämpft hat, er ist kein Utilitarismus im Sinne von Jeremy Bentham und James Mill. Vor allem ist der Pragmatismus, einem verbreiteten europäischen Vorurteil zum Trotz, kein philosophischer Optimismus. Die Zielrichtung und denkerische Erfüllung pragmatistischen Denkens zeigt sich bei Emerson als existenzielle Entgrenzung und Befreiung von der dogmatischen Last des Vergangenen sowie als Feier der "infinitude of ... every man",[4] bei William James als Religionsphilosophie in *The Varieties of Religious Experience* (1902) und bei John Dewey als Philosophie der Kunst in *Art as Experience* (1934). Der Pragmatismus ist ein Grundzug amerikanischen Denkens und amerikanischer Kultur seit dem 17. Jahrhundert, dessen Kerngedanken man vereinfacht so zusammenfassen kann: Die Welt, also das was ist, stellt sich dar, zeigt sich dem Denken als Handlungsvollzug, als ein Ensemble von Handlungsvollzügen, ein Gesamt von pluralen, transformativen, innovierenden, aktiven Ereignissequenzen von immer fließenden Übergängen und nicht von stabilen Entitäten, seien diese personale Subjekte, Dinge oder Substanzen[5] – das gilt schon für den puritanisch gedeuteten Gott in der philosophischen Theologie von Jonathan Edwards (1703-58).[6] Seine erste volle Entfaltung erfährt diese pragmatistische Grundanschauung im sogenannten Transzendentalismus etwa zwischen 1830 und 1860.[7] "Transzendentalismus" war nur eine pejorativ gemeinte Kennzeichnung der vermeintlich fremden, weil vor allem deutschen Hintergründe des Denkens von Emerson und Thoreau durch deren konservative Gegner. Kurz: Er war eine Fehlbenennung. Emerson selbst sah sein Denken als "new thought", als eine, wie Nietzsche gesagt hätte, Philosophie der Zukunft ohne jegliche determinierende Antezedenzien, eine Philosophie, die in ihren Geltungsansprüchen wesentlich bestimmt wird durch den *pragmatist turn* – weg von den nur anscheinend unabdingbaren Voraussetzungen (den fundierenden *a prioris*) und hin zu den Konsequenzen des Den-

---

4   Emerson 1883, Bd. 10, 135.

5   Vgl. McDermott 1986, 141-56; Levin 1999, 1-15, 17-44, 45-66; Richardson 2007, 62-136 und Wilshire 1997, 103-24.

6   Vgl. Lee 1988.

7   Zu den energischen Befürwortern der Sicht, den Transzendentalismus als eine frühe Form des Pragmatismus zu verstehen, gehören Robinson 1992, Levin 1999, Richardson 2007. Den Gegenargumenten, wie sie vor allem von Stanley Cavell vorgetragen werden, kann ich mich nicht anschließen: Vgl. Cavell 2003, 215-23.

kens. Akademisch etabliert wird der Pragmatismus um 1890 durch Charles Sanders Peirce in Johns Hopkins, durch William James in Harvard und John Dewey in Chicago und Columbia. Neo-Pragmatisten wie Hilary Putnam oder Richard Rorty bezeugen die Vitalität und Bedeutung dieses Denkens bis in unsere Gegenwart hinein.

Schon 1835 bestimmt Emerson in der Vorlesung "The Scholar" den Denker als Dichter und Bekenner nach dem Vorbild der provenzalischen Troubadours, der "Professors of the Joyous Science":

> I think the peculiar office of scholars in a careful and gloomy generation is to be (as the poets were called in the Middle Ages) Professors of the Joyous Science, detectors and delineators of occult symmetries and unpublished beauties; heralds of civility, nobility, learning and wisdom; affirmers of the one law, yet as those who should affirm it in music and dancing; expressors themselves of that firm and cheerful temper, infinitely removed from sadness, which reigns through the kingdom of chemistry, vegetation, and natural life. Every natural power exhilarates [...].[8]

Die fröhliche Wissenschaft des dichtenden Sinnstiftens, die *joyous science, gaia scienza, gai saber*, entwirft die Ordnung der Dinge, verheißt die vornehme Existenz als Leitbild und zeigt sich als verkörpertes Denken, als kunstvolles "enactment" auch in Musik und Tanz. Sie affirmiert, ist ein Ja-Sagen zu dem Geschaffenen, eine weltlich-immanente, menschliche Wieder-Holung und Umwertung der Zustimmung des Schöpfers zu seiner Schöpfung in *Genesis*. Dieses Denken ist eins mit der kreativen Exuberanz der Natur, es renaturalisiert den Menschen, übersetzt ihn zurück in die Natur aller Dinge.[9] Fröhliche Wissenschaft ist ein denkerisches Evangelium, eine immanente frohe Botschaft, eine Verheißung, welche die Düsternis des zweifelnd-zögerlichen ("careful") – Nietzsche wird sagen: des nihilistischen – Zeitalters überwindet. Ihre zeitliche Dimension ist das Bevorstehende, die Zukunft, und damit ist ihr Denkmodus der kreative, handelnde Vollzug: *pragma*.

Auf diese Weise wird Dichtung ein Modell[10] und eine Varietät des denkenden Schreibens: "Poetry is the *gai science*. The trait and test of the poet is that he builds, adds, and affirms."[11] Wissenschaft, im Sinne des Hegelschen Begriffs für Philosophie, ist nun nicht einfach Verseschreiben, fröhliche Wissenschaft ist pragmatisch, sie ist *poiesis*, Herstellung von Sinn, Sinnstiftung. Sie schafft Bedeutung die nicht einfach *a priori* gegeben ist, sondern bevorsteht: Der denkende Dichter, der dichtende Denker baut,[12] er vermehrt Seiendes, und er affirmiert, er ist ein kreativer Ja-Sager. So kann Emerson apodiktisch den Grundzug des Pragmatismus verkünden: "To think is to

---

8 Emerson 1883, Bd. 10, 250-51.
9 Den Begriff der Renaturalisierung, der Rückübersetzung des Menschen in die Natur aller Dinge, hat Karl Löwith für das auch in dieser Hinsicht Emerson verwandte Denken Nietzsches geprägt: Löwith 1978, 192.
10 Vgl. Poirier 1992, passim.
11 Emerson 1883, Bd. 8, 40.
12 Zur existenziellen wie kreativ konstruktivistischen Bedeutung der Metapher des Bauens bei Emerson vgl. Schulz 1997, 17-109.

act."¹³ Denken ist Handlungsvollzug, kein theoretisch-kontemplativer Repräsentationalismus, keine begriffliche Mimesis einer immer schon etablierten Realität: Im Pragmatismus kollabiert der tradierte Dualismus von Theorie und Praxis. Pragmatismus ist *nicht* Umsetzung des Denkens in Praxis, Denken selbst ist Handeln, das wiederum eine denkerische Dimension besitzt. Es gilt: "Words are also actions, and actions are a kind of words."¹⁴ Sprache ist wie das Denken ein Handeln. Weltentwurf im Denken ist, es sei wiederholt, *poiesis* und als solche *pragma*. Aus diesem pragmatistischen Credo heraus entwickelt Emerson vor Nietzsche, James, Dewey und Heidegger den Gedanken, dass sich modernes Denken zuerst immer als De-Struktion, als Ab-Bau des Etablierten und nur vermeintlich Fundierenden ereignet:

> Therefore we value the poet [...] He smites and arouses me with his shrill tones, breaks up my whole chain of habits, and I open my eye on my own possibilities. [...] Beware when the great God lets loose a thinker on this planet. Then all things are at risk. It is as when a conflagration has broken out in a great city, and no man knows what is safe, or where it will end.¹⁵

Denken führt auf diese Weise durch die Zerstörung des Alten und Tradierten zur Eröffnung von unvorhergesehenen Möglichkeiten, zu einer permanenten Umwertung bestehender Werte und Ordnungen. Denken entledigt sich der Last der Vergangenheit, für die Nietzsche später das Bild des dämonischen Zwergs fand, der Zarathustra, dem Denker der Zukunft, auf der Schulter hockt und erst abgeworfen werden muss. In einem nächsten Schritt vollzieht Emerson dann die charakteristisch pragmatistische Wendung von den Antezedenzien zu den Konsequenzen:

> Do not set the least value on what I do, or the least discredit on what I do not, as if I pretended to settle any thing as true or false. I unsettle all things. No facts are to me sacred, none are profane; I simply experiment, an endless Seeker with no Past at my back.¹⁶

Die zentrale zeitliche Dimension pragmatistischen Denkens ist die offene Zukunft, Raum der unablässigen Offenbarungen des Neuen und damit ein Garant von (ontologisch gesprochen) nie festgelegten frohen Botschaften, unvorhergesehenen Geschenken des Seins. Die Welt ist nicht vorentschieden, sie lädt ein zum freien und damit zum fröhlichen, unbelasteten Experiment. Die *poietische* Dimension des pragmatistischen Denkens bei Emerson weist voraus auf die Kulmination von Deweys Philosophie in *Art as Experience*, und die Intuition einer sich immer neu eröffnenden frohen Botschaft zukünftigen, auf uns zukommenden Seins indiziert die Möglichkeit, den Pragmatismus in der Religionsphilosophie, wie in James' *The Varieties of Religious Experience*, gipfeln zu lassen. Mit dem Gestus der Hinwendung zur Zukunft sind aber weder die Würde der Vergangenheit noch die Geschichte oder die Geschichtswissenschaft gefährdet. Vergangenheit existiert für Emerson zwar nicht hinterrücks ("no Past at my back"), was Vergangenheit aber wirklich bedeutet, was sie für uns sein kann, das

---

13 Emerson 1883, Bd. 2, 154.
14 Ibid., Bd. 3, 14.
15 Ibid., Bd. 2, 288, 291-92.
16 Ibid., 296-97.

kommt unablässig als immer neue Aufgabe aus der Zukunft auf das Denken zu, wie Emerson in "History" und Nietzsche dreißig Jahre später in der 2. *Unzeitgemässen Betrachtung: Vom Nutzen und Nachtheil der Historie für das Leben* in genauer Entsprechung zu Emerson ausführte. Die Zukunft wird die dominante zeitliche Ekstase der fröhlichen Wissenschaft des Pragmatismus.

Ein solches *antifoundationalist* Denken entspricht dem – oder ist eins mit dem – kontingenten Vollzugscharakter des Seins überhaupt, ist identisch mit der *Natur* in Emersons Terminologie. Schon in "The Scholar" hatte Emerson ja die Fröhlichkeit des Denkens der von ihm so verstandenen Leitbilder der Troubadours mit der vorherrschenden Gestimmtheit des Naturhaften, der prozessual kreativen, fröhlichen "natural power" identifiziert. Aber auch dieses naturhafte Sein selbst gilt Emerson nicht als Fundament oder Substanz im etablierten Sinn der abendländischen Metaphysik. Ein zentraler Satz aus "Nominalist and Realist" lautet: "Nature is *one thing and the other thing, in the same moment.*"[17] Die Welt, das Seiende im Ganzen, das Sein überhaupt, ist für die pragmatistische Grundintuition niemals von vornherein in seinem Wesen, in seiner 'Washeit', *quidditas*, entschieden. Mit dieser Verkündigung des Seinscharakters als *unentschieden* setzt Emerson für sich und die nachfolgende pragmatistische Tradition einen Kernsatz der abendländischen Metaphysik und der herrschenden Logik außer Kraft, den aristotelischen Satz vom Widerspruch: "Denn es ist unmöglich, dass dasselbe demselben in derselben Beziehung zugleich zukomme und nicht zukomme."[18] In der metaphysisch nicht mehr auf eine sich identisch durchhaltende Substanz gegründeten Wirklichkeit des Pragmatismus ist jedes Seiende zuallererst *auf dem Wege* ein *Etwas* zu sein. Jedes Seiende ist ein Prozess hin zu einer nur möglichen, nicht notwendigen *Festlegung* seines Wesens in der noch unentschiedenen Zukunft seines Seins. Ein einzelnes Seiendes oder das Sein im Ganzen (Emersons 'Natur') ist also nie nur es/sie selbst, sondern prozesshaft auch und immer gleichzeitig das, was noch nicht ist und damit sein eigenes Anderes.[19]

Im akademisch etablierten und nobilitierten Pragmatismus von Peirce, James, Dewey und Mead an der Wende zum 20. Jahrhundert wird *experience* mehr noch als bei Emerson zu einem zentralen Begriff, der deutsch am besten als *Erfahren* und nicht als *Erfahrung* wiedergegeben werden sollte, da es sich um einen Prozess und nicht um einen fest umrissenen Sachverhalt handelt. Menschen (und alle Dinge) *haben* nicht Erfahrung, sie *sind* Erfahren. In einer konzisen Definition von 1902 führt William James aus:

> [Experience is] the entire process of phenomena [...] before reflective thought has analysed them into subjective and objective aspects or ingredients. It is the summum genus of which everything must have been a part before we can speak of it at all.[20]

---

17 Emerson 1883, Bd. 3, 225.
18 Aristoteles 1996, 160-61 (meine Übersetzung).
19 Vgl. Friedl 2009, 244-49.
20 James 1978, 95.

Erfahren ist also die ungeschiedene Realität, bevor die bedeutungssetzende und (wichtig für James) die interessengeleitete, jeweils individuelle Artikulation einsetzt. Erfahren situiert sich (ontologisch) vor Subjekt und Objekt, Erfahren ist das Sein selbst (*summum genus*). Die dualistische Welt von Subjekt und Objekt, von (an und für sich identischem) "thought-stuff and thing-stuff",[21] wie James in den *Essays in Radical Experience* argumentiert, ist eine spätere Form der Selbstorganisation innerhalb des Seins als "pure experience". In ihr werden die Dinge dann im Nachhinein festgelegt, es entsteht auf diese Weise tendenziell das von James so verachtete statische konzeptuelle "block-universe". Die pragmatistische Sicht aber hält die Welt offen für ihre pluralen, immer wieder neuen Möglichkeiten: Pragmatismus ist notwendig Pluralismus. In *A Pluralistic Universe* heißt es prägnant: "the word 'or' names a genuine reality."[22] Genuine Realität, das Seiende überhaupt, steht zur Entscheidung an. Es ist das befreiend Offene der Möglichkeiten, es existiert im Modus des Bevorstehenden und ist die Anmutung eines jeden Augenblicks sowie Herausforderung des unablässig auf uns Zukommenden.

Im Sinne Emersons hat das Seiende als Erfahren überhaupt keine deterministisch einschränkende Vergangenheit im Rücken. Die damit verbundene spielerische Grundgestimmtheit von James' leitender ontologischer Intuition kommt schon früh in einer summierenden Passage des Kapitels über den *stream of consciousness* in *Principles of Psychology* (1890) zum Ausdruck: "[...] the mind is at every stage a theatre of simultaneous possibilities."[23] "Mind" oder "stream of consciousness" darf nicht als subjektives Phänomen missverstanden werden, sondern ist hier das jeweilige und plurale Erfahren, als das Welt immer und überhaupt ist. Dies Erfahren zeigt sich als Theater, buchstäblich als Spiel-Raum, innerhalb dessen Wirklichkeit allererst *wird*. Die Theatermetapher zeigt auch an, dass Wirklichkeit als Wirklich*werden* ein Vorgang der *poiesis* ist, eine immer erneut beginnende Inszenierung, an der alle Seienden teilhaben. Wirklichkeit und Denken der Wirklichkeit sind ein "way of world-making" im Sinne von Nelson Goodmans neo-pragmatistischer Sicht[24] oder, wieder auf Emerson zurückgreifend, ein bauendes Hinzufügen und Affirmieren von erfahrbarer Realität im ungegründeten, kontingenten Spiel der *poiesis* der fröhlichen Wissenschaft. Damit wird aber auch, wie James in *Pragmatism* (1907) zeigt, die Wahrheit selbst ein prozessualer Vorgang, da die Wirklichkeit, über die zu befinden ist, sich immer erst wieder neu zeigen wird. Wahrheit ist im Hinblicken auf das stets erst kommende Neue alles Seienden zu verstehen; sie ist nicht mehr *adaequatio rei et intellectus*, sondern "truth in the making" in einer "world in the making".[25] Die religiöse Dimension dieser Sichtweise von Wahrheit und Wirklichkeit hat James in *The Varieties of Religious Experience* erläutert. So

---

21 James 1976, 69.
22 James 1977, 146.
23 James 1981, 277.
24 Vgl. Goodman 1978.
25 James 1975, 97.

kann das mystische Erfahren einer offenen, noch unsprachlichen Unmittelbarkeit als "appeal to the yes-function" gelesen werden, als eine Art ontologischer Messianismus, der "fröhlich" die Offenbarung unabschließbarer zukünftiger Möglichkeiten annimmt.[26]

Bei keinem pragmatistischen Denker spielt der Begriff, spielt die Realität des Erfahrens eine so deutliche und prominente Rolle wie bei John Dewey. Werktitel wie *Experience and Nature*, *Art as Experience* oder *Experience and Education* machen dies augenfällig. Zudem ist für Dewey neben der fundierenden Übergänglichkeit von Mensch und Welt als *environment* vor allem die Zeitlichkeit ein dominantes Motiv des Denkens, in dem die Ekstase der Zukünftigkeit wie bei allen Pragmatisten im Mittelpunkt steht. Das zweite Kapitel der naturalistischen Ontologie von Dewey in *Experience and Nature*, "Existence as Precarious and Stable", führt dies exemplarisch vor. Wirklichkeit als Verlauf und unablässige Ankunft des Neuen stehen damit im Zentrum seiner Vision der Realität. Der nur scheinbar unauffällige Satz "Every existence is an event" macht die Grundintuition deutlich: 'Jedes Seiende ist ein Ereignen.'[27] Die Welt besteht nicht aus Dingen, Entitäten, selbstidentischen Objekten, vielmehr zeigt sie sich dem pragmatischen Blick als eine Vielzahl von Verläufen, in deren Ankunft und Vorübergang, wie James in *A Pluralistic Universe* ausführte, jede vermeintlich identifizierbare Einzelheit dabei ist, ihr eigenes Anderes zu werden.[28] Schon Emerson hatte diesen transitorischen Charakter des Seienden immer wieder hervorgehoben: Er sieht Natur als "a system in transition" und prägt den Ausdruck "[t]he universe exists only in transit".[29] Macht als die basale Eigenschaft alles Seienden "ceases in the instant of repose; it resides in the moment of transition from a past to a new state".[30] Neben den dominierenden Flussmetaphern in James' *Principles of Psychology*, den *Essays in Radical Empiricism* und *A Pluralistic Universe* sind aphoristische Dikta wie "Life is in the transitions as much as in the terms connected" deutliche Fingerzeige,[31] wie die pragmatistische Vision von Anfang an und durchgehend das Sein überhaupt und jegliches Seiende als die unablässige Ankunft dynamischen Ereignens erfahren hat. Die herausragende, ja exemplarische Form des Erfahrens als Ereignen ist für Dewey in einer solchen transitorischen Welt die Kunst. Als "dynamic organization" ist sie nicht bloßer Fluss und natürlich keine reine Stasis. "An experience" ist der Name für unabschließbares und gleichzeitig strukturiertes Gewahren von Welt als Kunst-Ereignis, das von der Phase des Schaffens hineinreicht in die offene Zukunft der nie endenden Vielfalt der Rezeptionen eines Werks.[32]

---

26 James 1985, 330.
27 Dewey 1981, 63.
28 Vgl. James 1977, 126 ff.
29 Emerson 1883, Bd. 3, 174; Bd. 12, 54.
30 Ibid., Bd. 2, 69.
31 James 1976, 46.
32 Dewey 1987, 42-63.

Der Gedanke der Kunst, der *poiesis*, als vornehmster Modus des Denkens und Erfahrens einer übergänglichen und immer neu bevorstehenden Welt führt uns zurück zu Emersons emphatischer Bestimmung von "the scholar" in der gleichnamigen Vorlesung des Jahres 1835. Von Emerson bis Dewey ist daher die Bezeichnung "Professor of Joyous Science" die angemessene Wesensbestimmung und der Ehrentitel der pragmatistischen Denker.

Welche existenzielle Disposition die fröhliche Wissenschaft des Pragmatismus mit sich bringt und wie sich ihre Gestimmtheit von jedem vermeintlichen Optimismus unterscheidet, das soll abschließend mithilfe zweier Aphorismen Emersons deutlich gemacht werden. Seine Stellung als genuiner Initiator pragmatistischen Denkens soll auf diese Weise noch einmal energisch gegen die fatal irreführenden Zuordnungen seines Denkens zur Romantik und zum sogenannten Transzendentalismus ins Feld geführt werden.

Gegen Ende des Essays "Circles" (1841), der die permanente Umwertung alles Seienden durchdenkt, formuliert Emerson unnachahmlich dicht und gleichzeitig elegant einfach seine Sicht des authentischen existenziellen Habitus des Denkers als "Professor of Joyous Science": "The way of life is wonderful; it is by abandonment."[33] Das säkulare Bekenntnis des ehemaligen Pastors Emerson fordert eine Auslegung, die den vielfachen Schriftsinn der Worte würdigt. Natürlich ist "way of life" zunächst einmal literal die Lebensführung, "conduct of life". In "way" hallt aber auch die Erinnerung an "Christ is the way", an die heilsgeschichtliche, erlösende Dimension des (genuinen) Lebensvollzugs nach. Für Emerson, den Bewunderer der griechischen Denker, ist "way" zugleich auch *methodos*, das disziplinierte Verfahren der denkenden Lebenspraxis und, wie die Zitate bei Emerson aus Meng Zi (Mencius) nahelegen, hat "way" für ihn auch die mögliche Konnotation von *dao*, dem sich aus sich selbst ergebenden Vollzug des dynamischen Seins. Im Wort "wonderful" verbirgt und zeigt sich der Hinweis auf die von Emerson mitgedachte Wunderdebatte des Unitarismus, die ihn dazu führte, das eigentliche Wunder im Gegenwärtigen des Einfachen und Unmittelbaren zu erfahren und zu denken, etwa in "the blowing clover and the falling rain".[34] "Wonder", das die Lebensführung erfüllt, erinnert aber auch daran, dass nach Aristoteles alles Denken immer im *thaumazein* entspringt. Der erste Halbsatz insinuiert also, dass der Lebensprozess ein aus sich heraus ereignender Vorgang ist, der Heilsversprechen und die Möglichkeit der denkerischen Ordnung in sich birgt und für das unaufhörliche Wunder des Daseins des Seienden empfänglich macht, das Grund und Ziel alles Denkens ist. Dies aber geschieht "by abandonment". "Abandonment" ist der Gestus des Sein-Lassens, des nicht auf Dauer festlegenden Aneignens im begrifflichen oder ökonomischen Sinne, das ständige Aufgeben des Gewesenen, sodass das Zukünftige als das immer Neue ankommen kann; man darf dies ruhig als proto-existenzialistische Version des denkerischen Habitus der Gelassenheit deuten, wie ihn der späte

---

33 Emerson 1883, Bd. 2, 300.
34 Ibid., Bd. 1, 129.

Heidegger entworfen hat. Dieses Sich- und die Dinge gehen-Lassen verbürgt die Freiheit und die Eröffnung des denkerischen Spiels der fröhlichen Wissenschaft.

Ein solch spielerisches Denken ist nicht optimistisch. Es hat tragisch-absurde Züge. Am Horizont seiner aufs Zukünftige gerichteten Erwartung zeigt sich kein finales *telos*, sondern allein "the Unattainable, the flying Perfect, around which the hands of man can never meet, at once the inspirer and condemner of every success."[35] Die offene, zukünftige Weite der dominierenden zeitlichen Ekstase des Pragmatismus ist Inspiration, Einladung und Verweigerung zugleich. Der Denker der fröhlichen Wissenschaft wird unablässig inspiriert und unablässig scheitern, ein finales Greifen ("the hands of man"), ein abschließendes Begreifen sind dem ständigen Bemühen verwehrt. Bei William James führt dieselbe Grundeinsicht zur Feier des Risikos, das sich im "will to believe" manifestiert. Die Offenheit der Möglichkeit legitimiert trotz der Verweigerung von *closure* ein unablässiges 'dennoch'. Wie an anderen Stellen bei Emerson und in den Essays zur Lebensführung bei William James wird deutlich, dass der "Professor of Joyous Science" ein Sisyphos ist, aber – Camus auf eine Weise vorwegnehmend – ein glücklicher Sisyphos: "Never mind the ridicule, never mind the defeat; up again, old heart! [...] there is victory yet for all justice; and the true romance which the world exists to realize will be the transformation of genius into practical power."[36]

Bibliografie

Aristoteles. *Metaphysics*. Hg. Hugh Tredennick. Cambridge, MA: Harvard UP, 1996. Print. Loeb Classical Library 271.

Cavell, Stanley. "What's the Use of Calling Emerson a Pragmatist." *Emerson's Transcendental Etudes*. Hg. David Justin Hodge. Stanford, CA: Stanford UP, 2003. 215-23. Print.

Dewey, John. *Experience and Nature. The Later Works 1925-1953*. Bd. 1. Carbondale, IL: Southern Illinois UP, 1981. Print.

---. *Art as Experience. The Later Works 1925-1953*. Bd. 10. Carbondale, IL: Southern Illinois UP, 1987. Print.

Emerson, Ralph Waldo. *The Works of Ralph Waldo Emerson*. 14 Bde. Boston: Houghton, Mifflin and Company, 1883. Print.

Friedl, Herwig. "Emerson and Nietzsche: 1862-1874." *Religion and Philosophy in America*. Hg. Peter Freese. Bd. 1. Essen: Die Blaue Eule, 1987. 161-82. Print.

---. "Fate, Power, and History in Emerson and Nietzsche." *Emerson Society Quarterly* 43 (1997): 267-93. Print.

---

35 Emerson 1883, Bd. 2, 281-82.
36 Ibid., Bd. 3, 86.

---. "1838, July 15: Emerson shakes the foundations of traditional philosophy and established Christian Faith." *A New Literary History of America.* Hg. Greil Marcus und Werner Sollors. Cambridge, MA: Harvard UP, 2009. 244-49. Print.

Goodman, Nelson. *Ways of World-Making.* Indianapolis, IN: Hackett Publishing Company, 1978. Print.

James, William. "Experience." *Essays in Philosophy.* Cambridge, MA: Harvard UP, 1978. 95. Print.

---. "The Place of Affectional Facts in a World of Pure Experience." *Essays in Radical Empiricism.* Cambridge, MA: Harvard UP, 1976. 69-77. Print.

---. *A Pluralistic Universe.* Cambridge, MA: Harvard UP, 1977. Print.

---. *Pragmatism.* Cambridge, MA: Harvard UP, 1975. Print.

---. *The Varieties of Religious Experience.* Cambridge, MA: Harvard UP, 1985. Print.

---. *The Principles of Psychology.* Bd. 1. Cambridge, MA: Harvard UP, 1981. Print.

Lee, Sang Hyun. *The Philosophical Theology of Jonathan Edwards.* Princeton, NJ: Princeton UP, 1988. Print.

Levin, Jonathan. *The Poetics of Transition: Emerson, Pragmatism and American Literary Modernism.* Durham, NC: Duke UP, 1988. Print.

Löwith, Karl. *Nietzsches Philosophie der ewigen Wiederkehr des Gleichen.* Hamburg: Felix Meiner, 1978. Print.

McDermott, John J. *Streams of Experience: Reflections on the History and Philosophy of American Culture.* Amherst, MA: The U of Massachusetts P, 1986. Print.

Nietzsche, Friedrich. *Götzen-Dämmerung. Sämtliche Werke. Kritische Studienausgabe.* Hg. Giorgio Colli und Mazzino Montinari. Bd. 6. München: Deutscher Taschenbuch Verlag, 1980. 55-161. Print.

Poirier, Richard. *Poetry and Pragmatism.* Cambridge, MA: Harvard UP, 1992. Print.

Ratner-Rosenhagen, Jennifer. *American Nietzsche. A History of an Icon and His Ideas.* Chicago: The U of Chicago P, 2012. Print.

Richardson, Joan. *A Natural History of Pragmatism.* Cambridge: Cambridge UP, 2007. Print.

Robinson, David M. *Emerson and the Conduct of Life: Pragmatism and Ethical Conduct in the Later Work.* Cambridge: Cambridge UP, 1993. Print.

Schulz, Dieter. *Amerikanischer Transzendentalismus.* Darmstadt: Wissenschaftliche Buchgesellschaft, 1997. Print.

Stack, George J. *Emerson and Nietzsche: An Elective Affinity.* Athens, OH: Ohio UP, 1992. Print.

Wilshire, Bruce. "The breathtaking intimacy of the natural world: William James's last thoughts." *The Cambridge Companion to William James.* Hg. Ruth Anna Putnam. Cambridge, Cambridge UP, 1997. 103-24. Print.

Wit and Humour in the English Cryptic Crossword

Jörg Hasler

"Proficiency at crosswords is a sure sign of a wasted life." This damning verdict from a well-meaning friend is quoted for unsuspecting readers who might become addicts, saying they hadn't been warned. For the defence I would argue that many thousands of solvers quite obviously derive pleasure from wrestling with cryptic clues. I remember a session at an International Shakespeare Conference at Stratford. We were presented with a not altogether fascinating paper. A very eminent scholar sat at the back of the room, the *Times* cryptic on his knees, from time to time filling in a solution with a smile that seemed to say "I got you!" and also to acknowledge the genius of the compiler. Besides, medical authorities maintain that crosswords are a kind of fitness training for the grey cells: hardly a frivolous waste of time. Colin Dexter, the creator of Inspector Morse, a keen puzzler, took the name of his detective from the noms de plume of two famous compilers. He sees an affinity with crime fiction. Indeed, just as a guilty suspect will do everything to hide the truth, the author of a cryptic clue is at pains to lead us astray for as long as possible. Thus solving cryptics is a matching of one mind against a fiendish opponent. That's why the solving takes time. Unfortunately the following survey cannot possibly render the probing and searching, the exploration of possible avenues, the delight of the moment when finally "it clicks". So please bear in mind that I have to take shortcuts, omitting the speculative aspect of solving, and also rest assured that many of the solutions could only be found with a little help from crossing words on the grid.

About half a century ago I read this clue in the *Daily Telegraph*:

"Poor German's at his workplace, according to Cockney (14)".

As a rule, a clue contains what I will call a "hint" and a "recipe". The hint tells us what we have to find a synonym for, while the recipe is the blueprint for the construction of the solution, providing the ingredients and the way they have to be arranged. Just about the only thing you can rely on is that the hint is always placed at the beginning or the end of a clue: for the rest, nothing ever is what it seems. In this example, it is therefore unlikely that we are looking for a "poor German". The only German word with 14 letters the average *Telegraph* reader might know is "Weltanschauung". For the end of the word I had the letters "O _ Y", when it occurred to me that the workplace might be FACTORY, preceded by "at his": so might the answer be HUN'S AT HIS FACTORY? Well yes, but in the Cockney version:

UNSATISFACTORY

which is "poor", as e. g. in "a poor performance". "According to Cockney" refers to pronunciation, and what we all know about Cockneys is that they "drop their aitches".

Sometimes though the recipe can prove so impenetrable that one hits on the solution without knowing why, as for instance in

"Sanctimonious touch in what's the final comment (7)".

What are we to make of this stylistic criticism of "the final comment"? Opting for "final comment" as the hint, sooner or later "Epitaph" (7 letters!) comes to mind, and only on this basis can we hope to unravel the recipe, as follows: "sanctimonious" = PI, "touch" (physical!) = TAP, "in what" = inside "what", as question = EH? (the setter will murmur: "I beg your pardon"). So PITAP inside EH = EPITAPH. Hilarious, but the setter might have chosen a wording with "What?"! Whereas this clue did provide a recipe after all, in

"Show such strong disapproval that royalty leaves the rink? I'd expect to have reservations there (3, 4, 3, 3)"

we have two apparently unrelated sentences without any sort of "technical" instructions to help us. We are left simply to guess. So, where do we get reservations? At a travel agent's, a hotel, or a booking office? The latter does have 13 letters – wait a minute, – "booking office, that's

BOO KING OFF ICE!

The good-humoured fun makes it easier to forgive the setter for saying "have reservations" (to be sceptical) rather than "make" or "get". Cryptic compilers are meant to play hide-and-seek with us, but they are also expected to play fair.

It also happens that the solution is right there in the clue, staring you in the face; what's more, the setter tells you so (which in this case didn't facilitate things that much):

"Editorial work seen in theatrical anthology (7, 7)".

I admit it took me a long time to "see" – namely that both words of the recipe start with an article: THEatrical ANthology. In other words, they start with a LEADING ARTICLE, the work of an editor. Of course, also, an "editorial" is synonymous with a leading article, but typically the setter uses it as an adjective, which at first obscures this obvious hint. Actually, a widely used red herring strategy is to exploit a verb/noun ambiguity. A good example is

"Trouble with the Navy's decks? (6)"

In connection with the Navy, one naturally reads "decks" as plural noun: the decks on a ship. However, "trouble" = ADO + "the Navy's" = RNS gives us ADORNS, the hint "decks" pointing to the verb "to deck, deck out", decorate, embellish. Here even "'s" works both ways: misleadingly as genitive, to supply the S, and as "is" connecting recipe and hint. In the clue

"Armies come down on railroads (4, 6)"

"railroads", believe it or not, is a verb, an Americanism for "steamroll", to force or rush somebody into something – which explains the solution LAND FORCES, as distinct from Navy and Air Force: "come down" = to LAND and "railroads" = FORCES. This was a down clue, which explains "on".

Anagrams are very popular especially in easier puzzles, where the majority of solutions may be anagrams, which makes the whole thing rather mechanical. More demanding are clues where an anagram is part of the solution. There is no limit to the length of anagrams: In "Grandest city out to break country practice (7, 8)", "to break" calls for an anagram of the preceding words, so that "grandest city out" becomes COTTAGE INDUSTRY, a "country practice". Setters are using an infinite variety of "anagram signals"; a rather clever one occurs in

"Create jet so, when things go wrong, this gives pilot a chance (7, 4)".

"When things go wrong" suggests, as part of the recipe, that we need an anagram of "create jet so", which is EJECTOR SEAT. But of course "when things go wrong" is also part of the (rather heavy) hint, since that is precisely when the ejector seat is needed. Note that the awkwardness of "create jet so" is itself an indication that this is anagram-material, which in clues of inferior quality at times hardly makes sense. A similar overlapping of hint and recipe may be observed in

"Resistance one grim torso developed (5, 6)"

where "developed" seems to call for an anagram. So we have to re-arrange "one" = I + GRIM TORSO, resulting in RIGOR MORTIS – which is indeed the "resistance" a dead body (cp. "the grim reaper") gradually "develops", – which is why, at least on TV, the pathologist can always tell the police exactly how many hours have elapsed since the murder. Rather witty is the partial combination of hint and recipe in

"Start of marital worries, heading off with one such (8)".

The recipe here works as follows: "Start of marital" = M + "worries, heading off" = (D)ISTRESS, so "one such" is a MISTRESS. The wordplay consists in using "heading" as noun in the recipe (initial letter) and as verb in the hint: heading off with a mistress may cause trouble at home. The "worries" too are equally part of the recipe and of the hint. Or take

"Musical entertainment often reduced to a disorderly romp (9, 8)".

This alludes to the traditional, boisterous "Last Night of the Proms", which can really be described as a "disorderly romp". At the same time, "disorderly" calls for an anagram of "romp" = PROM, the colloquial abbreviation of the solution, the PROMENADE CONCERTS at the Albert Hall. "Reduced to" thus has a double meaning: The Promenade Concerts are reduced to Prom, and the annual summer season of symphony concerts ends in the flag-waving, noisy patriotic fervor of "Rule Britannia" and "Land of Hope and Glory" sung by the entire audience. This setter didn't really try to mislead, unlike the one who wrote

"Bouncer addressed by club owner (4, 4)"

and could be sure that solvers would muse about the owner of a nightclub talking to his "bouncer", his doorkeeper. That of course is the red herring. When I had "_F/_", the penny eventually dropped: the "bouncer" is a ball, a golf player preparing for a shot "addresses" the ball; he is the owner of the golf club in his hands – therefore GOLF BALL. A propos golf: "Conservative golfer makes a stupid mistake" = CLANGER (C + Bernhard LANGER: Featuring in an English cryptic is a sign of the German sportsman's global fame). Another celebrity hides in

"Conductor of opera popular in Northern Ireland (9)".

Here "conductor" is the hint. "Opera" = TOSCA, "popular" = IN inside N.I.: Arturo TOSCANINI.[1]

To judge by the numerous literary allusions, the compilers must know they can rely on a pretty well-read clientele, which won't have any problems with "Idle talk of many a mad person (7)": "many" = C (100) + the mad HATTER in *Alice in Wonderland* = CHATTER. More demanding is

"I in France take Sam to be a seller of precious stones (8)"

where we have "I in France" = JE plus Sam, who is Sam WELLER, the main character in Dickens' *Pickwick Papers*. Or have a go at

"Boycotts a hypocrite, the family ne'er do well (5, 5)".

For "boycotts" we have BLACKS, for "hypocrite" Uriah HEEP, the prototype of fawning hypocrisy in *David Copperfield*, so that BLACK/SHEEP is the ne'er do well. The clue

"Home where Napoleon lived, extended by the French with panache (2, 5)"

---

[1] "N. I." in this clue is part of a whole range of conventions, mainly abbreviations, regularly used by compilers, e. g. "old city" = UR, "American city" = NY or LA, "state" = e. g. GA for Georgia. "Member" is more likely to be MP than arm, "support" more likely BRA or TEE (golf) than leg, "soldier" may be RE (Royal Engineer), or GI, "soldiers" RA or TA (Territorial Army) or MEN, "gunners" = RA (Royal Artillery: not Arsenal FC!), "companion" = CH (C. of Honour), "honour" = OBE, "daughter" always = D, "married" = M, "mother" = MA, MUM (also "quiet!"), "loud" = F (forte), "soft, softly" = P (piano), "service" either MASS, or RN, RAF, "sport" can be RU (Rugby Union), "runs" = R (cricket), golf contributes "warning" = FORE, "club" = IRON. "Evening" may mean ironing, and "ironing" can be decreasing (removing creases...) "artist" = RA (Royal Academy member), "race" = TT (Tourist Trophy, Isle of Man), but TT may also stand for "dry" (teetotaler), "type" or "model" = T (Ford's "Tin Lizzie"), "railway" or "lines" = RY, "main" = the SEA (cp. the Spanish Main), so "in the main" = at sea (lost, confused: anagram signal as well), "sailor" is AB (able-bodied seaman), TAR or SALT, "sailors" = RN. "Vessel" (if not an URN) = ship, "ship" = SS (harmless! – steamship), which setters like to use as follows: "Attenuates frequently on board" = softens ... The Bible = AV (Authorized Version), "books" means one half of it, OT or NT, "bishop" is B or RR (Right Reverend), but RR also = "car" – the one where the clock makes more noise than the engine. Bear in mind that "see" as noun is diocese, bishopric, as in "See Derby, perhaps", which does not ask you to go to the races. "Salesman" and "theatre" can both be REP, "notice" (noun) = AD(vertisement), "pole" = N or S, "direction" or "quarter" = E, W, N or S, "quarters" = all of them as in "Film coming from all directions on a cylinder" = NEWSREEL.

gives us pause: the Emperor restlessly travelled all over Europe and beyond, but never stayed long in one place. And where did he have an extension built? Ah, but wasn't there later another Napoleon, the boss of the politburo in Orwell's *Animal Farm*? The supremo among the ruling pigs? And where do pigs live? IN STY, plus ("extended by") LE ("the French") = IN STYLE, with panache. But what on earth does one make of

"Writer depicting seabirds according to Chinese dynastic principles (6, 9)"?

As almost every historic Country House has at least one Ming vase on display, that is the dynasty that first comes to mind. Is there a well-known writer with "ming" in his name? Ernest Hemingway perhaps? And does his name "depict seabirds according to Chinese dynastic principles"? Of course it does: ERNES THE MING WAY! Just moving that T makes sense of a crazy-sounding clue.

"Evelyn's book about Sir Patrick, a source of drugs (10)"

is really something for learned solvers. It goes without saying that there is no "book about Sir Patrick" involved here. Rather, Sir John Evelyn (1620-1706) is remembered mainly for his DIARY, while "Sir Patrick" brings to mind (if it does!) the old Scottish ballad "Sir Patrick Spens". So we have to fit SPENS into DIARY (since this is "about", around SPENS), and get the source of drugs: DISPENSARY.

Of course Shakespeare also plays his part. Criticized by Dr. Johnson for his inability to resist a pun, he might well have become a cryptics addict, had they existed in his day. Fortunately they didn't, or there might have been no time left for supplying his company with a steady stream of new plays. Norbert Greiner would take two seconds to solve "Small village tragedy (6)". He has given us a superb *Studienausgabe* of *Hamlet*, having at the start of his career mastered the art of critical editing with "lots of unnecessary fuss" = *Much Ado About Nothing*. For "Superficial judge (7)" we have to remember SHALLOW, the country justice in *Henry IV*, Part 2. The same play inspired the clue

"A whore, she tolerated Pistol at last, when drunk (4, 9)"

where "drunk", while fitting the lady in question, also clearly calls for an anagram of SHE TOLERATED, plus L ("pistol at last"). Pistol not only supplies the L, (recipe), but also reminds us of the tavern at Eastcheap (hint), where DOLL TEARSHEET was in residence. The clue ironically reflects the extremely strained relations between Doll and Falstaff's ensign: "Away, you mouldy rogue, away! I am meat for your master" (where "meat" may be flesh, mate, meet – the Bard is at it again!). In

"Title role of suitor deceived about the onset of love (7)"

we are to look for a title role; the rest of the clue forms the recipe. "Deceived" has to serve as anagram signal (though rather weak) concerning SUITOR, to be arranged "about the onset of love", i. e. around L, and so we arrive at TROILUS, indeed a suitor much deceived in his love for Cressida, the embodiment of female frailty.

Classical antiquity also has been subjected to the ingenuity of cryptic setters, as for instance in

"One of nine was, classically, love (5)".

One of nine? The experienced solver will take this as hinting at the Nine Muses; the rest works perfectly both as recipe and additional specification of the hint: "was, classically" is the Latin for "was" = ERAT, followed by O for "love" (as used in tennis). As the muse of love poetry, ERATO "was, classically, love". Note that "classically" here refers both to Greek (hint) and Roman (recipe) antiquity. The clue

"Heroic figure's article on the location of Florida (7)"

has to be read carefully: it's not in Florida (as e. g. Miami), but of, i. e. the location of the state as a whole. Therefore the heroic figure is THE (article) plus South East US = S.E.US = THESEUS.

"Old man of Paris I found in first carriage (5)"

calls for I in PRAM ("our first carriage"): PRIAM was the "old man", the father of Paris. That's easy enough, but the next example serves to remind us again that you can't rely on anything in cryptics:

"Howards End is not, broadly speaking, extremely literary, but very good (7)".

What are we to make of this piece of E. M. Forster criticism? It's of course nothing of the kind. "Very good" seems to be the hint, and the recipe works, as follows: "Howards End" = S, "is not, broadly speaking" = AINT, "extremely literary" = LY. SAINTLY is (morally) "very good" (Just as "good man" always translates as ST for Saint). A very basic – not to say base – deception is perpetrated by the setter of

"Many revs make small cars go (8)"

where the cars make us think of "rev-counter", "revving up" the engine: the higher the revs, the faster. But revolutions per minute won't get us anywhere. Small cars are MINIS, and "go", as in "have a go" can be = TRY. If the clue had "Revs", it would be easier to think of MINISTRY, the clergy, made up of "many Reverends".

A good command of idiomatic English is often the key to success. There won't be any problem with "What one is doing having 41 winks" = OVERSLEEPING, or "In high spirits at the North Pole" = ON TOP OF THE WORLD, nor with "How to discover clock time superficially" = ON THE FACE OF IT. However,

"Create an impact giving trilbies as gifts, say (4, 4, 8, 4)"

is based on puns, as "say" indicates. A trilby being a felt hat, the recipe demands "make one's presents felt", but to create an impact is of course MAKE ONE'S PRESENCE FELT. In addition to the presents/presence pun, felt as material (*Filz*) has now become the past tense of "to feel".[2]

---

2   It can happen that one's efforts produce a word one has never seen before. Coming up with GRAVID, I was on the point of accepting defeat, when the dictionary informed me that this is the medical term for "pregnant". I mention this because in one respect it is quite possible to argue that cryptics are "easier" than quickies ("City on seven hills" = ROME). Here you either know the an-

"Where an assembly of witches attempt to ostracise you? (8)"

asks for COVEN (assembly of witches) plus TRY (attempt), which reminds us that to ostracise is "to send someone to COVENTRY".

Out of the goodness of their hearts, setters tend to include a couple of easy clues, to give us a few letters in the grid as a starting point. This can be done with what one might call "excerpt clues", which actually contain the solution, though not recognized at first sight. Thus one can't get more blatantly easy than "From Essex to London, praise highly (5)" = EXTOL, "from" informing us that the solution can be taken from the following words, or "Counterpart of Mercury, or some other messenger (6)", "some" hinting that HERMES is "some of" "other messenger". It seems that like tragedies, cryptics also have to provide some comic relief as a respite from the tortuous cogitation imposed on the solver. This comes in the form of clues without red herrings, anagrams etc., pure verbal jokes of the type: "Capital A followed by S (6)" = ATHENS (A then S!), "Arty type successful in municipal election?" = GAINSBOROUGH (gains borough), "Piece of Linnaean classification for one with wide interests" = GENERALIST (genera list), "Brilliant being of Peruvian lineage" = INCANDESCENT (Incan descent). "Outstanding diatribe in favour of underground travel" turns out to be PRO TUBE RANT, "protuberant", dear setter, not being the same as "outstanding", but let that pass. In the same delightfully silly vein we have "Famous club where the service is less than perfect" = HURLINGHAM (hurling ham, and that in one of the most exclusive, prestigious Country Clubs!). Finally, a funny sound-clue ("I'm told"): "Support relative. I'm told she drinks wildly" = BACCHANTE ("back auntie").

But let's be serious again: a rare but fascinating type could be called the "pictogram-clue":

"Big beast thus discarded (5)".

Here "thus discarded" must be the recipe. There are only five letters at our disposal, so we shorten "thus" to SO. This is discarded, thrown away, disposed of, therefore it is "in the bin". SO inside BIN = BISON. One actually visualizes a dustbin with SO in it! Similar, though not pictorial, is

"One shines, so shop is visible (9)",

the solution to which is SIDELIGHT. DELI, a delicatessen, is a shop, and DELI has to be placed inside SIGHT, so that the shop quite literally is "in sight", i. e. visible. In contrast to this amusing stuff, here is the most devilishly misleading clue, so much so that some solvers might place it on the borderline between cleverness and silliness:

"Willingly dig out hollow on tree (4, 1, 4)".

---

swer or you don't, and if you are asked for some Indonesian songbird the dictionary is no use; the cryptic on the other hand gives you a chance to enlarge your vocabulary.

We may take it that it's nothing to do with woodpeckers, but rather with some synonym of "willingly". The one letter in the middle is bound to be the article A. Thanks to crossing solutions one eventually arrives at LIKE A SHOT = willingly, without hesitation. But how on earth does the recipe work out? Perversely, we have to read "Willingly / dig / out hollow / on tree": "dig" = colloquialism for to LIKE, "out hollow" = OT (!!) "on", coming after, a tree, which then must be an ASH: LIKE ASH OT. One naturally reads "dig out", causing one to muse about excavations, and preventing us from grouping "out hollow" together. Yet before we complain, we ought to notice that, if perforating trees was in question, "dig out hollow" would hardly be literate English: surely one would then expect "dig out a hole".

But let me end with a masterpiece. In all the previous examples we had to identify hints and recipes as separate (though at times overlapping) parts of a clue. Here the setter has achieved an extremely rare thing – unique in my experience – in making them inseparable, fusing them into one:

"Man destroyed after elevation of Roman Catholic Queen (7)" (A down clue!).

The beauty of this clue is that every word of it functions on two levels, contributing equally to hint and recipe. As recipe, it reads "Man destroyed after / elevation of RC / Queen", the solution being

CRANMER.

Thomas Cranmer was Archbishop of Canterbury under Henry VIII. After the accession to the throne of Roman Catholic (RC) Mary I, "Bloody Mary", he was executed as a heretic in 1556.

Man	is evidently part of the hint, but also provides the letters for the anagram ANM
destroyed	= burned at the stake/anagram-signal for MAN
after	= as a consequence of Mary coming to power/anagram after CR
elevation	= Mary becoming Queen/"elevation of RC": instruction to write RC upside down (RC read upwards)
Queen	= "Roman Catholic Queen": Mary/"Queen" on its own: E.R., Elizabeth Regina

This seemingly so simple clue – it could be a question in a general knowledge quickie – manages to describe Cranmer's fate while telling us also how to find his name. If only there was a Nobel Prize for cryptic compilers: I think I'd have a nominee![3]

---

3 *The Guardian* is the only quality paper offering free access to their huge archives (cryptics are published from Monday to Saturday; the puzzle before me at this moment is Nr 25,952). Puzzles can be printed or solved online (which offers useful functions like "check" and even "cheat", as well as a forum where solvers discuss the merits or otherwise of the current puzzle.) Under "cryptic" you will find a list of setters past and present. A beginner might be well advised to start with 'Rufus' (Roger Squires) rather than 'Araucaria' (John Dawson).

Angeber! Prahlerei und Körperkomik zwischen Karl dem Großen und Francisco Scaramanga

Marc Föcking

I. Scaramanga, Miles gloriosus, Karl der Große und andere Angeber

Francisco (Paco) 'Pistols' Scaramanga ist James Bonds letzter Gegner und Ian Flemings komischster Bösewicht. In seinem letzten, fünf Monate nach Flemings Tod am 12. 8. 1964 erschienenen Roman *The Man with the Golden Gun* muss Bond, nach seinem vermeintlichen Tod und von einer KGB-Gehirnwäsche kuriert, gegen einen Gegner antreten, den Fleming mit der bizarrsten anatomischen Besonderheit seiner Finsterlinge ausgestattet hat: einer dritten Brustwarze. Katalane von Geburt, Zirkusartist, Pistolenfetischist, Freelance-Killer und "insaltiable but indiscriminate womanizer",[1] begegnet ihm Bond auf Jamaica und lernt ihn als eitlen, reizbaren und waffenfixierten Angeber kennen, dessen erster Schuss zwei zahme Vögel zerlegt, die Bond, der seit *Dr. No* immer wieder als Vogelfreund und Vogelkundler auftaucht,[2] eben noch mit Vogelfutter versorgt hat. Scaramanga, dessen beinahe theatralisches Auftreten und aufschneiderisches "talking in heroics"[3] Bond ostentativ demontiert, ist gefährlich, aber lächerlich. Und das nicht nur, weil Fleming ihn mit noch außergewöhnlicheren körperlichen Merkmalen ausstattet als Dr. No mit seinem Herzen auf der rechten Seite oder Auric Goldfinger, dem goldgierigen, Alberich-artigen Zwerg,[4] sondern weil sich im schießwütigen Angeber zwei Jahrtausende eines komischen Stereotyps abgelagert haben, durch das denen, die viel gelesen haben, Scaramanga wie die letzte Etappe des Aristotelischen ἀλαζών und des Plautinischen Miles gloriosus erscheinen muss.

Dass Angeber komische Figuren sind, formuliert schon Aristoteles. In der *Nikomachischen Ethik* heißt es über die ἀλαζονεία (Aufschneiderei, Großtuerei, Prahlerei):

> Der Eingebildete (alazon) scheint sich den Anschein rühmenswerter Eigenschaften zu geben, die er nicht besitzt, oder größerer, als er sie besitzt. Der Ironische umgekehrt verleugnet, was er hat, oder macht es geringer, der Mittlere endlich ist aufrichtig und bleibt in Leben und Wort immer er selbst und gibt zu, was er besitzt, und macht es weder größer noch geringer.[5]

Dabei sieht Aristoteles deutliche Abstufungen in der Abweichung vom Guten als dem richtigen "Mittleren": Der "alazon", der sich "bedeutender macht, als er ist, [und] ohne

---

1 Fleming 2002, 28.
2 Eine ironische Verbeugung Flemings vor James Bond, dem Autor von *Birds of the West Indies* (1936), den Fleming im Winter 1964 auf Jamaika auch persönlich kennenlernte, s. Pearson 1966, 364.
3 Fleming 2002, 59, 65.
4 S. Föcking 2012, 99.
5 Aristoteles 1981, 147 (1127a 20).

besondere Absicht" handelt, ist eher "eitel als schlecht". Besteht die Absicht in "Ehre oder Ansehen", ist er schlechter als ersterer, wenn auch nicht "allzu tadelswert". Die "ἀλαζονεία" mit der Absicht der Erschleichung materieller Vorteile schließlich ist "schon häßlicher".[6]

Es ist kein Zufall, dass Aristoteles diese Passage zu Prahlerei und Ironie direkt vor der Frage nach "Unterhaltung und Scherz" und nach dem rechten Umgang mit dem Komischen behandelt.[7] Dieses Komische bestimmt Aristoteles in der *Poetik* als nicht schmerzhafte Abweichung von der guten Mitte, und der literarische Ort ihrer Repräsentation ist die Komödie mit ihrer "Nachahmung von schlechteren Menschen, [...] insoweit, als das Lächerliche am Häßlichen teilhat":[8] "Das Lächerliche ist nämlich ein mit Häßlichkeit verbundener Fehler, der indes keinen Schmerz und kein Verderben verursacht."[9] In diesem Sinne sind die von der bloßen Eitelkeit über die Angeberei bis zur Hochstapelei reichenden Schattierungen der ἀλαζονεία idealtypische Gegenstände der Komödie und machen ein Gutteil der Defekte klassischer Komödientypen aus: Parasiten, Heuchler und Heiratsschwindler, die die ἀλαζονεία zur Ausbeutung ahnungsloser Mitmenschen einsetzen, auf der einen Seite, eitle Gecken, Möchtegern-Aristokraten und Prahlhänse, die durch sie ihr eigenes Ego aufblasen, auf der anderen.

Einen ihrer haltbarsten komischen Typen hat die ἀλαζονεία im großmäuligen Soldaten gefunden:[10] Seit der frühen griechischen Komödie des Epicharmos im fünften Jahrhundert vor Christus bevölkern sie die Bühne, werden bei Plautus mit direktem Verweis auf den griechischen "alazon" zum Miles gloriosus,[11] in der *commedia dell'arte* und in der Komödie der italienischen Renaissance zum "Capitano" und in der französischen Klassik zum "Matamore, capitan gascon", so in Corneilles *Illusion comique*.[12] Die vermeintlichen Taten des großmäuligen Soldaten geben ein stereotypes Bild ab, das bis ins 17. Jahrhundert konstant bleibt: Mit gewaltigen Körperkräften, ja schon durch den Hauch seines Atems (oder dem Luftzug seines Schwertes) vernichtet er allein ganze Heere – sagt er.[13] Keiner fremden Hilfe bedürftig, unterwirft er sich niemandem, er lässt sich bei Plautus allenfalls als Söldnerführer anwerben, ist aber eigentlich Einzelkämpfer, der "dépeuple l'Etat des plus heureux monarques"[14] – sagt er. Ebenso umwerfend ist er im Liebeskampf, denn seine überragende Schönheit zieht Frauen an wie das Licht die Mot-

---

6 Aristoteles 1981, 148.
7 Ibid., 148f. (1127b 11).
8 Aristoteles 1982, 17 (1449a).
9 Ibid., 17.
10 S. Michele 1990, 7-20.
11 Plautus k. A., 72: "Da ihr vereint nun sitzt in diesem Raum, / Mag ich den Namen und den Inhalt dieses Stücks, / Das wir jetzt vorzuführen im Begriffe sind, / Bekannt euch machen. Alazon es auf Griechisch heißt, / In unserer Sprache der großmäulige Soldat."
12 Corneille 1969, 444.
13 Plautus k. A., 69; Corneille 1969, 453; Porta 1978, 381.
14 Plautus k. A., 72; Corneille 1969, 453.

ten,[15] und zwar so sehr, dass ihm die erotischen Avancen der Damen lästig werden, behindern sie doch seinen Plan der Eroberung der ganzen Welt:

> Du temps que ma beauté m'était inséparable
> Leurs persécutions me rendaient misérable,
> Je ne pouvais sortir sans les faire pâmer
> Mille mouraient par jour à force de m'aimer
> [...]
> Ces pratiques nuisaient à mes desseins de guerre
> Et pouvaient m'empêcher de conquérir la terre.[16]

Den Miles gloriosus kennzeichnet die Selbstwahrnehmung überragender physischer Kraft, gepaart mit sexueller Potenz, wovon die bei Corneille parallel angelegten Erzählungen von tausenden toten Männern auf dem Schlachtfeld und tausenden sich vor Sehnsucht verzehrenden Frauen gleichermaßen zeugen, aber in ihrer heillosen, jede physische Wahrscheinlichkeit verletzenden Übertreibung die Prahlereien des Miles gloriosus dementieren, noch bevor sich dieser in der Komödienhandlung als Feigling im Kampf oder Versager in der Liebe entpuppt. In der nachantiken Komödie verstärkt die ethnische Zugehörigkeit diese in Nichts zusammenfallende Hyperbolik des Miles gloriosus: Während Plautus' Pyrgopolinikes ("Der vielfach die Festungsmauern Besiegende") Grieche unter Griechen (wenn auch für ein römisches Publikum) ist, ist Corneilles Matamore Gascogner: Sein spanischer Name ("Maurentöter") und seine südfranzösische Herkunft aus der Gascogne verstärken gegenseitig die Ankündigung inhaltsloser Prahlerei, denn Gascogner galten im Frankreich des 17. Jahrhunderts als heißblütige Angeber, wovon die Bedeutung von "gasconade" (Angeberei) noch heute zeugt. Diese Paarung von Prahlerei und Südeuropa, besonders Spanien, gründet auf einer soliden Tradition der Miles gloriosus-Figuren im italienischen und englischen Theater des 16. und frühen 17. Jahrhunderts: Giambattista della Porta lässt in *La Fantesca* von 1592 gleich zwei prahlerische Offiziere gegeneinander antreten – beide sind Spanier, die als Besatzer im Italien des späten 16. Jahrhunderts einen denkbar schlechten Ruf hatten.[17] In der *commedia dell'arte* wird der spanische Capitan Spavento zur beliebten Lachnummer, dessen "bravure" Francesco Andreini 1607 ein komplettes Buch mit sechzig Dialogen des Capitan mit seinem Diener Trappola, ein erschöpfendes Manual der Prahlerei in Kriegs-, Geschicklichkeits-, Kraft- und Liebesdingen, widmet: Partner im Ballspiel sind nicht normale Sterbliche, sondern Herkules und Atlas, seine erotischen Eroberungen füllen ganze Listen ("Capitai in Athene, città della Grecia, & quivi innamorai di me tutte quelle Pulzelle Atheniesi").[18] Shakespeares Don Adriano de Armado, "a Spanish knight and braggart",[19] in *Love's Labour's Lost* ist

---

15 Plautus k. A., 71f.; Corneille 1969, 453f.
16 Corneille 1969, 453f.
17 Porta 1978, 381-92.
18 Andreini 1669, I, 43 und II, 103. Zur Figur des Capitan Spavento in der *commedia dell'arte* s. Riha 1980, 32-34.
19 Shakespeare *Love's Labour's Lost* "List of Roles".

zwar nicht ganz auf der hyperbolischen Höhe seiner lateinisch-romanischen Vorgänger, lässt sich aber mit den großen und potenten Liebenden Herkules und Samson vergleichen, die er – selbstredend – übertrifft: "O well-knit Samson, strong-jointed Samson! I do excel thee in my rapier [...]."[20]

Folgenreicher als Shakespeares schon ziemlich zurückgenommene Version der Figur des Miles gloriosus aber ist ihr Transport in die Welt des Kinder- und Jugendbuches. Das 18. Jahrhundert kennt ihn als Baron Münchhausen, dessen Lügengeschichten auf der Grundlage eines anonymen *Vademecum für lustige Leute* (1781) von Rudolf Erich Raspe, einem in England lebenden deutschen Schriftsteller, als *Surprising Adventures of the Renowned Baron Munchausen* (1785) veröffentlicht wurden. Die Tradition der Lukianesken Lügengeschichten und die des Miles gloriosus fließen hier ineinander, denn Munchausen ist ebenso Kunstschütze, der die Zügel seines an einem Kirchturm hängenden Pferdes durchschießt oder mit einem einzigen Schuss "fifty brace of ducks, twenty widgeons, and three couple of teals"[21] tötet, wie er Mondforscher, Entdecker realer wie erfundener Erdregionen und Retter Marie Antoinettes ist. Als Kinderbuchautor hatte Raspe in England das ganze 19. und frühe 20. Jahrhundert großen Erfolg, 1902 publizierte etwa der Verlag Grant Richards die *Surprising Adventures* in der Serie *The Children's Library*.[22]

Es gibt allerdings noch eine weitere, von der antik-klassizistischen Tradition unabhängige Spur literarischer Prahlerei, die zurückführt in die historisch wie gattungsmäßig ganz anders gelagerte altfranzösische Epik und deren Parodie in der anonymen *Pèlerinage de Charlemagne* aus der Mitte des 12. Jahrhunderts. Dieser im ganzen Mittelalter und in diversen Übersetzungen verbreitete Text erzählt eine komische Pilgerreise Karls des Großen und seiner Paladine nach Jerusalem und Konstantinopel: Karl der Große wird hier zum Kaiser der Angeber, der es nicht erträgt, dass seine eigene Frau Hugo den Starken, Kaiser von Griechenland, Konstantinopel und Persien, für schöner und stärker hält als ihn. Daraufhin bricht Karl mit seinen zwölf Pairs und 80.000 Franken zu einer Pilgerreise nach Jerusalem auf, um auf der Rückreise Hugo in Konstantinopel herauszufordern. Nachdem Karl mit seinen Paladinen in Jerusalem am Tisch des Letzten Abendmahls gegessen – er saß auf dem Stuhl Christi – und kostbare Reliquien eingesammelt hat (die Dornenkrone, das Messer des Erlösers, Barthaare des Petrus und Milch der Jungfrau Maria), landen sie in Konstantinopel und lassen sich dort auf das Prächtigste von Kaiser Hugo bewirten. Allein in ihren Gemächern beginnen sie, über ihre Fähigkeiten zu schwadronieren, und dieses Prahlen – "gaber" im Altfranzösischen – hat die rituelle Form des ernsten Spiels: Eingeleitet durch Ankündigung des Prahlens oder durch Aufforderung zum Prahlen wie "E dist Carlem ben dei avant

---

20 Shakespeare *Love's Labour's Lost* I.ii.71-72.
21 Raspe 1809, 11.
22 S. Blamires 2009, 20f.

gabber" oder "E dist li empere gabbez bel neif Roland",[23] schreiben sich Kaiser und Paladin die unglaublichsten körperlichen Fähigkeiten zu, in erstaunlicher Übereinstimmung mit denen des Miles gloriosus: Karl glaubt, einen Ritter samt Pferd mit einem Schlag in zwei Hälften teilen zu können, Roland mit dem Klang des Olifants Mauern und Tore Konstantinopels zum Einsturz zu bringen, Olivier die Tochter Hugos in einer Nacht hundertmal befriedigen zu können. Erzbischof Turpin brüstet sich mit den Fähigkeiten eines Zirkusartisten: Er will über zwei rasende Pferde hinweg auf ein weiteres springen und dort mit vier Äpfeln jonglieren. Sollte auch nur einer herabfallen, könne Karl ihm die Augen ausstechen lassen.[24] Während die anderen Paladine ihre vorhandenen sexuellen oder kriegerischen Fähigkeiten nur maßlos übertreiben, schreibt der Erzbischof seinem geistlichen Stand gänzlich inkompatible kunstreiterische Leistungen zu. Peinlicherweise hört ein Diener Hugos alles mit und der Kaiser von Konstantinopel besteht darauf, sich die Fähigkeiten der Franken zeigen zu lassen, was Olivier, Guillaume d'Orange und Bernart de Busban dank göttlicher Hilfe und der außergewöhnlichen Reliquien auch gelingt. Hugo sieht daraufhin von weiteren Proben ab und erklärt sich zum Lehensmann Karls. Nur hundert Jahre nach der *Chanson de Roland* ist die heroische Welt des Kampfes gegen die Heiden völlig zusammengebrochen. Wie sich das begründen lässt, kann hier nicht interessieren.[25] Auffällig jedoch ist in der Zusammenschau mit der Miles gloriosus-Tradition der offensichtlich überhistorische und transgenerische Charakter der literarischen Prahl-Elemente, die auf hyperbolischer Männlichkeit basieren und stets außergewöhnliche und todbringende körperliche Gewalt mit überbordender sexueller Potenz kombinieren, allerdings auch den Ruch des Unseriösen, Theatralischen, Zirkushaften haben können.

II. The Man with the Three Golden Balls

Virilität und Waffengewalt, die das Selbstbild des Miles gloriosus in der Literatur bestimmen, gehen dort in Strategien des *self-fashioning* ein, wo Krieg zum Beruf wird: Die Zeit der Söldnerführer in der italienischen Renaissance kennt besondere Selbststilisierungen der *condottieri*, die sowohl der Werbung für ihre Dienste als auch der Abschreckung der Gegner dienen. Bartolomeo Colleoni (1400-75), der erfolgreich für die Republik Venedig Krieg führte und 1493 mit einem Reiterstandbild von Verrocchio in Venedig geehrt wurde, hat diese Selbststilisierung besonders perfektioniert: Er schrieb sich nicht allein Waffenruhm und Potenz, sondern sogar die entsprechende anatomische Ausrüstung der Triorchidie zu. Der Familienname Colleoni, dessen Etymologie bisweilen vornehm mit "Caput leonis" – "Löwenhaupt" – wiedergegeben wurde, konn-

---

23 *Le Pèlerinage de Charlemagne* 1925, 25: "Und Karl sagte 'Ich werde jetzt prahlen' [...]"; "[u]nd der Kaiser sagte: 'Prahlt, schöner Neffe Roland.'"
24 Ibid., 26ff.
25 S. zur Diskussion möglicher Motive dieser Parodie Köhler 1985, 82f. Zum Wandel der Karlsfigur im System der mittelalterlichen, besonders frankovenetischen und italienischen Literatur s. Hartung 2004, 53-78.

te ebenso gut auf "coglione" mit seinem griechischen Ursprung κολεός ("Hoden") zurückgeführt werden. Tatsächlich schmückt das Wappen der Familie kein Löwenkopf, sondern drei stilisierte Hoden, was Bartolomeo Colleoni selbst so beschreibt:

> Arman et insignas nostras et parentele nostre, vidilicet duos colionos albos in campo rubeo de supra et unum colionum rubeum in campo albo infra ipsum campum rubeum.[26]

Diese Hoden (wenn auch nur zwei) prangen zusammen mit zwei Löwenköpfen an einem Stab auf Schaumünzen Colleonis (s. Abb. 1) und auf rinascimentalen Fresken im Schloss von Malpaga.[27] In ihrer Dreizahl aber sind sie in der 1476 von Giovanni Antonio Amadeo errichteten Grabkapelle Bartolomeos in Bergamo unübersehbar und werden auch in den von (wohl hauptsächlich männlichen) Besuchern abergläubisch beriebenen Colleoni-Wappen auf den späteren Metallgittern aufgenommen (s. Abb. 2).

Abb. 1 u. 2: Schaumünze auf Bartolomeo Colleoni von 1503 mit dem Löwenkopf-Hodenwappen auf dem Helm (aus Belloni 1950, 48); rechts: Grabkapelle Colleonis, Gitter (Foto: Marc Föcking)

Da der Renaissance die "coglioni (…) causa d'ardimento" – so Leonardo da Vinci – waren, konnten drei davon nicht nur eine Steigerung der Virilität, sondern vielmehr eine Steigerung des Mutes bedeuten, dessen sich auch der Humanist Francesco Filefo (1398-1481) als vermeintlicher Triorchide rühmt.[28] Colleonis Triorchidie wird so zum Kapital auf dem Schlachtfeld: Von seinen Truppen ist der Schlachtruf "Choglione, choglione" überliefert.[29] Potenz und kriegerischer Mut gehen unmittelbar ineinander über, auch in der Symbolsprache der Grabkapelle des bemerkenswerten Condottiere:

---

26 So Bortolo Belotti, *La vita di Bartolomeo Colleoni* (Bergamo, 1923), 597; zit. in Belloni 1950, 44.
27 Abb. s. Belloni 1950, 49.
28 S. ibid., 42, 51. Noch im modernen Italienisch ist ein "uomo con le palle" ein 'echter Mann', während "coglione" umgangssprachlich die Bedeutung von Volldiot hat.
29 So in der sogenannten *Holstein-Chronik* des dänischen Geschichtsschreibers Johan Petersen aus dem 16. Jahrhundert oder der "Chanzona di Bartolomeo da Berghamo" von Antonio di Scarlatto; s. Belloni 1950, 50.

Blickt man von den Wappentafeln in die Höhe auf die Fensterrosette über dem Eingangsportal, sieht man, dass die Streben die Form von Kanonenläufen mit einer aufgesetzten Kanonenkugeln haben (s. Abb. 3). In der gedanklichen Kombination mit den Hoden des Wappens können sie phallische Konnotate annehmen, ganz wie das Helmwappen Colleonis auf der Schaumünze von 1503. Dass sich schon die Zeitgenossen Colleonis über dessen Zurschaustellung militärisch-sexueller Potenz amüsiert haben, zeigt die Reaktion seiner französischen Gegner in der Schlacht von Frascata (11. Oktober 1447), die sich im Glauben über Colleonis Gefangenschaft von seinem Ruhm und seinem "lubrico Colei nomen" wenig beeindruckt zeigten.[30] Luigi Belloni, von dem der hier zitierte Aufsatz zu Colleonis vermeintlicher Triorchidie stammt, kommentiert das ganz im Sinne gelebter Miles gloriosus-Übertreibung: "Offenbar gebrauchten der Condottiere und seine Miliz den Ruf und das Wappen der 'Coglioni' mit militärischer Prahlerei und Grosstuerei."[31]

Abb. 3: Grabkapelle Colleonis, Bergamo. Fensterrosette (Foto: Marc Föcking)

III. The Man with the Golden Gun

Kann es eine glorreichere Auferstehung der reichen, vielgestaltigen literarischen Tradition des Angebers im Thriller geben als Francisco (Paco) Scaramanga? Als Katalane, für Fleming sicher gleichbedeutend mit Spanier, gehört er dem traditionsreichsten Angebervolk der neueren Literaturgeschichte an, als mit seiner Waffe fuchtelnder *contract killer* ist er Wiedergänger des säbelrasselnden Capitan Spavento, an den sein Name Scaramanga von ferne klanglich erinnert. Wenn James Bond, der von Scaramangas Artisten-Vergangenheit als "spectacular trick shot"[32] weiß, ihn bei der ersten Begegnung mit wiederholten Bemerkungen wie "Who is this man? [...] a refugee from a circus"[33]

---

30 Belloni 1950, 50.
31 Ibid., 51.
32 Fleming 2002, 30.
33 Ibid., 60.

zum kunstschützentauglichen Abschießen der beiden zahmen Trauergrackel reizt, wird der vom altfranzösischen, kunstreitenden Erzbischof Turpin bis hin zu Raspes Munchausen auffällige artistische Zug der Angeber-Figur betont. Bond quittiert Scaramangas Schuss dann auch mit: "That may have been a good circus act."[34] Woher auch immer Fleming den Namen "Scaramanga" hat – er impliziert auf ideale Weise dieses Unseriös-Zirkushafte, denn neben der fernen Ähnlichkeit zu "Spavento" klingt deutlich das italienische Wort "scaramanzia" ("abergläubische Beschwörung") oder weniger deutlich mit "mangiafuoco" der Jahrmarktsberuf des "Feuerschluckers" an. Abgesehen davon ist Mangiafuoco der Name des brutalen Zirkusbesitzers in Carlo Collodis Kinderbuch *Pinocchio*. Scaramangas Abschuss der beiden Vögel erinnert so sehr an Munchausens Erlegung der fünfzig Entenpaare, dass sich Fleming – wer weiß? – möglicherweise an eine frühe Kinderbuchlektüre erinnert hat. Ein Faible für Motive aus Kinderbüchern hatte er in seinen Bond-Romanen jedenfalls ebenso wie für Kinderbücher selbst.[35]

Allerdings ist *The Man with the Golden Gun* ein Kinderbuch für Erwachsene, in dem Waffenverliebtheit und Potenz soweit zusammengehören, dass "sexual intercourse shortly before a killing in the belief that it improves the 'eye'"[36] zur professionellen Notwendigkeit wird. Auch die Doppelung von sexueller und kriegerischer Potenz ist typisch für den literarischen Miles gloriosus wie den *condottiere*. Und wie sich in der Selbstdarstellung des Letzteren Kanone und Phallus überblenden, liefert der Profiler des MI6 in *The Man with the Golden Gun* für Scaramanga eine ganz ähnliche Vermutung, nämlich "that the pistol [...] has the significance for the owner as a symbol of virility – an extension of the male organ".[37] Und schließlich: Der sichtbare Niederschlag körperlicher Potenz in der anatomischen Besonderheit der dritten Brustwarze, was die MI6-Akte mit "in Voodoo and allied local cults this is considered a sign of invulnerability and great sexual prowess" kommentiert.[38]

Allerdings besteht nicht nur teratologisch-medizinisch ein großer Unterschied zwischen der Triorchidie Colleonis und der Polythelie Scaramangas, sondern auch literarisch. Ihn nicht mit einer Steigerung anatomischer Männlichkeit, sondern eher einer der (funktionslosen) Weiblichkeit ausgestattet zu haben, ist in der Fleming'schen Welt intakter heterosexueller Männlichkeit[39] bereits körperliches Zeichen, dass es mit der "great sexual prowess" Scaramangas nicht weit her sein kann. Tatsächlich gehört in Flemings Welt 'gesunde', d. h. lustvolle und heterosexuelle, Sexualität zum Pol des

---

34 Fleming 2002, 64.

35 Zu Märchen- und Kinderreimmotiven in den Bond-Romanen s. Föcking 2012, 98f. Zu Plotstrukturen des Märchens bei Fleming s. Eco 2001, 171. Mit *Chitti-Chitti-Bang-Bang* hat Fleming 1964 selbst ein Kinderbuch geschrieben.

36 Fleming 2002, 28.

37 Ibid., 33.

38 Ibid., 28.

39 Fleming selbst sagt, er habe seine Thriller für "warm-blooded heterosexuals" geschrieben (zit. in Schmidt 2012, 16). Zum Fleming'schen Ideal von Männlichkeit s. ibid., 17; zu den Filmen s. Böger 2012, 178.

'Guten' – verkörpert zuallererst von Bond – und Asexualität (Dr. No, Auric Goldfinger) und Homosexualität zur Welt des 'Bösen' und geht entweder verdient unter (Rosa Klebb in *From Russia with Love*) oder wird für die Seite 'guter' Sexualität zurückgewonnen (Pussy Galore in *Goldfinger*). Die Intaktheit dieser Welt verlangt es, Scaramangas erotische Fama zu zerstören – und genau das unternimmt der MI6-Profiler. Scaramangas Waffenfetischismus wird zur "compensation for the inferiority complex", sein goldener Colt zum "substitute or [...] compensation" für das, was Flemings Bösewichter unweigerlich sein müssen, nämlich "sexually abnormal":[40]

> In listing his accomplishments, *Times* notes, but does not comment upon, the fact that this man cannot whistle. Now it may be only a myth, and it is certainly non medical science, but there is a popular theory that a man who cannot whistle has homosexual tendencies.[41]

Fleming mag diese abstruse "popular theory" in einem Buch wie dem von Georges Saint-Paul alias Dr. G. Laupts, *L'Homosexualité et les types homosexuels* von 1910, gefunden haben, zu dem immerhin Émile Zola ein Vorwort beigesteuert hat:

> Un homosexuel m'a acertifié avoir constaté, chez les invertis-nés à tendances féminines, l'impossibilité ou la difficulté d'apprendre à siffler. Le fait est-il parfois exact? A-t-il été constaté?[42]

Allerdings ist diese Theorie selbst nach den Maßstäben der homophoben Welt Flemings zu abstrus, um für mehr als eine witzige Selbstversicherung Ms herhalten zu können: M, der das Dossier Scaramangas liest, spitzt unbewusst die Lippen "and a clear note was emitted. He uttered an impatient 'tchah!' and continued with his reading."[43] Obwohl Scaramanga nicht pfeift, ist er offensichtlich nicht homosexuell: Im Gegensatz zu Bond jedoch, für den sich Mary Goodnight aus Liebe in Lebensgefahr begibt (und Bond umgekehrt für sie), muss sich Scaramanga seine Geschlechtspartnerinnen kaufen,[44] und er ersetzt so körperliche Attraktion, an der er doch durch Trampolin-Übungen und geschniegelter Kleidung arbeitet, durch finanzielle. Scaramangas sexuelle ἀλαζονεία bricht zusammen, und Flemings Welt ist wieder, ein letztes Mal, in Ordnung.

Bibliografie

Andreini, Francesco. *Le bravure del Capitan Spavento*. Venezia: Michel' Angelo Barboni, 1669. Print.

Aristoteles. *Nikomachische Ethik*. Hg. Olaf Gigon. 4. Aufl. München: dtv, 1981. Print.

---. *Poetik*. Hg. Manfred Fuhrmann. Stuttgart: Reclam, 1982. Print.

Belloni, Luigi. "Über das Wappen und die vermeintliche Triorchidie von Bartolomeo Colleoni." *Centaurus* 1.1 (1950): 43-61. Print.

---

40 Fleming 2002, 33.
41 Ibid.
42 Laupts 1910, 341.
43 Fleming 2002, 33.
44 Ibid., 57, 110.

Blamires, David. *Telling Tales: The Impact of Germany on English Children's Books 1780-1918*. Cambridge: Open Book Publishers, 2009. Print.

Böger, Astrid. "Zum Sterben schön: Das Bond-Girl als modische Projektionsfläche." *James Bond – Anatomie eines Mythos*. Hg. Marc Föcking und Astrid Böger. Heidelberg: Winter, 2012. 169-84. Print.

Corneille, Pierre. *L'Illusion comique. Théâtre complet 1: Comedies*. Hg. Jacques Maurens. Paris: Garnier, 1969. 441-513. Print.

Eco, Umberto. *Il superuomo di massa*. Mailand: Bompiani, 2001. Print.

Fleming, Ian. *The Man with the Golden Gun*. London: Penguin, 2002. Print.

Föcking, Marc. "James Bond – Superuomo di massa? Umberto Ecos Fleming-Lektüre und ihre post-moderne (Selbst-)Revision." *James Bond – Anatomie eines Mythos*. Hg. Marc Föcking und Astrid Böger. Heidelberg: Winter, 2012. 79-103. Print.

Hartung, Stefan. "Karl der Große in der italienischen und frankovenetischen Literatur des Mittelalters." *Karl der Große in den europäischen Literaturen des Mittelalters: Konstruktion eines Mythos*. Hg. Bernd Bastert. Tübingen: Niemeyer, 2004. 53-78. Print.

Köhler, Erich. *Mittelalter I*. Hg. Henning Krauß. Stuttgart: Kohlhammer, 1985. Print. Bd. 1.1 von *Vorlesungen zur Geschichte der französischen Literatur*. 6 Bde. 1983-87.

Laupts, G., Dr. [Georges Saint-Paul]. *L'homosexualité et les types homosexuels*. Paris: Vigot Frères, 1910. Print.

Le Pèlerinage de Charlemagne. Hg. Anna J. Cooper. Paris: A. Lahure, 1925. Print.

Michele, Fausto de. "Il guerriero ridicolo e la sua storia: Ovvero dal comico sovversivo alla maschera vuota." *Quaderni d'Italianistica* XX.1-2 (1990): 7-20. Print.

Pearson, John. *The Life of Ian Fleming*. London: The Companion Bookclub, 1966. Print.

Plautus. *Der Maulheld/Miles Gloriosus. Griechisch-römische Komödien*. Hg. und Übers. Alfred Körte et al. Wiesbaden: Vollmer, k. A. 67-148. Print.

Porta, Giambattista della. *La Fantesca*. 1592. *Il teatro italiano II: La commedia del Cinquecento*. Hg. Guido Davico Bonino. Turin: Einaudi, 1978. 299-424. Print.

Raspe, Rudolf Erich. *Surprising Adventures of the Renowned Baron Munchausen*. London: Thomas Tegg, 1809. Print.

Riha, Karl. *Commedia dell'Arte*. Frankfurt a. M.: Insel, 1980. Print.

Schmidt, Johann N. "Ian Fleming und James Bond." *James Bond – Anatomie eines Mythos*. Hg. Marc Föcking und Astrid Böger. Heidelberg: Winter, 2012. 15-30. Print.

Shakespeare, William. *Loves's Labour's Lost: The Arden Shakespeare Complete Works*. Hg. Richard Proudfoot et al. London: Thomson Learning, 2001. 743-72. Print.

"Ha! Ha!...Hee! Hee!":
Zur Natur des Lachens in Middletons *Changeling*

Andreas Höfele

I.

"*Haha* and *hehe*", heißt es in Ælfrics Grammatik (um 998), "denote laughter in Latin and in English, consequently they are spoken in a laughing way."[1] *Ha ha* und *he he* haben diese Denotation offenbar auch in späteren Sprachstufen des Englischen beibehalten; ein Beispiel, an dem sich dies reichlich belegen lässt, ist der um 1622 entstandene Text, der im Folgenden näher betrachtet werden soll.[2] Insgesamt 36-mal[3] sind diese Ausrufe in Thomas Middletons vermutlich zusammen mit William Rowley verfasstem Bühnenstück *The Changeling* anzutreffen, was – in Ermanglung belastbarer Vergleichsdaten – zumindest 'gefühlt' viel ist. Dies vor allem auch deshalb, weil das *ha ha* und *he he* nicht einfach im Redefluss mitschwimmt, sondern zumindest an zwei Stellen handlungsrelevant und durch Figurenkommentare eigens hervorgehoben wird. Die Erste findet sich noch dazu beim ersten Auftritt der Titelfigur, und es ist deren erste Äußerung:

> ANTONIO Hee, hee, hee! Well, I thank you, cousin; hee, hee, hee!
> LOLLIO Good boy! Hold up your head! [...] He can laugh; I perceive by that he is no beast.
> (I.2.103-06)

Antonio, ein Gentleman aus dem Gefolge Vermanderos, lässt sich von seinem Freund Pedro als angeblich Verrückter bei dem Irrenarzt Alibius einquartieren, um dessen schöner junger Frau Isabella nachstellen zu können: ein klassisches Komödienmotiv, frühneuzeitlich vielfach variiert in den Plots der *Commedia dell'arte* und deren gesamteuropäischen Ablegern. Keineswegs stehen Antonio und seine Sexintrige im Mittelpunkt des Handlungsinteresses, vielmehr bilden sie eine Art Buffo-Variation und Kontrapunkt zur alles andere als heiteren Sex- und Mordintrige um Vermanderos Tochter Beatrice. Diese ist mit Alonzo de Piracquo verlobt, verliebt sich aber in Alsemero. Um der drohenden Verheiratung mit Alonzo zu entgehen, stiftet sie den ihr widerwärtigen Diener Deflores dazu an, den Bräutigam zu töten. Deflores seinerseits verzehrt sich in unerwidertem Verlangen nach Beatrice. Er begeht den gewünschten Mord und fordert als Lohn dafür, dass sie mit ihm schläft. Notgedrungen gibt Beatrice

---

1   Zupitza 1966, 279.12-17. Die neuenglische Übersetzung sowie den Auftakteinfall zu diesem Text verdanke ich Susanne Kries 2002, 1.
2   Der Eintrag des Stücks im *Stationers' Register* ist auf den 7. Mai 1622 datiert; die Erstausgabe von 1653 nennt Middleton und Rowley als Verfasser. Zitiert wird nach folgender Ausgabe: Middleton 2007, 1632-78.
3   Nicht gezählt ist hierbei das einfache "Ha!", das weitere 14-mal vorkommt (vgl. Anm. 23).

nach. Nun droht die Entdeckung ihrer Unkeuschheit, die sich gerüchteweise bereits herumzusprechen beginnt, durch ihren neuen (Wunsch-)Bräutigam Alsemero. Dessen chemischen, besser: alchimistischen Jungfernschaftstest vermag Beatrice zwar durch List zu vereiteln, und das Problem der Brautnacht wird per *bed-trick* und durch einen weiteren Mord Deflores' gelöst. Dann aber fliegt doch alles auf: Deflores tötet die Geliebte und sich selbst. Sterbend gestehen sie ihre Untaten, wodurch der unterdessen des Mordes an Alonzo verdächtigte '*Changeling*' Antonio mit dem Leben davonkommt.

Was gibt es bei all dem zu lachen? Wenig, wenn man von der nicht gerade subtilen Komik des Subplot absieht. Dort spielt Antonio dem Arzt und dessen Diener Lollio erfolgreich den Irren vor:

> LOLLIO Peace, peace, Tony! You must not cry, child; you
> must be whipped if you do. Your cousin is here still: I
> am your cousin, Tony.
> ANTONIO Hee, hee, then I'll not cry, if thou beest my
> cousin, hee, hee, hee!
> [...]
> LOLLIO [...] Tony: how many
> knaves make an honest man?
> ANTONIO I know not that, cousin.
> LOLLIO No, the question is too hard for you. I'll tell
> you cousin: there's three knaves may make an honest
> man – a sergeant, a jailer, and a beadle; the sergeant
> catches him, the jailer holds him, and the beadle lashes
> him; and if he be not honest then, the hangman must
> cure him.
> ANTONIO Ha, ha, ha, that's fine sport, cousin!
> ALIBIUS This was too deep a question for the fool, Lollio.
> LOLLIO Yes, this might have served yourself, though I say't.
> Once more and you shall go play, Tony.
> ANTONIO Ay, play at push-pin, cousin; ha, hee! (I.2.150-83)

Das zeitgenössische Publikum fand dergleichen amüsant und delektierte sich bekanntlich gern auch am Anblick echter Verrückter in Bedlam. Dass Antonio nach Art der Shakespeareschen *wise fools* seinen 'Betreuern' immer wieder seinen Wortwitz zu spüren gibt – nur dass diese es nicht merken – erhöht den komischen Effekt. Das Lachen wird doppelbödig: Zum einen ist es Erkennungszeichen des *natural fool*, dessen Narrheit ihn zum Kind macht, das nach damaligem Erziehungsrezept mit Zuckerbrot und Peitsche behandelt werden musste. Zum andern ist es das Überlegenheitslachen des erfolgreichen Täuschers, der sich an der Ahnungslosigkeit seiner Opfer weidet.

II.

Doch die Bedeutung des Lachens reicht über diese Effekte hinaus; sie erschließt sich erst in Hinsicht auf das, was man als die anthropologische Dimension des Stückes bezeichnen könnte. "He can laugh", bemerkt Lollio und folgert: "I perceive by that he is no beast." (I.2.105-06) Lachen als Alleinstellungsmerkmal des Menschen, der Mensch als das *animal ridens* oder *risūs capax*: Nicht bloß Ärzten, sondern offenbar auch Arzthelfern geläufig, ist dieser aristotelische Gedanke in Lollios Mund nicht mehr als ein Gemeinplatz, der gleichwohl Entscheidendes andeutet. Dass der Irre lacht, unterscheidet ihn vom Tier, doch genauso unterscheidet es ihn auch vom Menschen in dessen normativer Bestimmung als *animal rationale*. Das Lachen ist ein Grenzphänomen, es hat teil an der Ambivalenz aller menschlichen Passionen und Gefühlsäußerungen. "What is it to be human?" beginnt Brian Cummings eine für unser Thema höchst einschlägige Untersuchung über Scham und Erröten in der Frühen Neuzeit und fährt fort:

> This most Aristotelian of questions divided the Aristotelian sciences. Early modern discourses of the passions (what might now be called the emotions) occupied an uneasy borderland between the mental and the bodily, the rational and the physiological, the intellectual and the appetitive. Neither one thing nor the other, the passions moved ambiguously in a state of constant liminality. [...] For the passions are uncertainly rational, and intrinsically unruly, threatening to spread their disease to the highest faculties: "the inordinate motions of the Passions, their preuenting of reason, their rebellion to virtue are thornie briars sprung from the infected roote of original sinne."[4]

Nirgends zeigt sich die Zwiespältigkeit der Passionen im frühneuzeitlichen Denken deutlicher als im Lachen. Es ist dem Menschen – und nur dem Menschen – von Natur aus gegeben und mithin Ausweis seiner Einzigartigkeit unter den Lebewesen. Aber als Element seiner physischen Ausstattung gehört es zu seiner *animal nature*, demjenigen Teil seiner Natur, den es mithilfe der *higher faculties* zu kontrollieren gilt.

Was die Frühe Neuzeit über die Physiologie des Lachens weiß, hat sie im Wesentlichen aus Aristoteles' *De partibus animalium*. Entscheidend ist dort die "Phrenes",[5] das Zwerchfell, das bei allen *animalia sanguinea* die Region des Herzens von der Region des Bauches, die edleren von den weniger edlen Teilen, das Herz von der Leber trennt; und in *einer* bestimmten Hinsicht auch den Menschen vom Tier:

> Daß es aber, wenn es erwärmt wird, schnell eine Wahrnehmung hervorruft, das beweist auch das, was sich beim Lachen ergibt. Wer nämlich gekitzelt wird, lacht schnell, weil die Bewegung schnell zu diesem Ort gelangt und, obschon nur wenig wärmend, sie dennoch deutlich macht und das Denken gegen den Willen bewegt. Daß aber nur der Mensch kitzlig ist, dafür ist die Ursache die Dünnheit seiner Haut und die Tatsache, daß allein von allen Lebewesen der Mensch lacht.[6]

Bereits in der aristotelischen Physiologie ist also angelegt, dass die Differenz, die das Lachen zwischen Mensch und Tier bzw. dem Menschen und anderen Tieren errichtet, sogleich wieder dadurch kassiert wird, dass das Lachen vom menschlichen Willen unabhängig ist: "Will – an immaterial, reasoned capacity – is overwhelmed by the body."[7] Lachen ist, mit dem Wort des Erasmus, "a fit"[8] oder, in einer Beschreibung des

---

4 Cummings 1999, 26. Cummings zitiert aus T[homas] W[right], *The Passions of the Minde* (London: V. S., 1601), 14 und 2-3.
5 Aristoteles 2007, 80 (Buch III, Kap. 10, 672b10).
6 Ibid., 81 (Buch III, Kap. 10, 673a3-10).
7 Fudge 2006, 23.
8 Zit. in ibid., 24.

französischen Hofarztes Laurent Joubert von 1579, ein Agglomerat teilweise drastischer physischer Symptome:

> Everybody sees clearly that in laughter the face is moving, the mouth widens, the eyes sparkle and tear, the cheeks redden, the breast heaves, the voice becomes interrupted; and when it goes on for a long time the veins in the throat become enlarged, the arms shake, and the legs dance about, the belly pulls in and feels considerable pain; we cough, perspire, piss, and besmirch ourselves by dint of laughing, and sometimes we even faint away because of it.[9]

Insoweit der von Norbert Elias beschriebene Prozess der Zivilisation sich frühneuzeitlich in dem Bemühen manifestiert, "[to suppress] every characteristic that [people] feel to be 'animal'",[10] ergibt sich hinsichtlich des Lachens ein klarer erzieherischer Imperativ: Lachen lernen muss vor allem heißen, lernen, das Lachen zu unterdrücken, seiner animalischen Gewalt durch *reason* Herr zu werden. Klar erkennbar wird diese Aufgabe in William Fistons *Schoole of good manners* (1595); "some", heißt es dort, "laugh so vnreasonably, that therewith they set out their teeth like grinning dogs."[11] Und auch bei Joubert wird, wie Erica Fudge zeigt, das Lachen zur Bühne menschlicher Doppelnatur, Austragungsort einer *psychomachia* zwischen Affektnatur und rationalem Willen. Rein anatomisch basiert es auf der nur beim Menschen anzutreffenden "possession of the link between pericardium and diaphragm",[12] doch das offensichtlich auch bereits für den Mediziner des 16. Jahrhunderts eigentlich Interessante – und Problematische – sind nicht die anatomischen Voraussetzungen, sondern die psychischen Konsequenzen.

"What follows", kommentiert Erica Fudge,

> is a struggle between rationality and physicality. The danger is that the will will be overwhelmed by the motions of the heart; that the rational soul will be taken over by the sensitive. Joubert's image to illustrate this point comes from Plato: The will's relation to the heart, he writes, "is like a child on the back of a fierce horse that carries impetuously about, here and there, but not without the child's turning it back some, and, reigning it, getting it back on the path". He goes on to emphasize that, despite this battle, reason can rule the heart through something akin to "civil or political [power] wherewith authority one points out obligations." [...] The will, therefore, is "free...to choose or refuse the right thing."[13]

Frühneuzeitliche Anleitungen zum 'richtigen' Lachen zielen auf diese 'Freiheit zu wählen'. Allen eignet die Tendenz, den bei Joubert als geradezu schockartig beschriebenen Impuls des Lachens zu bändigen, ihn zu einer Äußerung (richtigen) Urteilens zu stutzen. Lachen mag menschlich sein, aber seine ungezähmte Gewalt ist animalisch. Unschuld, darauf legen gerade reformierte Autoren Wert, bezeugt Lachen nicht einmal,

---

9   Joubert 1980, 28.

10 Elias 1978, 120.

11 Zit. in Fudge 2006, 24. Interessant die Bezeichnung "dog laughter", mit der, wie Fudge ausführt, sowohl unmäßiges 'natürliches' als auch vorgetäuschtes künstliches Lachen gemeint sein kann und sich die Mensch-Tier-Grenze, die im Lachen ihr Kriterium hat, erneut als höchst durchlässig erweist.

12 Fudge 2006, 24.

13 Ibid., 25 (Joubert 1980, 32, bezieht sich auf Platon, *Phaedrus*, 246A-247C und 253D-254E).

wenn es aus Kindermund sprudelt; vielmehr die sündhafte Natur des *post-lapsarian* Menschen. Der Christenmensch lacht sparsam und mit Bedacht; die höchsten Menschen – Jesus, nach verbreiteter Auffassung auch Platon – überhaupt nicht.

III.

Und damit zurück zu *The Changeling*. An der im Lachen konstitutiv unter Druck geratenen Grenzlinie zwischen Affektnatur und rationalem Willen entspringen die Handlungskonflikte des Stücks. Politik spielt dabei keine Rolle, zumindest nicht als Auseinandersetzung um Herrschaft und Macht; wohl aber im Mikrokosmos einer *body politics*, die den Körper, wie in Brutus' Entscheidungsmonolog (*JC*, II.1.68), "[l]ike to a little kingdom",[14] nach dem Modell staatlicher Korporation konzipiert. Im ersten Flirt mit Beatrice, dem – charakteristisch für das sich überstürzende Tempo der Ereignisse – ein erster (beobachteter) Kuss bereits vorausgegangen ist, entwirft Alsemero dieses 'kleine Königreich' als wohlgeordnetes Staatswesen.

> BEATRICE Be better advised, sir:
> Our eyes are sentinels unto our judgements,
> And should give certain judgement what they see;
> But they are rash sometimes, and tell us wonders
> Of common things, which when our judgements find,
> They can then check the eyes, and call them blind.
> ALSEMERO But I am further, lady; yesterday
> Was mine eyes' employment, and hither now
> They brought my judgement, where are both agreed.
> Both Houses then consenting, 'tis agreed,
> Only there wants the confirmation
> By the hand royal – that's your part, lady. (I.1.72-82)

Wie *Romeo and Juliet* und *Othello* hat auch *The Changeling* anfangs unverkennbar das Zeug zur Komödie. Alsemeros Absicht ist ehrenhaft; das Hindernis eines vom Vater präferierten Rivalen ein durchaus komödientypisches und ebenso komödientypisch überwindbares, siehe *A Midsummer Night's Dream*. Wie aus dem *Sommernachtstraum* geborgt wirkt Beatrices Belehrung über "eyes", "judgements" und die *rashness* der Verliebten, und wie ein zweiter Lysander hört sich der artig respondierende Verehrer an, wenn er ihr das einstimmige Votum der beiden 'Häuser' *eyes* und *judgement* zu Füßen legt. Zur Erinnerung: Beim Shakespeareschen Vorgänger hört sich das genauso vernünftig an:

> LYSANDER The will of man is by his reason swayed,
> And reason says you are the worthier maid.
> Things growing are not ripe until their season,
> So I, being young, till now ripe not to reason.
> And, touching now the point of human skill,
> Reason becomes the marshal to my will,

---

14 Alle Shakespeare-Zitate in Greenblatt et al. 1998.

And leads me to your eyes, where I o'erlook
Love's stories written in love's richest book.[15]

Der Lysander, der diese einwandfrei folgelogischen Gedanken äußert, befindet sich freilich, wie wir wissen, im Zustande drogeninduzierter Verblendung. Davon kann bei Alsemero zwar keine Rede sein, doch auch er hat eine plötzliche Verwandlung erfahren, die der Richtung seines ganzen bisherigen Lebens diametral entgegenläuft und ihn zum ersten *changeling* des Stücks macht, noch vor dem Auftritt Antonios, dem das Personenverzeichnis offiziell diesen Titel zuerkennt. In einem sehr viel gravierenderen Sinn als es in Beatrices folgender Äußerung intendiert ist, trifft zu, dass Alsemero "[has] left his own way to keep me company" (I.1.161). Sinnigerweise wird dieses Abkommen vom Weg im Zeichen des Windes verhandelt:

> JASPERINO O sir, are you here? Come, the wind's fair with you,
> You're like to have a swift and pleasant passage.
> ALSEMERO Sure you're deceivèd, friend; 'tis contrary
> In my best judgement.
> JASPERINO   What, for Malta?
> If you could buy a gale amongst the witches,
> They could not serve you such a lucky pennyworth
> As comes o' God's name.
> ALSEMERO   Even now I observed
> The temple's vane to turn full in my face,
> I know 'tis against me.
> JASPERINO   Against you?
> Then you know not where you are.
> ALSEMERO Not well indeed. (I.1.13-22)

Bislang ließ Alsemero keinen günstigen Wind ungenutzt. Auch hierin war er naturgetrieben, jedoch in einer Weise, an der sich seine Tatkraft bewährte, die Fähigkeit, sich mit Mut und nautischem Geschick die Natur dienstbar zu machen. Nun treibt ihn ein ganz anderer Wind; die Triebnatur diktiert das Geschehen, und was die *dramatis personae* im Folgenden an planender Berechnung aufbieten, bezeugt nicht Herrschaft über, sondern Unterwerfung unter diese Natur. Alsemeros Umschwenken wird zum exemplarischen Kontrollverlust, dem kurz darauf mit Beatrices Schwenk von Alonzo zu Alsemero der zweite folgt (auch sie schon hier ein *changeling*): "I shall change my saint, I fear me; I find / A giddy turning in me." (I.1.158-59)

Die paradiesische Vision eines sich zu vollkommener Glückseligkeit schließenden Lebenskreises, mit der Alsemero das Stück eröffnet, ist in einer Welt fortgesetzter Sündenfälle chancenlos. Der heilige Ort der ersten Begegnung ("Twas in the temple where I first beheld her", I.1.1), die heiligen Absichten ("I love her beauties to the holy purpose", I.1.6), der Vergleich mit "man's first creation", der die Vereinigung mit Beatrice (freilich gegen den bekannten Ausgang der biblischen Genesis-Erzählung) als Heimkehr in einen paradiesischen Urzustand imaginiert[16] – all diese Auspizien vermögen

---

15 Shakespeare *A Midsummer Night's Dream* II.2.121-28.

16 "The place is holy, so is my intent: / I love her beauties to the holy purpose, / And that, methinks, admits comparison / With man's first creation, the place blest, / And is his right home back, if he

nichts gegen die Gewalt der Leidenschaften, die den Verlauf des Stücks bestimmen wird. Die Referenz auf "man's first creation" verweist somit in erster Linie nicht auf einen ursprünglichen Stand der Unschuld, sondern auf dessen unweigerlichen Verlust und auf eine Kreatürlichkeit, deren *state* (im physiologisch-politischen Sinn) von vernunftresistenten Trieben beherrscht wird.[17]

Die Medizin ist – nicht nur im Haus des Irrenarztes Alibius, wo der Subplot spielt – die Leitdisziplin des Stücks; sondern auch im Geständnis der sterbenden Beatrice, die ihr Vergehen als ansteckende Krankheit, ihren Tod als eine Art therapeutischen Aderlass, ihren Körper in einer Rhetorik äußerster Abjektion als Kadaver beschreibt, der in der allgemeinen Kloake entsorgt werden soll:

> BEATRICE Oh, come not near me, sir. I shall defile you.
> I am that of your blood was taken from you
> For your better health. Look no more upon't,
> But cast it to the ground regardlessly;
> Let the common sewer take it from distinction. (V.3.149-53)

Dass es ausgerechnet eine Beatrice, Namenskusine von Dantes "donna gentile", sein muss, die in die Flugbahn des verhängnisvollen 'Meteors' Deflores gerät (in dessen *nomen* sich ganz unverblümt das *omen* seiner Bestimmung zeigt), ist von bitterster Ironie. Im *amour fou* dieser beiden extremer kaum denkbaren Gegensatzfiguren hat diese jakobäische Tragödie der Leidenschaften ihren Kern. Gegen die *forza bruta* von Deflores' Begehren nimmt sich die Liebesfrömmigkeit Alsemeros nachgerade anämisch aus; und es ist bezeichnend für die fatale Dynamik der Ereignisse, wie nicht bloß schnell, sondern auch restlos den romantisch Verliebten Beatrice und Alsemero ihre komödientypische *love at first sight* abhanden kommt. Kaum nämlich ist Beatrice dank Deflores mörderischer Hilfe am Ziel ihrer Wünsche, sind diese Wünsche auch schon unwiderruflich verwirkt. Statt auf die Vereinigung mit dem geliebten Alsemero zielt all ihr Trachten nun auf deren Vermeidung. So wie zuvor der Vater muss nun der Ehemann getäuscht werden. An die Stelle der Liebe treten (ihrerseits) Verstellung und (seinerseits) Verdacht.

IV.

In dieser Situation erhält das Lachen erneut eine hervorgehobene Signifikanz. Als Beweismittel eines Jungfernschaftstests eingesetzt, erweist es, wie weit sich das Stück

---

achieve it. / The church hath first begun our interview / And that's the place must join us into one; / So there's beginning and perfection too." (I.1.5-12)

17 In der Eröffnungsszene wird dies – noch ganz komödiantisch – im Geplänkel der beiden *supporting actors* durchgespielt: "JASPERINO [*to Diaphanta*] I am a mad wag, wench. DIAPHANTA So methinks; but for your comfort I can tell you, we have a doctor in the city that undertakes the cure of such. JASPERINO Tush, I know what physic is best for the state of mine own body. DIAPHANTA 'Tis scarce a well-governed state, I believe. JASPERINO I could show thee such a thing with an ingredient that we two would compound together, and if it did not tame the maddest blood i'th' town for two hours after, I'll ne'er profess physic again." (I.1.137-47)

vom sakralisierten Liebesidyll der Anfangsszene ("blest", "holy", I.1.5-8) entfernt hat: Statt der von Alsemero beschworenen Entrückung in eine paradiesisch verklärte Quasi-Transzendenz erscheint Liebe radikal reduziert auf ihr materielles Substrat. Was allein noch zählt, ist der Körper der Frau – intakt oder nicht? –, und dieser ist nichts weiter als ein physiologischer Apparat, der auf einen bestimmten chemischen Reiz in einer bestimmten Weise anspricht. Alsemero ist Hobby-Alchimist, sein portabler Giftschrank verfügt über das benötigte Elixier: Verabreicht man es einer Jungfrau, so muss sie gähnen, niesen und lachen. Beatrice findet das Elixier samt Gebrauchsanweisung und erprobt es an ihrer Zofe:

> BEATRICE [*aside*] Now if the experiment be true,
> 'Twill praise itself, and give me noble ease. [*Diaphanta yawns*]
> Begins already: there's the first symptom,
> And what haste it makes to fall into the second – [*Diaphanta sneezes*]
> There by this time! Most admirable secret!
> On the contrary, it stirs not me a whit,
> Which most concerns it.
> DIAPHANTA Ha, ha, ha!
> BEATRICE [*aside*]
>   Just in all things, and in order,
> As if 'twere circumscrib'd; one accident
> Gives way unto another. (IV.1.107-16)

Lachen, Ausweis der Einzigartigkeit des Menschen unter den Lebewesen, wird hier vorgeführt als physiologischer Automatismus, der Kontrolle des Willens gänzlich entzogen. Das Experiment generiert die menschliche Marionette, zappelnd am Gängelband jener ideomotorischen Impulse, die der Arzt Joubert katalogisiert: "the arms shake, and the legs dance about [...], we cough, perspire, piss, and besmirch ourselves [...]."[18] Wie zuvor schon, als Antonio den lachenden Irren spielt, nimmt das Stück das Grenzphänomen des Lachens gleichsam von beiden Seiten der "anthropologischen Differenz"[19] – der animalisch-spontanen wie der rational-reflektierten – in die Zange, indem es Beatrice die Symptome Diaphantas bei der Wiederholung des Jungfernschaftstests durch Alsemero simulieren lässt:

> BEATRICE [*aside*] I'm put now to my cunning; th'effects I know,
> If I can now but feign 'em handsomely. [*She drinks*]
> ALSEMERO [*aside to Jasperino*] It has that secret virtue it ne'er miss'd, sir,
> Upon a virgin.
> JASPERINO [*aside to Alsemero*] Treble-qualitied?
> [*Beatrice gapes, then sneezes*]
> ALSEMERO By all that's virtuous, it takes there, proceeds!
> JASPERINO This is the strangest trick to know a maid by.
> BEATRICE Ha, ha, ha!
> You have given me joy of heart to drink, my lord.
> ALSEMERO No, thou hast given me such joy of heart,
> That never can be blasted. (IV.2.138-47)

---

18 Joubert 1980, 28.
19 Vgl. Wild 2006.

Doch um die 'Herzensfreude' ist es schnell geschehen. Wie für den Jungfernschaftstest so gilt auch für das Stück: "As if 'twere circumscrib'd, one accident / Gives way unto another." (IV.1.115-16) Mordkomplott und Untreue fliegen auf, und als Beatrice sich erneut mit Alsemeros Vorwürfen konfrontiert sieht, sucht sie abermals Zuflucht beim – falschen – Lachen, freilich ohne Erfolg.

> ALSEMERO [...] Are you honest?
> BEATRICE Ha, ha, ha! That's a broad question, my lord.
> ALSEMERO But that's not a modest answer, my lady.
> Do you laugh? My doubts are strong upon me.
> BEATRICE 'Tis innocence that smiles, and no rough brow
> Can take away the dimple in her cheek.
> Say I should strain a tear to fill the vault,
> Which would you give the better faith to?
> ALSEMERO 'Twere but hypocrisy of a sadder colour,
> But the same stuff. Neither your smiles nor tears
> Shall move or flatter me from my belief:
> You are a whore. (V.3.20-31)

V.

Wenig hat Lachen in diesem Stück mit Frohsinn zu tun. Eher schon mit dem Lachen, das der Bildhauer dem verzweifelten König ins Gesicht gemeißelt hat, der sich am Fürstenportal des Bamberger Doms beim Jüngsten Gericht unter den Verdammten findet.[20] Doch von den christlichen Gewissheiten dieser Ikonografie ist *The Changeling* – man ist versucht zu sagen: himmelweit – entfernt. Vergleichbar den Sterbeszenen Websters[21] ist bei Deflores' Untergang von einer Jenseitsperspektive nichts zu bemerken; ersetzt wird sie durch ein *consummatum est*, das als finale Geste der Selbstbehauptung ganz dem diesseitigen, physischen Leben verhaftet bleibt:

> TOMAZO Ha! My brother's murderer!
> DEFLORES Yes, and her [Beatrice's] honour's prize
> Was my reward. I thank life for nothing
> But that pleasure, it was so sweet to me
> That I have drunk up all, left none behind
> For any man to pledge me. (V.3.167-71)

Die Vollendung (*consummatio*) wird hier als Verbrauch (*consumptio*) des Lebens gefasst, sein restloser Verzehr, der nichts übrig lässt für weitere 'Verbraucher'. "I have drunk up all, left none behind" – mit seinem finalen Auftrumpfen leitet der Liebhaber und Mörder Beatrices "over her dead body"[22], den verworfenen, abjektalen Leib der Frau, die Restitution patriarchaler Solidargemeinschaft ein, die im moralisierenden Resümee Alsemeros die bedrohliche Macht von *change* durch iterative Nennung zu bannen versucht:

---

20 Vgl. hierzu Wilhelmy 2012, Abb. 19.
21 Vgl. z. B. das Sterben Vittorias und Flamineos in *The White Devil* V.6.
22 Vgl. Bronfen 1992.

> ALSEMERO What an opacous body had that moon
> That last *changed* on us! Here's beauty *changed*
> To ugly whoredom; here, servant obedience
> To a master-sin: imperious murder!
> I, a supposèd husband, *changed* embraces
> With wantonness, but that was paid before.
> [*To Tomazo*] Your *change* is come too; from an ignorant wrath
> To knowing friendship. – Are there any more on's?
> ANTONIO Yes, sir: I was *changed* too, from a little ass as
> I was, to a great fool as I am; and had like to ha'
> been *changed* to the gallows, but that you know my
> innocence always excuses me.
> FRANCISCUS I was *changed* from a little wit to be stark mad,
> Almost for the same purpose.
> ISABELLA [*To Alibius*] Your *change* is still behind,
> But deserve best your transformation.
> You are a jealous coxcomb; keep schools of folly,
> And teach your scholars how to break your own head.
> ALIBIUS I see all apparent, wife, and will *change* now
> Into a better husband, and never keep
> Scholars that shall be wiser then myself. (V.3.196-215; Hervorhebungen AHö)

Zumindest für den Moment des Schlusstableaus werden "all griefs" auf diese Weise "reconcil'd",[23] wird der tragischen Handlung fast noch ein Komödienschluss verpasst. Doch hat der Verlauf des Stücks die Hinfälligkeit aller planenden Vorkehrung so eindrücklich demonstriert, dass die Chancen für eine künftige Stabilität der Verhältnisse kaum besser stehen als für Alsemeros Liebesparadies der Anfangsszene. Wenn in *The Changeling* auf etwas Verlass ist, dann auf *change* selbst, die unkalkulierbaren Launen des Schicksals, die den Akteuren auffallend häufig jenen Überraschungslaut entlocken, der sich geschrieben wie ein halbes Lachen ausnimmt – "Ha!"[24] – und genau wie dieses kein Wort ist,[25] sondern Indiz eines momentanen Wort- oder Sprachverlusts. Im Überraschungs-"Ha!" wie im Lachen markiert das Stück jene Grenze von Vernunft und Affekt, an der sich der Mensch als das zeigt, was der Titel verspricht: als *changeling*.

Bibliografie

Aristoteles. *Über die Teile der Lebewesen*. Ca. 350 v. Chr. *Werke in deutscher Übersetzung*. Bd. 17, 2. Übers. und Hg. Wolfgang Kullmann. Darmstadt: Wissenschaftliche Buchgesellschaft, 2007. Print.

---

23 Alsemeros epilogische Schlussrede richtet sich freilich bereits über den Fiktionsrahmen des Stücks hinaus an die Zuschauer, um deren Applaus sie bittet.

24 Einfaches "Ha!" kommt an den folgenden Stellen vor: I.1.194, II.2.70, III.2.21, III.3.132, IV.1.40, IV.3.137, IV.3.174, V.1.58, V.1.95, V.2.8, V.2.61, V.3.64, V.3.89, V.3.167.

25 Dem trägt auch Ælfric Rechnung, wenn er an der eingangs zitierten Stelle 'haha' und 'hehe' präzise als Performanzindikatoren beschreibt ("consequently they are spoken in a laughing way").

Bronfen, Elisabeth. *Over Her Dead Body: Death, Femininity and the Aesthetic.* Manchester: Manchester UP, 1992. Print.

Cummings, Brian. "Animal Passions and Human Sciences: Shame, Blushing and Nakedness in Early Modern Europe and the New World". *At the Borders of the Human: Beasts, Bodies and Natural Philosophy in The Early Modern Period.* Hg. Erica Fudge, Ruth Gilbert und Susan Wiseman. Basingstoke: Palgrave Macmillan, 1999. 26-50. Print.

Elias, Norbert. *What Is Sociology?* Übers. Stephen Mennell und Grace Morrissey. New York: Columbia UP, 1978. Print.

Fudge, Erica. "Learning to Laugh: Children and Being Human in Early Modern Thought". *Childhood and Children's Books in Early Modern Europe, 1550-1800.* Hg. Andrea Immel und Michael Witmore. London: Routledge, 2006. 19-39. Print.

Greenblatt, Stephen et al., Hg. *The Norton Shakespeare.* New York: Norton, 1998. Print.

Joubert, Laurent. *Treatise on Laughter.* 1579. Übers. Gregory David De Rocher. Tuscaloosa: U of Alabama P, 1980. Print.

Kries, Susanne. "Laughter and Social Stability in Anglo-Saxon and Old Norse Literature". *A History of English Laughter: Laughter from Beowulf to Beckett and Beyond.* Hg. Manfred Pfister. Amsterdam: Rodopi, 2002. 1-15. Print.

Middleton, Thomas. *The Changeling.* 1622. Hg. Douglas Bruster. *The Collected Works.* Hg. Gary Taylor und John Lavagnino. Oxford: Clarendon Press, 2007. 1632-78. Print.

Wild, Markus. *Die anthropologische Differenz: Der Geist der Tiere in der frühen Neuzeit bei Montaigne, Descartes und Hume.* Berlin: De Gruyter, 2006. Print.

Wilhelmy, Winfried, Hg. *Seliges Lächeln und höllisches Gelächter: Das Lachen in Kunst und Kultur des Mittelalters.* Katalog zur gleichnamigen Ausstellung im Bischöflichen Dom- und Diözesanmuseum, Mainz. Regensburg: Schnell und Steiner, 2012. Print.

Wright, Thomas. *The Passions of the Minde.* London: V. S., 1601. Repr. Hildesheim: Georg Olms, 1973. Print.

Zupitza, Julius, Hg. *Ælfrics Grammatik und Glossar. Text und Varianten.* 1880. Berlin: Niehans, 1966. Print.

Konkomitante Komik: Rosencrantz und Guildenstern in *Hamlet*

Roland Weidle

KING Thanks, Rosencrantz and gentle Guildenstern.
QUEEN Thanks, Guildenstern and gentle Rosencrantz.
(*Hamlet* II.2.33-34)

Hamlet ist eine Tragödie. Diese Aussage scheint trivial, sie ist es aber lediglich auf den ersten Blick, und dies vor allem aus zwei Gründen. Zum einen tun sich Kritiker nach wie vor schwer, das Tragische in und an *Hamlet* zu definieren. Inwiefern entspricht das Stück überhaupt den Regeln der frühneuzeitlichen Dramenpoetik?[1] Ist es eine aristotelische Tragödie oder eine Rachetragödie? Oder parodiert es diese Gattungen nur?[2] Zum anderen wird hin und wieder die Frage gestellt, wie sich denn die zahlreichen komischen Stellen in dem Stück mit dem Etikett der Tragödie in Zusammenhang bringen lassen können.[3]

Es soll im Folgenden darum gehen, das komische Potenzial des Stücks näher zu betrachten und zwar mit dem ausschließlichen Fokus auf einen Aspekt, der in der Forschung bisher mehr oder weniger vernachlässigt wurde: den der konkomitanten Figuren Rosencrantz und Guildenstern. Im Gegensatz zum weiter gefassten Begriff des *double act*, oder auch *comedy duo*, bei dem es sich um ein komisches Paar unterschiedlicher und sich gegenseitig ergänzender Figurentypen handelt, zeichnen sich konkomitante Paare darüber hinaus dadurch aus, dass sie immer gemeinsam auf- und abtreten.[4] Während bei komischen Duos wie Laurel und Hardy, Morecambe und Wise, Abbot und Costello oder auch Ernie und Bert die Figuren auch einzeln, ohne die Partner auftreten, sind Rosencrantz und Guildenstern immer gemeinsam auf der Bühne zu sehen.

Konkomitanz

Der Begriff des konkomitanten Paares wurde zwar 1977 von Manfred Pfister für die Dramenanalyse etabliert, eingeführt (und auch bereits für die Dramenanalyse vorgeschlagen) hat ihn jedoch der rumänische Mathematiker Solomon Marcus. Dieser ver-

---

1 Vgl. hierzu Norbert Greiners Versuch, "im Spiel des *advocatus diaboli* das Unerhörte [zu] wagen und *Hamlet* als gelungenes Kunstwerk in Frage [zu] stellen" (Greiner 2010, 5).
2 Zum Problem der Gattung bei *Hamlet* vgl. u. a. Golden 1984, Shakespeare 2005, 37-41, Hale 2001 und Kuriakose 2001.
3 Vgl. u. a. Draudt 2002, Greiner 2006 und 2007, Parker 1978, Partee 1992 und Thompson 2003.
4 Vgl. Pfister 1997, 237.

fasste 1970 seine *Mathematische Poetik*, deren Anwendung er in dem Kapitel "Mathematische Methoden im Theaterstudium" auch für die Dramenanalyse vorschlägt. Dort heißt es:

> Wir wollen nun einige Typen der Beziehungen zwischen den Charakteren definieren. Jedem Charakter ordnen wir eine bestimmte Menge natürlicher Zahlen zu, und zwar die Menge derjenigen Zahlen *j*, für die der betreffende Charakter in der Szene *j* anwesend ist. So entspricht etwa Pristanda im "Verlorenen Brief" der Menge {1, 2, 3, 8, 9, 12, 13, 16, 23, 25, 29, 30, 35, 36, 44} [...] und Andronic in "Letzte Nachrichten"⁵ der Menge {3, 11, 12, 28, 29, 30, 31, 32, 33, 34, 35, 36, 51, 52}. Die Opposition zwischen zwei Charakteren *x* und *y* ist die Opposition zwischen den diesen zugeordneten Mengen Ax und Ay. [...] Die Charaktere *x* und *y* sind *szenisch konkomitant*, wenn sich Ax und Ay in der Opposition Null befinden (d.h. $Ax = Ay$).⁶

Für *Hamlet* heißt dies, das die Gleichung $Ax = Ay$ auf die Figuren Rosencrantz und Guildenstern für die Szenenmenge {II.2.1-39, 215-532, III.1.1-28, III.2.43-48, 86-260, 285-372, III.3.1-26, IV.1.1-4, 32-37, IV.2.4-30, IV.3.11-56, IV.4.8-31} zutrifft.

In der bisherigen Auseinandersetzung mit den komischen Qualitäten des Stücks sind zwar auch immer wieder Rosencrantz und Guildenstern berücksichtigt worden, allerdings, wie übrigens auch die Figuren des Polonius und Osric, fast ausschließlich in der Interaktion mit dem Prinzen. So geht z. B. Manfred Draudt in "The Comedy of *Hamlet*" nur kurz auf die beiden Studienfreunde Hamlets ein und sieht deren Komik vor allem in ihrer Naivität und Einfältigkeit begründet – Eigenschaften, die gleichermaßen als Folie für Hamlets Sprachwitz dienen.[7] Auch für Ann Thompson speist sich die Komik von Rosencrantz und Guildenstern, Polonius und Osric in erster Linie aus deren Zusammentreffen mit Hamlet, lediglich "[t]he Gravedigger is perhaps the only unequivocally comic character in the play, [...] who] can hold his own in repartee".[8] In zwei Beiträgen hat sich Norbert Greiner (2006, 2007) den komischen Aspekten in der Tragödie gewidmet. In "Hamlet als komische Figur" argumentiert er, dass die Totengräberszene lediglich als komischer Höhepunkt und Konsequenz einer Abfolge von komischen Szenen und Aspekten zu verstehen ist, zu denen u. a. zählen: Hamlets Begegnung mit dem Geist seines Vaters in der fünften Szene des I. Akts, in der er "scherzend mit dem Geist verhandelt"; Hamlets Auftritt in Ophelias Zimmer, der dem einer "Harlekinfigur" gleicht; Hamlets Sprachwitz, der "Merkmale der komischen Rede" enthält; Hamlets Possen kurz vor und während der Aufführung der *Mausefalle* in der zweiten Szene des III. Akts sowie Hamlets Zynismus und satirische Komik im Umgang mit Rosencrantz und Guildenstern und dem König.[9] Für Greiner ist Hamlets Selbstinszenierung als Narr, Clown und Harlekin schließlich "eingeschrieben in die

---

5   Bei den genannten Stücken handelt es sich um Lustspiele der rumänischen Autoren Ion Luca Caragiale (1852-1912) und Mihail Sebastian (1907-45).
6   Marcus 1973, 293.
7   Vgl. Draudt 2002, 75-76.
8   Thompson 2003, 97. Für ähnliche Ansätze und Fokussierungen von Hamlets Komik vgl. Partee 1992 und Parker 1971.
9   Greiner 2006, 99-100.

Selbstinszenierung als Wahnsinniger"[10] und geht somit weit über die Funktion des *comic relief* hinaus.

Allen diesen Ansätzen ist gemein, dass der komische Effekt der Figuren Rosencrantz und Guildenstern stets in Abhängigkeit von der Titelfigur gesehen wird. Dies hieße allerdings, diesen Figuren ein Mindestmaß an dramatischer Autonomie abzusprechen, das diese aber zweifelsfrei besitzen und zudem in der Erzeugung komischer Effekte einsetzen. Ein entscheidendes Merkmal dieser Autonomie ist paradoxerweise genau jene Konkomitanz, also die Tatsache, dass die Figuren immer paarweise auftreten. Diese Synchronizität der Auf- und Abgänge wird zum Alleinstellungsmerkmal von Rosencrantz und Guildenstern. Das, was auf den ersten Blick Einzigartigkeit und Unteilbarkeit aufzuheben scheint, die Doppelung und Synchronizität, wird zum Ausweis von dramatischer Eigenständigkeit und Individualität im Sinne von "[a] single thing or a group of things regarded as a unit; a single member of a class or group".[11] Rosencrantz ist ohne Guildenstern und Letzterer ohne den Ersten nicht zu denken und wahrzunehmen. Oder etwas zugespitzter formuliert: Der eine existiert nicht ohne den anderen.[12]

Mechanisierung des Menschlichen

Rosencrantz und Guildenstern sind also als eigenständige Einheit zu betrachten, die aufgrund ihrer Alleinstellungsmerkmale der Doppelung und Synchronizität zur Komik der Tragödie beitragen. Um dies konkreter im Einzelnen untersuchen zu können, bieten sich Überlegungen und Erklärungsmodelle des französischen Philosophen Henri Bergson an, der mit seinem Essay über *Das Lachen* (1900) die theoretische Debatte über das Komische nachhaltig beeinflusst hat. Eine von Bergsons zentralen Thesen ist, dass Komik immer dann entsteht, wenn menschliche mit mechanischen Bewegungsabläufen konfrontiert werden, wenn es also zu einer "Mechanisierung des menschlichen Körpers" kommt.[13] Diese Mechanisierung offenbart sich vor allem in

1. repetitiven Handlungs- und Bewegungsabläufen;
2. Imitationen und Parodien von Gesten;
3. der Ausstellung von Körperlichkeit;
4. der Dehumanisierung und Verdinglichung von Menschen;
5. der Reversibilität bzw. Inversion von Abläufen;
6. der reziproken Interferenz von Serien bzw. der Mehrdeutigkeit von Situationen.

---

10 Greiner 2006, 102.
11 Erster Eintrag zum Nomen "individual" im *New Shorter Oxford English Dictionary* (1993, 1352).
12 Diese Austauschbarkeit und wechselseitige Abhängigkeit wird dann in Tom Stoppards *Rosencrantz und Guildenstern Are Dead* (1967) auf die Spitze getrieben.
13 Bergson 1972, 38-39.

Im Folgenden sollen die hier genannten Merkmale in der Analyse des konkomitanten Figurenpaares in *Hamlet* näher erläutert und angewendet werden.[14]

In Anbetracht der in der Forschungsliteratur wiederholt festgestellten Abhängigkeit der Komik der beiden Figuren von Hamlet ist es bezeichnend, dass bei dem ersten Auftritt von Rosencrantz und Guildenstern Hamlet überhaupt nicht anwesend ist. Dennoch ist dies eine komische Szene, die sich, auf mehreren Ebenen, aus dem komischen Potenzial der konkomitanten Figuren ergibt. Nachdem der König die beiden begrüßt und aus vordergründiger Sorge um das Wohl seines Neffen – in Wirklichkeit aber aus "politischen Erwägungen"[15] – die beiden bittet, die Gründe für Hamlets Verhalten herauszufinden, antworten diese:

> ROSENCRANTZ   Both your majesties
> Might, by the sovereign power you have of us,
> Put your dread pleasures more into command
> Than to entreaty.
> GUILDENSTERN   But we both obey,
> And here give up ourselves in the full bent
> To lay our service freely at your feet,
> To be commanded. (II.2.26-32)

Bereits auf linguistischer Ebene zeigt sich das Strukturmerkmal der Wiederholung: Beide sprechen die gleiche Anzahl von Silben, und dies unmittelbar nacheinander. Durch die aneinandergereihten gleichlangen Repliken wird somit gleich bei den ersten Äußerungen der Figuren der Eindruck einer, nach Bergson, dem Lebendigen entgegengesetzten Mechanik erzeugt, die unweigerlich komisch ist. Bezüglich der komischen Wirkung von sich wiederholenden Gesten schreibt Bergson:

> Ein Gedanke ist etwas, das im Lauf einer Rede wächst, das Knospen treibt, blüht und reift. Nie bricht er ab, nie wiederholt er sich. Jeden Augenblick muß er sich ändern, denn sich nicht mehr ändern heißt nicht mehr leben. Ebenso lebendig sei daher die Gebärde! Sie gehorche der Grundregel des Lebens und wiederhole sich nie! Doch was geschieht stattdessen? Jene Bewegung des Arms oder des Kopfes, immer dieselbe, kehrt sie nicht regelmäßig wieder? Falls ich dies als Zuhörer bemerke, falls es genügt um mich abzulenken, falls ich unwillkürlich auf die Bewegung warte, und sie kommt, wenn ich sie erwarte – dann muß ich wider Willen lachen. Weshalb? Weil

---

14 Einige der hier genannten Merkmale werden regelmäßig als typische Bestandteile bzw. Erklärungsmodelle für Komik herangezogen. Vgl. hierzu Stott 2005, 1-16 und Morreall 2008. Letzterer fasst die wesentlichen Theorien zum Lachen als *Superiority Theory*, *Relief Theory* und der *Incongruity Theory* zusammen, nach denen Lachen entweder Ausdruck von Überlegenheit, Ventil für angestaute nervöse Energie oder Reaktion auf etwas Ungewöhnliches ist. Bergsons Ansatz wird von ihm als hybride Form der Superioritäts- und Inkongruenztheorie aufgefasst (Morreall 2008, 228-29). Zur Ausdifferenzierung von und Kritik an Bergson vgl. auch Plessner 1970, 88-101 und Stierle 1976. Letzterer betont neben dem Element des Mechanischen den Aspekt der Fremdbestimmtheit: "Das Entscheidende dieser Komik ist nicht das Mechanische ihrer Äußerung selbst, sondern die im Mechanischen sich ausdrückende Fremdbestimmtheit" (Stierle 1976, 239). Zur Kritik an Bergsons These, dass das Lachen eine soziale Funktion habe und der Ansicht, dass Bergson damit eine konservative Ideologie vertrete, vgl. McFadden 1982.

15 Shakespeare 2005, 454.

ich jetzt einen Mechanismus vor mir sehe, der automatisch arbeitet. Das ist nicht mehr Leben, das ist ein ins Leben eingebauter und das Leben imitierender Automatismus. Es ist Komik.[16]

Wir haben es also hier, streng genommen, gleich mit zwei Strukturmerkmalen des Komischen nach Bergson zu tun: zum einen der Repetition und zum anderen der Imitation von Rosencrantz durch Guildenstern. Die unmittelbar auf diese Äußerungen folgenden Repliken des Königs und der Königin fügen diesen Eigenschaften ein weiteres Merkmal hinzu, das der Inversion bzw. Reversibilität:

> KING. Thanks, Rosencrantz and gentle Guildenstern.
> QUEEN. Thanks, Guildenstern and gentle Rosencrantz. (II.2.33-34)

Diese Dankesbezeugungen sind unterschiedlich gedeutet worden: als Gertrudes Korrektur des Königs, der die beiden schlicht verwechselt hat, als Ausdruck der Höflichkeit, da in Gertrudes Replik auch der vom König erstgenannte Rosencrantz als edel ("gentle") bezeichnet wird oder als Hinweis darauf, dass die beiden Figuren bereits bei ihrem ersten Auftritt als austauschbar eingeführt werden und ihnen jegliche "Identität abgeht".[17] Darüber hinaus wohnt jedoch diesen Zeilen bereits auf syntaktischer Ebene eine Komik inne, die sich aus den für die rhetorische Figur des Chiasmus charakteristischen Eigenschaften der Wiederholung und Inversion ergibt.[18] Das Merkmal der Inversion ist für Bergson, wie das der Wiederholung, eines der konstituierenden Eigenschaften mechanischer Abläufe,[19] das – wie gezeigt – in der Übertragung auf menschliche Handlungen Komik erzeugt.

Im weiteren Verlauf des Drama treten die beiden Figuren wiederholt auf: noch einmal in derselben, langen Szene II.2, wenn sie zum ersten Mal auf Hamlet treffen, dieser aus ihnen herauslockt, dass sie ihn aushorchen sollen und sie der Ankunft der Schauspieler beiwohnen; in der ersten Szene des III. Akts, wenn sie dem König und der Königin Bericht über Hamlet erstatten; in der darauf folgenden Szene (III.2), in der die "Mausefalle" vorbereitet und aufgeführt wird; in der dritten Szene des III. Akts, in der sie vom König den Auftrag erhalten, Hamlet nach England zu begleiten; in den darauf folgenden drei Szenen (IV.1-3), in denen sie, nach Hamlets Mord an Polonius, den Prinzen suchen, ihn ausfindig machen und zum König bringen und schließlich in der vierten Szene des IV. Akts, in der sie Hamlet zum Schiff nach England begleiten. Im weiteren Verlauf des Dramas bekommen die Zuschauer sie zwar nicht mehr zu sehen, allerdings werden sie noch dreimal erwähnt: In Hamlets Brief an Horatio (IV.6) erfahren wir, dass sie auf dem Weg nach England sind; in der letzten Szene (V.2) erzählt Hamlet, wie er einen Tag vor dem Überfall der Piraten von dem Plan erfuhr, dass er in

---

16 Bergson 1972, 29.
17 Shakespeare 2005, 455. Zu dem Thema vgl. auch Thompson 2003, 98, Draudt 2002, 75-76, Shakespeare 2005, 178: Fn. 1 und ibid., 180-81: Fn. 14.
18 Der Chiasmus ist eine Figur "in which elements are *repeated in reverse*" (Preminger/Brogan 1993, 183; meine Hervorhebung).
19 "Eine mechanische Kombination erkennt man daran, daß sie meist auch im umgekehrten Sinn funktioniert." (Bergson 1972, 60)

England hingerichtet werden soll und wie er den königlichen Befehl dahin gehend änderte, dass Rosencrantz und Guildenstern an seiner Stelle getötet werden sollen; am Ende schließlich, nach der Ankunft von Fortinbras, erfahren wir vom englischen Botschafter, dass Hamlets 'Freunde' tot sind (V.2.360).

Diese kurze Zusammenfassung zeigt, wie prominent die beiden Figuren in dem Stück sind (sie tauchen in jedem außer dem ersten Akt auf und dazu in unterschiedlichen Konfigurationen mit anderen Figuren) und warum Stoppard sie – neben ihren grotesken Qualitäten – zu Protagonisten seines postmodernen *Rosencrantz and Guildenstern Are Dead* gemacht hat.

Die Mechanisierung des Körpers wird – neben den bereits aufgezeigten Strukturmerkmalen der Wiederholung, Imitation und Inversion – auch in der Ausstellung der Körperlichkeit der beiden Figuren evident. Bergson bemerkt, dass, sobald dem lebendigen Körper die Vitalität und Geschmeidigkeit, die ihm die menschliche Seele verleiht, genommen wird, er zum Ballast wird:

> Wir sehen im lebenden Körper nur Anmut und Beweglichkeit, so lange wir das übersehen, was an ihm schwerfällig, widerspenstig, stofflich ist; wir vergessen seine Stofflichkeit und denken nur an seine Lebendigkeit, und diese Lebendigkeit schreibt unsere Phantasie dem eigentlichen Prinzip des intellektuellen und seelischen Lebens zu. Aber angenommen man lenke unsere Aufmerksamkeit auf die Stofflichkeit des Körpers. Angenommen, der Körper sei – im Gegensatz zu dem Prinzip, das ihn belebt – nur noch eine schwere, unhandliche Hülle, lästiger Ballast, der eine ungeduldig nach oben drängende Seele am Erdboden festhält. Dann wird der Körper für die Seele das, was das Kleid für den Körper war: unbeweglicher Stoff, den man einer lebendigen Kraft aufgepfropft hat.[20]

Wenn der Körper die Oberhand gewinnt und damit gleichsam der Fokus auf das Mechanische des menschlichen Körpers gelenkt wird, lässt Komik in der Regel nicht lange auf sich warten:

> Und der Eindruck des Komischen wird sich einstellen, sobald wir dieses Aufgepfropftsein deutlich als solches empfinden. Wir werden es vor allem dann empfinden, wenn man uns eine von körperlichen Bedürfnissen *geplagte* Seele zeigt – hier die geistige Persönlichkeit mit ihrer klug variierten Kraft, dort der dämlich-monotone Körper, der mit maschinenhafter Beharrlichkeit dazwischenfunkt und unterbricht.[21]

Auch wenn Körperlichkeit und die szenische Zurschaustellung von Körpern ein konstituierendes Merkmal des Theaters schlechthin sind,[22] treten diese doch bei den stets synchron verlaufenden Auf- und Abgängen von Rosencrantz und Guildenstern noch deutlicher in den Vordergrund als dies bei allein auftretenden Figuren der Fall ist. Be-

---

20 Bergson 1972, 39.
21 Ibid., 39-40.
22 Leggatt spricht von "the theatricality of comedy", von der Bühne als "tightly defined space" und stellt fest, "comedy concerns itself with the way people live in spaces, the open space of a park or a wood, the closed space of a room with practicable doors" (Leggatt 1998, 9). Und weiter: "Through the radical changes in theatre space one thing, we might think, remains constant: the presence of the actor. [...] The actor's body is particularly important for comedy, which deals not just with the social level of life but with the physical level: food, sex, clothing." (ibid., 11)

sonders augenfällig wird dies in der ersten Szene des IV. Akts, in der die beiden zunächst mit der Königin und dem König die Bühne betreten, von diesen dann nach vier Zeilen bereits wieder weggeschickt werden, nur um dann kurz darauf, nach 28 Zeilen, abermals zu erscheinen und nach weiteren fünf Zeilen ein weiteres Mal die Bühne zu verlassen. Beide sprechen kein einziges Wort, werden also allein durch die in relativ rascher Abfolge verlaufenden, simultanen Auf- und Abgänge, durch ihre körperliche und proxemische Zeichenhaftigkeit, definiert.

Das Resultat ist eine Komik, die sich aus der Spannung zwischen Darstellungsebene und Handlungsebene ergibt. Denn auf der einen Seite trägt das konkomitante Auftreten der Figuren, wie eingangs festgestellt, zu einer ausgeprägteren dramatischen Autonomie der Figuren bei, der jedoch ein Mangel auf der Handlungsebene gegenübergestellt wird, sodass die Verkörperlichung und Verdinglichung der beiden Figuren in den Vordergrund rückt. Denn letztlich sind Rosencrantz und Guildenstern – wie diese Szene der stummen Auf- und Abgänge besonders vor Augen führt – nur Instrumente, 'Dinge' des Königs.

"Rosencrantz and Guildenstern are dead"

Die Verdinglichung und Dehumanisierung der beiden Figuren wird am Ende der Tragödie auf der Darstellungsebene noch einmal forciert, und zwar paradoxerweise in jenen Szenen, in denen diese gar nicht mehr erscheinen, sondern nur noch über sie berichtet wird. Waren sie in den ersten vier Szenen des IV. Akts zumindest noch physisch präsent und als Körper auf der Bühne wahrnehmbar (wenngleich auch überwiegend stumm und passiv), verändert sich ihr Status in IV.6 und V.2 gänzlich vom Instrument zum Objekt. In seinem Brief an Horatio beschreibt Hamlet zunächst ausführlich den Überfall der Piraten, bevor er am Ende kurz und beiläufig erwähnt, "Rosencrantz and Guildenstern hold their course for England. Of them I have much to tell thee" (IV.6.26-28). Die beiden, die nach wie vor nicht als separate Einheiten, sondern nur als konkomitantes Paar gedacht werden, sind zur Nebensache geworden, "eine[r] schwere[n], unhandliche[n] Hülle, [einem] lästige[n] Ballast", dessen man sich effizient entledigen kann.[23]

In Hamlets Bericht schließlich, in dem er Horatio davon berichtet, wie er Rosencrantz und Guildenstern durch den Austausch des königlichen Schreibens überlistete, zeigen sich noch einmal alle oben genannten Merkmale von Bergsons mechanistischer Komiktheorie. Hamlet wiederholt (Merkmal 1) und imitiert (man könnte sogar sagen 'parodiert') Claudius' *letter-scheme* (Merkmal 2), wobei die dinghafte Körperlichkeit und Dehumanisierung von Rosencrantz und Guildenstern als Claudius' Instrumente und Hamlets Objekte hervorgehoben werden (Merkmale 3 und 4). Dabei kommt es zu einer Umkehrung des von Claudius ursprünglich geplanten Vorhabens, die eine Inversion der Täter- und Opferrollen zur Folge hat (Merkmal 5). Auch eine (etwas abge-

---

23 Bergson 1972, 39.

schwächte) Variante des letzten Merkmals, der reziproken Interferenz von Serien, kann an dieser für das Schicksal der konkomitanten Figuren so entscheidenden Szene verdeutlicht werden.

> Wenden wir uns der *Interferenz der Serien* zu. Ihr komischer Effekt läßt sich nur schwer auf eine Formel bringen, weil er auf der Bühne so viele verschiedene Formen annimmt. Versuchsweise wollen wir ihn wie folgt definieren: *Komisch ist eine Situation immer dann, wenn sie gleichzeitig zwei völlig unabhängige Ereignisreihen hervorbringt und gleichzeitig auf zwei ganz verschiedene Arten gedeutet werden kann.*[24]

Kommt es demnach zu einer unterschiedlichen Wahrnehmung ein und derselben Situation durch Figuren und Zuschauer, werden also zu einem bestimmten Zeitpunkt von unterschiedlichen Parteien einer Situation unterschiedliche vorangegangene und nachfolgende Ereignisketten zugeschrieben, entsteht komische Spannung.[25] Im vorliegenden Fall kommt es dazu, dass eine Situation (die Nachricht für den englischen König) von den beteiligten Parteien, Rosencrantz und Guildenstern auf der einen und Hamlet bzw. die Zuschauer auf der anderen Seite, unterschiedlich wahrgenommen und gedeutet wird: Während die beiden Gesandten des dänischen Königs Claudius davon ausgehen, dass sie Hamlets Todesurteil überbringen, werden sie zu Überbringern und Vollstreckern ihres eigenen Todes. Dieser wird dann auch vom englischen Gesandten kurz vor dem Ende der Tragödie sachlich und kurz berichtet: "Rosencrantz and Guildenstern are dead" (V.2.360). Die "künstliche[...] Mechanisierung"[26] von Rosencrantz und Guildenstern äußert sich somit ein letztes Mal – in einem Akt an das Komische grenzender Dehumanisierung – in der Reduzierung der beiden Figuren auf die Syntagmatik linguistischer Zeichen, die mit dem auf der Bühne liegenden toten, jedoch in der Erinnerung lebendig bleibenden[27] Hamlet kontrastiert wird.

Bibliografie

Bergson, Henri. *Das Lachen: Ein Essay über die Bedeutung des Komischen.* Übers. Roswitha Plancherel-Walter. Zürich: Die Arche, 1972. Print.

Draudt, Manfred. "The Comedy of *Hamlet*." *Atlantis* 24.2 (2002): 71-83. Print.

---

24 Bergson 1972, 69. Hervorhebungen im Original.

25 Für Bergson besteht die komische Spannung nicht allein in der gleichzeitigen und unterschiedlichen Wahrnehmung von Situationen und Ereignisketten, sondern in der Tatsache, dass sich die Ereignisketten unabhängig voneinander entwickeln, doch "zu einem bestimmten Zeitpunkt sind sie einander unter Umständen begegnet, die bewirken, daß die zu einer von ihnen passenden Handlungen und Worte auch zu einer anderen passen könnten" (Bergson 1972, 70). Dies trifft in unserem Fall nur bedingt zu, daher ist auch nur von einer abgeschwächten Variante reziproker Interferenz die Rede. Vgl. hierzu auch Stott 2005, 8-9.

26 Bergson 1972, 38.

27 Das Stück endet, wie so viele Shakespeares, mit dem Hinweis, dass das Geschehen noch einmal erzählt wird (vgl. Horatios Ankündigung in V.2.368-75).

Golden, Leon. "*Othello, Hamlet* and Aristotelian Tragedy." *Shakespeare Quarterly* 35.2 (1984): 142-56. Print.

Greiner, Norbert. "Hamlet als komische Figur." *Literaturwissenschaftliches Jahrbuch* 47 (2006): 95-113. Print.

---. "*Hamlet* und kein Ende?" *Das überschätzte Kunstwerk.* Hg. Hans-Peter Rodenberg. Münster: Lit Verlag, 2010. 5-20. Print.

---. "Melancholische Wege zur Heiterkeit. Shakespeares Narren im zeitgenössischen Kontext." *Melancholie und Heiterkeit.* Hg. Dieter Borchmeyer. Heidelberg: Universitätsverlag Winter, 2007. 107-40. Print.

Hale, David. "*Hamlet* Refracted through three Definitions of Tragedy." *Approaches to Teaching Shakespeare's* Hamlet. Hg. Bernice W. Kliman. New York: Modern Language Association of America, 2001. 214-15. Print.

Kuriakose, John. "The Question of Genre: Is *Hamlet* a Tragedy?" *Hamlet Studies* 23 (2001): 115-19. Print.

Leggatt, Alexander. *English Stage Comedy 1490-1990: Five Centuries of a Genre.* London: Routledge, 1998. Print.

Marcus, Solomon. *Mathematische Poetik.* Frankfurt a. M.: Athenäum, 1973. Print.

McFadden, George. *Discovering the Comic.* Princeton: Princeton UP, 1982. Print.

Morreall, John. "Philosophy and Religion." *The Primer of Humor Research.* Hg. Victor Raskin. Berlin: de Gruyter, 2008. 211-42. Print.

Parker, Robert B. "The Grim Laughter: *Hamlet* and the Problem of Belief." *Lock Haven Review* 12 (1978): 81-89. Print.

Partee, Morriss Henry."*Hamlet* and the Persistence of Comedy." *Hamlet Studies* 14.1 (1992): 9-18. Print.

Pfister, Manfred. *Das Drama: Theorie und Analyse.* München: Fink, 1997. Print.

Plessner, Helmuth. *Philosophische Anthropologie.* Frankfurt a. M.: S. Fischer, 1970. Print.

Preminger, Alex und T. V. F. Brogan, Hg. *The New Princeton Encyclopedia of Poetry and Poetics.* Princeton: Princeton UP, 1993. Print.

Shakespeare, William. *Hamlet: Englisch-deutsche Studienausgabe.* Hg. Norbert Greiner und Wolfgang G. Müller. Tübingen: Stauffenburg, 2005. Print.

Stierle, Karlheinz. "Komik der Handlung, Komik der Sprachhandlung, Komik der Komödie." *Das Komische.* Hg. Wolfgang Preisendanz und Rainer Warning. München: Fink, 1976. 237-68. Print.

Stott, Andrew. *Comedy.* London: Routledge, 2005. Print.

The New Shorter Oxford English Dictionary. Hg. Lesley Brown. 2 Bde. Oxford: Clarendon Press, 1993. Print.

Thompson, Ann. "Infinite Jest: The Comedy of *Hamlet, Prince of Denmark.*" *Shakespeare Survey* 56 (2003): 93-104. Print.

Das Ewig-Kindliche, Spielerische und Komödiantische der Kunst: Was der Romancier Thomas Mann dem Theater verdankt

Lothar Pikulik

Nach seinem Werden als Künstler befragt, erteilt Thomas Mann in seinem 1940 an der Universität Princeton gehaltenen Vortrag *On Myself* eine erstaunliche Auskunft. So behauptet er, die "frühesten Keime[...] und Regungen" seines Künstlertums in seinen "*Kindheitsspielen*" (Bd. XIII, 127) zu finden.[1]

Freilich ist ihm klar, dass dieser Befund geeignet ist, bei seinem akademischen Publikum Verwunderung, wohl auch Zweifel auszulösen. Deshalb tritt er etwaigen Einwänden gleich mit einer Erläuterung entgegen:

> Das Spiel des Kindes, werden Sie sagen, ist etwas Allgemeines; jedes Kind spielt, und das braucht kein Vorspiel des Künstlertums und keine Vorbereitung darauf zu bedeuten. Natürlich nicht. In den meisten Fällen wird das Infantil-Spielerische durch den organischen Reifungsprozeß überwunden. Ein gewisser lichtloser Ernst gewinnt die Oberhand, und der Mensch wird dann zum ausgewachsenen Philister. In anderen einzelnen Fällen aber bewahrt das reifende Leben das Infantile – nicht in der pathologischen Form, die eigentlicher Infantilismus wäre, als geistiges und moralisches Zurückbleiben auf einer primitiven Stufe – sondern das bewahrte Kindliche, der Spieltrieb verbindet sich mit geistiger Reife, ja mit den höchsten Antrieben des Menschen, dem Streben zum Wahren und Guten, dem Drang nach Vollkommenheit, und wird zu dem, was man mit dem Namen der Kunst und des Künstlertums ehrt. Kurz, das Infantile, das Spiel kommt zu *Würden*, – und doch steht es dem Künstler nicht sonderlich an, sich allzu bürgerlich würdevoll oder hieratisch-feierlich zu verhalten, denn auf dem Grunde seines Wesens liegt das Kindische, Primitive und Spielerische, das, was man eigentlich 'Talent' nennt, und ohne das er mit noch so viel Geist und Moral kein Künstler wäre. (ibid., 128)

Diese Erklärung wäre allerdings nicht recht plausibel, wenn das ursprünglich Spielerische der Kunst nicht am konkreten Beispiel evident würde. So verweist Thomas Mann auf den "Fall des großen Schauspielers". An dem, heißt es, werde man die primitive Wurzel der Kunst vielleicht am besten gewahr. "Sie ist hier das Komödiantische, ein *äffischer* Grundinstinkt des Kopierens und Nachahmens, ein die eigenen körperlichen Eigenschaften exhibitionistisch ausbeutendes Gauklertum." (ibid.) Zwar in höheren und glücklicheren Fällen ziehe dieses Urgauklertum von Geistigem, menschlich Bedeutendem viel an sich, werde es zu einem künstlerischen Phänomen und Erlebnis ersten Ranges.

> Dieser Sublimierungsprozeß aber wäre nicht möglich ohne den primitiven Kern des komödiantischen Instinktes, den man Talent, Theaterblut nennt, und der auf der Bühne durch keine Bildung, keine Intelligenz, keine Liebe zur Dichtung und keinen geistigen Ehrgeiz zu ersetzen ist. (ibid., 128f.)

Die Anknüpfung des Spielerischen an die Kindheit hat Thomas Mann damit nicht aus dem Auge verloren. Denn wie der Schauspieler in seinem komödiantischen Rollenspiel

---

1   Zitate aus Mann 1990. Nachweis der Zitate durch Angabe des Bandes (römische Ziffer) und der Seitenzahl (arabische Ziffer).

die primitive Wurzel der Kunst darlegt, also etwas Kindliches zeigt, offenbart das Kind mit seinem Nachahmungstrieb eine frühe Neigung zum Schauspiel. Etwas später in seinem Vortrag erzählt der Autor, dass seine Kinderspiele darin bestanden hätten, die Figuren seiner Lieblingslektüre, vor allem die der geliebten griechischen Mythologie, sich nicht nur imaginär vorzustellen, sondern auch konkret darzustellen; sich also etwa in die Figur des Hermes zu versetzen und "mit papiernen Flügelschuhen" durch die Zimmer zu hüpfen oder den Achill aus der *Ilias* zu mimen und so zu tun, als schleife er die eigene Schwester, "die wohl oder übel den Hektor darstellte, unerbittlich dreimal um die Mauern von Ilion" (ibid., 130). Dies war, sagt der Autor, ein "sichtbares" Spiel, dessen auch andere gewahr wurden. Es gab aber auch ein "unsichtbares", das er nur für sich und allein kraft seiner Fantasie spielte – so, wenn er z. B. eines Morgens mit dem Entschluss erwachte, "heute ein achtzehnjähriger Prinz namens Karl zu sein". Er kleidete sich also in eine gewisse liebenswürdige Hoheit, hielt Zwiesprache mit einem Gouverneur oder Adjutanten "und ging umher, stolz und glücklich in dem Geheimnis meiner Würde" (ibid.). Wenn Thomas Mann später in seinem Roman *Königliche Hoheit* (1909) eine Selbstdarstellung liefert, die sein Künstlertum in den Rang monarchischer Distinktion hebt, dann hatte er dies in seinem Kindheitsspiel vorweggenommen.

Schließlich erzählt er in *On Myself* auch, dass er seine "schönsten Spielfreuden dem Puppentheater" verdankt (ibid., 130f.). Und nicht nur sind auch sie in seine frühe Erzählkunst eingegangen, so in den *Buddenbrooks*, wo der kleine Hanno sich diesen Freuden hingibt; sie sind zudem durch große Vorbilder geheiligt. Merkwürdig ist es, sagt Thomas Mann, "welche Rolle das Puppentheater im Leben angehender Dichter, und zwar durchaus nicht gerade dramatischer Dichter, spielt: man denke an die Bekenntnisse und Erinnerungen Goethe's im 'Wilhelm Meister' und Gottfried Kellers im 'Grünen Heinrich'" (ibid., 131).

Dass Ernst und Würde des Künstlers ursprünglich aus Spaß und Spiel erwachsen, bestätigt Thomas Mann noch im hohen Alter mit seinem 1952 auf Anfrage des Senders BBC verfassten Vortrag *Der Künstler und die Gesellschaft* (englischsprachig unter dem Titel *The Artist and Society*), in dem er ebenfalls Rechenschaft über seinen Beruf als Dichter ablegt. Und zwar sinnigerweise mit einer Anekdote von seiner Auszeichnung mit dem Nobelpreis 1929 in Stockholm. Selma Lagerlöf (Akademiemitglied und 1909 selber mit dem Preis geehrt) habe ihm bei dieser Gelegenheit erzählt, dass sie ihr populärstes Werk, die berühmte Gösta-Berling-Saga, doch nur als Unterhaltung für ihre kleinen Nichten und Neffen geschrieben habe, worauf er, der von dieser Äußerung entzückt war, seinerseits als Beispiel seine *Buddenbrooks* genannt habe, um darzulegen, dass auch sie ursprünglich eine Familienangelegenheit und -unterhaltung waren, "die beinahe juxhafte Schreiberei eines etwas irregulären Zwanzigjährigen, die ich den Meinen vorlas und über die wir Tränen lachten" (Bd. X, 388f.).

Wenn das Komödiantische der Kunst vor allem im Theaterspiel, namentlich im Spiel des Schauspielers, zur Geltung kommt, dann hätte, so denkt man, Thomas Mann eigentlich Stücke für die Bühne schreiben müssen. Tatsächlich hat er dies zunächst versucht, und zwar schon in frühen Jahren mit dem Renaissance-Drama *Fiorenza* (1905), das aber wenig Erfolg hatte und von der Kritik als undramatisch und ungeeignet für das Theater abgelehnt wurde. Gleichwohl ließ er nicht locker, wollte er doch einmal etwas Brauchbares für die Bühne schreiben, und so plante er noch am Ende seines Lebens eine Komödie (mit dem Titel "Luthers Hochzeit"), weil er meinte, nun endlich zu wissen, wie man dergleichen handwerklich solide zustande bringt.[2]

Mit seinen ersten Erzählungen und seinem ersten großen und erfolgreichen Roman *Buddenbrooks* (1901) war aber längst entschieden, dass der Autor zu keiner anderen Karriere als der des Romanciers berufen war. Und wird er 1907 durch eine Rundfrage der Zeitschrift *Nord und Süd* dazu aufgefordert, sich über den kulturellen Wert des Theaters zu äußern, so verfasst er unter dem Titel *Versuch über das Theater* (1908) einen umfangreichen Essay, der – auf den ersten Blick – den Vorrang der epischen Darstellung vor der dramatisch-theatralischen behauptet. Ein pauschales Urteil fällt er freilich nicht. Von vornherein ist ihm klar, dass zwischen dem literarischen Text des Dramas und der sinnlichen Präsentation des Theaters zu unterscheiden sei. Er hat dabei nicht nur die Erfahrung seiner eigenen Schauspielbesuche, sondern besonders das die sensuelle Wahrnehmung so sehr ansprechende Erlebnis des Musikdramas Richard Wagners im Sinn, das er allerdings als primär episch und nicht so sehr als dramatisch empfindet. Deshalb kann er, ohne seinem Idol zu nahe zu treten, das Drama gegenüber der Epik abwerten und von deren prosaischer Form in der Moderne schreiben:

> Der Roman ist genauer, vollständiger, wissender, gewissenhafter, tiefer als das Drama, in allem, was die Erkenntnis der Menschen als Leib und Charakter betrifft, und im Gegensatz zu der Anschauung, als sei das Drama das eigentlich plastische Dichtwerk, bekenne ich, daß ich es vielmehr als eine Kunst der Silhouette und den erzählten Menschen allein als rund, ganz, wirklich und plastisch empfinde. (Bd. X, 29)

Das ist insofern zutreffend, als die dramatische Figur vom reinen Text her (der in erster Linie aus gesprochener Sprache, Dialogen und Monologen, besteht) eine Abbreviatur ist und auf der Bühne erst durch den Schauspieler zu vollem Leben gelangt. Und das hat Thomas Mann natürlich gesehen, aber es kam ihm zunächst einmal darauf an, ein zu seiner Zeit noch weit verbreitetes Vorurteil, das den Dramatiker über den Romancier stellte, zu widerlegen und sich selbst als Epiker zu bestätigen. Ungeschoren von seinem Affront gegen die dramatische Konkurrenz bleibt gleichwohl auch das Theater nicht, und billigt er dieser Institution den Vorzug der Sinnlichkeit zu, so behauptet er doch, gerade an dieser, auch auf die leibhaftige Anwesenheit des Publikums bezogene Eigenschaft, Anstoß zu nehmen: "[E]s ist nicht zuletzt das Sinnlich-Gesellschaftliche der theatralischen Öffentlichkeit, was mich abgeneigt macht, was ich verachte." (ibid., 40)

---

2   Zu diesem Vorhaben vgl. Hamacher 1996. Über das Komische des Gegenstandes äußert sich Mann in einem Gespräch mit Oscar Walter Cisek: "Ich denke manchmal an die Komödie, deren ernster und oft genug auch lächerlicher Pseudoheld unser Reformator Martin Luther werden soll. Gefallen mir doch unerbittliche Scherzbilder und Karikaturen – ernst gemeinte Karikaturen." (zit. in Wysling und Fischer 1981, 560)

Er bleibt in seinem Essay aber bei dieser Position nicht stehen, ja, er widerspricht ihr geradezu. Es sind erneut Empfindungen der Kindheit und Jugend, die in ihm aufsteigen und ihn zu einer anderen Einstellung motivieren. Er erinnert sich an seine frühen Theatererlebnisse, an Erlebnisse des Schauspiels wie besonders der Wagner'schen Oper, und er kommt im Zuge dieser Erinnerung zu dem Schluss, dass er dem Theater viel verdanke, eine Schmähung dieser Stätte ihm also fern liege. Das Theater "mit seiner aufdringlichen Täuschungssucht, seinem technischen Zauberapparat, seinen Glücksgenüssen gegen Entree" erscheint ihm sogar wie geschaffen für das kindliche Gemüt. Es ist "Volksbelustigung" und eine "höhere – und nicht immer höhere – Kinderei", mehr noch: "Weit entfernt, irgend etwas Höchstes und Letztes zu geben, ist das Theater vielmehr die naivste, kindlichste, populärste Art von Kunst, die sich denken läßt." (ibid., 35)

Es ist vor allem eine Kunst sui generis, weder abhängig vom Drama noch notwendigerweise im Dienst des Dramas, wie seinerzeit noch vielfach behauptet.[3] Entgegen der traditionell und oft noch bis heute erhobenen Forderung, dass das Theater einzig den vorgegebenen literarischen Text zu realisieren habe, geht Thomas Mann, wie er schon zu Beginn seines Essays angedeutet hat, von der "Zwietracht" aus, "die zwischen Dichtertum und Theater besteht", und schreibt eine Apologie der Bühnendarstellung:

> Aber zur Entscheidung aufgerufen, auf welcher Seite sich in dieser Zwietracht das Recht befinde, würde ich unbedenklich für das Theater eintreten. Ich glaube in der Tat, daß die Dichter sich im Irrtum und überheblichen Unrecht befinden, wenn sie das Theater als ein Instrument, ein Mittel, eine reproduktive Einrichtung betrachten, welche ihretwegen vorhanden wäre, – und nicht vielmehr als etwas Selbständiges, Selbstgenügsames und auf eigene Art Produktives, als ein Reich, worin sie mit Dichtung zu Gaste sind und worin diese Dichtung zum Anhalt und Textbuch für eine in ihrer Art reizvolle Veranstaltung wird. Das 'Buch' verhält sich zur 'Aufführung' schlechterdings nicht wie die Partitur zur Symphonie, sondern vielmehr wie das Libretto zur Oper. Die 'Aufführung' ist das Kunstwerk, der Text ist nur eine Unterlage. Es ist das Kennzeichen jedes rechten Theaterstücks, daß man es nicht lesen kann,[4] – so wenig wie ein Opernlibretto. Auch Shakespeare's Stücke sind nicht gelesen worden, schon deshalb, weil sie lange Zeit nur als Souffflierbüchlein vorhanden waren. (Bd. X, 41)

Ein Vertreter des damals aufkommenden Regietheaters hätte das kaum anders gesagt. Mit seiner Ansicht reiht sich Thomas Mann theatergeschichtlich in eine Reformbewe-

---

3 Exemplarisch für diese besonders im 19. Jahrhundert häufig wiederkehrende Behauptung ist das Urteil von Heinrich Hart in seiner Schrift *Etwas über Theaterreform*: "Wäre es nur die Befriedigung der Schaulust, welcher das Theater diente, so läge kein Beweggrund vor, es außerhalb des Kreises zu stellen, der durch Zirkus, Panorama und Vorführung lebender Bilder umschrieben wird. Daß es gleichwohl geschieht, erklärt sich einzig aus der Tatsache: die Bühne umschwebt der Nimbus der Literatur, des Schaffens jener großen Geistesdichter, welche seit Jahrhunderten ihr Wort dem Schauspieler geliehen haben, daß er ihr Prophet sei, anders gesagt, die Bedeutung des Theaters beruht auf dem Drama. Nur als Dienerin, als Verkünderin der Dichtung ist die Bühne von Wert für das geistige Leben eines Volkes." (zit. in Christoph Balme 1988, 70)

4 Einige Seiten vorher in seinem Essay hatte Thomas Mann genau das Gegenteil behauptet: "Daß man die dramatischen Dichter, Schiller, Goethe, Kleist, Grillparzer, daß man Henrik Ibsen und unsere Hauptmann, Wedekind, Hofmannsthal nicht ebensogut lesen als aufgeführt sehen könne, daß man in der Regel nicht besser tue, sie zu lesen, wird niemand mich überzeugen." (Mann 1990, Bd. X, 37)

gung ein, welche das Bühnenspiel von der Dominanz durch die Literatur (den Text des Dramas) zu emanzipieren und als autonome Kunstform zu begründen sucht. In England wird diese Bewegung besonders von dem Schauspieler, Regisseur und Bühnenbildner Edward Gordon Craig,[5] in Deutschland von Max Reinhardt, u. a. mit dessen legendärer Inszenierung des *Sommernachtstraums* (1905), gefördert.[6]

Es geht Thomas Mann aber nicht nur um ein Plädoyer für die Autonomie des Theaters. Zugleich gibt er damit zu verstehen, dass die Bühnendarstellung eine Qualität besitzt, die der bloß schriftstellerischen Leistung abgeht: eben jene vorher mit Verachtung gestrafte Sinnlichkeit. Dass er, mitten in seinem Essay, zu diesem Sinneswandel gelangt, hängt mit einer gewissen Abstraktheit, ja Blutleere zusammen, die er als Literat an seinem Metier empfindet und als beklagenswertes Defizit ansieht. Dergleichen Mangel beruht auf einer Intellektualisierung der Wahrnehmung und des Ausdrucks, welcher die Sprachkunst in der Moderne unterworfen ist und die auf der einen Seite zu einer Steigerung der kognitiven Funktion der Kunst, auf der anderen zu einer Minderung ihrer Lebens- und Erlebnisfülle führt. Er rechne sich, lässt Thomas Mann in seinem Essay *Bilse und ich* (1906) wissen, zu einer "Schule von Geistern – der deutsche Erkenntnis-Lyriker Friedrich Nietzsche hat sie geschaffen –, in welcher man sich gewöhnt hat, den Begriff des Künstlers mit dem des Erkennenden zusammenfließen zu lassen" (Bd. X, 18f.). Dabei ist mit Erkenntnis eine von analytischer Selbstreflexion bestimmte Wahrnehmung gemeint, welche alles, zumal die Welt der Gefühle und Sinne, zum Gegenstand überscharfer Beobachtung macht und künstlerische Gestaltung somit gar zu einem Akt der Destruktion werden lässt.

Die Dinge so betrachten, sagt Horatio zu Hamlet, hieße sie allzu genau betrachten. Und es überrascht nicht, dass Thomas Mann den problematischen Erkenntniskünstler mit Hamlet identifiziert. In seiner selbstkritischen Erzählung *Tonio Kröger* (1903) bemerkt die Titelfigur:

> Es gibt etwas, was ich Erkenntnisekel nenne [...]: der Zustand, in dem es dem Menschen genügt, eine Sache zu durchschauen, um sich bereits zum Sterben angewidert (und durchaus nicht versöhnlich gestimmt) zu fühlen, – der Fall Hamlets, des Dänen, dieses typischen Literaten. Er wußte, was das ist: zum Wissen berufen zu werden, ohne dazu geboren zu sein. Hellsehen noch durch den Tränenschleier des Gefühls hindurch, erkennen, merken, beobachten und das Beobachtete lächelnd beiseite legen müssen noch in Augenblicken, wo Hände sich umschlingen, Lippen sich finden, wo des Menschen Blick, erblindet von Empfindung, sich bricht, – es ist infam [...] es ist niederträchtig, empörend... (Bd. VIII, 300f.)

Was hier beschrieben wird, ist zudem das Leiden an einer Entfremdung, der Entfremdung vom Leben, von der Wirklichkeit, die entwicklungsgeschichtlich wiederum auf der Entfremdung von einer frühen Stufe, der Naivität der Kindheit, beruht, ästhetisch gesprochen: auf der Entfremdung von einer unbefangenen, fast schon an Kunst heranreichenden Betätigung, die, wie es in Manns Vortrag *On Myself* heißt, Kindheitsspiel ist: komödiantische, in sinnliche Wirklichkeit umgesetzte Mimikry.

---

5 Vgl. Craig 1911.
6 Vgl. Pikulik 2010, 79ff.

Es ist einleuchtend, dass Thomas Mann, der diese Entfremdung als Dekadenz empfand und schon in seinen *Buddenbrooks* als Geschichte vom "Verfall einer Familie" darstellte, versucht hat, sie zu überwinden oder zumindest mit der Überwindung zu experimentieren. So schreibt er in den *Betrachtungen eines Unpolitischen* (1918):

> Ich gehöre geistig jenem über ganz Europa verbreiteten Geschlecht von Schriftstellern an, die, aus der décadence kommend, zu Chronisten und Analytikern der décadence bestellt, gleichzeitig den emanzipatorischen Willen zur Absage an sie, – sagen wir pessimistisch: die Velleität dieser Absage im Herzen tragen und mit der Überwindung von Dekadenz und Nihilismus wenigstens *experimentieren*. (Bd. XII, 201)

Zu diesem Experiment gehört der Traum von einer Rückkehr zur verlorenen Naivität, den er in zwei seiner Dichtungen, in *Fiorenza* (1905) und im *Tod in Venedig* (1912), in die Formel vom "Wunder der wiedergeborenen Unbefangenheit" (Bd. VIII, 1064, 455) kleidet. Die Lösung des Problems erblickt er aber letztlich nicht in einem im Grunde unmöglichen und illusorischen Rückschritt, wie wunderbar auch immer, sondern im Fortschreiten zu einer Vermittlung der gegensätzlichen Seiten. Wenn die Geistigkeit reifen Künstlertums und die naive Sinnlichkeit kindlichen Spiels sich auseinandergelebt haben, dann gelte es, so sein Bestreben, sie wieder zusammenzuführen.

Keine Kunst aber leistet, wie er nicht zu Unrecht meint, diese Synthese so musterhaft wie die Kunst des Theaters, und zwar weil alles auf der Bühne symbolischen Charakters ist. "Das Wesen des Theaters ist die Sinnlichkeit. Aber von der Sinnlichkeit, der Sinnfälligkeit bis zur Sinnbildlichkeit ist nur ein Schritt. Das Theater als symbolische Anstalt hat mich oft beschäftigt" (Bd. X, 51), schreibt Thomas Mann in seinem Theater-Essay von 1908, und er meint dabei natürlich ein Theater, in dem das Sinnliche mit allem, was zum körperlichen Ausdruck gehört, nicht um seiner selbst willen, als pure Leibesübung, präsentiert wird, sondern um damit Sinn, Bedeutung zu vermitteln. Der Begriff Symbol steht dafür ein, und für das Symbol wiederum der Schauspieler mit seiner Aktion. "Die populäre Schauspielerpersönlichkeit ist symbolisch, die große Schauspielgestalt ist symbolisch – mehr noch: auch das theatralische 'Handeln', alles echt theatralische Tun ist symbolisch." (ibid., 52)

In seiner 1929 zur Eröffnung des Heidelberger Theaters gehaltenen *Rede über das Theater* hat Thomas Mann seinen Befund ausdrücklich bestätigt. Und nicht nur rühmt er auch hier die von ihm selbst angestrebte Syntheseleistung der Theaterkunst; er verweist zudem auf deren Ursprung im kindlichen Spiel, ob in der Frühzeit der Kulturen oder des einzelnen Menschen.

> Ich glaube, daß das Theater die Urheimat ist aller sinnlichen Geistigkeit und geistigen Sinnlichkeit; daß das Theater [...] immer und jedenfalls den Anfang der künstlerischen Regung bildet. [...] Die Vorherrschaft des Wortes und Begriffes 'Spielen' hat das Theater mit der Kindheit gemein; es ist die Kindheit der Kunst, die Kindheit *als* Kunst, das Ewig-Kindliche feiert darin seinen höchsten Triumph; die Ideen des Festes und des Spieles treten darin zusammen, alles Theater ist Festspiel, Spielfest, und festlichen Herzens haben wir Kinder nur *das* Spiel geliebt, das Phantasiespiel und auf irgendeine Weise dramatisch war. (ibid., 285f.)

Versteht Thomas Mann die Präsentation der Bühne als Vorführung "sinnlicher Geistigkeit" und "geistiger Sinnlichkeit", so nimmt er sich dies zum Vorbild für die Gestaltung seiner eigenen epischen Welt. Seine Darstellung ist darum weder 'realistisch' noch 'idealistisch', sondern ein Sowohl-als-auch: anschauliches Bild, das geistige Bedeutung vermittelt oder geistige Bedeutung, die im Bild zur Anschauung gelangt. Genau so wollte der Autor beispielsweise seinen Roman *Der Zauberberg* (1924) ästhetisch gewürdigt wissen. In seiner *Einführung in den 'Zauberberg': Für Studenten der Universität Princeton* (1939) heißt es: Die Geschichte dieses Romans

> arbeitet wohl mit den Mitteln des realistischen Romans, aber sie ist kein solcher, sie geht beständig über das Realistische hinaus, indem sie es symbolisch steigert und transparent macht für das Geistige und Ideelle. Schon in der Behandlung ihrer Figuren tut sie das, die für das Gefühl des Lesers alle mehr sind, als sie scheinen: sie sind lauter Exponenten, Repräsentanten und Sendboten geistiger Bezirke, Prinzipien und Welten. Ich hoffe, sie sind deswegen keine Schatten und wandelnde Allegorien. Im Gegenteil bin ich durch Erfahrung beruhigt, daß der Leser diese Personen, Joachim, Clawdia Chauchat, Peeperkorn, Settembrini und wie sie alle heißen, als wirkliche Menschen erlebt, deren er sich wie wirklich gemachter Bekanntschaften erinnert. (Bd. XI, 612)

Diese Erklärung verdeutlicht allerdings nicht hinreichend, dass Thomas Mann sich mit solcher Symbolik gerade am Theater orientiert. Den überzeugenden Beleg hierfür bieten erst seine epischen Darstellungen selber, insofern sie einen Erzähler erkennen lassen, der Schauplätze, Figuren und Aktion wie ein Theatermacher inszeniert.[7] Dazu an dieser Stelle zumindest ein exemplarisches Beispiel:

Viele Szenen schon in den *Buddenbrooks* sind dem Leser so erinnerlich, als habe er sie wie auf einer Bühne gespielt gesehen. Etwa wenn der betrügerische Bendix Grünlich zum ersten Mal auftritt, ein Bankrotteur, der durch eine Heirat mit Antonie Buddenbrook zu einer ansehnlichen Mitgift zu kommen hofft. Sein Auftritt erfolgt wie aus dem Off, und sogleich ist es, als falle ein Spotlight auf ihn, damit der Zuschauer Kleidung, Physiognomie und Mimik in Augenschein nehmen kann. Und nicht nur wird er auf diese Weise in Szene gesetzt; er inszeniert sich auch selbst, indem er eine Gebärde vollführt, die Eindruck machen soll und bereits seine scheinbar honette Absicht andeutungsweise kundtut. Er trifft dabei, sich mit einer weiteren Gebärde allseits präsentierend und verbeugend, auf Tonys Familie und damit auf die Mitspieler, bei denen sein Gebaren nicht einhellig gut ankommt, die aber jedenfalls zunächst das Publikum bilden, das Zeuge seines Auftritts ist.

> Durch den Garten kam, Hut und Stock in derselben Hand, mit ziemlich kurzen Schritten und etwas vorgestrecktem Kopf, ein mittelgroßer Mann von etwa zweiunddreißig Jahren in einem grüngelben, welligen und langschößigen Anzug und grauen Zwirnhandschuhen. Sein Gesicht unter dem hellblonden, spärlichen Haupthaar war rosig und lächelte; neben dem einen Nasenflügel aber befand sich eine auffällige Warze. Er trug Kinn und Oberlippe glattrasiert und ließ den Backenbart nach englischer Mode lang hinunterhängen; diese Favoris waren von ausgesprochen goldgelber Farbe. – Schon von weitem vollführte er mit seinem großen, hellgrauen Hut eine Gebärde der Ergebenheit...
> Mit einem letzten, sehr langen Schritte trat er heran, indem er mit dem Oberkörper einen Halbkreis beschrieb und sich auf diese Weise vor allen verbeugte.

---

7 Eine überwältigende Zahl an Beispielen bei Ettinger 1988. Siehe auch Peacock 1965, 345-60.

"Ich störe, ich trete in einen Familienkreis", sprach er mit weicher Stimme und feiner Zurückhaltung. "Man hat gute Bücher zur Hand genommen, man plaudert... Ich muß um Verzeihung bitten!" "Sie sind willkommen, mein werter Herr Grünlich!" sagte der Konsul, der sich, wie seine beiden Söhne, erhoben hatte und dem Gaste die Hand drückte. (Bd. I, 95)

Der Abgang der Figur vollzieht sich nach längerem Dialog ebenfalls in einem Akt der Selbstinszenierung und so, als werde eine Bühne verlassen:

> Herr Grünlich küßte der Konsulin die Hand, wartete einen Augenblick, daß auch Antonie ihm die ihrige reiche, was aber nicht geschah, beschrieb einen Halbkreis mit dem Oberkörper, trat einen großen Schritt zurück, verbeugte sich nochmals, setzte dann mit einem Schwunge und indem er das Haupt zurückwarf, seinen grauen Hut auf und schritt mit dem Konsul [der ihn zum Ausgang begleitet] davon... (ibid., 99f.)

Auch diese Art, die Dinge zu betrachten, ist genau, sogar sehr genau, und sie setzt, wie die Karikatur, gewisse Merkmale übergroß ins Bild. Aber sie hüllt Erkenntnis in eine die Wahrheit auch keineswegs ganz verleugnende Erscheinung, die sich ganz sinnfällig, mehr noch: sinnbildlich, präsentiert. Solches Verfahren aber hatte Thomas Mann schon vom Theater gelernt, bevor er es in seinem Essay theoretisch auf den Begriff brachte. Und er hatte damit eigentlich auch schon dem 'Ekel' vorgebeugt, der von zersetzender und bloß als Kritik fungierender Erkenntnis ausgeht.

Das Theatralische seiner Erzählweise wird zudem hier wie überall in seinen Romanen dadurch potenziert, dass er seine Welt als Theater im Theater präsentiert. Denn wie Grünlich sind nicht wenige seiner Figuren nicht nur Spieler von Gnaden des Autors, sondern auch Spieler von eigenen Gnaden, nämlich Schauspieler, die anderen etwas vormachen und damit hinter dem äußeren Schein ein anders geartetes Sein verbergen. Und sie haben ein Publikum, das nicht nur aus den Lesern Thomas Manns besteht, sondern auch, wie an dem angeführten Beispiel zu sehen, aus den Figuren der erzählten Geschichte. Wenn aber auf den Brettern, die die Welt bedeuten, diese Welt sich als Theater darstellt, dann ist das Theater gleichzeitig ein Sinnbild der Welt oder, wie nach alter Tradition, theatrum mundi. Die Welt als Spiel und Schein, ja als komödiantische Veranstaltung zu begreifen, hat Thomas Mann unter anderem von Schopenhauer, Nietzsche und Wagner gelernt, diese Auffassung ist aber schon den Kindheitsspielen eingeboren und ebenso den frühesten Kulturen in die Wiege gelegt.

Es gibt bei diesem Autor einen Figurentyp, der sein Komödiantentum auf ideale Weise repräsentiert: den Hochstapler, Schauspieler par excellence und geradezu das Paradigma, das die Manipulation mit dem Schein der Realität musterhaft vorführt. Dieser Typus steht einerseits für den tragischen Aspekt der Welt, die bittere Erkenntnis, dass alles Gegebene nur Täuschung (im Sinne Schopenhauers: bloß "Vorstellung") ist, andererseits für die amüsante Seite der äußeren Erscheinung, die sich den Sinnen lustvoll vermittelt. Die Täuschung gibt also trotz ihrer Schattenseite zur Erheiterung Anlass und ist zwar moralisch anrüchig, wird vom Publikum aber wie in stiller Übereinkunft insgeheim begrüßt. Denn, so deutet der Dichter an, die Welt will betrogen werden, *mundus vult decipi*.

Wie schon Bendix Grünlich in den *Buddenbrooks*, so sind auch die Titelfigur in *Joseph und seine Brüder* und zuletzt, den Beruf komödiantischen Bluffs am brillantesten ausübend, Felix Krull Belege für diesen Typus.

Ein Hochstapler wie Felix Krull ist eine Künstlerfigur. Und es gibt genügend Anzeichen, dass der Autor in diesem Typus sich selber gesehen hat. An die amerikanische Freundin Agnes E. Meyer schreibt Mann am 12. Juli 1942, dass er seinen *Joseph*-Roman gar nicht für ein wirklich großes Werk halte, sondern nur für ein persönliches Mittel, "in gewissem Grade die Erfahrungen der Großen zu teilen", um dann fortzufahren:

> Ich erkenne in mir immer nur den kleinen Jungen wieder von einst, der Tage lang spielte, er sei ein Prinz. Was ich treibe, ist eine Art von harmloser Hochstapelei, die mir dient, die Größe sozusagen praktisch auszuprobieren und mich in traulichen Wissenskontakt zu ihr zu bringen. Das ist ein Lebens-Zeitvertreib, auch eine Lebenserhöhung und -Steigerung, wenn man will, jedenfalls aber eine Sache des Lebens und des Subjekts, und ich hüte mich, grimmig ernst zu nehmen, was objektiv dabei herauskommt. – Immerhin, lassen Sie sich trösten, – vielleicht bin ich gerade hiermit und auf diese Weise ein – Dichter.[8]

Bibliografie

Balme, Christoph, Hg. *Das Theater von Morgen: Texte zur deutschen Theaterreform (1870-1920)*. Würzburg: Königshausen und Neumann, 1988. Print.

Craig, Edward Gordon. *On the Art of the Theatre*. London: William Heinemann, 1911. Print.

Ettinger, Albert. *Der Epiker als Theatraliker: Thomas Manns Beziehungen zum Theater in seinem Leben und Werk*. Frankfurt a. M.: P. Lang, 1988. Print. Trierer Studien zur Literatur 15.

Hamacher, Bernd. *Thomas Manns letzter Werkplan "Luthers Hochzeit": Edition, Vorgeschichte und Kontexte*. Frankfurt a. M.: Vittorio Klostermann Verlag, 1996. Print. Thomas-Mann-Studien 15.

Mann, Erika. *Briefe*. 3 Bde. Frankfurt a. M.: S. Fischer, 1962-65. Print.

Mann, Thomas. *Gesammelte Werke in dreizehn Bänden*. 1974. Frankfurt a. M.: S. Fischer, 1990. Print.

Peacock, Ronald. "Much is Comic in Thomas Mann." *Euphorion* 59 (1965): 345-60. Print.

Pikulik, Lothar. *Stoff und Form als Begriffe der Ästhetik: Am Beispiel von Drama und Theater*. Paderborn: Mentis, 2010. Print.

Wysling, Hans und Marianne Fischer, Hg. *Dichter über ihre Dichtungen: Thomas Mann*. Teil III. Frankfurt a. M.: S. Fischer, 1981. Print.

---

8   Mann 1962-65, Bd. II, 267f.

Das prekäre Lachen der Dadaisten

Helmuth Kiesel

"Das Lachen Dadas" lautet der Titel einer ebenso verdienstvollen wie monumentalen Anthologie und Darstellung des Berliner Dadaismus, die wir der Kunsthistorikerin Hanne Bergius verdanken.[1] Auf über vierhundert großformatigen Seiten informiert sie über die Intentionen und Aktionen der Berliner Dadaisten der Jahre um 1920 und bietet eine Vielzahl von Illustrationen: Fotos der Dadaisten und Reproduktionen von Texten, Grafiken, Collagen usw. Man blättert, liest, studiert, bewundert – aber lacht man auch? Fühlt man sich zu einem innerlichen Lachen gereizt? Oder gar veranlasst, aufzustehen, um das Gelesene oder Wahrgenommene jemandem mitzuteilen beziehungsweise zu zeigen und gemeinsam darüber zu lachen? Mitunter. Beispielsweise wenn man von Salomo Friedlaender alias Mynona liest, dass ihm eine Dame mit "leuchtendem Beinspiel" vorausgegangen sei, oder dass den "trefflichen Bayern" ein "Saufruf" ihres Königs gewiss willkommener sei als ein "Aufruf".[2] Oder wenn man Raoul Hausmanns Bericht darüber liest, wie Kurt Schwitters, der von den Berliner Dadaisten abgelehnt wurde, George Grosz besuchen wollte:

> Er [Kurt Schwitters] ging in Begleitung Arps nach der Nassauischen Straße, wo Grosz damals, etwa 1920, lebte. Vor der Wohnungstür angekommen, klingelte Arp. Die Tür öffnete sich, Grosz erschien im Türrahmen – doch als Schwitters erblickte, gegen den er eine Abneigung hatte, sagte er "Herr Grosz ist nicht zuhause" und schloss den Beiden die Tür vor der Nase zu. Sie stiegen treppabwärts, als, unten angekommen, Schwitters zu Arp sagte, "nen Augenblick, ich habe etwas vergessen", die Treppe hinaufstieg, von Arp gefolgt, und klingelte aufs neue. Wieder tat sich die Tür auf, wieder erschien Grosz – da sagte Schwitters sehr schnell, "Ich wollte Ihnen nur sagen: ich bin nicht Schwitters". Dies vollbracht, ging er friedlich mit Arp davon, den immerhin etwas verblüfften Grosz sich selbst überlassend.[3]

Aber was man neben diesen wenigen witzigen Stellen zu lesen bekommt, ist meist gar nicht zum Lachen, und allmählich beginnt man, sich zu fragen, ob denn der Titel des Buches treffend und legitim sei.

Gewiss: Bergius zitiert in ihren einleitenden Ausführungen und in den folgenden Personalkapiteln eine Vielzahl von Aussagen, in denen die Dadaisten bekundeten, wie sehr sie sich zum Lachen gereizt fühlten. Sie wollten jederzeit und über alles lachen. Am 7. September 1914 nahm sich Hugo Balls bester Freund, der 22-jährige Dichter Hans Leybold, nach einem kurzen Kriegseinsatz das Leben. In der *Totenrede*, die Ball am 12. Februar 1915 im Rahmen einer Berliner 'Gedächtnisfeier' für gefallene Dichter hielt, imaginierte er, wie Leybold diesen Gedächtnisakt aufgenommen hätte: "Ich sehe

---

1 Bergius 1989.
2 Ibid., 233.
3 Ibid., 284.

ihn vor mir, unbändig lachend. 'Menschenskind, eine Totenrede?' Schon klemmt er das Monokel ins Auge, gibt seinem Körper einen Ruck und sistiert die Vorstellung."[4] Lachen schien zum Habitus der angehenden Dadaisten zu gehören. Ein Foto aus jener Zeit zeigt Hugo Ball mit einem entschieden belustigten Lachen;[5] von Entsetzen über den Krieg keine Spur. Lachend wollte man sich – so Richard Huelsenbeck – der "Grausamkeit der Epoche stellen".[6] Mit Lachen wollte man – so George Grosz – den "gigantischen Weltenunsinn"[7] entlarven. Huelsenbeck schrieb über seine *Phantastischen Gebete* von 1916:

> Die phantastischen Gebete beten zum erstenmal in deutscher Sprache die skrupellose Buntheit, sie nehmen das Leben wie es ist als ein wahnwitziges Simultankonzert von Morden, Kulturschwindel, Erotik und Kalbsbraten, sie zerfetzen die Ethik und die Lügen der persönlichen Verantwortlichkeit, sie lösen das Leben in ein Gelächter auf [...].[8]

Dafür berief man sich auf Schriftsteller und Philosophen wie Hutten, Rabelais, Swift, Voltaire, Sterne, Stirner und Nietzsche,[9] stellte sich also in eine Tradition des respektlosen, entlarvenden und radikal aufklärerischen Denkens und Schreibens. Damit ist auch vollends deutlich, dass das Lachen Dadas kein nur belustigtes oder erheitertes und jedenfalls befreites Auflachen über etwas war, sondern eine Art "Lach-Arbeit", wie Bergius mehrfach sagt[10] oder eigentlich eine *Verlach*-Arbeit, die den zu beobachtenden "Weltenunsinn" zum Gegenstand eines gemeinsamen desillusionierten und ablehnenden, ja verurteilenden Verlachens machen wollte.[11]

Diesem Verlachen verfiel praktisch alles. 1925 schrieb Grosz über die Dada-Zeit nach dem Ersten Weltkrieg: "Wir sahen damals die irrsinnigen Endprodukte der herrschenden Gesellschaftsordnung und brachen in Gelächter aus."[12] Man verlachte die wilhelminische Gesellschaft und ihre nachrevolutionären Residuen. Man verlachte aber auch den "politischen Rat geistiger Arbeiter", der sich in den ersten Tagen der November-Revolution unter Führung Kurt Hillers im Reichstag eingenistet hatte, um den Beratungen der "Arbeiter- und Soldatenräte" ein "geistesaristokratisches" Prinzip hinzuzufügen.[13] Man verlachte alles, was zur bürgerlichen Kultur der vergangenen Epoche gehört hatte, aber auch das revolutionäre "O Mensch"- und Erneuerungspathos des Expressionismus.[14] Und mit prätendiertem Lachen wandte man sich gegen den Ver-

---

4 Bergius 1989, 58.
5 Vgl. Teubner 1986, 114.
6 Bergius 1989, 29.
7 Ibid., 237.
8 Ibid., 103.
9 Vgl. ibid., 19.
10 Vgl. ibid., z. B. 13 und 58.
11 Aufschlussreich hierzu auch Ehrlicher 2001, besonders 175-248: Dadaismus.
12 Bergius 1989, 9.
13 Vgl. ibid., 25 und 119.
14 Vgl. ibid., 18.

such, die politische Kultur Deutschlands im Namen der Weimarer Klassik neu zu begründen. In Raoul Hausmanns *Pamphlet gegen die Weimarische Lebensauffassung* (1919), das sich speziell gegen die in Weimar tagende Nationalversammlung richtete, heißt es:

> Wir wollen lachen, lachen, und tun, was unsere Instinkte heißen. Wir wollen nicht Demokratie, Liberalität, wir verachten den Kothurn des geistigen Konsums, wir erbeben nicht vor dem Kapital. Wir, denen der Geist eine Technik, ein Hilfsmittel ist – UNSER Hilfsmittel, kein vornehmes Händewaschen in Zurückgezogenheit: wir werden nicht scharfsinnige Begriffe spalten oder vor dem reinen Erkennen uns beugen – wir sehen nur Mittel hier, unser Spiel vom Bewußtwerden, ins Bewußtseintreten der Welt zu spielen, getrieben von unserem Instinkt; und wir wollen Freunde sein dessen, was die Geißel ist des beruhigten Menschen: wir leben im Unsicheren, wir wollen nicht Wert und Sinn, die dem Bourgeois schmeicheln – wir wollen Unwert und Unsinn! Wir empören uns gegen die Verbindlichkeiten des Potsdam-Weimar, sie sind nicht für uns geschaffen. Wir wollen alles selbst schaffen – unsere neue Welt! Der Dadaismus hat als einzige Kunstform der Gegenwart für eine Erneuerung der Ausdrucksmittel und gegen das klassische Bildungsideal des ordnungsliebenden Bürgers und seinen letzten Ausläufer, den Expressionismus, gekämpft! Der Club Dada vertrat im Kriege die Internationalität der Welt, er ist eine internationale, antibourgeoise Bewegung![15]

Verhöhnt und verlacht wurde schließlich auch das bürgerliche Publikum, das sich zu den Dada-Soireen einfand.[16] Es sollte zwar ernüchtert und aufgeklärt werden, aber nicht mit sozusagen homöopathischen Mitteln, sondern mit ätzenden geistigen Essenzen und respektlosen verbalen Hieben. Hausmann schreibt über denselben deutschen Spießer, an den er seine Botschaften adressierte:

> Wer ist der deutsche Spießer, daß er sich über Dada ärgert? Es ist der deutsche Dichter, der deutsche Geistige, der vor Wut platzt, daß man seine formvollendete Schmalzstullenseele in der Sonne des Gelächters schmoren ließ, der tobt, weil man ihn mitten ins Gehirn traf, das bei ihm dort liegt, wo er sitzt – und nun hat er nichts mehr, daß er sitze! Nein, greifen Sie uns nicht an, meine Herren, wir sind schon unsere eigenen Gegner und wissen uns besser zu treffen, als sie. [...] Sparen Sie sich Ihre zerschundenen Knochen und nähen Sie Ihre zerrissene Fresse, Sie haben alles umsonst getan! Dass Sie uns nicht an die Wand stellen lassen können, das macht uns feierlich. Und so wollen wir Ihnen denn Ihre Gedärme ausspülen und Ihnen die Bilanz Ihrer feierlichen Werte vorlegen.[17]

Und George Grosz in seinen Lebenserinnerungen:

> Als Dadaisten hielten wir 'Meetings' ab, bei denen wir gegen ein paar Mark Eintrittsgeld nichts taten, als den Leuten die Wahrheit zu sagen, das heißt, sie zu beschimpfen. Wir nahmen kein Blatt vor den Mund. Wir sagten: "Sie alter Haufen Scheiße da vorne – ja, Sie dort mit dem Schirm, Sie einfältiger Esel", oder: "Lachen Sie nicht, Sie Hornochse!" Antwortete einer, und natürlich taten sie das, so riefen wir wie beim Militär: "Halts Maul oder Du kriegst den Arsch voll!" und so weiter und so weiter ...[18]

Man sieht: Das Lachen, das die Dadaisten der Berliner Phase – Schwitters ausgenommen – in sich trugen, über andere ausgossen und bei wieder anderen auslösen wollten,

---

15 Zit. in Riha und Bergius 1977, 51f. – Vgl. zu Hausmann auch Bergius 1989, 114-29.
16 Vgl. Bergius 1989, 316ff.
17 Ibid., 120.
18 Grosz 1974, 130.

war weder ein heiter über den Dingen stehendes noch ein humorvoll versöhnliches Lachen, sondern ein beleidigendes und herabsetzendes, aggressives und destruktives. Auch an vielen Fotos der Berliner Dadaisten fällt der angestrengte, verbissene und nicht selten aggressive Zug auf. Der Berliner Dada war – nach einem Wort von Raoul Hausmann – die "lachende Verzweiflung",[19] die in Aggression und Hass umschlug. Grosz bezeichnete die Anfangsjahre der Weimarer Republik in seiner Autobiografie als eine "Orgie der Verhetzung", erfüllt von "Haßgesängen" gegen alles und jedes,[20] und man muss sagen, dass die Dadaisten – Schwitters ausgenommen – durchaus daran teilhatten.

Schwitters ausgenommen. Nicht dass Schwitters seiner Zeit unkritisch gegenübergestanden hätte. Seine Gedichte und Erzählungen der Jahre um 1920 sind voller Bezugnahmen auf die Nöte und Ungeheuerlichkeiten der Zeit.[21] Er protestierte aber ausdrücklich gegen die von Huelsenbeck und Hausmann vertretene Politisierung des Dadaismus, zumal in der Form des Proletkults.[22] Dem Prinzip "Haß" setzte er das Prinzip "Liebe" entgegen,[23] der politischen Ausrichtung und Verengung der Kunst das Prinzip der Freiheit und der Heiterkeit, in welcher er den eigentlichen, befreienden und erhebenden Sinn der Kunst sah.[24] Schwitters' Texte – man denke nur an die liebliche *Anna Blume* oder an den köstlichen *Obervogelsang* – sind es denn auch, die heiteres Lachen hervorrufen, während von den Texten der Berliner Dadaisten bestenfalls ein Anreiz zu einem sarkastischen oder sardonischen Lachen ausgeht.

Freilich kommt es bei vielen Texten auf die Realisierung an. Über die groteske Hymne *An Anna Blume*[25] kann man beim stillen Lesen zum Schmunzeln oder innerlichen Lachen kommen; über dem Lautgedicht *Obervogelsang*[26] wird dies kaum geschehen:

    Ii
    Üü
    Aa
        P'gikk
        P'p'gikk
    BekkeDiikee
    P'p'bampédiigaal
        IiÜüOoA
    Brr
    BrekkeDiiKekke
    IiÜüOoAa [...]

---

19 Bergius 1989, 11.
20 Grosz 1974, 143.
21 Vgl. Schwitters 2005, Bd. 1 und Bd. 2.
22 Vgl. ibid., Bd. 5, 77f.
23 Vgl. ibid., Bd. 2, 39.
24 Vgl. ibid., Bd. 5, 340ff.
25 Vgl. ibid., Bd. 1, 58f.
26 Vgl. ibid., 248.

Die meisten stillen Leser werden durch diese Zeilen kaum zum Schmunzeln gebracht werden; aber in der mehrstimmigen Realisierung als hoch artistische, aber dennoch menschlich-kakophone Reproduktion eines frühsommerlichen Vogelkonzerts bringt *Obervogelsang* zuverlässig auch nüchterne Hörsäle zum Lachen. Andere Texte gleichen Kippfiguren, die einen zum Lachen reizen können, im nächsten Moment – nach einer leichten Drehung – einem das Lachen aber vergehen lassen. Dies gilt etwa für die *Totenklage*,[27] die Hugo Ball am 23. Juni 1916 im Zürcher Cabaret Voltaire als "magischer Bischof" in einem kubistischen Kartonkostüm vorgetragen hat – während die Schlacht um Verdun tobte, wo insgesamt etwa 350.000 Soldaten (oder 6.000 pro Tag) zu Tode kamen, und die Schlacht an der Somme vorbereitet wurde, während der noch viel mehr Soldaten zu "brei und klumpen"[28] geschossen wurden:

 Ombula
 take
 biti
 solunkola
 tablatoktatoktatakabla
 taka tak
 tabubum'balam
 taktru– ü
 wo-um
 [...]
 ogoggo
 a-o-auma

Ball hat den Vortrag dieser Lautgedichte in seiner Autobiografie *Die Flucht aus der Zeit* ausführlich rekapituliert, leider aber darauf verzichtet, die Reaktionen des Publikums zu schildern.[29] Bei heutigen Realisierungen sind durchweg ambivalente Reaktionen zu beobachten. Die Nennung des Titels lässt die Mienen ernst werden. Die Lautfolgen reizen trotzdem – in Abhängigkeit von der Realisierung – mehr oder minder stark zum Lachen. Dies aber verstummt völlig, wenn man das Gedicht anschließend interpretatorisch bedenkt, indem man die Klagelaute verdeutlicht, das "wo-um" als abgetöntes und halb verschlucktes "warum" interpretiert, im "ogoggo" ein "o Gott o Gott" hört, im a und o der letzten Zeile das eschatologische Alpha und Omega sieht, das abschließend klanglich zu dem schweren, abgrundtiefen und erschütternden Klagewort "auma" intensiviert wird.

Wie reagierte das Publikum auf die Darbietungen der Berliner Dadaisten? Der Bericht eines Besuchers jener Soiree vom 12. April 1918, die den Blick der Presse auf die Berliner Dadaisten lenkte, scheint durchaus repräsentativ zu sein; auch in anderen Berichten ist von Gelächter und Geschrei die Rede.[30] Über die Soiree vom 12. April 1918 – an der Westfront tobte die "Michaeloffensive", die 240.000 deutschen Soldaten das

---

27 Ball 2007, 71.
28 Vgl. George 1984, 412.
29 Vgl. Ball 1992, 105f.
30 Vgl. Bergius 1989, 59, 102.

Leben oder die körperliche Unversehrtheit kostete – schrieb jener Besucher in der Zeitschrift *Der Friede*:

> Alles kann man totschweigen – nur nicht das Geschrei. So mag die Wüstheit der Lachstürme und der bis zur Zügellosigkeit gediehenen Lebhaftigkeit, in der kürzlich der *Dadaistenabend* in der Berliner Sezession unterging, eigentlich recht nach dem Herzen seiner Veranstalter gewesen sein. Man spazierte während der Vorträge gemütlich von einem Bekannten zum anderen und plauderte angeregt und laut in dem Bewußtsein, den dort vorn mit frecher Mimik und krähendem Ton sich abzappelnden Burschen gar nicht in seiner überheblichen Lautheit beirren zu können. Ein unglaubliches Durcheinander von Pfeifen, Gelächter und Entrüstung, Hausschlüssel gaben ihr Letztes her, ein Feldgrauer rief nach dem Schützengraben. Alles stand auf Stühlen, Wiehernde, die nicht mehr konnten, fielen japsend einander um den Hals, ruhigere Naturen rauchten gemütlich, als wären sie im Varieté. Hier und dort verriet sich in der Menge ein Armefuchtelnder durch seine Emphase als Dadaist, während die Flapsigkeit am Pult unbeirrbar ihre grotesken Zynismen zwischen die Köpfe schmiß.[31]

Man sieht, dass die Reaktionen unterschiedlich waren. Im Einzelnen hing wohl viel vom Temperament der Akteure und vom Naturell der Besucher ab. Von "Lachstürmen" und "Gelächter" ist die Rede, aber auch von "Entrüstung", die sich in Pfeifkonzerten und Rufen nach dem Schützengraben Luft machte. Aus anderen Berichten geht hervor, dass die Stimmung allmählich so aggressiv wurde, dass das Licht ausgeschaltet und die Soiree schließlich abgebrochen werden musste.[32]

Heute pflegt man das Lachen der Dadaisten mehr oder minder selbstverständlich als berechtigten und nicht kritisierbaren Protest gegen die Ungeheuerlichkeiten der Kriegs- und Nachkriegszeit zu bewerten. Man übergeht dabei aber Schwitters Distanzierung vom politischen Berliner Dadaismus. Man übergeht auch die Kritik des schweizerischen Pazifisten Henri Guilbeaux, der gleich nach den ersten Zürcher Dada-Abenden im Sommer 1916 die Meinung vertreten hatte, die dadaistischen Laut- und Simultangedichte seien weniger Kritik an der Sinnlosigkeit des Krieges als vielmehr deren Übertragung auf die Kunst, seien "Verneinung der *wahren* Kunst", seien "Blasphemie" und "Mißbrauch".[33] Man übergeht damit auch die Selbstkritik Hugo Balls, der sich unter dem Eindruck von Guilbeaux' Kritik von den Aktionen im "Cabaret Voltaire" als künstlerischen Verfehlungen distanzierte und den Vorsatz fasste, nur noch "heilsame Sachen gegen die große deutsche Pest" zu machen.[34] Und ebenso übergeht man die Kritik, die sich in George Grosz' Autobiografie findet. Dort heißt es mit Blick auf Schwitters' "Merzsäule", die aus beiläufig aufgelesenen Gegenständen bestand,[35] und auf Johannes Baaders Plastik "Deutschlands Größe und Untergang",[36] die ebenfalls aus "Abfällen" aller Art bestand:

---

31 Bergius 1989, 29f.
32 Vgl. ibid., 30f.
33 Zit. in Schrott 1992, 61.
34 Vgl. Kiesel 2004, 210.
35 Abbildung bei Bergius 1989, 295.
36 Abbildung ibid., 153.

Viele Kritiker, die durchaus mitmachen wollten, priesen diese Art von Fopperei des Publikums und nahmen sie todernst. Nur das gewöhnliche Volk, das von Kunst nichts versteht, reagierte normal und hieß die Dadakunstwerke Dreck, Mist und Müll – woraus sie ja auch bestanden.[37]

Und an späterer Stelle, an der Grosz über seinen Neubeginn in Amerika im Jahr 1933 berichtet:

> Ja, der zweite Abschnitt meines Lebens [...] begann mit einem inneren Konflikt mit meiner Vergangenheit, einer Vergangenheit, die ich zum Teil auch jetzt noch verdamme. Ich verweise heute mehr denn je die Karikatur auf einen rückwärtigen Platz in der Kunst und halte Zeiten, in denen sie zu sehr hervortritt, für Verfallszeiten. Denn Leben und Sterben sind, mit Verlaub gesagt, große Themen – es sind keine Themen für Hohn und billige Späße.[38]

"Billige Späße" waren die Darbietungen der Dadaisten mitnichten. Ball wollte beim Vortrag seiner *Totenklage* und der anderen Lautgedichte "um jeden Preis", wie er ausdrücklich sagte, "ernst bleiben" und verfiel deswegen in den Ton der "priesterlichen Lamentation", "jenen Stil des Messgesangs, wie er durch die katholischen Kirchen des Morgen- und Abendlandes wehklagt".[39] Das Lachen, das er und andere Dadaisten durch ihre sarkastischen "Späße" über den Krieg und die Nachkriegszeit provozieren wollten, sollte ein kathartisches Lachen sein, – eines, das von Illusionen aller Art, von patriotischen wie humanistischen, sozialistischen wie pazifistischen, befreite und reinigte. Angesichts der Gegenstände, denen es galt, und der Umstände, unter denen es aufgerufen wurde, begann es aber, wie die Kritik mancher Beobachter und die Selbstkritik Balls und Grosz zeigen, misslich oder verfehlt zu wirken und prekär zu werden.

Bibliografie

Ball, Hugo. *Die Flucht aus der Zeit*. Hg. Bernhard Echte. Zürich: Limmat, 1992. Print.

---. *Gedichte. Sämtliche Werke und Briefe*. Bd. 1. Hg. Eckhard Faul. Göttingen: Wallstein, 2007. Print.

Bergius, Hanne. *Das Lachen Dadas: Die Berliner Dadaisten und ihre Aktionen*. Gießen: Anabas, 1989. Print.

Ehrlicher, Hanno. *Die Kunst der Zerstörung: Gewaltphantasien und Manifestationspraktiken europäischer Avantgarden*. Berlin: Akademie, 2001. Print.

George, Stefan. *Der Krieg. Werke*. Bd. 1. Stuttgart: Klett-Cotta, 1984. Print.

Grosz, George. *Ein kleines Ja und ein großes Nein: Sein Leben von ihm selbst erzählt*. Reinbek bei Hamburg: Rowohlt, 1974. Print.

Kiesel, Helmuth. *Geschichte der literarischen Moderne: Sprache, Ästhetik, Dichtung im 20. Jahrhundert*. München: Beck, 2004. Print.

---

37 Grosz, 1974, 131.
38 Ibid., 225f.
39 Ball 1992, 105f.

Riha, Karl und Hanne Bergius, Hg. *Dada Berlin: Texte, Manifeste, Aktionen.* Stuttgart: Reclam, 1977. Print.

Schrott, Raoul. *DADA 15/25.* Innsbruck: Haymon, 1992. Print.

Schwitters, Kurt. *Lyrik. Das literarische Werk.* Bd. 1. Hg. Friedhelm Lach. München: Deutscher Taschenbuch Verlag, 2005. Print.

---. *Manifeste und kritische Prosa. Das literarische Werk.* Bd. 5. Hg. Friedhelm Lach. München: Deutscher Taschenbuch Verlag, 2005. Print.

---. *Prosa 1918-1930. Das literarische Werk.* Bd. 2. Hg. Friedhelm Lach. München: Deutscher Taschenbuch Verlag, 2005. Print.

Teubner, Ernst, Hg. *Hugo Ball: Leben und Werk.* Berlin: publica, 1986. Print.

Zur Übersetzung des Komischen durch Hilde Spiel in der Wiener Inszenierung von Tom Stoppards *Jumpers*, 1973

Ewald Mengel

Tom Stoppard ist ein gnadenloser *punster*, jemand, der keine Rücksicht nimmt auf die Substanz eines Stückes, das ihm zur Bearbeitung – besser sollten wir sagen: zur Schlachtung – vorgelegt wird. Da er selbst kein Deutsch spricht, benötigt er die Hilfe eines deutschsprachigen Linguisten. Trotzdem geht er dabei mit großem Selbstbewusstsein vor. Jedes fremde Stück wird von ihm erbarmungslos 'verwurstet': "to stoppard" nennt die Fachwelt diese Art der Eingemeindung oder Kannibalisierung der Stücke, die ihm in die Hände fallen.[1] Aus österreichischer Sicht gehören dazu unter anderem Nestroys *Einen Jux will er sich machen* sowie Schnitzlers *Das weite Land* und *Liebelei*.[2]

Was aber macht Hilde Spiel, Stoppards Wiener Übersetzerin, aus Stoppards Texten? 'Spielt' sie mit Tom Stoppard? Aber nein! Genau das Gegenteil ist der Fall: Sie nimmt seine verbalen Clownereien ernst und versucht, ihm gerecht zu werden und alles möglichst textnah ins Deutsche (vielleicht besser: Österreichische) zu übertragen, oder sollte man sagen: hinüberzutragen, hinüberzuretten? An entscheidenden Stellen aber scheitert sie.

Damit aber ist das Übersetzungsproblem schon deutlich angesprochen. Es gibt ein Machtgefälle zwischen den Kulturen.[3] Während der selbstbewusste Tom Stoppard die österreichischen Stücke verwurstet, versucht die weniger selbstbewusste Hilde Spiel, den englischen 'Hanswurst' möglichst textnah auf die Wiener Bühne zu bringen. Hier die mächtige und selbstbewusste englische Sprache und Kultur, die trotz des Verfalls des britischen Empire weltweite Verbreitung gefunden hat – und da das kleine Österreich, im Laufe des 20. Jahrhunderts und zweier verlorener Weltkriege erheblich geschrumpft, das sich nicht einmal mehr sicher sein kann, ob es wirklich Deutsch spricht. Hier der erfolgreiche und selbstbewusste Autor Tom Stoppard, der seine Dramen auch im deutschsprachigen Kulturraum vermarktet sehen möchte, und da eine Hilde Spiel, die als jüdische Exilantin die englische Sprache und Kultur von der Pike auf kennenlernen durfte (wollte?), die als Kulturjournalistin und Übersetzerin durchaus erfolgreich ist, die aber auch als Autorin geschätzt sein möchte.[4]

---

1 Michael Billington in *The Guardian*. Vgl. Hierzu: Mengel "As Comic an Entertainment as Possible", 136.
2 Vgl. hierzu: Mengel "Trying to Make the Lines Funny", 105-20 und Mengel, "Rewriting as Deconstruction", 167-81.
3 Hierzu: Maier 2010.
4 Vgl. hierzu: Olsson 2010, 317-52, insbes. 339ff.

Stoppard hingegen ist weniger an dem geschriebenen Wort, sondern an der erfolgreichen *performance* seiner Stücke interessiert – und so schreibt er seine Texte ständig um, was Hilde Spiel fast zur Verzweiflung treibt, denn immer wieder muss sie auch ihre Übersetzungen Stoppards Änderungen anpassen, was ihr die knechtische Dimension der Übersetzertätigkeit ständig vor Augen führt.[5]

Stoppards *Jumpers*

Stoppards *Jumpers* in einer deutschen Version auf die Bühne zu bringen, ist eine Herausforderung für jeden Bearbeiter und Regisseur, nicht nur in sprachlicher Hinsicht und nicht nur in Wien. Zweifellos hat schon das englische Stück seine Längen: Wer möchte sich in einem Lustspiel minutenlange Monologe über Gott und die Welt anhören? Wie ist der Mensch: gut, böse oder indifferent? Was bedeutet "radikaler Liberalismus" und wohin steuert unsere Gesellschaft? Das Stück hat ja darüber hinaus eigentlich farcenhaften Charakter und bezieht seine Wirkung aus jenen Arten der englischen Komik und des Humors, die im deutschen Sprach- und Kulturraum von jeher auf Skepsis und Zurückhaltung gestoßen sind, weil ihnen der Verdacht der Oberflächlichkeit anhaftet: der Situationskomik und des Wortspiels.[6] Schon diese Mischung ist ungewöhnlich, sehr englisch und schwer in den deutschen Sprach- und Kulturraum zu übertragen. Anders als im Englischen gibt es hierfür im Deutschen kaum eine Tradition. Der Kalauer ist unter intellektuellen Theaterbesuchern verpönt, und wenn der Deutsche oder die Österreicherin laut lachen wollen, so heißt es, gehen sie in den Keller. Wenn er/sie im Theater lachen will, schaut man sich Lessings *Minna von Barnhelm* oder Kleists *Der zerbrochene Krug* an.[7] Syntagmatische Komik ist allemal unverdächtiger als paradigmatische Komik,[8] auf die Tom Stoppard größtenteils setzt. Syntagmatische Komik zieht einen Spannungsbogen über das ganze Stück und wird erst am Ende aufgelöst. Der Richter, der in Kleists *Der zerbrochene Krug* am Ende als der Täter entlarvt wird, ist ein Beispiel für syntagmatische Komik. Paradigmatische Komik besteht aus einzelnen kleinen Spannungsbögen, die immer wieder im Gelächter der Zuschauer ihre Auflösung finden. Ein gutes Beispiel hierfür sind die amerikanischen Seifenopern, bei denen das Gelächter des Publikums unentwegt eingeblendet

---

5 In Spiels Augen ist jedoch Autor nur jemand, der in einem genialen Entwurf einen unverwechselbaren und unveränderbaren Text produziert. Auf Dauer konnte die Arbeitsbeziehung zwischen Tom Stoppard und Hilde Spiel nicht gut gehen, und wie wir wissen, hat sich das Verhältnis zwischen den beiden mehr und mehr eingetrübt, bis es dann 1984 endgültig zum Bruch kam, von Tom Stoppard forciert, aber auch Hilde Spiel wollte nicht mehr. Vgl. Spiels Brief an Stoppard vom 03.07.1984.

6 Vgl. Mengel 1993, 325-344.

7 Siehe Hilde Spiels Brief an Juncker vom 21.02.1974 über eine Galavorstellung von *Akrobaten* anlässlich eines Scheel-Besuchs in Wien: "Nur unser Außenminister und wahrscheinlich künftiger Bundespräsident Kirchschläger sagte zu mir, *Minna von Barnhelm* sei ihm lieber und das ganze ebenso englisch, daß es sich selbst im Deutschen wie eine fremde Sprache ausnehme."

8 Hierzu: Warning 1976, 279-333.

wird. Obwohl Stoppard größtenteils auf paradigmatische Komik setzt, gibt es syntagmatische Komik auch in *Jumpers*, worauf ich gleich zurückkommen werde. Hilde Spiel hat sie leider nicht übersetzt!

Zur Wiener Rezeption von *Akrobaten* (1973)

Die deutschsprachige Erstaufführung in Wien wurde von den Kritikern sehr wohlwollend aufgenommen, auch wenn einige der Kritiker das Stück zum Teil nicht verstanden und sich auch einzelne kritische Stimmen darunter mischten, vor allem die von Hans Heinz Hahnl.[9] Die Kritiker, die sich zu Wort meldeten, waren die Platzhirsche der Wiener Theaterszene der sechziger und siebziger Jahre, und wie bei anderen englischen Theaterstücken auch, die in Wien aufgeführt wurden, sind eine gewisse Skepsis, ja Ressentiments gegenüber der englischen – und damit anderen – Kultur nicht zu überhören.[10] Ebenfalls nicht zu verkennen ist die Tatsache, dass Stoppards Stück 'bierernst' genommen wurde – ohne Rücksicht auf das Genre, in dem es angesiedelt ist, nämlich der Burleske oder Farce. So schreibt zum Beispiel Hugo Huppert in der *Volksstimme* vom 23.10.1973:

> Was bedeutet dem Morallehre-Professor George all dies: Mord, Totschlag, Ehebruch, Menschenverhöhnung, Beamtenbestechung, Verhehlung einer Leiche im Hause, Ausartung der Ehepartnerin zur ausschweifenden Tagediebin, Wahlsieg eines spleenig-gefährlichen 'radikal-liberalen' Partei und reaktionäre Diktatur des Schwachsinns im Lande – wenn er, George, ausschließlich damit beschäftigt ist, seiner stummen Sekretärin eine monologisch langatmige erkenntnistheoretische Ansprache für den nächsten Debattierklubabend zu diktieren, eine urkomische Suada, deren gottsucherischer Pseudotiefsinn das vollendete Dokument der akademischseiltänzerischen Ideen- und Wortakrobatik heutiger philosophischer Fakultäten liefert, eine perfekt gesprochene Urkunde des ideellen Bankrotts der herrschenden Klasse.

Zugegeben: Die *Volksstimme* ist kommunistisch und vertritt daher nicht unbedingt die Meinung der Mehrheit der österreichischen Bevölkerung. Trotzdem ist die Haltung Hupperts zum Teil charakteristisch für die Ablehnung, auf die vor allem die nach *Rosenkranz und Güldenstern* erschienenen Stücke im deutschen Sprachraum in den siebziger Jahren trafen. Den Forderungen nach Gesellschaftskritik und sozialer Relevanz, die für diese Zeit noch charakteristisch waren, kamen Stoppards Dramen jedenfalls nicht nach. Im Gegenteil: Stoppard bekannte sich schon damals zu einer Art 'zweckfreier' Dramatik, die nicht Gesellschaftsveränderung und Weltverbesserung, sondern die Unterhaltung des Publikums zum Ziel hatte. Allerdings hatte der Kritiker zum Teil durchaus Richtiges gesehen, wenn er auf die "urkomische Suada" und den "gottsucherischen Pseudotiefsinn" verweist und damit Stoppards Darstellungsintentionen adäquat beschreibt.

---

9   Hahnls negative Kritik geht auf "eine persönliche Ranküne dieses kleinen Scheusals" zurück, wenn wir Hilde Spiel Glauben schenken wollen, sodass er als voreingenommen gelten muss. Vgl. Hilde Spiels Brief an Klaus Juncker vom 13.11.1973.

10 Vgl. die Ergebnisse des Projekts *Weltbühne Wien*.

Fritz Koselka, jedenfalls, hat Stoppard durchschaut:

> Der Amateurphilosoph Stoppard, eine Art moderner Oscar Wilde der Philosophie, zeigt sich dabei dem metaphysischen bzw. antimetaphysischen Fachvokabular von der Antike hin bis in die Moderne bestens bewandert und ergeht sich in brillanter gedanklicher Equilibristik. Was eigentlich eine dramaturgische Unmöglichkeit ist, damit zwei Stunden lang zu unterhalten – dem Autor gelingt das oft in hohem Grad, indem er es in eine Parodistik von sprühendem Esprit und Narrenwitz hüllt.[11]

Bravo, Fritz Koselka, dem trotz seiner Vorliebe für Heimatfilme, für die er auch während der Nazizeit die Skripts schrieb,[12] der Verstand nicht abhandengekommen zu sein scheint. Aber auch bei ihm merkt man die Skepsis, auf die ein solch englisches Stück in Wien stößt. Alles in allem jedoch wird klar: Die Wiener Kritiker sehen durchaus, mit wem sie es zu tun haben. Ob ihnen das gefällt oder nicht, ist eine andere Frage.

Hilde Spiels Übersetzungsstrategien

Bevor wir zu den Details kommen, sollte Hilde Spiels Übersetzung aus dem Englischen zunächst einmal gelobt werden. Stoppard ins Deutsche zu übersetzen ist sehr schwierig, und oft scheitern die Übersetzungen nicht einmal an den sprachlichen Problemen, sondern einfach daran, dass die kulturellen Unterschiede unüberbrückbar sind.[13] Wenn die Engländer über etwas lachen, was die Deutschen nicht komisch finden, kann man sich abstrampeln wie man will: Man wird immer scheitern. Wenn die Engländer durch bestimmte Anspielungen auf ihren oft gespielten und geliebten Shakespeare an bestimmte Stücke erinnert werden, ein deutsches Publikum diese Anspielungen jedoch nicht nachvollziehen kann, weil ihm die Textkenntnis fehlt: *hard luck!* Dann bleibt nur der Versuch der Übertragung im Sinne der Substitution. Das Pendant zu Shakespeare im deutschen Sprach- und Kulturraum sind natürlich Goethe und Schiller, der deutsche Idealismus und die Klassik. Spiel nutzt diese Möglichkeit der Substitution in *Akrobaten*. Damit aber gerät sie auf eine Stilebene, die dem Stoppard'schen Stück überhaupt nicht mehr entspricht, ihm sogar zuwiderläuft. Hilde Spiel hatte hier ein Problem. Zum Teil scheint dieses Problem schier unüberwindlich, weil es sprachlich und kulturell bedingt ist, zum Teil ist es jedoch auch hausgemacht, weil

---

11 Koselka 1973.

12 Fritz Koselka schrieb in den 40ern und danach die Drehbücher für etliche österreichische Heimatfilme.

13 Die von Mary Snell-Hornby im Rahmen des Projektes *Weltbühne Wien* angekündigte Arbeit "Comedy dialogue in contemporary stage translation: From transcoding to cannibalizing" zur Übersetzung des Komischen bei Tom Stoppard ist leider nicht im Rahmen dieses Projektes verwirklicht worden. (Vgl. die Homepage von "Weltbühne Wien" unter http://www.univie.ac.at/weltbuehne_wien/projects/project_snell-hornby.html). Teilaspekte des Themas wurden von ihr und Antonina Lakner in einem separaten Aufsatz aufgegriffen: Snell-Hornby und Lakner 2012, 202-23. Einen Textvergleich liefert allerdings auch diese Darstellung nicht, und die Strichfassung des Burgtheaters ist gar nicht erst konsultiert worden.

Spiel sich meistens sehr eng an den Stoppard'schen Text anlehnt und davor zurückscheut, den englischen Text freier ins Deutsche zu übertragen.[14]

Wie wir inzwischen wissen, erlaubte sich Stoppard später in seinen Bearbeitungen jegliche erdenkliche Freiheit. Dieser Sachverhalt spiegelt einmal mehr das Machtgefälle zwischen den Kulturen wider, das oben bereits angesprochen wurde.

Probleme und Ungeschicklichkeiten

Wie bei jeder Übersetzung zeigen sich auch bei Hilde Spiels Übertragung eine Reihe von Ungeschicklichkeiten, die nun einmal im übersetzerischen Alltag vorkommen und die daher rühren, dass der Übersetzerin ein enger zeitlicher Rahmen vorgegeben war und ihr die Zeit fehlte, alles noch einmal gründlich zu überarbeiten. Wohl und Wehe des übersetzten Textes hängen von diesen Ungeschicklichkeiten im Allgemeinen noch nicht ab; sie geben jedoch schon einen Hinweis auf die übersetzerische Sorgfalt, die an den Tag gelegt wurde.

Wenn Archie auf die Mitteilungen des Inspektors sagt: "Herr Inspektor, ich bin starr, wirklich starr" (74),[15] klingt dies im Deutschen idiomatisch falsch. Der englische Text verwendet das Wort "shocked" (71). Offenbar wollte Spiel den Romanismus "schockiert", der hier angebracht gewesen wäre, in ihrer Übersetzung vermeiden. Ein wirklicher Schaden entsteht an dieser Stelle jedoch (noch) nicht.

Schwerwiegender ist hingegen das folgende Beispiel. Der englische George räsoniert: "McFee jumped, and left nothing behind but a vacancy." (72) Der deutsche Text lautet: "McFee sprang und hinterließ nichts als einen leeren Raum." (75) Dies gibt weder die Bedeutung des "jumped" noch die Polysemie des Wortes "vacancy" wieder. 'Springen' meint in diesem Kontext: 'in die Kiste (den Sarg) hüpfen'. "Vacancy" bedeutet zwar auch im Englischen 'leerer Raum'. Eine zweite Bedeutung ist jedoch 'Vakanz' im Sinne einer wiederzubesetzenden Stelle. Hierin liegt die eigentliche Komik des Ursprungstextes. Bei den Radikalliberalen wird eine solche 'Vakanz', wie wir wissen, sehr schnell aufgefüllt, da offenbar jeder jeden Posten übernehmen kann. Diese Ironie aber geht in Spiels Text verloren.

Hilde Spiels Übersetzung wirkt oft etwas gestelzt und verschiebt den Stoppard'schen Text auf eine höhere Stilebene. Dotty hat das Goldfischglas "als Glassturz über ihren Kopf gestülpt" (33), George philosophiert über den Zeitpunkt, an dem die britische

---

14 Darüber war sich Spiel selbst im Klaren, wie der folgende Ausschnitt aus einem Brief an Klaus Juncker vom 24.02.1975 zeigt: "Tom wird nie so ein verkäuflicher Dramatiker werden wie Jimmy es trotz seiner Mißgriffe und seiner Nichthervorbringung eines abendfüllenden Stückes doch immer ist: too much sophistication, die Leute verstehen den Stoppard nicht. An mir solls jedenfalls nicht liegen. Nur 'umdichten' im weiteren Sinne kann ich nicht, und das will er sicher auch nicht haben. Es wäre vorstellbar, daß man mit einer sehr freien Paraphrase vielleicht eher hinkäme, aber das würde er selbst nie erlauben."

15 Die Seitenangaben für Spiels deutsche Übersetzung beziehen sich auf: Stoppard *Akrobaten* 1973.

Moralphilosophie "aus der Fahrtrichtung kam" (44) – "when it went off the rails" (46). Inspektor Bein fragt: "Wollen Sie vielleicht ein Plädoyer auf Geistesverwirrung vorbereiten?" (45) – "Are you trying to prepare the ground for a plea of insanity?" (47). George sagt über seine Sekretärin: "Es kam da eine Seite an ihr heraus, die ich vorher nicht an ihr kannte." (45) – "It was a side of her I'd never seen before." (47) Die Implikation des englischen Textes ist natürlich, dass er sie nackt gesehen hat. Der deutsche Text transportiert diese Bedeutung nicht. Der Satz "Bedser had a good wicket" (63) wird mit "Das ist ein guter Tag für Bobby Fisher" (65) übersetzt. Obwohl der Satz an und für sich für einen Cricketkundigen völlig unverfänglich ist (Bedser war ein berühmter englischer Cricketspieler, und "to have a good wicket" bedeutet in der Cricketsprache so viel wie: "Er hatte einen guten Boden/Untergrund", liegt die Komik des Stoppard'schen Textes darin, dass ein Unkundiger – dies dürften die meisten sein – natürlich sowohl in dem Namen Bedser ('bed her') als auch in der Konsonanz ("wick"/"wicket") eine sexuelle Anspielung zu erkennen vermeint, das heißt, die vermeintliche sexuelle Anspielung ist gar keine – worauf wiederum die Komik des Stoppard'schen Textes beruht.

Warum die Wahrheit, die im englischen Text "always an interim judgement" (81) ist, in der Übersetzung "eine einstweilige Verfügung" (86) sein soll, bleibt Hilde Spiels Geheimnis. Schlechter noch ist Spiels Übersetzung des Titels des Vortrags, an dem George im Stück arbeitet: "Man – good, bad or indifferent?" (46 und passim). Spiels "Der Mensch – gut, böse oder gleichgültig?" (43 und passim) trifft den Sachverhalt nicht wirklich, da das englische "indifferent" doch eher wohl mit dem deutschen "indifferent" wiedergegeben werden müsste, was auch einer der wenigen Kritiker, die Hilde Spiel nicht nur für ihre Übersetzung pauschal loben, sondern auch auf Details eingehen, kritisch anmerkt.[16]

Paradigmatische und syntagmatische Komik

Die Unterscheidung zwischen paradigmatischer und syntagmatischer Komik ist für die Analyse der Stücke Tom Stoppards entscheidend. Zwar greift Stoppard im Wesentlichen auf paradigmatische Komik zurück, die punktuellen Charakter hat, auf Wortspielen oder Situationskomik aufbaut und kleine, komische Spannungsbögen erzeugt, die im häufigen Gelächter der Zuschauer aufgelöst werden; daneben gibt es bei ihm jedoch auch jene syntagmatische Komik, die strukturbildend ist, das ganze Stück überspannt und die dramatische Wirklichkeit in diesem Sinne erst erzeugt. Während eine schlechte Übersetzung/Nichtübersetzung der ersteren nur dann Schaden anrichten kann, wenn sie zu häufig vorkommt, sodass die im Ursprungstext vorhandene komische Substanz zu große Einbußen erleidet, hat die Nichtübersetzung syntagmatischer Komik für das übersetzte Stück weitaus schwerwiegendere Folgen.

---

16 Koselka 1973.

Das folgende Beispiel bezieht sich zunächst auf eine jener vielen Stellen, in denen Situationskomik, d. h. paradigmatische Komik, eine Rolle spielt und die der Übersetzerin erhebliche Probleme bereitet. Dotty liebt Scharaden, und George muss jeweils erraten, was sie gerade darstellt.

Hier zunächst der englische Text samt Regieanweisung und gesprochenem Dialog:

> (As George opens the door, Dotty calmly lets her robe slip down her back until it hangs like a drape below her buttocks, her arms, still in the sleeves, held out to the sides; thus concealing the JUMPER from view. Thus, she is naked from the thighs up, back view. GEORGE glances casually at her as he crosses the room.)
> GEORGE Bottom?
> (DOTTY lifts the robe to cover her bottom)
> Back...Somebody's back...?
> (He picks up the tortoise. DOTTY turns to look at him coquettishly over her shoulder. He is recrossing the room towards the door.)
> Lulu's back! -- in town ---- Very good! (43)

Nicht nur George, sondern auch schon der englische Zuschauer muss hier eine intellektuelle Akrobatik nachvollziehen, die ihresgleichen sucht. Dottys nackter Hintern bringt George zunächst auf die Figur "Bottom" in Shakespeares *Midsummer Night's Dream*, was sich allerdings als falsch herausstellt, wie Dottys Reaktion zeigt. Das Hochziehen des Mantels, das Dottys Rücken sichtbar sein lässt, suggeriert für George "back". Dottys koketter Blick schließlich lässt George an "Lulu" denken. Alban Bergs auch in England bekannte Oper *Lulu*, die auf Wedekinds Lulu-Stücken (*Erdgeist*, *Büchse der Pandora*) beruht, bildet hier die Grundlage der Scharade. Wenn George nun auf "Lulu's Back in Town" tippt, Fats Wallers flotte Jazz-Nummer aus dem Jahre 1935,[17] so mag dies daran liegen, dass es sich um eine von Dottys Lieblingsnummern handelt und George und Dotty ein eingespieltes und routiniertes Team sind, was das Erraten von Scharaden angeht. Die Zuschauer können diese Scharade nur im Nachhinein nachvollziehen, sind dann aber wohl bereit, Stoppard aufgrund seiner genialen Assoziationstechnik Beifall zu spenden.

Die Übersetzung dieser Stelle bereitet Hilde Spiel größte Schwierigkeiten. Obwohl der *Sommernachtstraum* eines der im deutschen Sprachraum bekanntesten Shakespearestücke darstellt und Shakespeare selbst, vor allem in der Übersetzung von Schlegel und Tieck am Burgtheater, sozusagen als 'deutscher' Klassiker rezipiert wurde und immer noch wird,[18] scheidet eine wörtliche Übersetzung hier aus, denn bekanntlich heißt Bottom in der Schlegel/Tieck'schen Version "Zettel", und auf Dottys Hintern mit "Zettel" zu reagieren, ergibt keinen Sinn. Also greift Hilde Spiel zu dem Mittel der Substitution. Sie ersetzt das englische "Bottom" durch "Popopacetepl" [sic!] (40), eine Verballhornung des Namens des berühmten mexikanischen Vulkans, der richtig "Popocatepetl" heißt. Shakespeare ade!

---

17 1935 ist auch das Todesjahr von Alban Berg, dem österreichischen Komponisten.
18 Vgl. Schnauder 2010, 120.

Scheiden tut hier allerdings nicht ganz so weh, weil es sich um eine Stelle mit paradigmatischer Komik handelt, die für das Stück als Ganzes keine bedeutungskonstituierende Funktion hat. Man möchte Hilde Spiel allerdings fragen, warum sie bei ihrer Übersetzung nicht noch radikaler vorgegangen ist, denn wenn sie schon verballhornen möchte, hätte 'Popocacepetl' [sic!] an dieser Stelle viel mehr Gelächter erzeugt – worauf Stoppard generell sehr viel Wert legt. Aus anderen Übersetzungen Hilde Spiels wissen wir allerdings auch, dass sie generell anzügliche Anspielungen zu meiden sucht – auch wenn sie bei Stoppard vorhanden sind.[19]

Als die Türglocke klingelt, sagt George zunächst "He's early" (43). Er glaubt, dass Archie geläutet hat, auf den er eifersüchtig ist, weil er Dotty im Schlafzimmer besucht. Im englischen Text folgt danach Georges zur Schildkröte gesprochener Satz: "Now might I do it, Pat". Einen ähnlichen Satz finden wir bei Shakespeare. Hamlet, der den betenden Claudius sieht, überlegt, ob er ihn jetzt töten soll oder nicht. "Now might I do it pat." (Akt 3, Szene 3) Der Satz heißt in diesem Zusammenhang so viel wie "Jetzt ist es passend, jetzt könnte ich es tun", das heißt, "pat" wird adverbial verwendet und hat natürlich nichts mit einer Schildkröte zu tun.

Für den Zuschauer, der dieses Wortspiel erkennt, ist diese Szene im paradigmatischen Sinn urkomisch. Sie ist jedoch auch Teil einer syntagmatischen Komik, die bereits früher eingeleitet wird. Wie wir wissen, 'tut' es der Zauderer Hamlet in Shakespeares Stück an dieser Stelle (noch) nicht, unter anderem deshalb nicht, weil ein betender Claudius gen Himmel fahren könnte, während Hamlet ihn lieber in der Hölle sähe. George, der mit Pfeil und Bogen ausgestattet ist, um Zenons Paradox zu illustrieren bzw. zu widerlegen und der sich aus der Welt der Fabel noch den Hasen und die Schildkröte geborgt hat, spricht zu seiner Schildkröte und meint, jetzt könnte er es tun, das heißt, den *Vice Chancellor* ermorden. In Wirklichkeit ist er schon viel früher zum Mörder geworden, hat er es schon 'getan': Er hat seinen Pfeil unwillentlich schon früh im Stück in dem Moment abgefeuert, als Dotty aus dem Schlafzimmer "Fire" (28) – "Feuer" (23) ruft. Der Pfeil ist hinter dem Schrank verschwunden, und als er ihn am Ende wiederfindet, hängt daran sein geliebter Hase Thumper/Nurmi – tot (81/86). Zu allem Überfluss tritt George beim Herabsteigen vom Stuhl auch noch auf seine Schildkröte – crrrunch! – und wird so zum Doppelmörder! Paradigmatische und syntagmatische Komik laufen hier zusammen.

Undone by a pun! Stoppard neigt dazu, sogar die Strukturen seiner Stücke auf *puns* – Wortspiele – aufzubauen.[20] Sprache selbst erzeugt in diesem Sinne die Wirklichkeit,

---

19 Vgl. Maier zu Spiels Übersetzung von *Travesties*, 121. In der Bühnenfassung des Burgtheaters, die dem Verf. freundlicherweise von der Archivarin Mag. Rita Czapka in Form einer privaten Kopie zur Verfügung gestellt wurde, steht über "Popopacetopl?"[!] mit Bleistift das Wort: "Arschie...". Welcher Text 1994 gesprochen wurde, lässt sich nicht eruieren, aber das Beispiel zeigt das Unbehagen, das man mit Spiels Übersetzung an dieser Stelle hatte.

20 Dies gilt z. B. auch für *Arcadia*, wo das Wortspiel "bodies in heat" – der 'geile' Don Juan Byron, die 'läufige' Mrs Chater und die 'verbrannte' Thomasina – die Struktur des Stückes bestimmt.

was Teil seiner postmodernen Dramaturgie darstellt.[21] Das aber heißt, dass in dem Moment, in dem George/Hamlet seine Willensfreiheit unterstreicht ("Now might I do it pat"), der Zufall/das Schicksal schon längst zugeschlagen hat: Der Pfeil ist bereits abgeschossen, der 'Mord' an seinem geliebten Hasen bereits begangen!

Die Sache mit dem Pfeil und Bogen steht ganz am Anfang von Stoppards Stück. Die Auflösung erfolgt ganz am Ende: es handelt sich hier um ein Beispiel von syntagmatischer Komik, die für Stoppards Stücke eben auch charakteristisch ist und die von der Übersetzerin leider nicht übersetzt wurde. Wenn es mit 'Pat' nicht geht, muss es eben anders übersetzt werden. 'Toni' hilft leider auch nicht viel weiter.

Schluss

Nachdem er Hilde Spiel den Laufpass gegeben hatte, war Stoppards Österreich-Karriere mehr oder weniger beendet.[22] Tatsache ist, dass Stoppard danach in Wien nur noch selten in den großen Theatern aufgeführt wurde. *Arkadien* wurde 1994 unter der Regie von Frank Arnold und in der Übersetzung von Frank Günther im Theater in der Josefstadt gegeben und 2003 *Das einzig Wahre* (Übersetzung Hilde Spiel) unter der Regie von Beverley Blankenship, ebenfalls im Theater in der Josefstadt.[23]

Die Frage bleibt, warum sich das Interesse für Stoppard im deutschen Sprachraum in Grenzen hält. Tatsächlich scheint der Stoppard'sche Humor in der deutschen Übersetzung einen Großteil seiner Schlagkraft einzubüßen. Dies liegt sicherlich zum Teil an den kulturellen Unterschieden, die ein Rezeptionshindernis darstellen, wie z. B. der deutschen Skepsis gegenüber Wortspielen. Andererseits sind hierfür auch die Ungeschicklichkeiten und Unzulänglichkeiten der Übersetzerin Hilde Spiel verantwortlich zu machen, die es nicht gewagt hat, Stoppard etwas freier zu übersetzen. Auf jeden Fall muss auch jene syntagmatische Komik mit übersetzt werden, die die Stoppard'schen Stücke auszeichnet. Hierauf zu verzichten ist im deutschen Sprachraum fatal, da sich die deutschen Theaterzuschauer eher von der syntagmatischen als der paradigmatischen Komik überzeugen lassen.

Dem renommierten Shakespeare-Übersetzer Frank Günther bieten sich im Hinblick auf die Übersetzung der Wortspiele ähnliche Probleme. Günthers Übersetzung von *Arcadia* lag der Inszenierung des Theaters in der Josefstadt 1994 und auch der Insze-

---

21 Vgl. hierzu: Culler 1988, 1-16.
22 Nach Ansicht von Snell-Hornby und Lakner spielt die Beendigung des Arbeitsverhältnisses zwischen Spiel und Stoppard hier eine Schlüsselrolle. Ob dies wirklich so ist, muss bezweifelt werden.
23 Daneben interessierte sich nur noch Bruno Max vom Theater Scala, einem der kleineren Wiener Theater, für Tom Stoppard. 2008 inszenierte er dort *Travesties* (Übersetzung Hilde Spiel) und 2009 *Rosencrantz and Guildenstern are Dead* (Übersetzung Hanno Lunin).

nierung des Badener Theaters (9.8.2009) zugrunde. Doch in beiden Fällen gab es, wie es scheint, nur mäßigen Applaus.[24]

Den Übersetzer von vornherein für eine misslungene Aufführung verantwortlich zu machen, ist natürlich falsch. Zu viele Faktoren greifen bei einer Aufführung ineinander, zu viele Dinge müssen zusammenkommen, damit eine Inszenierung als geglückt bezeichnet werden kann. Was wir hier jetzt einmal für Frank Günthers Übersetzung von *Arcadia* annehmen, gilt natürlich auch für Hilde Spiels Übersetzung von *Jumpers*, und wie die gelungene Aufführung von *Akrobaten* im Akademietheater 1973 zeigt, kann ein nackter Popo viel kaschieren.

Bibliografie

Culler, Jonathan. "The Call of the Phoneme: Introduction." *On Puns: The Foundation of Letters*. Oxford: Blackwell, 1988. 1-16. Print.

Kahl, Kurt. "Holzwege in das Gestern: Stoppards 'Arkadien' im Theater in der Josefstadt." *Kurier* 23. Sept. 1994: 29. Print.

Koselka, Fritz. "Eine intellektualistische Clownerie: Tom Stoppards 'Akrobaten' in deutschsprachiger Erstaufführung im Akademietheater." *Wiener Zeitung* 23. Okt. 1973: 5. Print.

Maier, Julia Stephanie. *Cannibalizing Cultures: Schnitzler in London, Stoppard in Vienna. The Influence of Socio-cultural, Literary, and Power-related Norms on Drama Translation*. Dipl. Arbeit Universität Wien, 2010. Print.

Mengel, Ewald. *On First Looking Into Arden's Goethe: Adaptations and Translations of Classical German Plays for the Modern English Stage*. Columbia, SC: Camden House, 1994. Print.

---. Mengel, Ewald. "As Comic an Entertainment as Possible: Tom Stoppard's *On the Razzle*." Mengel *On First Looking Into Arden's Goethe* 135-50.

---. "Rewriting as Deconstruction: Tom Stoppard's *Dalliance*." Mengel *On First Looking Into Arden's Goethe* 167-81.

---. "'Trying to Make the Lines Funny': Tom Stoppard's *Undiscovered Country*." *On First Looking Into Arden's Goethe* 105-20.

---. *Approaches to Cultural Transfer. Weltbühne Wien/World Stage Vienna*. Bd. 1. Hg. Ewald Mengel, Ludwig Schnauder und Rudolf Weiss. Trier: WVT, 2010. Print.

---. "'Der fromme Seeräuber, der aufs Meer schiffte': Vom Umgang deutscher Übersetzer mit Shakespeares komischem Wortspiel." *Europäische Komödie im übersetzerischen Transfer*. Hg. Fritz Paul, Wolfgang Ranke und Brigitte Schultze. Tübingen: Narr, 1993. 325-44. Print.

---

24 Für die Josefstädter Aufführung vgl. etwa Kahl 1994 und Pfoser 1994.

Mengel, Ewald, Ludwig Schnauder und Rudolf Weiss. "Introduction." *Approaches to Cultural Transfer. Weltbühne Wien/World Stage Vienna.* Bd. 1. Hg. Ewald Mengel, Ludwig Schnauder und Rudolf Weiss. Trier: WVT, 2010. 1-18. Print.

Olsson, Barbara. "Die Kulturvermittlerin Hilde Spiel: Journalistische Theaterkritik und Übersetzungsarbeit in den Wiener Jahren 1963-1982." *Die Rezeption anglophoner Dramen auf Wiener Bühnen des 20. Jahrhunderts. Weltbühne Wien/World Stage Vienna.* Bd. 2. Hg. Ewald Mengel, Ludwig Schnauder und Rudolf Weiss. Trier: WVT, 2010. 317-52. Print.

Pfoser, Alfred. "Unterhaltung aus Bildung. Anfang gut, Ende ebenso?: Österreichische Erstaufführung von Stoppards 'Arkadien' im Theater an der Josefstadt." *Salzburger Nachrichten* 24. Sept. 1994: 7. Print.

Schnauder, Ludwig. "'The poor man is wronged!': Die Figur des Shylock in Inszenierungen am Burgtheater." *Die Rezeption anglophoner Dramen auf Wiener Bühnen des 20. Jahrhunderts. Weltbühne Wien/World Stage Vienna.* Bd. 2. Hg. Ewald Mengel, Ludwig Schnauder und Rudolf Weiss. Trier: WVT, 2010. 119-48. Print.

Snell-Hornby, Mary und Antonina Lakner. "Verstehen im Theater: Weshalb Tom Stoppard auf deutschsprachigen Bühnen nur eine Zeiterscheinung blieb." *Unterwegs zu einer hermeneutischen Übersetzungswissenschaft. Radegundis Stolze zu ihrem 60. Geburtstag.* Hg. Larisa Cercel und John Stanley. Tübingen: Narr, 2012. 202-23. Print.

Spiel, Hilde. Brief von Klaus Juncker an Hilde Spiel vom 19.09.1973. ÖLA 15/91 2. 7. 1. 15/B 232340. Print.

---. Brief an Klaus Juncker vom 13.11.1973. ÖLA 15/91 2. 7. 1. 15/B 2339. Print.

---. Brief an Klaus Juncker vom 21.02.1974. ÖLA 15/91 2. 7. 1. 15/B 2339. Print.

---. Brief an Klaus Juncker vom 24.02.1975. ÖLA 15/91 2. 7.1. 15/B 2340. Print.

---. Brief an Stoppard vom 03.07.1984. ÖLA 15/91 2. 7. 1. 15/B 290a. Print.

Stoppard, Tom. *Akrobaten [Jumpers].* Übers. Hilde Spiel. Reinbek: Rowohlt, 1973. Print.

---. *Jumpers.* London: Faber and Faber, 1973. Print.

Warning, Rainer. "Elemente einer Pragmasemiotik der Komödie." *Das Komische. Poetik und Hermeneutik 7.* Hg. Wolfgang Preisendanz und Rainer Warning. München: Fink, 1976. 279-333. Print.

Wladika, Otto. "Die Entwicklung des Theaterbesuchs in Wien." *Die Bühne* Sept. 1969: 10. Print.

Terror, Tiere und Publikum:
Das Lachen in Martin McDonaghs *The Lieutenant of Inishmore*

Ute Berns

Der in London lebende Ire Martin McDonagh gilt als einer der "gefeiertsten und zugleich kontroversesten zeitgenössischen Dramatiker",[1] und sein von der Royal Shakespeare Company uraufgeführtes Drama *The Lieutenant of Inishmore* (2001) veranschaulicht dies wie kein zweites. Im Mittelpunkt des Stücks, angesiedelt 1993 in Irland kurz vor Beginn der Gespräche über die Befriedung Nordirlands, steht der irische Bombenleger und Psychopath Padraic Osbourne, Mitglied der INLA (Irish National Liberation Army). Er kehrt aus Nordirland in das Haus seines Vaters nach Inishmore zurück, um sich um seine vermeintlich erkrankte Katze, Wee Thomas, zu kümmern. Als er feststellt, dass die Katze, die sein Vater Donny und der siebzehnjährige Davey ihm präsentieren, nicht seine eigene ist (diese ist längst tot), erschießt er die falsche Katze. Davey, der Padraics tote Katze gefunden hat und der Vater, dessen Aufgabe es war, sich um sie zu kümmern, sollen für den Tod von Wee Thomas mit dem Leben bezahlen. Bevor es dazu kommt, treten drei weitere INLA-Mitglieder auf den Plan, die Padraic mithilfe der getöteten Katze eine Falle gestellt hatten, um ihn zu liquidieren. Das Blatt wendet sich jedoch erneut, als die drei Angreifer von Padraics Jugendfreundin Mairead mit gezielten Luftgewehrschüssen geblendet und anschließend von ihm selbst gefoltert und ermordet werden. Als sich nachträglich herausstellt, dass die Katze, die Donny und Davey als Padraics Haustier ausgegeben haben, Mairead gehörte, wird er von seiner Freundin exekutiert. Mairead kommen Zweifel am bewaffneten Kampf und sie verlässt eine blutgetränkte Bühne voller Leichenteile. Herein spaziert Padraics Katze, die offenbar von den INLA-Attentätern mit einer anderen verwechselt wurde, und nun von Donny und Davey gefüttert wird.

Die einen werten McDonaghs Stück als radikale und mutige Provokation der gewaltbereiten irischen Republikaner und als satirisch-aggressiven Angriff auf deren paramilitärische Strukturen, maskulin-heroische Kämpferposen und nationalistische Rhetorik[2] – publikumswirksame Irland-Stereotype und Popkultur-saturierte Vorstellungen vom Terrorismus würden dabei auf subversive Weise ausgestellt.[3] Andere sehen hier ein in postmoderner Manier intertextuell und intermedial beziehungsreiches Drama, dessen gekonnt inszenierte theatrale Gewaltorgie alle politische Substanz verloren hat und nur noch den Zweck verfolgt, insbesondere in Großbritannien mit vertrauten Ir-

---

1 Middeke 2010, 213.
2 O'Toole, 2001, v.
3 Lornegan 2012, 73-85.

land-Klischees Kasse zu machen.[4] Differenziertere Untersuchungen können dagegen überzeugend darlegen, dass *The Lieutenant of Inishmore* historische Fakten und Figuren der Geschichte des bewaffneten Kampfes in Irland sehr wohl anspielungsreich aufgreift (die hohe Zahl von '*punishment attacks*' seit den frühen 1990ern, Beziehungen zwischen Paramilitärs und Drogenhandel, Verweise auf historische Daten und Anschläge), meist jedoch ohne die Evokation der historischen Vorfälle zu erzwingen.[5] Auf diese Weise öffnet sich das weltweit vielfach nachgespielte Stück lokal spezifischen politischen Rezeptionskontexten und hat eine aufschlussreiche Diskussion über die Rolle des Theaters im Kontext globalisierter kultureller Austausch- und Vermarktungsstrategien angestoßen.[6]

Kaum zu überschätzen für die Wirkung des Dramas ist die Rolle seiner absurden und grotesken, immer wieder transgressiv-respektlosen Komik, die auf Seiten des Publikums zu einem Lachen führt, dessen Ambivalenzen zwar erspürt, aber nicht notwendig sofort analysiert werden können.[7] Mit seiner vielschichtigen Komik grenzt sich das Drama von den Klassikern der sogenannten *In-Yer-Face*-Tradition ebenso ab wie von der sozialhistorischen Auseinandersetzung mit den '*Troubles*' im irischen Drama oder dem neueren '*verity drama*' zum Thema 'Terrorismus'[8] und stellt sich, wie von der Kritik angemerkt, in die Tradition der Schwarzen Satire oder der Farce, insbesondere in der Nachfolge Joe Ortons.[9] McDonagh selbst erklärt, das Stück sei als direkte Reaktion auf den IRA-Anschlag in Warrington entstanden, bei dem zwei Kinder ums Leben kamen, und aus einer Position der '*pacifist rage*' geschrieben – "it's a pacifist play that is whole-heartedly anti-violence".[10]

Ein Aspekt der spannungsvollen Beziehung von Gewaltdarstellung und Gelächter[11] ist die Rolle der Tiere und vor allem der Katzen im Stück. Sie werden als "ludicrous triviality" der Farce zugerechnet, als Symbol einer "sentimentality which often accompanies thuggishness" gelesen, und sie haben sogar Tierschützer auf den Plan gerufen.[12]

---

4   Luckhurst 2004, 34-41.
5   Vgl. Jordan 2009, 369-86.
6   Lonergan 2004, 336-58.
7   Siehe dazu auch Taggart 2006, 162-74.
8   Die Affinität zum *In-Yer-Face* wird damit nicht bestritten; vgl. Sierz 2001, xii-xiii, 219-26; zur Darstellung des bewaffneten Kampfes in Irland vgl. Maguire 2006; zum Terrorismus auf der Bühne in der Folge von 9/11 vgl. Greiner 2011,129-45.
9   Zur Satire vgl. Jordan 2009, sowie Rees 2005, 28-33. Auch McDonagh selbst sieht sich "much more in the Joe Orton tradition than in any tradition of Irish Drama" (Rosenthal 2001).
10 Zit. in Spencer 2002 und O'Hagan 2001.
11 Ein Eindruck davon vermitteln die Aufführungsrezensionen, die auch zeigen, dass sich das Publikumsverhalten je nach Land und Ort der Inszenierung stark unterscheidet; s. a. Lornegan 2012, 85-95.
12 O'Toole 2001, vii, Clap 2001, Rees 2005, 30; Patrick Burke schließlich verfolgt die Motivgeschichte in "'Like the Cat-astrophe of the Old Comedy': The Animal in *The Lieutenant of Inishmore*", 2006, 155-62.

Den Ausgangspunkt meiner eigenen Analyse bilden einerseits Theorien des Lachens sowie andererseits ein Verständnis des Tieres als eines komplexen Zeichens im Bühnengeschehen. Ich werde knapp darlegen, warum Tiere auf der Bühne – auch – zum Lachen einladen, einem Lachen, das auf sehr verschiedene Bedeutungsebenen reagieren kann. McDonagh, so meine These, bedient sich dramaturgischer Strategien der Bedeutungskonstruktion, die das Lachen über die Tiere stark überdeterminieren; es wird Sache des Publikums, diese Komplexität zu ergründen und eine Haltung ihr gegenüber zu finden.

Lachen ist einerseits eine körperliche und andererseits eine sozial- und kulturhistorisch kodierte Reaktion. Theorien des Lachens haben, was die körperliche und die intellektuelle Dimension angeht, unterschiedliche Akzente gesetzt, aber sie konvergieren in wesentlichen Punkten. Für Immanuel Kant wird Lachen durch "etwas Widersinniges" erregt, "woran [...] der Verstand an sich keinen Wohlgefallen finden kann"; anders nuanciert ist es ein Affekt, der "aus der plötzlichen Verwandlung einer gespannten Erwartung in nichts" entsteht.[13] Dieser "Widersinn" wird von anderen Theoretikern noch zusätzlich bestimmt – etwa als Inkongruenz zwischen "Mechanischem" und "Lebendigem" (Bergson), oder zwischen "Bewusstem" und "Unbewusstem" (Freud).[14] Für Plessner schließlich zeigt das Lachen an, dass uns in der Wahrnehmung von Inkongruenz eine adäquate Reaktion fehlt. Statt ihrer tritt das Lachen (oder Weinen) als körperlich-liminaler Zustand und gleichsam "leeres" Reaktions-Zeichen in den Vordergrund, das uns von einer komischen Situation ebenso abgepresst werden kann wie von einer katastrophalen.[15] Und schließlich kann das Lachen Überlegenheit (Hobbes) ebenso wie Subversion (Bachtin) markieren, wir lachen über, aber auch mit anderen.[16] Im Drama setzen die Komödie, Satire und Farce auf Lachen erzeugende 'Inkongruenzen', und hier reicht das Spektrum vom feinen Wortspiel über die Enttäuschung geschürter Erwartung bis zur Inszenierung des grotesken Körpers.

Zwei neuere Studien, die das Tier in ihre Diskussion von Theater und Performance einbeziehen, tun dies unter der Rubrik des 'Körpers', doch die Implikationen reichen weiter. Ausgangspunkt ist zunächst der Menschenkörper, über den Lehmann schreibt: "In keiner anderen Kunstform steht der menschliche Körper, seine verletzliche, gewalttätige, erotische oder 'heilige' Wirklichkeit so sehr im Zentrum wie im Theater."[17] In traditionellen Theaterformen, so der Kritiker, wird der Körper weitgehend in den "Signifikantendienst" gestellt, sprich zum Zeichenträger für eine fiktionale Figur gemacht und dabei als Schauspielerkörper abgeblendet.[18] In sogenannten "postdramatischen" Theaterformen werde dagegen die Materialität des menschlichen Körpers selbst

---

13 Kant 1979, 2. Buch, §53 Anm., 273.
14 Bergson 1972; Freud 1999.
15 Plessner 1982.
16 Vgl. Pfister 1994, v-x.
17 Lehmann 1999, 361.
18 Ibid., 362.

betont, und im Performance-Kontext, so Erika Fischer-Lichte, wird die Repräsentation eines fiktionalen Körpers zugunsten der phänomenalen Präsenz des Körpers ganz aufgegeben.[19] Die Betrachtung des Körpers in dieser doppelten Hinsicht – einerseits im Signifikantendienst für eine fiktionale Figur und andererseits auf die eigene Materialität verweisend – bestimmt auch die Konzeption des Tieres beziehungsweise des Tierkörpers im Theater.

Tiere auf der Bühne haben historisch unterschiedliche Funktionen wahrgenommen – z. B. (religiös-)symbolische, emblematische, naturalistische – die sich seit der Entstehung der Performance-Kunst in den sechziger Jahren noch einmal ausdifferenziert haben. Werden lebendige Tiere in traditionelle Theaterformen eingebunden, wo sie bestimmte 'Rollen' ausfüllen sollen, so entstehen zwei Schwierigkeiten. Zum einen gelten Tiere als nicht fiktionsfähig, ja "sie denunzieren durch ihr bewusstloses Dasein die Fiktion".[20] Zum zweiten lassen sich Tierkörper nur begrenzt für den Signifikantendienst abrichten, und die Zuschauer wissen dies. Gerade deshalb, so Fischer-Lichte, stiehlt ihre bloße Präsenz dem Schauspieler die Schau. Das Publikum ist fasziniert von der Möglichkeit, dass sich mit dem Auftritt des Tieres auf der Bühne "statt der geplanten Aktion etwas Unvorhergesehenes ereignen wird"; oder allgemeiner: "Das Tier auf der Bühne wird als Einbruch des Realen in das Fiktive wahrgenommen, des Zufalls in die Ordnung, der Natur in die Kultur."[21]

Im Kontext von postdramatischen Theaterformen und Performances (etwa von Robert Wilson, Jan Fabre, Marina Abramović oder auch Joseph Beuys) interessieren wilde oder jedenfalls nicht dressierte Tiere. Die Einbeziehung dieser Tiere zielt dann z. B. auf die Erkundung der Verwandtschaft des Tier- und Menschenkörpers, deren "sympathetische Gleichberechtigung" wahrnehmbar gemacht werden soll; in manchen Fällen wird sogar auf eine beiden gemeine "mythische Realität" verwiesen.[22] Experimentiert wird mit dem Kommunikationspotenzial der bloßen Anwesenheit des Tieres oder mit seiner Einbindung in ritualisierte Handlungsformen. In diesen Aufführungszusammenhängen, so Lehmann, wird "der stumme Körper des Tieres zum Inbegriff des geopferten Menschenkörpers".[23] Die Bedeutungsdimensionen, die Tieren auf traditionellen Theaterbühnen einerseits und in Performance-Kontexten andererseits zukommen, lassen sich jedoch gerade in McDonaghs Drama nicht scharf voneinander trennen.

The Lieutenant of Inishmore funktioniert zunächst als konventionelles *well-made play*, das einen Fiktionszusammenhang herstellt. McDonagh, auch als "bastard offspring of Synge and Tarantino" tituliert,[24] erzeugt jedoch in seinen Texten durch Pastiche-Be-

---
19 Lehmann 1999, 361-400 und Fischer-Lichte 2004, 127-76.
20 Lehmann 1999, 387.
21 Fischer-Lichte 2004, 185.
22 Lehmann 1999, 387-88
23 Ibid., 387.
24 Spencer 2002.

züge eine hohe intertextuelle Dichte[25] und in der Inszenierung von Gewalt eine Fülle metafiktionaler Verweise auf das Kino. Beide Strategien zusammengenommen spielen illusionsbrechend mit den Präsenzeffekten der Theater-Situation,[26] und dieser Effekt wird durch das Auftreten der Tiere noch einmal verstärkt. Meine Ausführungen werden sich auf die Katzen beschränken, da nur diese, im Unterschied zu den ebenfalls erwähnten Kühen, auf der Bühne auftreten. Auf die Tatsache, dass in den verschiedenen Inszenierungen in unterschiedlichem Maße auf lebende Tiere und Stofftiere zurückgegriffen wurde, kann ich an dieser Stelle nicht eingehen. Im Folgenden werde ich drei Ebenen ansprechen, auf denen die Tiere im Stück eine Rolle spielen und Gelächter auslösen: die Fabel, den Dialog und die Körper. Dabei muss jedoch betont werden, dass sich die Bedeutungen des jeweils ausgelösten Lachens überlagern.

Zunächst einmal kommt den Katzen eine tragende Rolle in der Fabel zu. *The Lieutenant of Inishmore* ist nicht nur ein Stück über, je nach Anschauung, 'bewaffneten Kampf' oder 'Terrorismus', sondern auch eine exzellent gebaute Verwechslungskomödie. Sie wird dadurch eröffnet, dass sich zwei Männer, Donny und Davey, über die Folgen des Todes einer Katze, vermeintlich von Wee Thomas, unterhalten. Angesichts der drohenden Rückkehr des gewaltbereiten Besitzers versuchen sie, ihm eine andere, lebendige Katze als seine eigene vorzuführen. Die Täuschung fliegt auf, die Ersatzkatze wird von Padraic erschossen und stellt sich danach als die Katze der nicht minder militanten Mairead heraus, die ihren Freund Padraic daraufhin hinrichtet. Im letzten Moment wird der Verwechslungsreigen zu einem überraschend-komischen Ende gebracht – die totgeglaubte Katze lebt, denn die Attentäter hatten sie offenbar mit einer streunenden Katze verwechselt. Die schematisierten Strukturen dieser Verwechslungskomödie produzieren schon durch ihre lebensferne 'mechanische' Qualität Lachen; dies wird hier aber noch dadurch potenziert, dass widersinnigerweise nicht Menschen, sondern Tiere die Verwechselten sind.

Aus dieser Fabel wird immer wieder eine absurde genrespezifische Situationskomik generiert. Davey findet auf die Schnelle keine zweite schwarze Katze:

> DONNY If you knew it was an orange cat you were bringing you should have brought your own shoe-polish [...] This cat is going to end up only half-black, and if he goes on licking himself in the night on top of it, the jig'll truly be up, boy. (24)

Die Schuhcreme wird hier, wenngleich mit nur mäßigem Erfolg, zum Zweck der 'Verkleidung' eingesetzt.

Als Davey schließlich am Ende des Stücks die ursprüngliche Verwechslung von Wee Thomas mit einer anderen Katze erkennt, kommt es zu folgendem Wortwechsel:

> DAVEY So all this terror has been for absolutely nothing?
> DONNY It has.
> DAVEY All because that fecker [die wiedererschienene Katze] was after his hole? Four dead fellas, two dead cats...me hairstyle ruined! Have I missed anything? (68)

---

25 Dean 2007.
26 Doyle 2007, 93-94; Lonergan 2005, 73-74.

Bei aller Komik auf der Ebene der Fabel wird dieser Wortwechsel zugleich zu einem bitter-schwarzen Kommentar – "all this terror has been for absolutely nothing" – auf eine durch zahlreiche Anspielungen aufgerufene historische Realität. In dieser Welt organisierter Gewalt, daran erinnert das Stück, werden schlichte Verwechslungen zum Ausgangspunkt für bewaffnete Kettenreaktionen und Blutbäder. Allgemeiner wird aus einer Position der '*pacifist rage*' die Sinnhaftigkeit paramilitärischer Gewalt schlechthin infrage gestellt. Die Katzen-Verwechslungskomik einerseits und deren Verweis auf paramilitärische Aktionen andererseits erzeugen eine eigene Inkongruenz; die ZuschauerInnen lachen hier in einer "comedy so dark you practically need a torch".[27]

Eine zweite Ebene, auf der die Tiere im Stück Lachen erzeugen, ist die der Dialoge. Joey, einer der Attentäter, erlebt im Zusammenhang mit der Tötung der Katze eine veritable Identitätskrise: "Battering in the head of an innocent cat [...]! I don't remember agreeing to batter cats when I joined the INLA." (28) Die komische Inkongruenz zwischen der Selbstverständlichkeit, mit der die Attentäter andere Menschen umbringen, und den Gewissensqualen, die sie beim Töten einer Katze ereilen, veranschaulicht hier und an anderen Stellen, "that their sense of the relative value of their actions is disturbingly skewed".[28] Zudem scheint es, als hielte das Stück keine expliziten Standards bereit, an denen diese Verzerrtheit gemessen werden könnte.

Darüber hinaus werden in den Dialogen ethisch-politische Argumentationsfloskeln eines Rechtfertigungsdiskurses erkennbar. Die Satire bezieht sich hier zum einen auf die artikulierten 'Ziele', die als Klischees eines nationalistisch-leeren Befreiungsdiskurses vorgeführt werden – "all I ever wanted was an Ireland free. Free for kids to run and play. Free for fellas and lasses to dance and sing. Free for cats to roam about without being clanked in the brain with a handgun." (60) Zugleich wird durch den Bezug auf die Katzen aber auch der die Gewalt rationalisierende Diskurs insgesamt verfremdet – "don't the ends justify the means [d. h. die Tötung der Katze]" (27); "we none of us enjoyed today's business [d. h. die Tötung der Katze]" (27). Hier wird jedweder Rechtfertigungsdiskurs für "valid targets" (19) auf Distanz gehalten und gleichsam verkantet. Das Publikum muss entscheiden, ob es diese absurd verfremdete Rede im aufgerufenen historischen Kontext in eine sinnvolle zurückübersetzen will oder nicht. Aber auch dieser fast epische Impetus wird sofort wieder in Komik überführt, und sei es mithilfe gut platzierter *puns*. So beklagt Joey, er habe nie zugestimmt, Leute umzubringen, von denen gilt "[that they are] fellas I am twenty times bigger than and who are unarmed, and who never will be armed, because they have no arms. Just paws!" (27) Das Wort "unarmed" zusammen mit dem Größenverhältnis evoziert momentweise ein Opfer, klein und unbewaffnet, vielleicht ein Kind, bevor die Inkongruenz der Katze als Referenz – "no arms. Just paws!" – wieder dominant wird. Geht man mit Freud davon aus, dass die Funktionsweise von Witzen und Wortspielen durch Verdichtung und Verschiebung bestimmt ist, so verschiebt dieser *pun* einen Verweis auf

---

27 Tweedy 2003; zit. v. Maria Doyle.
28 Lonergan 2005, 73.

einen traumatischen Aspekt der *Troubles* ("small and unarmed") blitzschnell in komische Inkongruenz ("paws").

Dieses letzte Beispiel zeigt, dass Katzen den Menschen in den Dialogen nicht nur gegenüber gestellt werden; vielmehr werden sie zu Metaphern, und die Signifikate geraten ins Gleiten. Joey sondiert die Abgründe des Katzenerschlagens mit den Worten "That sounds like something the fecking British'd do. Round up some poor Irish cats and give them a blast in the back as the poor devils were trying to get away, like on Bloody Sunday." (28) Diese metaphorische Gleichsetzung von Katzen und Iren unterläuft jede Stilisierung der Toten dieses historischen Tags 1972 in Derry zu heldenhaften Märtyrern und sie ruft zugleich ein Bild auf, in dem Menschen gleichsam wie Tiere abgeschossen werden. Mit einem Blick zurück in die Geschichte fragt kurz darauf der wenig informierte Christy, "Do you know how many cats Oliver Cromwell killed in his time?", und buchstabiert so auch auf der Signifikantenebene den Bezug 'Cat(holic)s' aus. Diese gleitenden Annäherungen an das Schicksal irischer Katholiken in konkreten historischen Situationen machen das Lachen über die Katzen zu einer Reaktion, die den Verweisungszusammenhang zwischen der Inadäquatheit des Lachens im Plessner'schen Sinne und den sich im Gegenstand überlagernden Inkongruenzen geradezu ausstellt.

Die dritte Ebene betrifft die Materialität der Körper auf der Bühne sowie die Denunziation der Fiktion durch das Tier. Wie schon angemerkt, führen eine ganze Reihe von dramaturgischen Mitteln im *Lieutenant of Inishmore* zu Illusionsbrüchen, die die Materialität der Aufführungssituation hier und dort aufblitzen lassen. Darüber hinaus bedeutet die Darstellung exzessiver Gewalt im zweiten Teil, dass das Publikum dem Aspekt der Physis unentrinnbar ausgesetzt ist. Dies gilt insbesondere für die letzte Szene, in der sich Donny und Davey mit dem Beil dem blutigen Auftrag widmen, die Leichen der INLA-Kämpfer unkenntlich zu machen (55). Dennoch kann auch im Kontext dieses Stücks der Hinweis, auf den postdramatischen Bühnen werde "der stumme Körper des Tieres zum Inbegriff des geopferten Menschenkörpers" (s. o.), weiterführen. Die "sympathetische Gleichberechtigung" (s. o.) von Tier und Menschenkörper lässt sich mit Blick auf die Katzen und Figuren in McDonaghs Drama als beiden gemeine physische Schmerz- und Leidensfähigkeit konkretisieren.[29] Da Katzen jedoch die Fiktion denunzieren, produziert diese Gemeinsamkeit in der Realität eine wichtige Differenz auf der Bühne. Während das Publikum die zum Teil im Tarantino-Stil hergestellten Leichen als fingierende Schauspielerkörper betrachten und sogar über das visuelle Zitat lachen kann, verhält sich die Situation bei den *per definitionem* nicht fingierenden Katzen anders. Dies hat nichts mit der "squeamishness" des Publikums zu tun,[30] sondern mit einem Zuschaueraffekt, der sich in unmittelbarer Weise auf den materiellen

---

29 Eine starke Formulierung dieser Idee findet sich bereits in Jeremy Benthams *Introduction to the Principles of Morals and Legislation* (1789), Kap. XVIII, Abs.1, Anm.: "The question is not, Can they *reason*? nor Can they *talk*? but Can they *suffer*?"

30 Clap 2001.

Körper des Tieres, aber nicht in derselben Weise auf den des Schauspielers bezieht. Diese Differenz zeitigt eine eigene Wirkung.

Das Stück beginnt mit dem Innenraum eines Cottage in Inishmore, der so beschrieben wird: "*A couple of armchairs near the back wall and a table centre, on which, as the play begins, lies a dead black cat, its head half missing.*" (3) Später stellt sich heraus, dass es sich bei dem hier auf dem Tisch zentral ausgestellten Tierkörper tatsächlich um ein 'Opfer' handelt. Die Katze wurde für eines der durch das Stück karikierten 'politischen Ziele' geopfert. Wichtig ist weiterhin, dass es sich bei allen im Laufe des Stücks getöteten Figuren um bewaffnete Kämpfer handelt, d. h. Teile der zersplitternden paramilitärischen Struktur. Vor diesem Hintergrund symbolisieren die toten Katzen als Opfertiere – die erste wird als tote eingeführt, die zweite im Stück getötet (40) – nicht irgendein Opfer, sondern das *zivile Opfer* schlechthin. Zivile Tote wie die in Warrington, die Ausgangspunkt für die Abfassung des Textes waren, werden zwar im Text nicht gezeigt. Aber während die paramilitärische Struktur auf politisch klischierte und genrespezifisch ästhetisierte Weise Bühnen-/Filmtote produziert (die zum Schluss in schiere Materialität zerhackt werden), verweisen die Tierkörper unabweisbar auf ein Reales sowohl jenseits der satirisch destruierten politischen Struktur als auch jenseits der Bühnen-/Filmfiktion. Der erste Satz des Stücks evoziert bei aller Komik nicht nur den Zustand des offensichtlich toten Tierkörpers in der Fiktion, sondern auf einer Metaebene auch seinen problematisch-liminalen Status auf der Bühne – "Do you think he's [the cat's] dead, Donny?" (3) Die durch die Tierkörper einbrechende 'Natur' in die Theaterkultur verunsichert auch die habitualisierten Rezeptionshaltungen des Publikums und bringt die von Plessner beschriebene Dimension des Lachens als einer körperlich manifesten Reaktions- und Ausdruckskrise schon zu Beginn ins Spiel.

Die hier unternommene Zerlegung der Funktionen der Tiere als Akteure in der Verwechslungsgeschichte, als Zeichen und Metapher im Dialog der Figuren, und als materielle Körper im (vorgestellten) Bühnenraum trennt und benennt Bedeutungsdimensionen, die sich weder bei der Textlektüre noch in der Aufführung voneinander isolieren lassen, und in dem Gelächter, das sie hervorrufen, eine Fülle von Ambivalenzen erzeugen. Diese Ambivalenzen werden jedoch nicht nur als durch die Tiere verschärfte, satirisch-farcenhafte Inkongruenzen intellektuell distanziert ausgekostet (oder abgelehnt). Durch ihre die Fiktion denunzierenden Körper erinnern die Tiere an die Opferrealität jenseits der Bühnenfiktion und adressieren zugleich Zuschauerkörper und -affekte jenseits habitueller Rezeptionshaltungen.

So betrachtet, führt die quicklebendige Katze zum Schluss die verschiedenen Ebenen des Lachens auf eine Weise zusammen, die einen verhaltenen metaphorischen Hinweischarakter besitzt. Donny und Davey zielen auf die Katze, können sich aber bei aller Anstrengung nicht überwinden abzudrücken und geben den Versuch schließlich auf: "*The two breathe a sigh of relief, hearts pounding, slam the guns down on the table and stroke and pet the cat, trying to recover their breath.*" (69) Das Tier bewegt die überlebenden Figuren, strafende Körper-Verletzung zugunsten einer auf den Körper gerichteten Sorge aufzugeben. Mit der unmittelbar folgenden Frage, ob die Katze wohl die ihr angebotenen Frosties frisst, entsteht aus der Nichtfiktionsfähigkeit des Tieres und der damit verbundenen Nicht-Vorhersehbarkeit seiner Aktionen sogar im *Script* eine minimale Offenheit:

> *Fade to black as the cat eats the Frosties*
> DONNY Didn't I tell you he likes Frosties, Davey?
> *(If, however, the cat doesn't eat the Frosties, the above line should be substituted for)*
> DAVEY He doesn't like Frosties at all, Donny.

Mit metafiktionaler Ironie wird hier die farcenhafte Mechanik der Fiktion – längst Metapher für die karikierten paramilitärischen Handlungsmuster – für die Effekte eines außerhalb dieser Fiktion liegenden Verhaltens geöffnet, das im materiellen Körper angesiedelt und auf dessen Wohlergehen gerichtet ist. – Ob da jemand lacht?

Bibliografie

Bentham, Jeremy. *An Introduction to the Principles of Morals and Legislation*. 1789. Hg. J. H. Burns und H. L. A. Hart. Bd. 8. von *The Collected Works of Jeremy Bentham*. Hg. Oxford: Clarendon Press, 2005. Print.

Bergson, Henri. *Das Lachen: Ein Essay über die Bedeutung des Komischen*. 1900. Übers. Roswitha Plancherel-Walter. Zürich: Die Arche, 1972. Print.

Burke, Patrick. "'Like the Cat-astrophe of the Old Comedy': The Animal in *The Lieutenant of Inishmore*." *The Theatre of Martin McDonagh: A World of Savage Stories*. Hg. Lilian Chambers und Eamonn Jordan. Dublin: Carysfort, 2006. 155-62. Print.

Clap, Susannah. "Please Sir, I Want Some Gore." *The Observer* 20. Mai 2001. Web. 24. Sept. 2013.

Dean, Joan Fitzpatrick. "Martin McDonagh's Stagecraft." *Martin McDonagh: A Casebook*. Hg. Richard Rankin Russell. London: Routledge, 2007. 25-41. Print.

Doyle, Maria. "Breaking Bodies: The Presence of Violence on Martin McDonagh's Stage." *Martin McDonagh: A Casebook*. Hg. Richard Rankin Russell. London: Routledge, 2007. 92-110. Print.

Fischer-Lichte, Erika. *Ästhetik des Performativen*. Frankfurt a. M.: Suhrkamp, 2004. Print.

Freud, Sigmund. *Der Witz und seine Beziehung zum Unbewussten*. 1905. Hg. Anna Freud. Frankfurt a. M.: Fischer, 1999. Print.

Greiner, Norbert. "Talking to Terrorists? Theatrale Reflexionen auf '9/11'." *Lesarten des Terrorismus*. Hg. Norbert Greiner und Felix Sprang. Trier: Wissenschaftlicher Verlag Trier, 2011. 129-45. Print.

Jordan, Eamonn. "Martin McDonagh's *The Lieutenant of Inishmore*." *Hungarian Journal of English and American Studies* 15.2 (2009): 369-86. Print.

Kant, Immanuel. *Kritik der Urteilskraft.* 1790. Hg. Wilhelm Weischedel. Frankfurt a. M.: Suhrkamp, 1979. Print.

Lehmann, Hans-Thies. *Postdramatisches Theater.* Frankfurt a. M.: Verlag der Autoren, 1999. Print.

Lonergan, Patrick. *The Theatre and Films of Martin McDonagh.* London: Methuen, 2012. Print.

---. "Too Dangerous to be Done? Martin McDonagh's *Lieutenant of Inishmore.*" *Irish Studies Review* 13.1 (2005): 65-78. Print.

---. "'The Laughter Will Come of Itself. The Tears are Inevitable': Martin McDonagh, Globalization, and Irish Theatre Criticism." *Modern Drama* 47.4 (2004): 336-58. Print.

Luckhurst, Mary. "Martin McDonagh's *Lieutenant of Inishmore*: Selling (-Out) to the English." *Contemporary Theatre Review* 14.4 (2004): 34-41. Print.

Maguire, Tom. *Making Theatre in Northern Ireland: Through and Beyond the Troubles.* Exeter: U of Exeter P, 2006. Print.

McDonagh, Martin. *The Lieutenant of Inishmore.* London: Methuen, 2001. Print.

Middeke, Martin. "Martin McDonagh." *The Methuen Drama Guide to Contemporary Irish Playwrigths.* Hg. Martin Middeke und Peter Paul Schnierer. London: Methuen, 2010. 213-33. Print.

O'Hagan, Sean. "The Wild West." *The Guardian* 24. März 2001. Web. 24. Sept. 2013.

O'Toole, Fintan. "Introduction." *The Lieutenant of Inishmore.* Von Martin McDonagh. London: Methuen, 2001. v-viii. Print.

Pfister, Manfred. "Introduction." *A History of English Laughter: Laughter from Beowulf to Beckett and Beyond.* Hg. Manfred Pfister. Amsterdam: Rodopi, 1994. Print.

Plessner, Helmuth. "Lachen und Weinen: Eine Untersuchung der Grenzen menschlichen Verhaltens." *Gesammelte Schriften.* Hg. Günter Dux, Odo Marquard und Elisabeth Ströker. Bd. 7. Frankfurt a. M.: Suhrkamp, 1982. 201-387. Print.

Rees, Catherine. "The Good, the Bad, and the Ugly: the Politics of Morality in Martin McDonagh's *The Lieutenant of Inishmore.*" *New Theatre Quarterly* 21.1 (2005): 28-33. Print.

Rosenthal, Daniel. "How to Slay 'em in the Isles." *Independent* 11. Apr. 2001. Print.

Sierz, Aleks. *In-Yer-Face Theatre: British Drama Today.* London: Faber and Faber, 2001. Print.

Spencer, Charles. "Devastating Masterpiece of Black Comedy." *Daily Telegraph* 28. Juni 2002. Web. 24. Sept. 2013.

Taggart, Ashley. "An Economy of Pity: McDonagh's Monstrous Regiment." *The Theatre of Martin McDonagh.* Hg. Lilian Chambers und Eamonn Jordan. Dublin: Caryfort, 2006. 162-74. Print.

Tweedy, Jenny. Rez. v. *The Lieutenant of Inishmore. The Stage* 4. Dez. 2003: 10. Print.

Talking Hats: Verrückte Hüte in den *screwball comedies* der dreißiger Jahre

Bettina Friedl

Die Hollywood-Komödien der dreißiger Jahre, die gleichermaßen auf dem gestischen Slapstick des Stummfilms und den Handlungsverwirrungen der romantischen Filmkomödie beruhen und den verbalen Witz der *comedy of manners* nutzen, entwickelten sich zu einem eigenständigen Genre, das als *screwball comedy* bekannt wurde und alle drei Traditionen vereint.[1] Eines der typischen Genrekriterien ist die elegante, selbstbewusste und besonders schlagfertige Filmheldin, die meist der vermögenden Oberschicht angehört und in der kritischen Literatur als *fast-talking dame* charakterisiert wird.[2] Der Plot weist neben den auch in der *sophisticated comedy* auftretenden Gefühlsverwirrungen häufig eine moderne Variante auf, die sich durch Trennungsstreit, Scheidung und Wiederheirat mit dem ursprünglichen Partner auszeichnet. Stanley Cavell bezeichnet diese Version deshalb als *comedy of remarriage*.[3]

Die Folgen der Wirtschaftskrise in den USA der dreißiger Jahre lassen sich an diesen Filmen allerdings nicht ablesen, wie schon zeitgenössische Kritiken anmerkten. Die Protagonisten sind fast ausnahmslos reich und privilegiert; ihre Sorgen decken sich also keineswegs mit denen der Kinogänger. Allein die Produktionskosten überstiegen bei Weitem diejenigen früherer Slapstickkomödien:

> A 1938 *New York Times* article [...] even examined how the high society screwball comedy eventually led to higher production costs: "The current vogue of goofy [screwball] comedies necessitates more elaborate sets than those used for the ancient laugh-makers. The old-fashioned gag comedies could be played in front of any kind of scenery, but the characters in the modern mad cycle are invariably millionaires, and their antics must be chronicled in settings befitting their wealth."[4]

Die Ausstattungskosten für die Kulisse entsprachen den ebenfalls hohen Ausgaben für die Kostüme. Die eleganten Filmheldinnen tragen atemberaubende Roben – häufig entworfen von einem der beiden damals führenden Schöpfer von Filmmode, Gilbert Adrian für MGM und Edith Head für Paramount[5] –, die sie sich wegen ihres Vermö-

---

1 Der Begriff *screwball* ist vermutlich dem Baseball entlehnt und verweist auf die unerwarteten Entwicklungen des Plots und die scheinbar abstrusen, unlogischen Dialoge: "1. *Baseball* A pitched ball that curves in the direction opposite to that of a normal curve ball. 2. *Slang* A person regarded as eccentric, whimsical, or irrational."*(American Heritage College Dict.* 2002)
2 Vgl. DiBattista 2001.
3 Vgl. Cavell 1981.
4 Gehring 1986, 38. Bei dem zitierten Artikel handelt es sich um Churchill 1938.
5 Die Kostüme für die drei hier vorgestellten Filme wurden von Robert Kalloch entworfen, der bei Columbia unter Vertrag stand. Vgl. Leese 1991, 63.

gens spielend leisten können. Eine ganze Reihe von Stilrichtungen der Hollywood-Mode jener Zeit beeinflusste selbst die Pariser Modeschöpfer, die Themen und Details der Kostüme bekannter Filme, vor allem beliebter Historienfilme, kopierten oder variierten. Umgekehrt übernahm die Filmmode Elemente der Haute Couture und verhalf ihr zu überregionaler Popularität; denn die Kostüme fanden rasch Verbreitung als Schnittmuster zum Selbstschneidern oder in vereinfachter Version als Kaufhausmode und Modelle in Bestellkatalogen.

Anders als die Kleider finden weibliche Hüte nur in Ausnahmefällen Verbreitung durch populäre Filme, weil preisgünstige Kopien auf eben jene extravaganten Elemente verzichten müssen, die das Original auszeichnen. Vor allem auffallende Kreationen sind in der Regel Unikate; sie sind teuer, weil der Entwurf Einfallsreichtum, Geschmack und sogar Witz ebenso voraussetzt wie qualitätsvolle Materialien und handwerkliches Können. Der Hut an sich ist nicht irgendein beliebiges Accessoire, ein schmückendes Beiwerk der jeweils herrschenden Kleidermode, er hat – befreit vom Zwang der Funktionalität, dem selbst exzentrische Kleider wegen der Körperform unterworfen sind – das Potenzial zum reinen Ornament. Solange der Hut auf dem Kopf balanciert werden kann, darf er jede erdenkliche Form oder Größe annehmen. Er kann schlicht und nahezu funktional seine Trägerin einfach schützen, oder auf die absurdeste Weise geformt und verziert sein, ohne dass sich die grundlegende Bedeutung als Kopfbedeckung verändert. Der Hut ist damit das abstrakteste Element der Mode; er bezeugt durch seine weitgehende Funktionslosigkeit nicht allein den Mut der Trägerin, sondern signalisiert zugleich den sozialen Status und das Selbstbewusstsein der Person, die ihn trägt, wie sich beim Pferderennen von Ascot jedes Jahr ablesen lässt. Die Kunstkritikerin Roberta Smith hebt deshalb hervor, dass Hüte den Status eigenständiger dekorativer Kunstwerke besitzen:

> Along with jewelry, hats of this kind may be the most purely aesthetic of wearable art forms, the decorative icing on the cake of clothing design. Form can outstrip function with a freedom that eludes all but the most outrageous garments, yet the hat can still fulfill its purpose, which is to add zest and personality to all kinds of otherwise quite sensible outfits.[6]

Wenn die Filmhandlung nicht ausschließlich in den Häusern der Oberschicht stattfindet, sondern Szenen außer Haus – hierzu zählen auch Restaurants – einschließt, tragen die Heldinnen der *screwball comedy* bemerkenswert auffallende Hüte, die die Grenze zum Grotesken gelegentlich überschreiten und Gelächter provozieren. Die extravaganten Hüte der Filmkomödien fallen allerdings nicht nur den Zuschauern auf, sondern erregen auch innerfilmisch die Aufmerksamkeit der Umgebung oder des Filmhelden. Sie können etwa – wie in Ernst Lubitschs *Ninotchka* (1939) – wegen der exzentrischen Form und des Kaufpreises zum Element der Handlung avancieren und werden dann zum Symbol einer Weltanschauung.[7] Die Extravaganz der Hüte in den *screwball com-*

---

6 Smith 2011.
7 "When *Ninotchka* is viewed today, the fashion subtext of the film becomes overwhelming; it not only provides a visual accompaniment to Nina Yakushova's transformation from communist to

edies ist zunächst ein Indikator für den finanziellen Status der Familien, denen die Heldinnen entstammen.[8]

Abb. 1 u. 2: Irene Dunne und Cary Grant in *The Awful Truth* (Leo McCarey, 1937)

The Awful Truth (1937), Leo McCareys außerordentlich erfolgreiche Komödie, zeigt Lucy (Irene Dunne) mehrfach mit auffallenden Hutmodellen;[9] sie sind fast alle extrem hoch und bezeugen, dass sich die Trägerin in der Öffentlichkeit des Gerichtssaals wie auch im Restaurant visuell deutlich von ihrer Umgebung abheben möchte. Bei ihrer Scheidung versucht sie, das Gericht zu bezaubern, indem sie zum weißen Kostüm und dem schwarz-weißen Federschmuck einen passenden Hut trägt, der wie ein elegantes Segelboot schräg auf dem Kopf sitzt (vgl. Abb. 1). Nach der Scheidung trifft sie ihren von Cary Grant gespielten Exmann zufällig in einem Tanzlokal. Sie trägt ein spektakuläres Modell, das nur aus einer hochragenden, stilisierten, oben überkreuzten Krempe zu bestehen scheint (vgl. Abb. 2). Mit Hut überragt sie vor allem ihren Filmpartner, denn die Hüte signalisieren ihre Überlegenheit über seine zur Schau gestellte männliche Dominanz immer dann, wenn sie sich gegen ihn behaupten muss. Als sich nach der Scheidung der Kampf der Geschlechter zwischen beiden erst wirklich zu entfalten beginnt, demonstrieren die eleganten Hüte recht effektiv, dass sich Lucy nicht geschlagen geben wird. Ihre Hüte übernehmen quasi die Funktion des Geweihs, mit dem ein Platzhirsch seine Position erkämpft: Im Kampf um die Dominanz signalisiert sie ihrem Ex-Mann wie auch der Umgebung deutlich, dass sie sich möglicher Konkurrentinnen zu erwehren weiß und ihn zurückfordert.

---

    capitalist, but it takes on an almost universal symbolic importance as the very essence of capitalism itself." (Gutner 2001, 98)

8 "It is generally difficult to escape wealth and easy living in the genre. In fact, many screwball comedies have to cope with what a 1938 *Time* magazine article called the 'chief problem' facing the hero and heroine of *Holiday*: 'The prospect of having too much money.'" (Gehring 1986, 39)

9 Die Hüte für diesen Film wurden von Mr. John, einem der berühmtesten New Yorker Hutmacher, entworfen, der im Vorspann noch unter dem Namen John Frederics aufgeführt wird: "Before World War II, Mr. John was in partnership with Frederic Hirst in a business known as John Frederics. In the 1950s he set up under his own name [...]." (McDowell 1992, 159)

Die Komik der Hüte findet sich, wie in allen Komödien dieses Genres, in den absurden Dialogen bestätigt, deren Logik sich bei dem rasanten Sprechtempo erst nach einigem Überlegen als plausibel erweist. Lucy konfrontiert ihren Mann buchstäblich im letzten Augenblick ihrer noch nicht rechtskräftig geschiedenen Ehe mit dem Argument: "Well, I mean if you didn't feel the way you do, things wouldn't be the way they are, wouldn't they? Uh, I mean things would be the same if things were different." Als er erwidert "But things are the way you made them," stellt sie klar "Things are just the same as they always were, only you're the same as you were, too, so I guess things will never be the same again." Als er endlich zugibt, sich wie ein Narr benommen zu haben, steht der Versöhnung nichts mehr im Weg.

Die Charakterisierung durch den Hut kann in den *screwball comedies* allerdings auch karikaturistische Züge annehmen. In George Cukors *Holiday* (1938) will Johnny Case (Cary Grant) beim Vater seiner Freundin um deren Hand anhalten. Er ahnt nichts vom immensen Reichtum der Bankiersfamilie Seton und geht deshalb zum Dienstboteneingang des riesigen Hauses an der *Fifth Avenue*. Zu seiner Überraschung wird er vom Personal in ein bombastisches Foyer verwiesen, das ihn eher an die Grand Central Station erinnert, wie er seiner heimlichen Verlobten gesteht. Der erste Auftritt Julia Setons (Doris Nolan) ist beeindruckend: Sie ist für den sonntäglichen Kirchgang ausstaffiert, Kleid, Pelzstola und Handschuhe sind schwarz, und sie trägt einen hohen schwarzen Hut ohne Krempe, der wie eine geraffte Zipfelmütze aussieht (vgl. Abb. 3).

Abb. 3: Cary Grant und Doris Nolan (*Holiday*, George Cukor, 1938)

Das modische Kostüm und vor allem der Hut sind extravagant, doch nicht geschmacklos und widersprechen somit dem protzigen Foyer. Das Hutmodell greift die außerfilmische Mode der Produktionszeit auf, die sich nach dem immensen Erfolg von Walt Disneys *Snow White and the Seven Dwarfs* (1938) in Amerika rasch verbreitet hatte und Zipfelmützen in großer Vielfalt nach sich zog.[10] Das Exemplar, das Julia Seton trägt, ist allerdings steifer als die Mützen der Disney-Zwerge und wirkt damit höher, aber auch weitaus eleganter. Ein solcher in jeder Hinsicht herausragender Hut bezeugt, dass sich die Trägerin von konventionelleren Kopfbedeckungen – und damit von deren Trägerinnen – abzugrenzen sucht. Ihr Hut soll vielmehr sichtbares Zeichen jener Distinktion sein, durch die sie sich auszeichnet.

Der erste Auftritt Linda Setons (Katharine Hepburn), der älteren Schwester Julias, belegt den Unterschied zwischen den beiden Schwestern, der den weiteren Plot bestimmen wird (vgl. Abb. 4). Sie trägt einen barettähnlichen, extrem flachen Hut, der ganz ohne abgesetzte Krempe wie eine fliegende Untertasse anmutet, wäre da nicht das Band, das oben durchgezogen und unter ihrem Kinn zur Schleife gebunden ist, um den Hut auf dem Kopf zu halten. Die Hüte der beiden Schwestern wirken erst in der Gegenüberstellung so lächerlich, dass es verwundert, wenn diese Szene in der Filmliteratur kaum erwähnt wird. Erst ein Blog hat kürzlich auf eben diese Einstellung reagiert und eine passende rhetorische Frage gestellt: "But ... what's with the hats above? Did the film share costume designers with *The Wizard of Oz* or something?"[11]

Abb. 4: Doris Nolan, Cary Grant und Katharine Hepburn in *Holiday* (1938)

Die Einstellung verweist gerade im hier noch erheiternden Kontrast der beiden Kopfbedeckungen nicht nur auf den sich später abzeichnenden Konflikt, wenn sich Johnny im Verlauf des Films zwischen den ungleichen Schwestern entscheiden muss, sondern

---

10 Eine Couture-Variante dieses Hutes hatte Elsa Schiaparelli bereits 1935 kreiert. Wallis Simpson trägt diesen Hut auf einem Modefoto Cecil Beatons für die *British Vogue* (10. Juli 1935). Die Modeschöpferin selbst ließ sich von Cecil Beaton mehrfach mit ganz ähnlichen Hüten fotografieren. In einer der letzten *screwball comedies*, The Lady Eve (Preston Sturges, 1941), trägt Barbara Stanwyck eine sportlich-geringelte Zipfelmütze, in der man unschwer die vorhergehende Mode erkennen kann, die hier in selbstgestrickter Version daherkommt und die Bescheidenheit der Hochstaplerin ausdrücken soll, mit der sie den Millionär Henry Fonda umgarnt.
11 Vgl. Seal 2009.

sie bestätigt einige der zentralen Elemente des Genres insgesamt, das seine Komik gleichermaßen aus Kostüm, witzigen Dialogen und der Charakterisierung der selbstbewussten Protagonistinnen bezieht.

Julias Hut nähert sich dem historischen Vorbild der phrygischen Mütze oder Kappe an, die während der Revolutionszeit in Frankreich zur Jakobinermütze mutiert war und in Amerika als *freedom cap* in die politische Ikonografie einging. Die Mützen der Disney-Zwerge stehen in direkter Nachfolge dieser Freiheitsmütze.[12] Bedenkt man allerdings den Verlauf der Filmhandlung, so stellt sich heraus, dass weder die obrigkeitskritische Tradition der Zipfelmütze als einer Kopfbedeckung der Aufrührer noch die Anspielung auf die liebenswerten Zwerge bei Disney als mögliche Deutungsmodelle zur Charakterisierung der reichen Erbin ausreichen. Das Vorbild für Lindas tellerflachen Hut ist die Bergère, die im 18. Jahrhundert Mode war. Anders als die elaborat dekorierten Stadthüte kokettierte die vor allem in England und später in Frankreich populäre Bergère als 'Freizeithut' mit einem gewissen Bescheidenheitsgestus; sie war meist aus Stroh geflochten und nur mit Bändern oder Blüten dekoriert, die eine Vorliebe für das Landleben fingierten, und sie bildete bei Schäferspielen Teil des pastoralen Kostüms. Die Anspielung auf den Schäferhut wird thematisch in den verbalen Schlagabtausch zwischen Johnny und Linda einbezogen. Als sie ihm bei der gegenseitigen Vorstellung eröffnet, sie sei das schwarze Schaf der Familie, begrüßt Johnny sie mit einem lang gezogenen "Baaaaah", doch Linda kontert sofort: "That's a goat." Derselbe Wortwechsel wird wenig später umgekehrt, als Johnny dem Vater präsentiert werden soll, um ihn um Julias Hand zu bitten. Er sieht sich als Opfer dieses Rituals: "I feel like a goat being prepared for a sacrifice." "Baaaaah" antwortet Linda, aber Johnny korrigiert sie: "That's a sheep."

Die erste Begegnung der drei Hauptakteure weist ikonografisch auf das weitere Geschehen hin. Wenn Linda Seton zu Filmbeginn eine Variante der Bergère trägt, so signalisiert dies bereits bildlich ihr Vergnügen am (komödiantischen) Spiel, das sie später im sogenannten Spielzimmer zum Besten gibt. Während sich Johnny und Linda in ihrem Wortwitz und der Liebe zur Akrobatik ähneln und ihr unkonventionelles Verhalten als Gemeinsamkeit entdecken, stellt sich Julia auf die Seite ihres patriarchalen Vaters, der von allen Mitgliedern der Familie bedingungslose Unterordnung unter seine Wertewelt verlangt. Auch ihr Hut bleibt bei näherer Betrachtung nicht nur hochmodisches Ornament, sondern könnte zugleich als symbolischer Ausdruck ihrer Vorliebe für Reichtum zu lesen sein, denn die phrygische Mütze verweist auf die Sage von König Midas, der seine Eselsohren unter einer solchen Mütze zu verbergen suchte.[13] Diese Symbolik wird durch Julias Verlobungskleid, eine gewagte Robe aus Goldlamé, unterstützt; beides signalisiert, dass sie der Bankiertradition und dem konservativen Lebensstil ihres Vaters verpflichtet bleibt, während Linda sich mit der Wahl ihres pastoralen Hutes der Dominanz des Hauses Seton zu entziehen sucht.

---

12 Vgl. Becker-Huberti zur phrygischen Mütze.
13 Ibid.

Talking Hats 203

Abb. 5 u. 6: Katharine Hepburn in *Holiday* (links)
und Edward Everett Horton und Jean Dixon in *Holiday* (rechts)

Johnny, der sich nach seinem unverhofften Geschäftserfolg zu einem Sabbatjahr der Sinnsuche und Selbstfindung entschließt, folgt seinem Mentor Professor Potter und dessen Frau nach Europa, und Linda schließt sich ihnen an. Der Hut, den sie bei ihrem klärenden Gespräch mit den Potters trägt, lässt jede Extravaganz oder Komik vermissen. Er entspricht der gängigen Mode der späten dreißiger Jahre und zeigt mit der breiten Krempe und dem Kinnband den Einfluss des Cowboy-Huts (vgl. Abb. 5). Das Ehepaar Potter hingegen, das sich von Beginn an durch seinen Nonkonformismus und seine Respektlosigkeit im Umgang mit dem Protz der Reichen auszeichnete, dient als Vorbild für die künftige Ehe von Johnny und Linda. Die Potters tragen bezeichnenderweise gleichberechtigte Hüte, die sich so ähneln, dass man geneigt ist, von einem Unisex-Modell zu sprechen (vgl. Abb. 6).[14]

Als Howard Hawks 1940 das Theaterstück *Front Page* von Ben Hecht und Charles McArthur verfilmte, wurde im Skript von Charles Lederer eine der beiden männlichen Hauptfiguren durch eine Frau ersetzt. *His Girl Friday* ist eine der wenigen *screwball comedies*, deren Protagonisten tatsächlich arbeiten müssen. Die talentierte Zeitungsreporterin Hildy Johnson (Rosalind Russell) ließ sich von ihrem rüpelhaften Kollegen Walter Burns (Cary Grant) scheiden und hat vor, mit ihrem neuen Verlobten, dem stets zuvorkommenden Bruce Baldwin (Ralph Bellamy), in die Provinz zu ziehen. "I want to go somewhere where I can be a woman", verkündet sie bei ihrem Abschiedsbesuch in der Redaktion. Ihr perfekter Auftritt in einem prägnant gestreiften Kostüm mit breiten Schultern und passend gemustertem Hut demonstriert ihr Selbstbewusstsein in einem Berufsfeld, in dem Frauen vorwiegend als Sekretärinnen und Telefonistinnen arbeiten (vgl. Abb. 7 u. 8). Die geglückte Kombination von Kostüm und dem kleinen zylinderförmigen Hut mit breiter Schärpe hinten passt allerdings eher nach New York City als nach Albany und lässt ihr Bedürfnis nach einem traditionellen Leben als Hausfrau und Mutter nicht ausreichend deutlich erkennen.

---

14 Es handelt sich bei Mrs. Potters Hut um einen *Trilby*, der in den dreißiger und vierziger Jahren populär war und sich nur durch die weiche Krempe von einem Herrenhut unterscheidet.

Abb. 7 u. 8: Rosalind Russell und Cary Grant in *His Girl Friday* (Howard Hawks, 1940)

Hildys Hut, den Stanley Cavell passend als "defiantly smart" bezeichnet,[15] ebenso wie ihre demonstrativ aufrechte Körperhaltung und ihre langen Schritte bezeugen, dass die Intention ihrer auffallenden Kleiderwahl eine ganz andere ist; sie signalisieren, ebenso wie Hildys zunächst noch selbstsichere Argumentation, dass sie vor allem Walter Burns beeindrucken möchte. Von allen *fast-talking dames* des Genres ist sie eindeutig die Schnellste, findet aber bei den nun folgenden verbalen Gefechten mit ihrem Ex-Mann in ihm einen ebenbürtigen Partner. Sobald sie nicht mehr vor ihm steht, sondern sich gesetzt hat, stellt er allerdings seine gewohnte Dominanz zur Schau. Obwohl es nicht plausibel ist, warum sie ihren Verlobten mit in die Redaktion bringt, nur um Walter unter vier Augen zu beweisen, was er an ihr verloren hat, zeigt der Unterschied zwischen diesem und dem sanften Bruce den Zuschauern gleich zu Beginn, wem sie am Ende des Films folgen wird.

Der Hut, der als verspielter kleiner Zylinder ihr elegantes Kostüm wunderbar komplettierte, wird sofort gegen ein sehr viel braveres Modell ausgetauscht, nachdem Hildy ihren Auftritt in der Redaktion absolviert hat. Er ist als Reisehut intendiert, erweist sich aber auch im Pressebüro des Gerichtsgebäudes als geeignet; denn sie hat sich inzwischen von Walter zu einer allerletzten Reportage überreden lassen. Der weiche Filzhut ist nach Form und Material ein Allzweckhut, der die Wirkung des recht männlich wirkenden dunklen Kostüms abmildert (vgl. Abb. 9 u. 10). Je nach Lage der Entwicklung in dem Mordfall, den sie gerade erfolgreich recherchiert und nun als Reportage für Walters Zeitung unter Termindruck fertigstellt, sitzt der Hut nach hinten gekippt auf ihrem Kopf, gelegentlich mit der Krempe hochgeschlagen wie ein Südwester oder sogar verkehrt herum aufgesetzt, wenn die Ereignisse allzu hektisch werden. Sie zerknüllt ihn in ihrer Erregung und wirft ihn empört auf den Tisch. Der Hut wird zum Ausdrucksmittel ihres Berufs, den sie mit Leidenschaft ausfüllt.

---

15 Cavell 2004, 340.

Abb. 9 u. 10: Rosalind Russell und Cary Grant in *His Girl Friday* (1940)

Im Presseraum trägt jeder Reporter Hut, und Hildy demonstriert, dass sie einer von ihnen ist. "I'm just a newspaper man", fertigt sie ihren Verlobten daher ungeduldig ab, weil der Zeitungstermin und Walters Anerkennung für sie längst wichtiger geworden sind als Bruces Ermahnung, sie könnten den Zug nach Albany verpassen. Walter ist natürlich derselbe geblieben, über den sie zu Beginn noch sagte: "If only you weren't such a stinker." Als Walter ihrer wieder sicher ist, folgt ihm Hildy in der letzten Einstellung aus dem Presseraum. Sie hat Mantel und Hut unter den Arm geklemmt und versucht gleichzeitig, ihren Koffer vor sich zu balancieren. Es versteht sich, dass Walter ihr weder die Tür aufhält noch den Koffer trägt. Er gibt ihr nur den Rat, dieser ließe sich besser am Griff tragen. Die *comedy of remarriage*, die Cavell diskutiert, garantiert nicht für jede zweite Ehe ein anderes, glücklicheres Ende, sondern demonstriert häufig, dass die erste Ehe, eigentlich nur in einigen Details verändert, einfach fortgeführt wird.

Die Hüte in den *screwball comedies* könnte man unterteilen in Ritualhüte und Alltagsmodelle. Die Funktion der Ritualhüte reicht von Ostentation über Demonstration der Überlegenheit oder des Status bis zur vergnügten Selbstdarstellung, die Ähnlichkeit mit der Verkleidung besitzt; sie erregen Heiterkeit bei den Zuschauern, aber auch einen gewissen Respekt vor dem Mut, einen solchen Hut in der Öffentlichkeit zur Schau zu stellen. Sobald sie ihre Funktion erfüllt haben, werden sie bei den meisten Protagonistinnen im Handlungsverlauf kommentarlos ersetzt durch konventionellere Modelle oder auch durch Hutlosigkeit, wenn dies angebracht ist. Es wird damit deutlich gemacht, dass die spektakulären Ritualhüte keine Alltagstauglichkeit besitzen.

Bibliografie

The American Heritage College Dictionary. 4. Aufl. New York: Houghton Mifflin, 2002. Print.

The Awful Truth. Reg. Leo McCarey. Columbia, 1937. Film.

Becker-Huberti, Manfred. "Phrygische Mütze: Der heilige Nikolaus und die phrygische Mütze." *Nikolaus von Myra*. Darstellung, n. d. Web. 11. März 2013.

Cavell, Stanley. *Pursuits of Happiness: The Hollywood Comedy of Remarriage*. Cambridge, MA: Harvard UP, 1981. Print.

---. *Cities of Words: Pedagogical Letters on a Register of the Moral Life*. Cambridge, MA: Harvard UP, 2004. Print.

Churchill, Douglas W. "Laughter at So Much per Tickle." *New York Times* 6. Feb. 1938: Sect. 10, 5. Print.

Cullen, Oriole. *Hats: An Anthology by Stephen Jones*. London: V & A Publishing, 2012. Print.

DiBattista, Maria. *Fast-Talking Dames*. New Haven, CT: Yale UP, 2001. Print.

Gehring, Wes. *Screwball Comedy: A Genre of Madcap Romance*. New York: Greenwood Press, 1986. Print.

Gutner, Howard. *Gowns by Adrian: The MGM Years 1928-1941*. New York: Harry N. Abrams, 2001. Print.

His Girl Friday. Reg. Howard Hawks. Columbia, 1940. Film.

Holiday. Reg. George Cukor. Columbia, 1938. Film.

Leese, Elizabeth. *Costume Design in the Movies*. New York: Dover Publications, 1991. Print.

McDowell, Colin. *Hats: Status, Style and Glamour*. New York: Rizzoli, 1992. Print.

Seal, Andrew. "Holiday, by George Cukor (1938)." *Blographia Literaria*. 14. Aug. 2009. Web. 11. März 2013.

Smith, Roberta. "Ingenuity Is a Thing With Feathers." *New York Times* 22. Sept. 2011: C27. Print.

Der Mann auf Lincolns Nase:
Alfred Hitchcocks "comedy thriller" *North by Northwest*

Johann N. Schmidt

I.

Der Titel eines der erfolgreichsten Filme von Alfred Hitchcock, *North by Northwest* (1959), weist eine kartografische Unmöglichkeit auf. Angeblich wurde er vom Drehbuchberater Kenneth MacKenna vorgeschlagen,[1] der wohl eher an die Northwest Airlines dachte als an die korrekte Kompassrichtung, die einzig als "Northwest by North" (326°15' im Uhrzeigersinn vom Norden aus) einen Sinn ergibt, da bei der Zweiunddreißigstel-Einteilung – indiziert durch "by" – an erster Stelle eine Haupt- und Nebenrichtung, an zweiter Stelle aber ausnahmslos eine Hauptrichtung steht. Der Begriff "North Northwest" mit seiner Sechzehntel-Einteilung findet hingegen auf dem Kompass durchaus Verwendung (22°30' westlich von Norden).[2] Hitchcock selbst hat die Anomalie erkannt und sie in einem Interview mit Peter Bogdanovich freudig aufgegriffen: "I'd thought about it for a long time [...]. The whole film is epitomized in the title – there is no such thing as north-by-northwest on the compass. The area in which we get near to the free abstract in movie-making is the free use of fantasy, which is what I deal in."[3] Tim Dirks sieht im Titel dementsprechend eine Anspielung auf die orientierungslose, surreal anmutende Suche des Helden nach seiner verloren gegangenen Identität.[4]

Freilich gibt es noch eine weitere Erklärung für die Titelwahl, die zwar nicht einschlägig belegbar ist, aber das Herz jedes Shakespeare-Kenners höher schlagen lässt. Als Hitchcock den Film *The Secret Agent* nach den Ashenden-Spionagegeschichten von Somerset Maugham drehen wollte,[5] war der Shakespeare-Schauspieler John Gielgud die erste Wahl für die Hauptrolle des von einem moralischen Dilemma gepeinigten Helden. Gielgud feierte gerade einen überwältigenden Bühnenerfolg als Hamlet, und um ihn für den Film-Part zu gewinnen, sprach Hitchcock von einem "modernen Hamlet",[6] den er im Sinn habe. Wir wissen nicht, ob er hier nur den allgemein geläufigen Topos vom tatgehemmten Prinzen benutzte oder seinen Shakespeare doch noch etwas genauer kannte – schließlich basierte schon der Titel seines 1932 gedrehten Ehedramas

---

1 Siehe Spoto 1984, 484.
2 Ich verdanke diese Hinweise Dr. Tobias Dahinden vom Institut für Kartografie und Geoinformatik an der Universität Hannover.
3 Zit. in Bellour 2000, 181.
4 Siehe Dirks.
5 Der Film hat nichts zu tun mit dem gleichnamigen Roman von Joseph Conrad, den Hitchcock wenig später unter dem Titel *Sabotage* drehte.
6 Spoto 1984, 189.

Rich and Strange auf einer Stelle in *The Tempest* ("Nothing of him that doth fade, / But doth suffer a sea-change / into something rich and strange"[7]). Jedenfalls sollte sein Spionagethriller von 1959 ursprünglich den Titel *In a Northwesterly Direction* bekommen, weil die Bewegung des Films zuerst von der New Yorker Madison Ave. über die Lexington Ave. zum Plaza Hotel, später dann von New York über Chicago nach Rapid City (South Dakota) verläuft.

Doch dabei blieb es eben nicht. Auch wenn der Hitchcock-Biograf John Russell Taylor jede Titel-Anspielung auf *Hamlet* als "entirely accidental"[8] abtut, ist das Echo auf gerade jene Stelle unverkennbar, als Hamlet sich mit der (korrekten) Richtungseinteilung gegen den Verdacht des Wahnsinns wehrt: "I am but mad north-north-west / When the wind is southerly I know a hawk from a handsaw."[9] In der Studienausgabe des *Hamlet* wird das Zitat von Norbert Greiner wie folgt kommentiert: "[...] *north-north-west* kann bedeuten 1) daß er nur ein wenig verrückt ist, er weicht nur einen Strich vom Kompass ab; oder 2) er ist nur verrückt, wenn der Wind aus Nordnordwest bläst."[10] Dass Hamlet einen Habicht von einer Handsäge unterscheiden könne, bedeute, "daß er sehr wohl in der Lage sei, ein Ding von einem anderen zu unterscheiden und damit [Rosencrantz' und Guildensterns] Verstellung zu durchschauen."[11] Die Erklärung ist wie ein Einfallstor für einen Spionagethriller.

Man sollte sicherlich den (wahrscheinlichen) Verweis auf Shakespeare bereits im Titel des Films nicht interpretatorisch überbelasten. Aber er liefert doch einige passende Metaphern für eine Situation, in der nur ein minimales Abweichen der Kompassnadel – jedenfalls im Verständnis jener Zeit – eine gewaltige Derealisierung verursachen kann, die den Helden in die Nähe von vermeintlichen Wahnvorstellungen rückt. Und auch die "Verstellung" und deren Aufdeckung sind zentrale Motive in Hitchcocks Film, dessen Zeichen der Logik eines aufgezwungenen Identitätsverlustes und der trügerischen Natur des Augenscheins folgen.

Damit aber genug der Spekulationen, so verlockend sie für die Interpretation auch sein mögen.

II.

North by Northwest wird allgemein als "comedy thriller" bezeichnet, was einerseits Rückschlüsse auf gemeinsame Konstituenten oder zumindest eine Vereinbarkeit von Komik und Thrill zulässt,[12] andererseits aber auch eine Weiterentwicklung des her-

---

7 Shakespeare *The Tempest* I.2.402-04.
8 Taylor 1980, 253.
9 Shakespeare *Hamlet* II.2.369-70.
10 Shakespeare *Hamlet*, S. 210.
11 Ibid.
12 Siehe die Untersuchung zur Funktion der Komik in Hitchcocks Frühwerk von Frank Blume (2002).

kömmlichen Thriller-Genres indiziert.[13] Beide, Thriller und Komödie, schaffen im weitesten Sinne eine Instabilität, ja Negation von festen Bedeutungszuschreibungen, die nach einer Phase der Unsicherheit in der überraschenden Pointe oder einer Entwirrung der verworrenen Situation wieder aufgehoben wird. Den komischen Verwechslungen, den Missverständnissen und Störungen des Gleichgewichts entspricht im Thriller die Auflösung bzw. plötzliche Infragestellung von gesicherten Identitäten, was Angst und Verunsicherung erzeugt – so als würde der Boden unter den Füßen weggezogen. Wenn Kuno Fischer dem Witz attestiert, "Ähnlichkeiten zwischen Verschiedenem zu finden oder (in engerem Sinne) scheinbar ganz entfernte, unvereinbare, miteinander sonst nicht in der Vorstellung verbundene Dinge in eine neue, unerwartete, überraschende, erst Spannung, dann lustvolle Lösung bringende anschauliche Relation zu bringen",[14] so ist mit dieser Beschreibung auch ein Gutteil des Funktionierens von Thrillern erfasst. Auf der Plotebene wiederum wäre auf Henri Bergson zu verweisen, der das Quiproquo komischer Wirkung aus der Übereinstimmung unterschiedlicher Vorgänge bezieht, die den Agierenden verborgen bleibt, während der Rezipient ein soviel Mehr an Wissen erhält, damit die Spannung bis zum Ende fortexistiert.[15] Genauer wäre auch die von Hitchcock immer wieder beschriebene Informationsvergabe beim "suspense" nicht zu erfassen, die von der Informierung des Rezipienten beim "mystery" prinzipiell abweicht.[16] Der Komik und dem Thriller gemein ist ein Zusammenbruch der Zuverlässigkeit, also das, was Wolfgang Iser ein "Kipp-Phänomen" nennt, wenn ein "scheinbares Oppositionsverhältnis samt seiner perspektivischen Orientierung zusammengebrochen ist."[17] Dieses Kollabieren einer Situation führt dann zum Lachen – oder zum Erschrecken – über die Heillosigkeit einer von feindseligen Agenten beherrschten Welt, in der die Verwirrungssyndrome uns buchstäblich einen Schauder einjagen.

Aus all dem wird ersichtlich, dass Thrill und Komik nicht so weit auseinanderliegen, wie es den Anschein hat. Das jeweilige Ausmaß der erzeugten Desorientierung sowie die Möglichkeit der Entlastung vom entstandenen Spannungsdruck bestimmen letztlich, wie unsere "Krisenantwort"[18] ausfällt.

Es ist ein herausragendes Merkmal von Hitchcocks filmischer Gestaltungslogik, dass in gleichsam geometrischer Symmetrie eine Welt der unmöglichen Entsprechungen geschaffen wird: Der sinnlose Zufall erhält eine unausweichliche Notwendigkeit, das vermeintlich Selbstverständliche enthüllt eine schwer auflösbare Paradoxie. Wenn der Regisseur etwa im Hinblick auf *Psycho* von einem "fun picture" sprach, "made with

---

13 Nachfolgend soll kein generalisierbares Verlaufsmuster skizziert werden, sondern einzig auf Entsprechungen hingewiesen werden, die möglich, aber nicht notwendig sind.
14 Zit. in Müller 1964, 9.
15 Siehe ibid., 59.
16 Siehe Hitchcocks Erklärung von "Suspense" in Truffaut 1975, 102.
17 Iser 2005, 118.
18 Ibid., 119.

quite a sense of amusement",[19] so ist dies nicht Ausdruck einer krankhaften Fantasie, die sich über die grässlichen Mordtaten eines Psychopathen amüsiert. Die Komik ist vielmehr struktureller Natur, indem die Analogie von Bildern, Situationen und Motiven schockierende Zusammenhänge herstellt, die ein Lachen erzeugen und es wieder gefrieren lassen, weil dahinter die tiefere Erkenntnis steckt, dass auch unser Alltag von der Psychose erfasst ist. Wie sollen wir reagieren, wenn die Schwester der kurz zuvor mit einem riesigen Messer erstochenen Heldin vor einer Eisenwarenhandlung mit dem Schild "Tools Sharpened" auftaucht? Und wenn Norman Bates wenig später sagt: "Mother isn't quite herself today", so kann das auf eine Indisposition der im Haupthaus versteckten Mrs. Bates verweisen, doch löst sich der grausame Witz in der Bemerkung erst auf, wenn klar wird, dass die mumifizierte Mutter tatsächlich nicht ganz "sie selbst" bzw. "bei sich" ist. In Hitchcocks Welt wird der Zuschauer immer wieder gezwungen, auf dem schmalen Grat der Doppeldeutigkeit zu balancieren. Schon in seinem frühen Meisterwerk *The Thirty-Nine Steps* (1935), das wie eine Etüde zu *North by Northwest* wirkt, schaffen die Handschellen, die Hannay und Pamela aneinander ketten, die notwendige Nähe für eine Liebesbeziehung, gleichzeitig aber deuten sie als vorweggenommene Eheringe auf eine zwanghafte Bindung nach der Heirat. Nichts ist so, wie es scheint, weil Hitchcock immer wieder hinter einer Ebene noch eine zweite entdeckt, die zu einer weniger gemütlichen Interpretation einlädt.

III.

Der Plot von *North by Northwest* verweist an seiner Oberfläche auf die Welt des Spionagethrillers, der anfangs von einer Liebesgeschichte (*romance*) gerahmt zu sein scheint, bis diese sich als integraler Bestandteil des Thrillers herausstellt. Zu Beginn des Films wird im Foyer des New Yorker Plaza Hotel der Name eines "George Kaplan" just in dem Moment ausgerufen, als der Werbefachmann Roger O. Thornhill (Cary Grant) sich kurz von einer Sitzgruppe mit Bekannten entfernt, um ein Telegramm an seine Mutter zu veranlassen. Zwei eindeutig als Ganoven gekennzeichnete Männer nehmen ihn in ihre Mitte und entführen ihn in einer Limousine zum Landsitz des Politikers Townsend. Ein offensichtliches Missverständnis, das einem dummen Zufall geschuldet ist, erweist sich von solch einer enormen Tragweite, dass – nach Robin Wood – die prekäre Beschaffenheit menschlicher Ordnungen insgesamt infrage gestellt ist.[20] Bald wird deutlich, dass sich im Landhaus während der Abwesenheit von Townsend ein feindlicher Spionagering mit dem kultivierten Philip Vandamm (James Mason) eingenistet hat und mit dem augenscheinlich falschen George Kaplan einen Agenten der Regierung aufgespürt zu haben glaubt. Als der ahnungslose Thornhill nicht kooperiert und er in der UNO gerade noch das Messer aus dem Rücken des echten Mr. Townsend ziehen kann, das ein Gehilfe von Vandamm dort platziert hat, gerät er zwi-

---

19 Spoto 1976, 355.
20 Wood 1969, 101.

schen die Fronten von Spionen und Polizei. Um die Missverständnisse aufzuklären, macht er sich auf die Suche nach seinem Alter Ego Kaplan und besteigt den Zug nach Chicago, wo für Kaplan ein Hotelzimmer reserviert ist. Auf der Fahrt trifft er auf die attraktive Eve Kendall (Eva Marie Saint), die ihn vor der Polizei deckt und ihn im Schlafwagen verführt. Freilich ahnt er nicht, dass sie auch mit Vandamm unter einer Decke steckt – und dies nicht nur im übertragenen Sinn.

An diesem Angelpunkt lässt Hitchcock den Zuschauer in seine Karten blicken, um den Suspense in eine weitere Richtung zu lenken. Auf dem Chicagoer Flughafen wird Thornhill vom "Professor", einem hohen Regierungsbeamten, aufgeklärt, dass "Kaplan" der Deckname eines fiktiven Lockvogels ist, der von der wahren Identität des "Number One" ablenken soll.[21] Die Aufdeckung des einen Rätsels bringt so ein anderes ins Spiel. Erst in Rapid City enthüllt sich Eves Identität als Regierungsspionin, die für Washington sogar ihren Körper an Vandamm verkauft. In einem dramatischen Showdown auf den in Stein gehauenen Präsidentenköpfen von Mount Rushmore zerschellt eine Figur mit Mikrofilmen am Felsgestein. Thornhill reicht in einer verzweifelten Rettungsaktion der buchstäblich über dem Abgrund hängenden Eve die rettende Hand – Schnitt: die Hand zieht Eve in die obere Liege des Schlafwagencoupés, während der Zug im Tunnel verschwindet. Hitchcock überlistet mit diesem freudianischen Schlussbild die Prüderie im Amerika der fünfziger Jahre: "There are no symbols in *North by Northwest*. Oh yes! One. The last shot. [...] It's a phallic symbol. But you mustn't tell anyone."[22]

Auch wenn *North by Northwest* von der Kritik ausnahmslos positiv aufgenommen wurde, gibt es Divergenzen bei der Beurteilung in Bezug auf seinen Status in Hitchcocks Gesamtwerk. Manche sehen in ihm eine Summe aller zentralen Themen, die den Regisseur seit dem Stummfilm *The Lodger* beschäftigten: Verwechslung und Tausch von Identitäten, der falsche Verdacht, das Motiv des "innocent-on-the-run" und die vergebliche Suche nach Entlastung von Schuld in einer gefallenen Welt. Doch sind diese "ernsten" Themen von einer fast durchgängigen Komik überlagert, die – so die vorherrschende Einschätzung nach der Erstaufführung – den Film zu einem "lightweight work" mache, zu einer "relaxation" ohne "mature moral values".[23] Eine der wenigen umfangreichen Modellanalysen, verfasst von Raymond Bellour, deutet Thornhills Reise als "Oedipal itinary" mit einer symbolischen Matrix, die auf der Blockade einer "normalen" sexuellen Beziehung durch ein mütterliches Über-Ich basiert. So erhellend auch einige von Bellours Beobachtungen sind, so sehr verleihen sie dem Film eine Bedeutungsschwere, die sich gerade von seiner Komik verabschiedet. Erst in der neueren Kritik – etwa in Thomas Elsaessers Aufsatz zum Dandy in Hitchcock – wird "hinter dem kultivierten Unernst [...] die Kraft einer moralischen Haltung" erkannt.[24]

---

21 Auch in der zweiten Hälfte seines Films *Vertigo* löst Hitchcock den Suspense in der Plotkonstruktion auf, um statt seiner einen "psychologischen Suspense" zu etablieren.
22 Zit. in Bellour 2000, 182.
23 Wood 1969, 98. Wood referiert hier eine gängige Auffassung, ohne sie sich zu eigen zu machen.
24 Elsaesser 1999, 36.

IV.

North by Northwest ist eine Fundgrube für Doppeldeutigkeiten, verbale *puns*, visuelle Verwechslungen und "unmögliche" Entsprechungen. Schon zu Beginn wird Hitchcock in einem seiner Cameo-Auftritte die Bustür vor der Nase geschlossen – ein witziger Kommentar zur Blockade, die der Protagonist den ganzen Film hindurch erfährt. Als Thornhill im Plaza Hotel dem folgenschweren Missverständnis zum Opfer fällt, spielt eine Hintergrundmusik "It's a Most Unusual Day". Später, in der Chicagoer Union Station, warnt ein Schild "Watch Your Step", bevor der des Mordes verdächtigte Held den Zug besteigt. Im Hotellift wird eine gefährliche Situation durch die komische Diskrepanz zwischen vermeintlicher Unmöglichkeit und realer Existenz entschärft, als Thornhill von den Auftragskillern umringt ist und seine Mutter vor den anderen Fahrgästen interveniert: "You gentlemen aren't really trying to kill my son, are you?" Die Bemerkung erscheint so widersinnig, dass nach angeblicher Verblüffung alle in Lachen ausbrechen, einschließlich der Schurken, deren tödlicher Auftrag von der Mutter vermasselt wurde. In der Chicagoer Auktionsszene trifft Thornhill auf Vandamm, dessen Sekretär und Eve ("The three of you together – Now there's a picture Charles Addams could draw") und ruft derart absurde Angebote in den Saal, dass er statt von den Killern von der Polizei abgeführt wird.[25] Um nicht wieder freigelassen zu werden, gratuliert er den Beamten zur Festnahme eines gesuchten Mörders ("I'm a dangerous assassin! I'm a mad killer on the loose!"), was diese zur Replik verführt, er solle sich schämen, derart anzugeben.

Freilich erschöpft sich der Film nicht in vereinzelten komischen Situationen. Auf der Meta-Ebene thematisiert er nämlich eben genau jenen Zusammenbruch einer zuverlässigen Orientierung, wie er auch dem Komik-Prinzip zu eigen ist. Im Thriller reicht dies bis hin zum Identitätsverlust, der wiederum zu komischen Situationen des Missverstehens und Verwechselns führen kann. Und was in der Komik die Auflösung in der Pointe ist, ist im Thriller häufig die Rückgewinnung der Identität, die dadurch, dass sie zeitweise verloren geht, den Helden einem Erfahrungs- und Läuterungsprozess aussetzt. Am Ende steht eine Erweiterung der Perspektive auf unsere Welt, die weniger geordnet und prekärer ist, als es anfangs den Anschein hatte. Im weitesten Sinne erzählt *North by Northwest* mit viel Witz die Geschichte einer Reifeentwicklung.

Thornhill wird zu Beginn als der typische Werbefachmann (*ad exec*) vorgestellt, dessen Devise darin besteht, dass es in der Werbung keine Lüge, sondern nur die zweckmäßige Übertreibung ("expedient exaggeration") gibt. In seinem Brooks Brothers-Anzug ist er der für die fünfziger Jahre prototypische "man in the grey suit" – nicht zufällig bezeichnet der TV-Produzent Matthew Weiner die von Cary Grant dargestellte Figur als Vorbild für die seit 2007 ausgestrahlte Serie *Mad Men*.[26] Als Thornhill einem

---

25 Eine ähnliche Szene gibt es in *The Thirty-Nine Steps*, wo der Protagonist Hannay sich in eine politische Veranstaltung verirrt und dort eine Rede hält, siehe Blume 2002, 19.
26 Hüetlin 2012, 138.

Passanten das Taxi unter dem Vorwand wegschnappt, er müsse seine Sekretärin ins Krankenhaus bringen, fühlt er sich gar als Wohltäter, weil er dem Mann zu einem guten Gewissen verholfen habe. Anschließend lässt er einer alten Flamme zum Geburtstag eine Schachtel Süßigkeiten schicken: "Something for your sweet tooth, baby, and all your other sweet parts", wie er ihr mit puerilen Anzüglichkeit mitteilt. Robin Wood beschreibt ihn etwas allzu moralisierend als "brash, fast-talking, over-confident on the surface, entirely irresponsible, and inconsiderate of others".[27] Das ist ebenso richtig wie unvollständig, denn die Verantwortungslosigkeit ist Teil seiner Gewitztheit, mit der er – ganz in der Tradition der *screwball comedy* – andere in Grund und Boden redet und dabei immer wieder seinen Kopf aus der Schlinge zieht. Sicherlich ist er auch oberflächlich, doch verhilft er, zusammen mit seiner physischen Beweglichkeit, dem gesamten Film zu einer Oberflächeneleganz, die ihresgleichen im Kino sucht. Hätte Hitchcock einen Mann mit "Tiefe" gesucht, hätte er ihn mit seinem anderen Lieblingsdarsteller James Stewart besetzt. Mit großer Bewunderung stellt James Naremore fest, wie Cary Grant etwas ganz anderes gelingt: "the construction of a 'person' out of nothing."[28]

Die Konstruktion einer *persona* gleichsam aus dem Nichts betrifft demnach nicht nur den fiktiven Kaplan, sondern wird auch auf Thornhill ausgeweitet, so wenn Eve im Zug nach Chicago das Monogramm auf seinem Streichholzbrief entdeckt: ROT. Auf die Frage, wofür das mittlere Initial stehe, antwortet er lapidar: "Nothing." Der fiktive Kaplan ist schon deshalb das geeignete Double für Thornhill, weil dieser als "leerer Signifikant" am besten den Platz eines nicht-existierenden Agenten ausfüllen kann.[29] Die Komik des Films entsteht genau aus diesem Verwirrspiel mit einem Vakuum, das ausgerechnet ein "Nothing" füllen muss. Der vertrackte Umgang mit "nichts" führt freilich noch weiter. Die geheimen Regierungsdokumente in der Hand der Spione sind ein reiner "McGuffin", nach Hitchcocks Definition eine Art undefinierter Vorwand, der "nothing at all" bedeute,[30] weil wir nie in Kenntnis gesetzt werden, um welche Geheimnisse es sich überhaupt handelt. Auch welcher Organisation der "Professor" angehört (der im Übrigen Außenminister John Foster Dulles und dessen Bruder Allen von der CIA frappierend ähnelt), bleibt im Dunkeln: "FBI, CIA...what's the difference? We're all in the same alphabet soup!" Dafür, dass er Eve und Thornhill für seine Ziele benutzt, hat er eine in den 50er Jahren unerhörte Rechtfertigung parat: "War is hell, Mr. Thornhill – even when it's a cold war." Mit seiner "exquisitely rationalized amorality"[31] ist der Geheimdienstchef die zynische Entsprechung zum geschliffen-eleganten Gentleman-Schurken Vandamm. Hitchcock ist in diesem wie auch in anderen seiner Filme (etwa *Topas*) kein fundamentaler Kritiker der amerikanischen Politik – dazu fehlte es ihm an Alternativen –, doch ist er illusionslos, was die Praktiken *beider* Seiten anbelangt. Der

---

27 Wood 1969, 100.
28 Naremore 1988, 221.
29 Žižek 2002, 39.
30 Spoto 1976, 352. Vgl. Hitchcocks Erläuterungen zum McGuffin in Truffaut 1975, 125-26.
31 Vgl. Dirks.

Spion *und* der Geheimdienstchef missbrauchen Eve und scheuen nicht davor zurück, einen Unschuldigen dem Risiko der Ermordung auszusetzen.

Ähnlich unpatriotisch bis hin zur Respektlosigkeit ist Hitchcocks Umgang mit den politischen Patriarchen, die in Mount Rushmore in Stein gemeißelt sind und in ihrer monumentalen Strenge einen denkwürdigen Kontrast zur Frivolität und behänden Eleganz von Cary Grant abgeben. Unter mehreren Vorschlägen für den Filmtitel war auch "The Man on Lincoln's Nose" (alternativ: "The Man in Lincoln's Nose"), und als in einer frühen Drehbuchfassung Thornhill sich in einem Nasenloch des Präsidenten verirrt, bekommt er einen Niesanfall – einer von Hitchcocks angestrengten Scherzen, die er dann doch meisterhaft, weil völlig selbstverständlich, in seine Filme integrieren konnte. Es nimmt jedenfalls nicht wunder, dass die US-Regierung sich gegen die Verwendung von Mount Rushmore als Originalschauplatz wegen "offenkundiger Entweihung" eines "Schreins der Demokratie"[32] aussprach. In keinen Szenen im Film ist Hitchcocks Humor ehrfurchtsloser als hier, so wenn Thornhill noch in größter Gefahr sein Missfallen an einer der nationalen Ikonen ausdrückt: "I don't like the way Teddy Roosevelt is looking at me."

V.

Wie eng Komödie und Tragödie zusammenhängen, bis die Auflösung durch die "Krisenantwort" doch den fundamentalen Unterschied markiert, kann ein Vergleich von *North by Northwest* mit *Vertigo* zeigen, den Hitchcock unmittelbar davor (1958) gedreht hat. So wie Thornhill an Mount Rushmore über einem Abgrund hängt, klammert sich der Polizist Scottie anfangs an eine Dachrinne, die sich immer stärker durchbiegt. Sein Kollege streckt ihm die Hand entgegen und stürzt bei der Rettungsaktion selbst in den Tod. Am Ende wird Scottie die Frau, die er liebte, vom Missionsturm in die Tiefe fallen sehen, ohne eingreifen zu können. In *North by Northwest* hingegen dreht Hitchcock die kollabierende Situation im letzten Moment zu einem glücklichen Ende, wenn die rettende Hand Eve nicht nur vor dem Fall vom Felsen bewahrt, sondern sie in einer überraschenden Wende ins Schlafwagenbett hochzieht.

Die "Läuterung" Thornhills vom smarten Werbefachmann zum widerwilligen Helden, der Verantwortung auch für andere auf sich nimmt, vollzieht sich auf der Ebene der Bewährung in gefahrvollen Situationen. Auch Eve nimmt zum ersten Mal eine Aufgabe wahr, die ihrem Leben Sinn gibt: "Maybe that was the first time anyone ever asked me to do anything worthwhile." Doch was wie eine wohlfeile Botschaft klingt, wird von Hitchcock fast durchgehend im Ton und Stil der Komödie abgehandelt, die selbst *practical jokes*, Slapstick und surreale Elemente mühelos integriert. Gerade weil keine Abkehr von der komischen Doppeldeutigkeit der Geschichte vollzogen wird, kann sich die Paranoia des Thrillers so wirkkräftig behaupten. Am Ende treffen sich beide Elemente, bevor Thornhill buchstäblich in den Abgrund blickt. Auf Eves Frage, warum er

---

32 Spoto 1984, 486.

zweifach geschieden sei, antwortet er lapidar: "My wives divorced me. I think they said I led too dull a life."

Bereits zu Beginn des Films wird freilich offensichtlich, dass es in Thornhills Leben in Wirklichkeit nur eine einzige Frau von Bedeutung gibt: seine Mutter, die "like a bloodhound" über ihn wacht. Er ist ein großer Junge, der wohl unter ihrer Knute steht und ihr seine ganze Aufmerksamkeit schenkt. Sicherlich lag ein Stück bewusster Perfidie in Hitchcocks Entscheidung, sie mit Jessie Royce Landis zu besetzen, die nach eigenen Angaben ein knappes Jahr jünger war als ihr "Sohn" Cary Grant.[33] Als Thornhill von den Spionen mit Alkohol abgefüllt und betrunken von der Polizei aufgegriffen wird, meldet er sich am folgenden Morgen telefonisch bei seiner Mutter so formell wie gegenüber einer Respektsperson: "Hello, mother. This is your son, Roger Thornhill." Erst als er Eve kennenlernt, kommt es zu einer "narrative substitution between the two women",[34] die bei seinen früheren Frauen wohl so nicht stattgefunden hat. Die Ablösung wird mit dem letzten Satz des Films besiegelt, wenn er Eve auf das Schlafwagenbett hievt: "Come on, Mrs. Thornhill." Wie jede echte Hollywood-Komödie endet auch *North by Northwest* mit der Vereinigung des Paars in der Ehe, nachdem die Identitäten geklärt und die Missverständnisse beseitigt sind.

VI.

Noch war nicht die Rede von der berühmtesten Sequenz in *North by Northwest*, die als Bravourstück in die Filmgeschichte eingegangen ist. An der Wegkreuzung eines wenig befahrenen Highways in der Prärie des Mittleren Westens wartet Thornhill auf "Kaplan". Er steht in einer flachen, unbewohnten Landschaft ausschließlich aus Maisfeldern, ohne Bäume oder Sträucher. Auch hier herrscht das Prinzip des "nothing", gerade weil die Leere im hellen Sonnenlicht so klar sichtbar ist. Die Negation setzt sich in der Bemerkung eines Mannes fort, der auf den Bus wartet und sich wundert, warum in der Ferne ein Flugzeug Insektenschutzmittel über die schon abgeernteten Felder sprüht: "That's funny. That plane's dustin' crops where there ain't no crops." Kein Kaplan, kein Godot wird auftauchen – und wenn das Flugzeug schließlich all die Giftwolken über Thornhill ablässt, wird er einzig im mannshohen Mais Schutz finden.

Zwei Shakespeare-Forscher, Jane Archer und Richard Turley, haben die These vertreten, dass der verrückte Lear keineswegs auf einer wüsten Heide umherirrt, sondern in den hochgewachsenen Halmen einer agrarischen Kulturlandschaft.[35] Einmal mehr

---

33 Allerdings vermutet man, dass sie ihr Alter "schönte" und letztlich sieben Jahre älter als Grant war – doch nicht so alt, um seine Mutter zu sein.
34 Bellour 2000, 84.
35 Vorgestellt wurde diese Interpretation in einem Vortrag unter dem Titel "Lear in the 'high-grown fields'" auf der Herbsttagung 2009 der Deutschen Shakespeare-Gesellschaft in Köln. Ein Beitrag dazu ist für den *Shakespeare Survey* angekündigt. Ich verdanke den Hinweis Andreas Höfele.

kann *North by Northwest* damit in die Shakespeare-Forschung eingemeindet werden – mit jenem Augenzwinkern, das den gesamten Film begleitet.

Bibliografie

Bellour, Raymond. "'Symbolic Blockage' (on *North by Northwest*)." *The Analysis of Film*. Bloomington, IN: Indiana UP, 2000. 77-192. Print.

Blume, Frank. *Zur Funktion der Komik in Hitchcocks Frühwerk*. Alfeld: Coppi-Verlag, 2002. Print.

Dirks, Tim. "North by Northwest (1959)." Filmsite Movie Review. *AMC Filmsite*. Hg. Tim Dirks. Web. 5. Apr. 2013.

Elsaesser, Thomas. "Der Dandy in Mr. Hitchcock." *Alfred Hitchcock*. Hg. Lars-Olav Beier und Georg Seeßlen. Berlin: Bertz, 1999. 21-38. Print.

Hüetlin, Thomas. "Schatz, was kann ich tun? Gespräch mit Matthew Weiner." *Der Spiegel* 45 (2012): 138-41. Print.

Iser, Wolfgang. "Das Komische – ein Kipp-Phänomen." *Texte zur Theorie der Komik*. Hg. Helmut Bachmeier. Stuttgart: Reclam, 2005. 117-20. Print.

Müller, Gottfried. *Theorie der Komik*. Würzburg: Triltsch, 1964. Print.

Naremore, James. *Acting in the Cinema*. Berkeley, CA: U of California P, 1988. Print.

North by Northwest. Reg. Alfred Hitchcock. MGM, 1959. Film.

Psycho. Reg. Alfred Hitchcock. Shamley Productions, 1960. Film.

Shakespeare, William. *Hamlet: Englisch-deutsche Studienausgabe*. Hg. Norbert Greiner und Wolfgang G. Müller. Tübingen: Stauffenburg, 2005. Print.

---. *The Tempest*. Hg. Frank Kermode. 6. Aufl. 1958. London: Routledge, 1990. Print. The Arden Shakespeare.

Spoto, Donald. *Alfred Hitchcock: Die dunkle Seite des Genies*. Hamburg: Kabel, 1984. Print.

---. *The Art of Alfred Hitchcock: Fifty Years of His Motion Pictures*. New York: Doubleday, 1976. Print.

Taylor, John Russell. *Hitch: The Life and Times of Alfred Hitchcock*. New York: Berkley, 1978. Print.

Truffaut, François. *Mr. Hitchcock, wie haben Sie das gemacht?* München: Heyne, 1975. Print.

Wood, Robin. *Hitchcock's Films*. London: Zwemmer, 1965. Print.

Žižek, Slavoj. *Was Sie immer schon über Lacan wissen wollten und Hitchcock nie zu fragen wagten*. Frankfurt a. M.: Suhrkamp, 2002. Print.

Unterwegs zu einer Definition des Komischen, mit Blick auf Swift, Gogol, Busch und Schopenhauer

Horst-Jürgen Gerigk

Hinführung

Knut Hamsun, norwegischer Nobelpreisträger für Literatur (1920 für *Segen der Erde*), verachtete die Amerikaner. Er hatte selber, geboren 1859, insgesamt vier Jahre in den USA verbracht. Zunächst zwei Jahre, von 1880 bis 1882, als Erntearbeiter und Ladengehilfe, dann nochmals zwei Jahre, von 1886 bis 1888, als Landarbeiter, Straßenbahnschaffner und Fischer. Er kam zurück mit einem tiefen Hass auf die "seelenlose" technisierte angloamerikanische Kultur, die er 1889 in einer damals aufsehenerregenden Schrift anprangerte. Aus dieser Schrift erschienen 1959 auf Deutsch drei Essays unter dem Titel *Drei Amerikaner* bei Albert Langen und Georg Müller in München. Abgehandelt und verspottet werden darin Mark Twain, Ralph Waldo Emerson und Walt Whitman. Über Whitmans Gedichtsammlung *Leaves of Grass* heißt es:

> Der Autor nennt diese Arbeit Gesänge [...]. Es sind in Wirklichkeit [...] gar keine Gesänge, ebenso wenig wie das Einmaleins ein Gesang ist; sie sind in reiner Prosa abgefasst, ohne irgendwelche Metrik und ohne Reim, das einzige, was ein wenig den Eindruck von Versen erweckt, ist, dass eine Zeile aus ein, zwei, drei Wörtern, die nächste aus achtundzwanzig, fünfunddreißig, ja bis zu dreiundvierzig Wörtern besteht.[1]

> Seine Tabellendichtung, dieses unmögliche Herunterleiern von Personen, Staaten, Hausgerät, Werkzeug, Kleidungsstücken ist wahrhaftig die naivste Dichterei, mit der die Literatur bisher bereichert worden ist, und wäre sie nicht aus einer naiven Brust entsprungen, wäre sie ganz gewiss niemals gelesen worden. Denn sie verrät auch nicht einen Funken von dichterischem Talent.[2]

Die einzige Einräumung: "In seinem Gedicht *Sometimes with One I Love* ist er so auffällig klar, dass man verwundert meint, diese wenigen Zeilen habe seine Mutter oder ein anderer vernünftiger Mensch geschrieben."[3]

Und über Ralph Waldo Emerson sagt Hamsun:

> Man liest seine ausgezeichneten Sentenzen, liest, liest und wartet auf das zur Sache gehörige Ergebnis, auf die Schlussfolgerung, die ein endgültiges Bild geben könnte, man wartet bis zur allerletzten Seite – doch vergebens. Emerson verneigt sich und geht.[4]

Mit Mark Twain allerdings geht Hamsun anders um. Für ihn findet er durchaus echte Töne der Anerkennung. Denn: Mark Twain ist ein Humorist. Hamsuns Grundeinstellung zu Amerika ist aber auch hier genauso vorhanden: Amerika ist den materiellen

---

1 Hamsun 1959, 54.
2 Ibid., 66.
3 Ibid., 69.
4 Ibid., 29.

Interessen verfallen. Auf der Jagd "nach Macht und sozialem Einfluss" kommen, so Hamsun, Literatur und Kunst zu kurz. Die eigenen Klassiker, Emerson, Longfellow oder Poe, verbleiben, wenig gelesen, mit ihren goldgeprägten Rücken in den Bücherregalen. Und daraus ergibt sich:

> So sehr der Amerikaner von seinen materiellen Bestrebungen verschlungen wird, so sehr ihn sein betriebsames Galopprennen mit lautem Hurra in Anspruch nimmt – für seine Zeitung und die Humoristen bringt er doch noch Muße auf.[5]

Die Humoristen nämlich "leben – viel diskutiert und viel gelesen – im Volk wie nahezu kein anderes Element der amerikanischen Geisteskultur". Die weitschweifige Breite bei Longfellow schläfere den Amerikaner ein. Überdies sei der Amerikaner im Allgemeinen mehr für das Lustige, für "lärmende Unterhaltung" und nicht für "beschauliche Betrachtungen".[6] Diesem Charakteristikum entspreche Mark Twain. Hamsun lobt Mark Twains Humor, mit dem er auf seinen Vortragsreisen immer wieder einen ganzen Saal bezaubert. Niemals frech, mutwillig oder unehrerbietig gegenüber der Religion. Feine Ironie aber sei Mark Twain fremd. Er brause herein mit Gelächter. Sein Humor sei derb und für jeden verständlich. Man sieht, Hamsun engt sein Lob sofort wieder ein, hebt aber dann wiederum als besondere Leistung hervor, Mark Twain habe einen Mann erfunden, der so klein war, dass er auf einen Stuhl steigen musste, wenn er sich auf dem Kopf kratzen wollte.

Und damit bin ich ins Zentrum meines Themas vorgestoßen: *Unterwegs zu einer Definition des Komischen*. Mark Twains Welterfolg als Vortragskünstler beruht offensichtlich darauf, dass er eine Art von Komik anbietet, mit deren Prämissen sich jedes Publikum solidarisieren kann – und zwar spontan. Er selbst weiß das und systematisiert solche Witztechnik. Sein Humor ist auf eine zustimmende Öffentlichkeit angelegt – volksnahe. Seinen Vortrag eröffnete er des Öfteren mit dem Hinweis, er habe einen Zwillingsbruder gehabt, der gestorben sei. Die Eltern aber hätten die Zwillinge immer verwechselt. Und der verstorbene Zwilling – das sei er gewesen. Dies aber hätten die Eltern gar nicht gemerkt, weil sie ja die Zwillinge immer verwechselt haben. Und nur deshalb könne er jetzt vor seinen Zuhörern stehen.

Mark Twains Humor grenzt nicht aus. Jeder kann mitlachen. Wenn Knut Hamsun Walt Whitman verspottet, können dessen Verehrer nicht mitlachen. Gibt es also zweierlei Komik? Oder sogar mehrere Arten von Komik? Wie steht es mit dem *risus sardonicus* eines Jago? Das teuflische Lachen angesichts Othellos, der in einem epileptischen Anfall zu Boden geht, weil er, Jago, ihn ins Unglück gestoßen hat? Kann da jemand mitlachen?

So, wie es verschiedene Arten des Lachens gibt, gibt es offenbar auch verschiedene Arten des Komischen. Theodor Adorno notiert in seiner Schrift *Minima Moralia: Reflexionen aus dem beschädigten Leben* in Abschnitt 123:

---

5 Hamsun 1959, 8-9.
6 Ibid., 9.

Eigentlich müsste ich den Faschismus aus der Erinnerung meiner Kindheit ableiten können. [...] Wenn die Bürgerklasse seit undenklichen Zeiten den Traum der wüsten Volksgemeinschaft, der Unterdrückung aller durch alle hegt, dann haben Kinder, die schon mit Vornamen Horst und Jürgen [...] heißen, den Traum tragiert, ehe die Erwachsenen historisch reif dazu waren, ihn zu verwirklichen.[7]

Für mich ist diese Passage komisch! Aber nur für mich, weil beide Vornamen, Horst und Jürgen, meine eigenen sind, ich aber Adorno auf dem Schulhof nicht verprügelt habe und auch niemals die Absicht gehabt hätte, dies zu tun.

Ein Sachverhalt kann also eine komische Wirkung haben, die erst im Rezipienten dieses Sachverhalts entsteht (man denke an Knut Hamsuns Lektüre Walt Whitmans); oder aber – und das ist häufig der Fall: der von einem Erzähler präsentierte Sachverhalt ist auf Komik angelegt, mündet aber in einen Lachzwang, der nicht von jedem befolgt wird. Das sich hier eröffnende Problemfeld ist durch diese beiden Möglichkeiten längst nicht abgesteckt. Ich kann aber jetzt meine Fragestellung formulieren: Kann es angesichts der so verschiedenen Erscheinungsformen des Komischen eine allgemeine Definition des Komischen geben, die für alle nur denkbaren Fälle gilt? Wie steht es dann mit dem Lachen, das automatisch vom Komischen ausgeht, aber sich manchmal aus Gründen der Pietät verbietet oder auch von einem Machthaber befohlen werden kann? Das heißt: Zur Kennzeichnung der Reaktionen auf das Komische sind Psychologie und Soziologie gefordert. Die Definition des Komischen aber hat "logisch-nackt" zu geschehen, losgelöst von allen Umständen.

Wesentliche Voraussetzung des Komischen ist der Ernst. Das Komische ist eine "Störung" des Ernstes. Aber immer nur kurz. Der Ernst braucht seine Herrschaft nicht erst anzutreten, er hat sie immer schon. "Das Sein des Daseins ist Sorge", sagt Heidegger: eine ontologische Feststellung, die auch den Zustand der ontischen Sorglosigkeit mit einschließt.[8]

Hegel definiert in seinen *Vorlesungen über die Ästhetik* die Komödie vom Ernst her.

> Der allgemeine Boden für die Komödie ist daher eine Welt, in welcher sich der Mensch als Subjekt zum vollständigen Meister alles dessen gemacht hat, was ihm sonst als der wesentliche Gehalt seines Wissens und Vollbringens gilt: eine Welt, deren Zwecke sich deshalb durch ihre eigene Wesenlosigkeit zerstören.[9]

Kurzum: Gegen den Ernst hat das Komische keine Chance. Er lässt sich niemals abstellen, ist die Bedingung der Möglichkeit des Komischen. Anders gesagt: Dieses unabschaffbare Faktum des Ernstes als "fundamentum inconcussum absolutum" ist die Voraussetzung dafür, dass das Komische immer erneut und üppig seine Blüten treibt.

Allerdings gibt uns Baudelaire in seiner Abhandlung *Vom Wesen des Lachens* (1855) Folgendes zu bedenken: Die heiligen Bücher lachen nicht. In der Bibel gibt es nichts Komisches. Jesus macht keine Witze. Und deshalb kommt Baudelaire zu dem Schluss: "Der Weise [...] lacht nicht [...] ohne zu zittern."

---

7 Adorno 1964, 255.
8 Heidegger 1977, § 41, 254.
9 Hegel 1976, Bd. 2, 552.

> Der Weise, und das heißt, der von dem Geist des Herrn beseelte Mensch, der nach der Heilsanweisung Gottes lebt, lacht nicht und gibt sich nicht dem Lachen preis, ohne zu zittern. Der Weise zittert, wenn er lacht. Der Weise fürchtet das Lachen, wie er das weltliche Gepränge und die Wollust scheut. Er hemmt am Saum des Lachens seinen Schritt wie an der Schwelle der Versuchung. Demnach besteht nach seiner Auffassung ein irgendwie geheimer Widerspruch zwischen seinem Wesen als Weiser und dem uranfänglichen Sinn des Lachens. Und in der Tat (um im Vorübergehen hochheilige Erinnerungen zu berühren) bemerke ich – was das verbriefte christliche Gepräge dieser Maxime eindeutig besiegelt –, dass die vollkommenste Verkörperung des Weisen, der fleischgewordene Logos, niemals gelacht hat. Vor dem Blicke dessen, der alles weiß und alles kann, gibt es kein Komisches.[10]

Man beachte, dass hier Jesus als der fleischgewordene Logos benannt wird. Im Komischen als dem Störfall im Kontinuum des Ernstes steckt offensichtlich etwas Widersinniges. Das betont auch Kant in der *Kritik der Urteilskraft*:

> Es muss in allem, was ein lebhaftes, erschütterndes Lachen erregen soll, etwas Widersinniges sein (woran also der Verstand an sich kein Wohlgefallen finden kann). *Das Lachen ist ein Affekt aus der plötzlichen Verwandlung einer gespannten Erwartung in nichts.* Eben diese Verwandlung, die für den Verstand gewiss nicht erfreulich ist, erfreut doch indirekt auf einen Augenblick sehr lebhaft.[11]

Wenig später folgt die viel zitierte Stelle:

> Voltaire sagte, der Himmel habe uns zum Gegengewicht gegen die vielen Mühseligkeiten des Lebens zwei Dinge gegeben: die *Hoffnung* und den *Schlaf.* Er hätte noch das *Lachen* dazu rechnen können; wenn die Mittel, es bei Vernünftigen zu erregen, nur so leicht bei der Hand wären.[12]

Für unseren Zusammenhang ist wichtig, dass Kant den Ernst als Voraussetzung für Witz und Lachen nicht bedauert, sondern positiv einbringt. Er sagt sogar an wenig späterer Stelle, dass die "Selbstschätzung (der Menschheit in uns)" als "geistiges Gefühl der Achtung für moralische Ideen"[13] die animalische Empfindung beim Lachen begleitet.

Christian Morgenstern hat diesen Bezug des Komischen auf den Ernst auf originellste Weise veranschaulicht. In seinen *Galgenliedern* von 1905 liefert er "Galgenpoesie", die vom Galgenhumor der Galgenbrüder geprägt ist. Der Ort der Galgenbrüder ist der Galgenberg, von dem Morgenstern im Vorwort sagt: "Betrachten wir den Galgenberg als ein Lugaus der Phantasie ins Rings."[14] Ein Lugaus ins Rings (Heidegger lässt bereits grüßen, über zwanzig Jahre vor *Sein und Zeit*) – das heißt: ein Ausguck in das Ringsum der Umwelt. Aber mit spezieller Fantasie. Dann gliedert sich die Welt neu. Das erste Gedicht sagt denn auch (aus der Sicht der "Galgenbrüder"):

> Magst es Kinder-Rache nennen
> an des Daseins tiefem Ernst,
> wirst das Leben besser kennen,
> wenn du uns verstehen lernst.[15]

---

10 Baudelaire 1990, 119.
11 Kant 1957, 437. Hier und im folgenden Zitat Hervorhebungen von Kant.
12 Ibid., 439.
13 Ibid., 440.
14 Morgenstern 1958, 14.
15 Ibid., 18.

Unterwegs zu einer Definition des Komischen

Das Komische als "Kinder-Rache an des Daseins tiefem Ernst": auch das ist eine Definition des Komischen. Sie reicht aber doch für unseren Zusammenhang nicht aus. Denn es geht ja jetzt um eine Definition des Komischen, die für alle Einzelfälle gültig ist. Deshalb begeben wir uns nun ins weite Feld der Beispiele, die man sich mit unerschütterlichem Ernst vorgetragen vorzustellen hat. Denn, das hat Nikolaj Gogol seinen Schauspielern eingeschärft, wer Komisches vorträgt, darf selber nicht lachen. Buster Keaton und Charlie Chaplin hätten ihm gefallen.

Beispiele

Im Kölner Karneval kam noch unlängst eine Putzfrau auf die Bühne mit Eimer, Schrubber und Kopftuch, keinem türkischen Kopftuch, sondern einem deutschen Kopftuch, und sagt, sie sei gestern am Grab ihres Mannes gewesen und habe sich gedacht: "Jetzt ist er endlich steif." Oder, denken wir ans Kabarett. Beim Kabarett ist die Anspielungsgrundlage sehr vergänglich. Und ein Witz, den man später erläutern muss, ist dann kein Witz mehr. So hat Dieter Hildebrandt vor Jahren gesagt: "Lieber mit Absicht dämlich sein, als Höcherl heißen!" Mit der Betonung auf "heißen". Wer aber weiß heute noch, wer Höcherl war? Der Witz ist also tot, und das Komische nur noch als versteinerte Spur da. Oder: Matthias Richling. Er lieferte eine Alice-Schwarzer-Parodie im Kachelmann-Prozess und sagte: "In diesem Prozess bewegt sich jetzt alles auf Messers Scheide." Inzwischen aber müssen wir fragen: Wer weiß denn noch, wer Kachelmann gewesen ist? Das Kabarett ist auf aktuellste Sachverhalte angewiesen. Kabarett-Witze erreichen blitzschnell ihr Verfallsdatum.

Eine langlebige Anspielungsgrundlage haben dem gegenüber die Filmkomödien Woody Allens, der als ein Bewunderer Richard Wagners feststellt, immer, wenn er Wagner höre, möchte er in Polen einmarschieren. Ein guter Witz. Da kann man mitlachen. Es ist ja Woody Allen. Nicht mitlachen aber kann man, wenn in einer anderen seiner Filmkomödien sich jemand über das Leben beschwert: zu viel Arbeit, zu viel Sorgen, nur noch Stress. Woody Allen aber sagt ihm: "Sei froh, dass du nicht in Warschau geboren wurdest. Dann wärst du heute ein Lampenschirm." Was passiert hier? Das Komische scheint auf, denn wir werden gezwungen, ein Besonderes unter einen Begriff zu subsumieren, der dafür nicht zuständig ist und doch dieses Besondere in einem zufälligen Teilbereich mit abdeckt. (So Schopenhauers Definition des Lächerlichen, auf die ich sogleich näher eingehen werde.) Trotz des im hier vorliegenden Komischen angelegten Lachzwangs können wir aber nicht lachen, denn dadurch würden wir, mit Kant gesprochen, die "Selbstschätzung der Menschheit" in uns unterlaufen. Also wird die komische Wirkung in uns gestoppt. Wir können nicht lachen.

Wir betreten mit dieser Überlegung das Problemfeld der Dialektik der Wirkung des Komischen, ein Problemfeld, das bislang in den mir bekannten Abhandlungen zur Theorie des Komischen noch nicht gebührend oder gar nicht berücksichtigt wurde. Nicht jeder kann über jeden Witz lachen, ich kann aber durchaus in besonderen Augenblicken über einen Witz lachen, der unter meinem Niveau ist, weil ich mich für einen Moment mit der von diesem Witz implizierten Zielgruppe solidarisiert habe, der ich in Wahrheit gar nicht angehöre und auch nicht angehören möchte – eine Solidarisierung aufgrund des vom Komischen immer automatisch ausgehenden Lachzwangs, wenn mir die angesprochenen Details auf selbstverständliche Weise geläufig sind.

Meine bisherigen Beispiele des Komischen waren Witzworte, also einzelne, separate Witze. Nun besteht aber das unendliche Feld des Komischen auch aus unzähligen komischen Situationen. Deren literarischer Ort ist die Komödie, die die Möglichkeit hat, eine Situation derart grundständig zu veranschaulichen, dass das Komische über die Zeiten hinweg verständlich bleibt (im Unterschied zur "Kleinkunst" des Kabaretts). Ich nenne nur Aristophanes, Shakespeare, Molière und, in neuerer Zeit, die Filmkomödien von Charlie Chaplin, Buster Keaton, Laurel und Hardy, Billy Wilder und Woody Allen.

Es gibt aber auch Meister der komischen Prosaerzählung, von denen ich in aller Kürze drei vorstellen möchte: den Anglo-Iren Jonathan Swift (1667-1745), den ukrainischen Russen Nikolaj Gogol (1809-52) und den Deutschen Wilhelm Busch (1832-1908). Warum gerade diese drei? Weil alle drei unheilbare Pessimisten sind. Swift definiert den Menschen als schlecht informierten Kadaver, den die Botschaft des eigenen Todes noch nicht erreicht hat. Er selbst stirbt verbittert und einsam, aus Enttäuschung zum Menschenverächter geworden. Gogol versinkt unrettbar im Trübsinn, entschuldigt sich im Vorwort zur zweiten Auflage seines Hauptwerks, *Die toten Seelen,* dafür, ganz Russland beleidigt zu haben. Wilhelm Busch erweist sich in seinen Bildergeschichten als Dichter der Schadenfreude: ein glaubensloser Zyniker in der Nachfolge Schopenhauers. Einer der späten Sprüche Wilhelm Buschs, gerichtet gegen die Zunft der Literaten, lautet:

> Gedanken sind nicht stets parat,
> Man scheibt auch, wenn man keine hat.[16]

Nun sind aber alle drei, aufgrund ihrer pessimistischen Grundhaltung zur menschlichen Wirklichkeit, große Humoristen. Und so drängt sich die Frage auf: Kann vielleicht nur ein geradezu abgründiger Pessimismus große Komik hervorbringen?

Sehen wir uns Swifts Hauptwerk, *Gullivers Reisen,* an. Es besteht aus vier Teilen, von denen die ersten beiden, die Reise nach Lilliput und die Reise nach Brobdingnag, zum Kinderbuch wurden. Der dritte und vierte Teil aber widersetzen sich der naiven Rezeption. Im dritten Teil finden wir eine unsterbliche Gelehrtensatire, und mit dem vierten Teil verabschiedet sich Gulliver in Selbstverachtung von der Menschheit. Ich greife hier die Gelehrtensatire des dritten Teils heraus.

Gulliver wird auf der Insel Laputa die Ehre zuteil, die "Akademie von Lagado" zu besichtigen, wo die berühmtesten Professoren, jeweils in einer Kammer, ihre Forschungsprojekte durchführen. In der zweiten Kammer, aus der Gulliver ein "abscheulicher Gestank" entgegenschlägt, trifft er den ältesten Professor der Akademie.

---

16 Busch 1959, Bd. 4, 542.

Gesicht und Bart waren blaßgelb, die Hände und Kleider über und über mit Kot bespritzt. Als ich ihm vorgestellt wurde, umarmte er mich herzlich und drückte mich heftig an seine Brust, was ich ihm recht gern erlassen hätte. Seit seiner Aufnahme in die Akademie war er unablässig bemüht, den Menschenkot durch Ausscheidung der Gallenbestandteile, durch Verdunstung des Geruches und durch Absonderung des Speichels wieder in die ursprüngliche Nahrung zu verwandeln. Die Gesellschaft ließ ihm täglich ein Fass solchen Kotes von der Größe einer Biertonne zukommen.[17]

Ferner besichtigt Gulliver einen blindgeborenen Projektleiter. Es heißt:

Ein Blindgeborener, den mehrere mit dem gleichen Gebrechen behaftete Schüler umgaben, war beschäftigt, Farben für Maler zu mischen, die er durch Gefühl und Geruch unterscheiden lehrte. Ich kam aber, um die Wahrheit zu sagen, zu einer Zeit, da sie mit ihrer Kunst noch keinen besonders großen Fortschritt gemacht hatten. Doch wird der Lehrer, obwohl er sich häufig irrte, von allen überaus geachtet und reich besoldet.[18]

Es fragt sich heute, welchen Sonderforschungsbereich der Deutschen Forschungsgemeinschaft und welches Institut einer Neuphilologischen Fakultät Swift gemeint haben könnte, wo die Blinden von der Farbe reden.

Ein menschheitlicher Pessimismus hat auch Gogols *Tote Seelen* hervorgebracht, worin uns am Beispiel der russischen Provinz die Hölle der selbstvergessenen, nichtigen, seelisch toten Existenzformen vorgeführt wird: Gutsbesitzer, Beamte, Bauern. Keine positive Gestalt weit und breit. Ein Lieblingsbuch Gogols war die *Nachfolge Christi* des Thomas a Kempis. Darin wird der Mensch davor gewarnt ein Sklave der Dinge zu werden. Dieser Gedanke wird von Gogol auf die Spitze getrieben: ins universell Komische. In den *Toten Seelen* heißt es von den "mehr oder weniger gebildeten Menschen" der Kleinstadt: "Der eine las Karamsin, der andere die Moskauer Nachrichten, und mancher las sogar überhaupt nichts."[19] Jeder lebt nur für seine fixe Idee, seinen Fimmel, der alles und nichts sein kann. Exemplarisch ist die Gestalt eines durchreisenden Leutnants aus Rjasan. Es ist Nacht, alles schläft: Nur in einem Zimmer des Gasthofs ist noch Licht zu sehen. Hier übernachtet der Leutnant aus Rjasan. Er ist Stiefel-Fetischist, hat sich soeben ein neues, fünftes Paar Stiefel gekauft und zieht sie immer wieder an und aus:

Einige Male schritt er bereits ans Bett, um sich auszuziehen und schlafen zu legen, konnte es jedoch nicht über sich bringen, die Stiefel waren tatsächlich wunderbar gearbeitet, und lange noch hob er immer wieder den Fuß in die Höhe und besah sich seinen erstaunlich flott gedrechselten Absatz.[20]

Hier sehen wir Gogols Menschenbild "in nuce". Die Botschaft der Metapher ist eindeutig. Der Leutnant aus Rjasan – das sind wir alle, Fetischisten unserer fixen Idee.

In Wilhelm Buschs Bildergeschichten tritt uns ein weiteres pessimistisches Menschenbild entgegen. Nirgends ein Vorbild, wohin man auch blickt. Alle Schichten der Gesellschaft werden in ihren Schwächen vorgeführt: vom klönenden Professor Klöhn in *Fipps, der Affe* bis zum Dorftrottel Konrad auf der *Kirmes*:

---

17 Swift 1955, 301f.
18 Ibid., 302.
19 Gogol 1954, 233.
20 Ibid., 229.

> Der blöde Konrad steht von fern,
> Und hat die Sache doch recht gern.[21]

Fipps, der Affe, wird zum Spiegel des Menschen. Er kann sogar allein vierhändig Klavier spielen, wozu Kater und Hund, "zwei Mäuler, welche offen stehn", ein Duett singen. Wilhelm Buschs Bild der bürgerlichen Musikausübung im Wohnzimmer, Möchte-gern-Könner als Parodien des Ideals:

> Zu Kattermäng gehören zwei
> Er braucht sich bloß allein dabei.[22]

Als Affe macht er alles nach, was Menschen tun: das Resultat ist ständiger Unfug. Nur eins hat er nicht von den Menschen gelernt – und darin gipfelt Wilhelm Buschs böse Pointe: Fipps, der Affe, begeht eine gute Tat. Er rettet das Wickelkind Elise aus dem brennenden Haus ihrer Eltern. Diese denken nur an ihre Habe: der Vater an seinen Stiefelknecht, die Mutter an ihre Mausefallen. Ihr schlafendes Kind vergessen sie, und das Kindermädchen kann nur mit Mühe und Not sich selber retten. Fipps aber rettet Elise:

> Aus dem Fenster, hoch im Raume,
> Schwingt er sich zum nächsten Baume.
> Höchst besorgt, wie eine Amme,
> Rutscht er abwärts an dem Stamme.
>
> Sanft legt er Elisen nieder.
> Sie hat ihre Eltern wieder;
> Und die Flasche steht dabei,
> Falls Elise durstig sei.[23]

Fipps, der ansonsten nur das nachmacht, was ihm die Menschen vorgemacht haben, vollbringt hier etwas, das ihm kein Mensch beigebracht hat: eine gute Tat. Das Menschenbild Wilhelm Buschs spricht sich mit dieser Pointe in Reinkultur aus.

Swift, Gogol und Wilhelm Busch legen, genau betrachtet, ganz offensichtlich den Verdacht nahe, dass ein verächtliches Menschenbild die beste Grundlage, der beste Nährboden für große Komik ist – nach dem Motto: ein großer Clown ist in Wahrheit immer traurig. Das aber trifft nicht zu. Denn: Es gibt auch eine vitale, fröhliche Komik, die mit einem pessimistischen Menschenbild nichts zu tun hat. Man denke nur an François Rabelais (*Gargantua und Pantagruel*), Johann Fischart (*Geschichtklitterung*) und Honoré de Balzac (*Trollatische Geschichten*).

Es sei angemerkt, dass Goethe für diese Art von vitalem Frohsinn sehr viel übrig hatte. In "Auerbachs Keller in Leipzig" singen "alle" (wie es im Text heißt) den Zweizeiler:

> Uns ist ganz kannibalisch wohl,
> Als wie fünfhundert Säuen![24]

---

21 Busch 1959, Bd. 2, 472.
22 Ibid., Bd. 3, 334, 332.
23 Ibid., 346f.
24 Goethe 2002, 74

Swift, Gogol und Wilhelm Busch sind also Rabelais, Fischart und Balzac gegenüberzustellen, um das Phänomen des Komischen komplett vorliegen zu haben.

Schopenhauers "Erklärung des Lächerlichen"

Eine "logisch-nackte" Definition des Komischen ist uns von Schopenhauer mit dem 13. Paragrafen seines Hauptwerkes *Die Welt als Wille und Vorstellung* geliefert worden:

> Das *Lachen* entsteht jedesmal aus nichts Anderem, als aus der plötzlich wahrgenommenen Inkongruenz zwischen einem Begriff und den realen Objekten, die durch ihn, in irgend einer Beziehung, gedacht worden waren, und es ist selbst eben nur der Ausdruck dieser Inkongruenz. Sie tritt oft dadurch hervor, dass zwei oder mehrere reale Objekte durch *einen* Begriff gedacht und seine Identität auf sie übertragen wird; darauf aber eine gänzliche Verschiedenheit derselben im Übrigen es auffallend macht, dass der Begriff nur in einer einseitigen Rücksicht auf sie passte. Eben so oft jedoch ist es ein einziges reales Objekt, dessen Inkongruenz zu dem Begriff, dem es einerseits mit Recht subsumiert worden, plötzlich fühlbar wird. Je richtiger nun einerseits die Subsumtion solcher Wirklichkeiten unter den Begriff ist, und je größer und greller andererseits ihre Unangemessenheit zu ihm, desto stärker ist die aus diesem Gegensatz entspringende Wirkung des Lächerlichen.[25]

Aus dieser Erklärung ergeben sich, wie man sieht, für Schopenhauer zwei Arten des Lächerlichen: Entweder ist das Besondere gegeben, und der Begriff kommt hinzu; oder: Der Begriff ist gegeben und wird auf das Besondere, das vor Augen liegt, angewendet. Bei der Putzfrau im Kölner Karneval war das Besondere gegeben: die Leichenstarre des Ehemanns, und der Begriff Erektion wurde darauf angewendet, mit der Steifheit als dem einseitig Verbindenden. Bei Swift war in der "Akademie von Lagado" der Begriff des Gelehrten gegeben, der Projekte durchführt, und das Besondere, die vor Augen befindliche Ausführung, war nichts als unsinniges Zeug, mit der Systematik des Forschens als dem einseitig Verbindenden.

Schlusswort

Damit bin ich am Ende meiner Ausführungen angelangt. Nur noch eins: Es gibt tatsächlich völlig humorlose Menschen. Zu ihnen gehören offenbar auch Martin Heidegger und Karl Jaspers. Ihre zahllosen Schriften jedenfalls sind frei von Humor (was man etwa von Schopenhauer und Nietzsche nicht sagen kann). Martin Heidegger hatte jedoch einen Bruder, Fritz Heidegger, der ständig Witze machte. Er war Bankangestellter in Meßkirch und gab deshalb als Beruf gerne "Scheinwerfer" an. Und dieser Fritz kam eines Tages in das Arbeitszimmer seiner Bruders Martin, sah dessen "ausgebreitete Blätter" und sagte: "Da hast Du aber ein großes 'Martyrial'." Dieser Ausdruck gefiel seinem Bruder Martin so sehr, dass er ihn sofort seiner Ehefrau Elfride mit Brief vom 24. Oktober 1953 aus Meßkirch mitteilte,[26] sodass auch wir heute davon wissen und ich meine Überlegungen mit der Feststellung beschließen kann: Ich habe mein "Martyrial" ausgebreitet, und es kam nur darauf an, es angemessen zu ordnen.

---

25 Schopenhauer 1949, 70.
26 Heidegger 2005, 292.

Bibliografie

Adorno, Theodor W. *Minima Moralia: Reflexionen aus dem beschädigten Leben*. Frankfurt a. M.: Suhrkamp, 1964. Print.

Balzac, Honoré de. *Trollatische Geschichten*. Übers. Walter Mehring. Hamburg: Rowohlt, 1964. Print.

Baudelaire, Charles. "Vom Wesen des Lachens und allgemein von dem Komischen in der bildenden Kunst." *Baudelaire, Der Künstler und das moderne Leben: Essays, 'Salons', Intime Tagebücher*. Übers. Wilhelm Fraenger. Hg. Henry Schumann. Leipzig: Reclam Verlag, 1990. 117-37. Print.

Busch, Wilhelm. *Die Kirmes*. Hg. Friedrich Bohne. Wiesbaden: Emil Vollmer Verlag, 1959. Print. Bd. 2 von *Busch, Gesamtausgabe*. 4 Bde. 465-80.

---. *Spricker*. Hg. Friedrich Bohne. Wiesbaden: Emil Vollmer Verlag, 1959. Print. Bd. 4 von *Busch, Gesamtausgabe*. 4 Bde. 541-49.

Fischart, Johann. *Geschichtklitterung (Gargantua)*. 1590. Hg. Ute Nyssen. Düsseldorf: Karl Rauch Verlag, 1963. Print.

Goethe, Johann Wolfgang. *Faust: Urfaust – Faust I – Faust II*. Hg. Erich Trunz. München: C. H. Beck, 2002. Print.

Gogol, Nikolaj. *Tote Seelen oder Tschitschikoffs Abenteuer*. Übers. Sigismund von Radecki. München: Kösel Verlag, 1954. Print.

Hamsun, Knut. *Drei Amerikaner: Mark Twain, Ralph Waldo Emerson, Walt Whitman: Essays*. Übers. Jutta und Theodor Knust. München: Albert Langen, Georg Müller, 1959. Print.

Hegel, Georg Wilhelm Friedrich. *Ästhetik*. 2 Bde. Berlin: Aufbau-Verlag, 1976. Print.

Heidegger, Martin. *Mein liebes Seelchen! Briefe Martin Heideggers an seine Frau Elfride, 1915-1970*. Hg. Gertrud Heidegger. München: Deutsche Verlags-Anstalt, 2005. Print.

---. *Sein und Zeit*. Hg. Friedrich-Wilhelm von Herrmann. Frankfurt a. M.: Klostermann, 1977. Print.

Kant, Immanuel. *Kritik der Urteilskraft*. 1790. Hg. Wilhelm Weischedel. Wiesbaden: Insel Verlag, 1957. Print. Bd. 5 von *Werke*. 6 Bde. 1956-64.

Morgenstern, Christian. *Alle Galgenlieder*. Wiesbaden: Insel Verlag, 1958. Print.

Rabelais, François. *Gargantua und Pantagruel*. Übers. Gottlob Regis. München: Carl Hanser, 1964. Print.

Schopenhauer, Arthur. *Die Welt als Wille und Vorstellung*. Hg. Arthur Hübscher. Wiesbaden: Eberhard Brockhaus, 1949. Print. Bd. 2 von *Sämtliche Werke*. 7 Bde. 1948-50.

Swift, Jonathan. *Lemuel Gullivers Reisen in verschiedene ferne Länder der Welt*. 1726. Übers. Carl Seelig. Zürich: Manesse, 1955. Print.

Exequias de la lengua castellana von Juan Pablo Forner: Ein satirischer Leichenzug der kastilischen Sprache und die *Ars-Ingenium*-Debatte

Inke Gunia

Im Jahr 1788 teilte der spanische Schriftsteller Juan Pablo Forner (1756-97) seinem Mäzen, dem damaligen Staatssekretär Eugenio de Llaguno y Amírola in einem Brief mit, dass er ein weiteres Werk fertiggestellt hatte. Es handelte sich um eine menippeische Satire mit dem provokanten Titel *Exequias de la lengua española/Leichenzug der spanischen Sprache*.[1] Aufgrund von Personalveränderungen in der kirchlichen Zensurbehörde kam es aber erst zwei Jahre später vor die Augen des Gutachters. Das schriftliche Urteil ist auf den 2. März 1795 datiert. Der anonyme Autor,[2] so der Kardinal Erzbischof von Toledo, habe zwar großes Talent und zeige weitreichende Gelehrsamkeit, seine Satire aber kann den Feinden der spanischen Monarchie eine Waffe sein.[3] Wie Jurado nachweisen kann, hat Forner an den *Exequias* nach der Ablehnung Änderungen vorgenommen, weil er sie als eine Art "literarisches Testament" betrachtete.[4] Zu seinen Lebzeiten fand der *Leichenzug* durch die Zensur jedoch ein frühes Grab. Erst 1871 wurde das Werk wiedererweckt, und zwar durch den Diplomaten, Schriftsteller und Literaturkritiker Leopoldo Augusto de Cueto, Marqués von Valmar, der den Text in seine Anthologie *Poetas líricos del siglo XVIII/Lyrische Dichter des 18. Jahrhunderts* aufnahm. Seitdem hat es sieben weitere Editionen des Textes gegeben.[5]

Inhalt der *Exequias*

Aminta ist ein Verseschmied und verfolgt beharrlich das Ziel ein Dichter von Zeus Gnaden zu werden. Er erzählt von seiner Reise zum Parnass. Auf der Suche nach je-

---

1 Die Übersetzungen stammen von mir (I. G.).
2 Forner hatte lediglich mit den Initialen seines Namens unterzeichnet: "D.J.P.F."
3 Das komplette Zensurdokument ist nachzulesen bei J. Jurado, 2000, 60-63.
4 Ibid., 63.
5 1925 von Pedro Sainz Rodríguez (Madrid, La Lectura, in der Serie "Clásicos Castellanos"), eine ohne Jahresangabe mit einem Vorwort von Rafael Soto (Madrid, Compañía Ibero-Americana de Publicaciones, Bibliotecas Populares Cervantes, in der Serie "Las Cien Mejores Obras de la Literatura Española"), 1944 (Buenos Aires, Ediciones Poseidón, in der Serie "Colección Pandora"), 1952 (Espasa Calpe, in der Serie "Colección Austral"), 1972 (Tordesillas, Organización Gráfica, in der Serie "Colección Escritores Universales"), 2000 in der kritischen Edition von José Jurado und erstmals auf der Grundlage der bislang als letztgültig geltenden und von Juan Pablo Forner autorisierten Version des Manuskripts (Madrid, CSCIC, in der Serie "Biblioteca de Filologá Hispánica"). Die in diesem Beitrag zugrunde gelegte Ausgabe ist die letzte, von Marta Cristina Carbonell besorgte aus dem Jahr 2003 (Madrid, Cátedra, in der Serie "Letras hispánicas").

mandem, der sich für ihn vor dem Gott der Künste einsetzen könne, trifft er auf Arcadio, einen ehemaligen Kommilitonen aus der Universität. Arcadio kann die Pläne Amintas nicht gutheißen. Ein alter Mann nähert sich ihnen und überreicht Aminta einen Brief Apolls, in dem dieser auf den Parnass lädt, damit er dort dem Begräbnis der kastilischen Sprache beiwohne, die durch eine Reihe von dichtenden Landsmännern ums Leben kam. Der Alte gibt sich als Cervantes zu erkennen und bietet sich als Führer an. Arcadio ist begeistert von der Idee und schließt sich den beiden an.

Auf dem Weg zum Musensitz erlebt die Gruppe die wundersamsten Dinge und trifft auf eine Vielzahl historischer Persönlichkeiten. Sie gelangen an eine trübe Lagune, an deren Ufer ein Heer von Fröschen quakt. Von Cervantes erfahren Aminta und Arcadio, dass auf diese Weise die schrulligen Schriftsteller aus der ganzen Welt enden (vgl. 206). Als sie den Tempel der Unsterblichkeit erreichen, sehen sie sich zwischen traurigen und abgezehrten Menschen. Ein Greis, der sich als Veranio vorstellt, diskutiert mit einigen Zeitungsredakteuren über seine sprachlichen Studien. Der Name ist ein Pseudonym des berühmten spanischen Universalgelehrten Gregorio Mayáns y Síscar (1699-1788), Autor der Sprachgeschichte *Orígenes de la lengua castellana/Ursprünge der kastilischen Sprache* (1737), der aufgrund einer langen Negativrezension seines Werkes eine Polemik mit den Redakteuren des *Diario de los Literatos de España/Tageszeitung der Gelehrten Spaniens* entfachte. Veranio aber genießt den bedingungslosen Schutz Apolls, der die Zeitungsredakteure für ihre Meinung bestraft (vgl. 227f.). Aminta und Arcadio erfahren, dass in Veranios Händen die kastilische Sprache ihr Leben aushauchte (vgl. 229). Außerhalb des Tempels, im Schatten einiger Lorbeerbäume treffen sie auf den Dichter Esteban Manuel de Villegas (1589-1669), mit dem sie ein Gespräch über die spanische Literatur des 18. Jahrhunderts führen. Der darauf folgende Vortrag von Villegas über die Geschichte der kastilischen Sprache wird plötzlich durch lautes Geschrei unterbrochen. Ursache ist ein aus seinem Käfig entflohener Kritiker, der besessen von menschenvernichtendem Wahn umherrennt. Die blinde Wut des Mannes ist eine Folge des Neidgefühls gegenüber talentierteren Schriftstellern. Das Ereignis gibt den Reisenden Anlass über die Zunft der Kritiker und ihren Nutzen zu debattieren. Als Aminta und Arcadio bei der Bibliothek ankommen, sind gerade einige Arbeiter damit beschäftigt, körbeweise Bücher herauszutragen und auf einen Scheiterhaufen zu werfen. Es handelt sich dabei um Werke, die den Tod der kastilischen Sprache herbeiführten und jetzt als Brennstoff für die Einäscherung der Verstorbenen dienen sollen. Angesichts dieses Spektakels drängen sich der Reisegruppe Gedanken über die Dichtkunst, die Philosophie und die Rhetorik auf. Sie werden erneut unterbrochen, dieses Mal von einem Subjekt, das sich "Der Graf" nennt. Er informiert sie über einen Disput, den gerade der Phönizier Sanchiathon und der Baske Larramendi über die Frage austragen, ob dem Phönizischen oder Baskischen der Vorrang während der Beerdigung gebühren solle. Im Inneren der Bibliothek werden sie Zeugen der Selbstzensur einiger Gelehrter, darunter auch der Historiker Juan Ignacio Ferreras (1652-1735) sodann Fray Benito Jerónimo Feijóo (1676-1764) und der Dramaturg José de Cañizares (1676-1750). Letzterer zeigt ihnen ein Papier, dass er zwischen einigen Manuskripten fand und das den Titel "Gedanken über das Theater in Spanien" trägt. Es folgt eine Unterhaltung über die Nützlichkeit der Beredsamkeit in den Rechtsberufen. Die Szene in der Bibliothek endet mit der Erscheinung Apolls und der Schlichtung des Streitgesprächs zwischen Sanchiathon und Larramendi.

Der Leichenzug beginnt sich zu formieren, und es erscheinen zunächst alle Zweige des Wissens, die in der kastilischen Sprache in den letzten zehn Jahrhunderten vermittelt wurden. An vorderster Stelle marschiert die Theologie, dann die Gerichtsbarkeit, die Politik. Es folgen die zivilisierten Eingeborenen Amerikas, die der Verstorbenen für ihre Verdienste danken möchten (vgl. 313), sodann die Vorfahren der kastilischen Sprache. Apoll hat nicht zugelassen, dass alle kommen, denn nicht alle haben sich um die kastilische Sprache verdient gemacht. Hervorgehoben werden das Griechische, das Lateinische und die arabische Sprache (vgl. 319). Als Nächstes kommen jene Gelehrten, die sich der Pflege der kastilischen Sprache gewidmet haben, darunter an vorderster Stelle die Dichter, denn sie haben "das Lob des Schöpfers und die moralischen Lehrsätze besungen" (320). Es sind dies die Dramaturgen, die Tragiker, die Bukoliker, die Epiker, dann aber auch die Historiker, die Didaktiker und die Epigrammatiker. Ihnen schließen sich die Poetologen an (Pinciano 1475?-1553, Cascales 1564-1642, González de Salas 1588-1654 und Luzán 1702-54) sowie die redegewandten Prosaschriftsteller: Kanzelredner, Asketen und Vortragskünstler, Historiker und Romanciers. Schließlich kommt die angeblich verstorbene kastilische Sprache selbst (vgl. 324). Zur Überraschung aller ist sie noch am Leben, wirkt aber schwach und wird von dem Hochadel gestützt: König Alfons X. von Kastilien, Toledo, León, Galicia, Sevilla, Córdoba, Murcia, Jaén und der Algarve (1252-84), genannt der Weise (weil er sich als Historiker, Gesetzgeber und Schriftsteller hervortat), sein Urenkel, König Alfons XI. (1312-50, Autor des ersten, in kastilischer Sprache überlieferten Troubadourgedichts), Prinz Carlos de Viana (1421-61, er übersetzte aus dem Lateinischen die Ethik von Aristoteles, auch soll er Autor der *Crónica de los reyes de Navarra/Chronik der Könige von Navarra* und nach Jurado ein Förderer der Renaissancekunst im Königreich Aragón gewesen sein)[6] und der Infant Don Juan Manuel (1282-1348, der Neffe von Alfons X. beeinflusste die spanische Erzählkunst mit einer Sammlung didaktischer Erzählungen in der Tradition des Fürstenspiegels: *Conde Lucanor o Libro de Patronio/ Graf Lucanor oder Buch Patronios*). Apoll offenbart den Anwesenden, dass er auf die List den Tod der kastilischen Sprache vorzutäuschen zurückgegriffen habe, weil er ihnen vor Augen führen wollte, mit welchem Verlust sie zu rechnen hätten, würden sie der sprachlichen Korruption nicht entgegenwirken. Aminta befiehlt er nach Spanien zurückzukehren, um von seinen Erfahrungen auf dem Parnass zu berichten, damit seine Landsmänner aus ihrer Lethargie geweckt werden. Als Strafe für diejenigen, die das Kastilische nicht vorbildlich gepflegt haben, droht die Bücherverbrennung. Auch diesem Akt wohnt Aminta bei und sieht, wie die Asche in die sogenannte "Lagune der

---

6   Jurado 2000, 320.

Quacksalber" gestreut wird (333f.).[7] Auf Anordnung Apolls muss Aminta auf diese Art des "Glaubensgerichts" eine Grabrede halten, unter dem Titel "Die Satire gegen die heutige Literatur der Pfuscher". Am Schluss der Rede, sind ein Großteil der Schriftsteller am Ufer in Frösche verwandelt worden. Jene aber, die von der Strafe verschont geblieben sind, werden aus dem Parnass geworfen, damit sie sich in Reue üben. Die Vibrationen, die Aminta plötzlich am ganzen Leib spürt, entpuppen sich als die Versuche Arcadios, seinen Freund aus einem langen Traum zu wecken, den dieser nun entschlossen ist, zu Papier zu bringen.

Erzählsituation, Handlungsaufbau und die Beziehung zwischen Faktualität und Fiktion

Juan Pablo Forner greift hier auf eine Rahmenerzählung mit Überraschungsfunktion zurück,[8] mittels derer er die im Hinblick auf die extratextuelle faktuale Wirklichkeit fantastische Reise zum Parnass auf der Ebene der extradiegetischen Erzählung als Ausgeburt des schlafenden Erzählers bestätigen kann. Das Bild vom schlafenden und dabei "Ungeheuerliches" träumenden Schriftsteller hat eine Tradition, die in der griechisch-lateinischen Antike begann,[9] im spanischen 18. Jahrhundert wieder in Mode kam,[10] um dann mit dem 43. Blatt ("Der Schlaf der Vernunft gebiert Ungeheuer") aus den 1799 erschienenen Radierungen *Caprichos* von Francisco de Goya einen Höhepunkt der Bekanntheit zu erreichen.[11] Losgelöst von den Zügeln der Vernunft ("razón") entwickelt die Vorstellungskraft ein Geschehen, dessen Zutaten nicht nach der aristotelischen Forderung von der Wahrscheinlichkeit oder Möglichkeit im Hinblick auf die extratextuelle faktuale Wirklichkeit ausgewählt und verknüpft worden sind. Der Traum erhält hingegen den Status des Wahrscheinlichen.

Die Thematisierung des Verhältnisses von Faktualität und Fiktion erfolgt auf allen Ebenen der literarischen Kommunikation. Auf der Ebene der erzählten Traumgeschichte sprechen Aminta und Arcadio über dieses Thema,[12] auf der Ebene des Erzählaktes erfahren wir davon, dass alles nur geträumt war. Die Ereignisse der ge-

---

7 Forner 2003, 333f.
8 Vgl. Lahn und Meister 2008, 87.
9 Als Ausgangspunkt sei die *Epistula ad Pisones* (14 v. Chr.) von Horaz genannt.
10 Man findet es in der *Poética o reglas de la poesia en general y de sus principales especies* (1737 u. 1789/1977, 275) von Ignacio de Luzán, in der Satire *Los eruditos a la violeta* (1772/1967, 61) von José Cadalso, in der Polemik zwischen Tomás de Iriarte und Juan José López Sedano über die kastilischsprachigen Übersetzungen der *Epistula ad Pisones* von Horaz bei Vicente Espinel seit 1777 (E. Cotarelo y Mori 1897, 159-80) und z. B. in der Satire *Lección poética* (1782/1831, 120ff.) aus der Feder von Leandro Fernández de Moratín.
11 Eine ausführliche Untersuchung dieses Blattes Nr. 23 hat Helmut C. Jacobs (2006) vorgelegt.
12 So wird Arcadio von Aminta mit ironischem Ton gefragt, ob er jetzt den modernsten Schriftstellern unter ihnen mit den modernen Regeln aus der Zeit der Antike kommen wolle ("todas las ridículas menudencias del pobrete Aristóteles"/"all diese lächerlichen Petitessen des armseligen Aristoteles", 188).

träumten Handlung sind nur locker miteinander verbunden. Diese Verbindung folgt keiner internen Kausalität, sondern dem Zufall. Unterhaltungen, Streitigkeiten, Reden werden brüsk unterbrochen und die Aufmerksamkeit wieder auf andere, neue Ereignisse an anderen Orten und mit anderen Figuren gelenkt. Eine solche episodische Struktur entspricht nicht den aristotelischen Regeln.[13] Auch auf der Ebene der Rahmenerzählung verweist Aminta als Erzähler seines Traums auf den "desorden accional" (die "Handlungsunordnung") seiner Geschichte und greift auf das Horazische Bild aus der *Epistula ad Pisones* zurück:

> Deucht es euch, dass eine Erfindung gefallen kann, in der die Hauptsache fast am Ende erscheint, überflutet von einer Vielzahl an Episoden, die wenig oder gar nichts mit ihr zu tun haben? Eine chimärische Erfindung, deren Kopf nicht zu dem Körper passt und sich letzterer mit Federn besät präsentiert? (364)[14]

Schließlich macht Arcadio, der als eine Art Alter Ego des Protagonisten Aminta auftritt, den Vorschlag, die fantastische Geschichte in den Mantel der Satire zu kleiden: "aber, wer darf von euch in diesen Werken [den Satiren] die Strenge und Genauigkeiten einer epischen oder dramatischen Handlung einfordern?" (364)[15]

Inhalts- und ausdrucksseitig bedient sich Forner mit seinen *Exequias* bei der Tradition der menippeischen Satire, so finden sowohl die berühmte Satire *Apocolocynthosis* (54 n. Chr.) von Seneca als auch *Ikaromenippos oder Die Luftreise* (ca. 161 n. Chr.) des Lukian von Samosata an verschiedenen Stellen der *Exequias* wegen thematischer Ähnlichkeiten Erwähnung (vgl. 159, 160, 363). Das Motiv der imaginären Reise an einen Ort der Erkenntnis zu dem Zweck, bestimmte moralische, politische, individuelle und kollektive Werte richtigzustellen, bildet eine Traditionslinie, auf der neben den Texten von Seneca und Lukian auch *La Divina Commedia* (1471) von Dante Alighieri oder der *Viaje del Parnaso* (1614) von Miguel de Cervantes liegen.[16] Auch im Jahrhundert Forners fand die Satire im Allgemeinen und die Satire mit dem Motiv der imaginären Reise viele Anhänger: *La derrota de los pedantes* (1789) von Leandro Fernández de Moratín, *Los literatos en cuaresma* (1773) von Tomás de Iriarte, *El viaje*

---

13 Kapitel 9: "Unter den einfachen Fabeln und Handlungen sind die episodischen die schlechtesten. Ich bezeichne die Fabel als episodisch, in der die Episoden weder nach der Wahrscheinlichkeit noch nach der Notwendigkeit aufeinanderfolgen." (Aristoteles 1993, 33)

14 Vgl.: "¿Paréceos que podrá agradar una invención en que el asunto principal aparece, allá casi al fin de ella, anegado en una multitud de episodios que poco o nada tienen que ver con él? ¿Una invención quimérica, cuya cabeza no dice con el cuerpo, y en éste se ven sembradas plumas?" (364)

15 Vgl.: "pero en estas obras, ¿quién os ha de pedir los rigores y puntualidades de una fábula épica o dramática? Estos escritos, que se llaman satiricones, corren y saltan libremente en campo ilimitado" (364).

16 Das Motiv war in der italienischen Literatur Ende des 16. und Anfang des 17. Jahrhunderts in Mode: Vgl. *Viaggio in Parnaso* (1582) von Cesare Caporali oder *Viaggio di Parnaso* von Giulio Cesare Cortese.

al cielo del poeta filósofo (1774) von Cándido María Trigueros oder *Le Temple du gout* (1733) von Voltaire.[17]

Die Rahmenerzählung und ihre eingebettete Traumgeschichte werden aber nun eingeleitet durch die "Anmerkung" eines anonymen Legatars der Werke des verstorbenen Pablo Ipnocausto, ein ironischer Verweis auf den realen Autor Pablo Forner. Es handelt sich also um eine Herausgeberfiktion, eine Sonderform der Rahmenerzählung, die eine Binnenerzählung rahmt (der seinen Traum erzählende Aminta). Die ironische Absicht der Herausgeberfiktion verweist auf die Ebene des impliziten Autors, der sich über die fiktive Figur des Legatars und damit gleichzeitig den Pablo Ipnocausto lustig macht. Der Legatar nämlich stellt sich als Ignorant heraus; er kennt den lateinischen Dichter Horaz nicht (vgl. 160)[18] oder bezeichnet Sokrates, Platon, Zenon, Cicero, Seneca, Vives und Gassendi als "Pöbel jener sonderbaren Familie, die wie mit dem Zirkel den Verstand der Menschen vermessen möchten und ihren Willen mit dem Lot ihrer fantastischen Geschichten ausgleichen wollen" (51).[19] Er führt den Autor der *Exequias* (Juan Pablo Forner alias Pablo Ipnocausto) als Dummkopf ein, der die Frechheit besitzt, ohne jegliche Protektion in den heiligen Zirkel der Literatur einzutreten, um zu provozieren (vgl. 173).[20] Schließlich aber wirbt der Legatar für die Lektüre des Werkes, weil er glaubt, dass es immer noch mehr Lesevergnügen bereitet, als ein trockenes Handbuch der Rechtswissenschaft (vgl. 179).

Die *Ars-Ingenium*-Debatte

Auf der Ebene der Binnenerzählung Amintas wird die Satire als kanonisierte Ausdrucksform akzeptiert, in der sich das Fantastische mit relativer Freiheit entfalten kann. Auf der Ebene der Rahmenerzählung, in der Herausgeberfiktion ("Noticia") wird diese Anerkennung nun wieder negiert, um zugleich auf extrafiktionaler Ebene seitens des impliziten Autors bestätigt zu werden, dadurch, dass Letzterer die Worte des Legatars als Teil eines satirischen Spiels markiert. Dieses Konstrukt dient Forner der metapoetischen Reflexion über die von der Vernunft und den poetologischen Regeln kon-

---

17 Im 18. Jahrhundert kommt die Reiseliteratur wieder in Mode. Man reiste viel aus geschäftlichen und politischen Gründen (staatl. Auftragsreisen, Gesandtschaftsreisen), aus religiösen Gründen (Pilgerreise, Ordensreise), um sich zu bilden (Studienreise – *peregrinatio academica*, der *viaje ilustrado*, die *Grand Tour*), sich zu erholen und weil man in dieser Zeit nach neuen Erkenntnissen strebte. Man wollte die Welt in allen ihren Bereichen erfassen. Erzählungen von imaginären Reisen in satirischer Form boten ihren Autoren die Möglichkeit im Hinblick auf die offizielle Meinung kritische, provokante oder gar gefährliche Ideen zu artikulieren. Siehe hierzu etwa: Álvarez de Miranda 1995, Baquero 1996 oder Martínez García 2008.

18 Vgl.: "el cual diz que fué un gran coplero allá de tiempos antiguos" (160).

19 Vgl.: "una turba de esta familia estrafalaria, que quieren medir como con compás el entendimiento de los hombres, y nivelar su voluntad a la polomada de sus imaginaciones fantásticas" (51).

20 Vgl.: "Jamás se le pudo reducir a que no llamase mal poeta a un mal poeta [...] montaba en cólera, y arrebatando papel y pluma, escriborroteaba sus sentimiento liso y llano, como se los inspiraba el diablo de su indignación [...] un licenciadote a secas, falto de protección [...]." (173)

trollierte Kunst (*ars*) einerseits und das *ingenium* andererseits. Innerhalb der Traumgeschichte wird die Debatte zwischen *ars* und *ingenium* dann fortgeführt. Die mit den *Exequias* transportierte Absicht besteht in der Vermittlung eines Katalogs von Merkmalen der Literarizität im Allgemeinen und der Poetizität im Besonderen, die auf der Grundlage einer Untersuchung des Zustands der kastilischen Sprache herausgearbeitet werden. Wenn in den *Exequias* von "Literatur" die Rede ist, dann in der Definition, die z. B. das Wörterbuch der *Königlich Spanischen Sprachakademie* (*Diccionario de la Real Academia Española*, 1726) verzeichnet: Zum einen bezieht sich der Begriff auf die Kenntnis von den Wissenschaften und Künsten, zum anderen auf die schriftlichen Produkte dieser Gelehrsamkeit.[21] Den Leichenzug bildet "ein wahrer Baum des Wissens oder, was das gleiche ist, das Fortschreiten der Literatur in Spanien und die Grade ihrer Vollkommenheit" (319f.).[22] Letztlich fokussiert der Text jedoch auf die korrekte Anwendung der poetischen Sprache in der kastilischen Dichtung im Rahmen einer klassizistischen Poetik.

Die Blütezeit der kastilischen Sprache umspannte das 16. und 17. Jahrhundert, wie Forner den Dichter Esteban Manuel de Villegas (1589-1669) in seinem historischen Abriss erklären lässt. Das 18. Jahrhundert durchlebe eine Phase der Korruption und des Verfalls, daher sei es umso wichtiger, die Epoche der Blüte in Erinnerung zu behalten. Villegas gibt den Reisenden Aminta und Arcadio den Rat mit auf den Weg, sich des Studiums und der Nachahmung der spanischen Werke aus den vergangenen Jahrhunderten zu widmen, damit sich ihr Urteilsvermögen in Bezug auf den richtigen Gebrauch der kastilischen Sprache (den guten Geschmack, "buen gusto") ausbilde.[23] Künstlerisch zu schaffen, bedeute aber nicht einfach das Vorbild zu kopieren, sondern hier bedürfe es noch einer weiteren Zutat, eben des *ingeniums*. In den *Exequias* taucht dieses Konzept in einer ganzen Reihe von Begriffen auf, die als Synonyme verwendet werden: "entusiasmo", "genio", "talento natural", "imaginación", "fantasía". Das *ingenium* rufe einen Zustand der Erhitzung ("acalorado") hervor, der höchsten Kreativität,

---

21 Zur Entwicklung des Literatur- und Dichtungsbegriffs im spanischen 18. Jahrhundert siehe Gunia 2008.

22 Vgl.: "un verdadero árbol científico, o lo que es lo mismo, la progresión de las letras en España y los grados de su perfección" (319f.).

23 Vgl.: "La imitación, o por mejor decir, el estudio de las obras españolas de los siglos pasados, debe ser vuestro norte para arribar al colmo de esta empresa [i.e., manifestar 'prácticamente la diferencia que hay entre los que saben bien el uso de su lengua y los que corrompen el uso']." (242) Weitere Textpassagen aus den *Exequias* zum guten Geschmack ("buen gusto") finden sich in Forner 2003, 225f., 254 u. 285. Zum Konzept des *buen gusto* haben umfangreich geforscht: H.-J. Gabler (1982), U. Frackowiak (1994) und H. C. Jacobs (1996). Forner widmete sich auch in anderen Arbeiten dem "buen gusto"/guten Geschmack. Dank der bibliografischen Arbeit von Jiménez Salas (1944) und F. López (1976) weiß man von der Existenz eines Gedichts, das den Titel "El buen gusto, poema" trägt, von einigen Aufzeichnungen "Sobre el Buen Gusto" und einem "Discurso sobre el origen y progresos del mal gusto en la literatura"/*Rede über den Ursprung und Fortschritt des schlechten Geschmacks in der Literatur*, die er vor der Königlichen Akademie der guten Literatur in Sevilla (Real Academia Sevillana de Buenas Letras) am 22.11.1793 hielt (Jiménez Salas 1944, 590, 595, 607 und Aguilar Piñal 1966, 272, 333).

in dem der Dichter – wenn er nicht gebremst wird – nicht anders könne, als alle Regeln des guten Geschmacks zu verletzen. Das *ingenium* ist außerdem göttlichen Ursprungs, also angeboren. Auch Aminta besitzt diese Fähigkeit, wie wir aus dem Munde Apolls wissen: "Mein Sohn Aminta: mit deiner Geburt hauchte ich dir die Neigung zur Dichtung ein; das tat ich in der Weise, dass du immer auf dem rechten Weg geblieben bist." (193)[24] Die dichterische Schönheit, die Exzellenz eines Werkes ist neben der Anwendung der Regeln auf die Tätigkeit des *ingeniums* zurückzuführen, das sich aber nicht gänzlich frei entwickeln darf, sondern immer durch die Vernunft geleitet wird und sich in den Grenzen des guten Geschmacks bewegt (vgl. 253). Für das dichterische Kunstwerk gilt, dass die Nachahmung, die Auswahl und Kombination der Elemente aus der Natur auf der Grundlage der aristotelischen Wahrscheinlichkeit und Glaubwürdigkeit geschieht, denn der Dichter strebe schließlich die Belehrung des Volkes an.[25] In Entsprechung zu dem berühmten Satz von Horaz "aut prodesse volunt aut delectare poetae aut simul et iucunda et idonea dicere vitae"[26] kann die didaktische Absicht nicht greifen ohne eine ausreichende Dosis an Unterhaltung. In den eingangs erwähnten "Gedanken über das Theater in Spanien" wird diese Verbindung unterstrichen (277).

Der Dramaturg Cañizares entdeckt diese Schrift in der Bibliothek, während draußen die Bücherverbrennung stattfindet. Cañizares, den Cervantes als "den besten Komödienschriftsteller eures Jahrhunderts" (274) präsentiert,[27] fühlt sich in seinen Erwartungen bezüglich der Gunst Apolls auf dem Parnass betrogen. Er hatte geglaubt, Komödien verfasst zu haben, die, weil sie das Publikum feierten, nach dem guten Geschmack komponiert waren. Er gewinnt jedoch die schmerzhafte Erkenntnis von der ungleichgewichtigen Beziehung zwischen der Freiheit des *ingeniums*, der künstlerischen Unabhängigkeit auf der einen Seite und dem Respekt gegenüber den Normen im dichterischen Schöpfungsprozess auf der anderen. Was ihm einerseits das Lob des Publikums eintrug, entfernte ihn andererseits von den poetologischen Vorschriften. Der Autor der "Gedanken über das Theater in Spanien" beklagt den Umstand, dass die

---

24 Vgl.: "Hijo Aminta: Desde que naciste inspiré en ti la inclinación a la poesía; y de tal manera la inspiré que he cuidado siempre conducirte por el buen camino." (193) An anderer Stelle sagt Villegas, dass man als Dichter geboren wird ("[se] nace poeta", 235) und einige Zeilen weiter fühlt er plötzlich die Notwendigkeit zu dichten und war dabei "ganz angefüllt von einem fast göttlichen Glanz, der die Heftigkeit des Geistes zeigte, der ihn entzündet hatte" (vgl.: "lleno de un resplandor casi divino, que indicaba bien la vehemencia del espíritu que le encendía", 236).

25 Die Glaubwürdigkeit taucht als eine Komponente im Konzept des guten Geschmacks auf. Ebenso die Reinheit der dichterischen Sprache (202, 207, 226, 233f., 250). Lázaro Carreter analysiert diese für die Zeit Forners typische Eigenschaft in seiner Monografie über die linguistischen Vorstellungen im Spanien des 18. Jahrhunderts (1985). Eine weitere Forderung im Rahmen des "buen gusto" ist die zeitlose Gültigkeit der dichterischen Werke: "Ensayos, diccionarios, pensamientos sueltos, discursos, misceláneas: he aquí los pasajeros monumentos de la literatura; pasajeros, porque se escribieron para su siglo, no para todos" (210).

26 Horaz, 1984, 24.

27 Vgl.: "el mejor escritor cómico de vuestro siglo" (274).

Unterhaltungsfreudigkeit des Publikums vornehmliches Ziel der zeitgenössischen spanischen Dramaturgen geworden ist. Wider die Prinzipien der Wahrscheinlichkeit und Plausibilität würden Könige, Fürsten und andere Würdenträger der Lächerlichkeit preisgegeben, indem man ihnen plebejische Lebensformen andichtet, als gäbe es keine Standesunterschiede (vgl. 278). Cañizares, der erklärt, dass er alle seine Komödien noch einmal überarbeiten möchte, um die Gattungsreinheit wiederherzustellen, begegnet Cervantes mit Nachsicht. Um herausragende und unnachahmliche Kunstwerke zu erschaffen, so wiederholt er die ein- ums andere Mal in diesem Werk geäußerte Maxime, reiche das Studium der Vorschriften nicht aus, denn die alleinige Berücksichtigung der Regeln lässt ein Kunstwerk tot erscheinen, abgesehen davon, dass es dem "Fortschritt des guten Geschmacks" dient ("los progresos del buen gusto", 282): "das Volk möchte lieber ein lebendiges, fröhliches und spielfreudiges Monstrum sehen, als einen blassen und matten Leichnam, so sehr dieser auch die entsprechende Regelmäßigkeit seiner Natur bewahre" (282).[28] Dieses, die "schreckliche Genauigkeit" (250), so Forner, sei ein weiteres Merkmal der aktuellen Dichtung.

Das präsentierte Dichtungskonzept erteilt dem *ingenium* eine gewisse Relevanz, kraft der das Unregelmäßige und Ungenaue zur Kategorie des Poetischen erhoben wird (vgl. 250f.).[29] In dieser von der fiktiven Figur des Cervantes vermittelten Poetik werden die "monstruos" toleriert, weil sie dem Kunstwerk Leben einhauchen (vgl. 282).[30] Cervantes beklagt die Abwesenheit von so großartigen Talenten wie Calderón de la Barca, die innerhalb des poetologischen Rahmens ingeniöse Werke erschufen (vgl. 282).[31] Mit dieser Haltung bleibt Forner im Grunde auch ein halbes Jahrhundert nach der erstmaligen Veröffentlichung der Poetik Ignacio Luzáns auf dem durch seinen Landsmann geebneten klassizistischen Weg.[32] Vom romantischen Individualismus ist er beachtlich weit entfernt. Selbst wenn das *ingenium* bei Forner die Exzellenz und Unsterblichkeit des Dichters impliziere, lässt sich beobachten, dass letzterer noch keinesfalls als Individuum betrachtet wird, das in der dichterischen Schönheit die Verwirklichung oder Entfaltung des eigenen Seins sucht.[33] Schließlich haben die "monstruos" als Produkte

---

28 Vgl.: "y el pueblo quiere más ver un monstruo vivo, alegre y juguetón, que un cadáver pálido y postrado, por más que conserve la regularidad correspondiente a su naturaleza" (282).

29 Vgl.: "Hay en ellas [i.e., 'aquellas expresiones vivas con que nos arrebatan'] una falta gramatical: id a decir a los versificadores fríos que aquella falta es allí una belleza; que la construcción poética, aunque sea irregular, suele a veces expresar una vivísima imagen con aquella irregularidad misma." (250f.)

30 Vgl.: "Vos, amigo mío, labrasteis monstruos, pero monstruos muy agradables y muy llenos de vida [...]." (282)

31 Dieses Zitat widerspricht der Meinung Sebolds (1970, 108f. u. 110f.), der von einer Ablehnung des Theaters von Lope, Tirso und Calderón seitens des impliziten Autors spricht. Außerdem führen Lope und Calderón die Gruppe der Theaterdichter im Leichenzug an: "pomposos, desenvueltos, ágiles, llenos de espíritu y de vida, y haciendo gala de la fecundidad de su imaginación, con desprecio de las puntualidades del arte" (321).

32 Luzán (1977) beschäftigt sich mit dem *ingenium* in den Kapiteln XIff. (z. B. 239ff.).

33 Mit Klinger 1995, Kap. 4.

des freien *ingeniums* doch nur das Recht in einer Dichtung zu existieren, die sich nicht außerhalb der Grenzen der Regeln der *ars* bewegt.

Bibliografie

Aguilar Piñal, Francisco. *La Real Academia Sevillana de Buenas Letras en el Siglo XVIII*. Anejos de la *Revista de Literatura*. Madrid: CSCI, 1966. Print.

Álvarez de Miranda, Pedro. "Sobre viajes y relatos de viajes en el siglo XVIII." *Compás de Letras: Monografías de Literatura Española* (1995) 7: 97-122. Print.

Aristoteles. *Poetik. Griechisch/Deutsch*. Übers. und Hg. Manfred Fuhrmann. Stuttgart: Reclam, 1993. Print.

Baquero, Ana L. "El viaje y la ficción narrativa española en el siglo XVIII." *Jornadas sobre los libros de viaje en el mundo románico. Celebradas en Murcia del 27 al 30 de noviembre de 1995*. Hg. Fernándo Carmona Fernández und Antonia Martínez Pérez. Murcia: Servicio de Publicaciones Universidad, 1996. 21-30. Print.

Cadalso, José. *Los eruditos a la violeta*.1772. Introducción, selección y notas de Nigel Glendinning. Salamanca: Biblioteca Anaya, 1967. Print.

Cotarelo y Mori, Emilio. *Iriarte y su época*. Madrid: Est. Tip. 'Sucesores de Rivadeneyra', 1897. Print.

Fernández de Moratín, Leandro. *Obras*. 1782/1831. Dadas a luz por la Real Academia de la Historia. T. IV. Obras sueltas. Madrid: Aguado, Impresor de Cámara de S. M., k. A. Print.

Forner, Juan Pablo. *Exequias de la lengua castellana*. *1871. Poetas líricos del siglo XVIII*. Hg. Leopoldo Augusto de Cueto, Marqués de Valmar. Biblioteca de Autores Españoles. Madrid: Rivadeneyra, k. A. Print.

---. *Exequias de la lengua castellana*. 1871. Hg. Marta Cristina Carbonell. Letras Hispánicas. Madrid: Cátedra, 2003. Print.

Frackowiak, Ute. *Der gute Geschmack. Studien zur Entwicklung des Geschmacksbegriffs*. Freiburger Schriften zur Romanischen Philologie. München: Wilhelm Fink, 1994. Print.

Gabler, Hans-Jürgen. *Geschmack und Gesellschaft. Rhetorische und sozialgeschichtliche Aspekte der frühaufklärerischen Geschmackskategorie*. Frankfurt a. M.: Peter Lang, 1982. Print. European University Studies. Ser. I: German Language and Literature.

Gunia, Inke. *De la poesía a la literatura: El cambio de los conceptos en la formación del campo literario español del siglo XVIII y principios del XIX*. Madrid: Iberoamericana, 2008. Print.

Horaz (Horatius Flaccus, Quintus). *Ars Poetica. Die Dichtkunst*. Ca.10-08 v. Chr. Übers. und Hg. Eckart Schäfer. Stuttgart: Reclam, 1984. Print.

---. *Epistulae. Briefe. Lateinisch/Deutsch.* Ca. 21-11 v. Chr. Übers. und Hg. Bernhard Kytzler. Stuttgart: Reclam, 1986. Print.

Jacobs, Helmut C. *Der Schlaf der Vernunft. Goyas Capricho 43 in Bildkunst, Literatur und Musik.* Basel: Schwabe, 2006. Print.

---. *Schönheit und Geschmack: die Theorie der Künste in der spanischen Literatur des 18. Jahrhunderts.* Frankfurt a. M.: Vervuert, 1996. Print.

Jiménez Salas, María. *Vida y obras de Don Juan Pablo Forner y Sagarra.* Madrid: CSCIC, 1944. Print.

Jurado, José. "Introducción." *Juan Pablo Forner: Exequias de la lengua castellana. Sátira menipea.* Edición crítica de José Jurado. Madrid: CSCIC, 2000. Print.

Klinger, Cornelia. *Flucht, Trost, Revolte: Die Moderne und ihre ästhetischen Gegenwelten.* München: Carl Hanser Verlag, 1995. Print.

Lahn, Silke, und Jan Christoph Meister. *Einführung in die Erzähltextanalyse.* Stuttgart: Metzler, 2008. Print.

López, François. *Juan Pablo Forner et la crise de la conscience espagnole du XVIII.* Bordeaux: Institut d'Études Ibéro-américaines de l'Université de Bordeaux, 1976. Print.

Luzán, Ignacio de. *Poética o reglas de la poesía en general y de sus principales especies.* 1737/1789. Edición, prólogo y glosario de Russell P. Sebold. Barcelona: Labor, 1977. Print.

Martínez García, José. "El viaje a la Utopía en la literatura española del siglo XVIII." *Espéculo. Revista de estudios literarios.* Universidad Complutense de Madrid, 2008. Web. 18. Aug. 2013.

Sebold, Russell P. *El rapto de la mente: Poética y poesía dieciochescas.* Madrid: Prensa Española, 1970. Print.

Ironie bei Jane Austen

Wolfgang G. Müller

I. Das Problem

Jane Austen ist für ihre Ironie bekannt. Wenn man jedoch fragt, was ihre Ironie genau ausmacht, erhält man vielfach vage Antworten oder Ausflüchte ins Allgemeine. So betont Robert Polhemus mit Bezug auf Austen richtig, dass Ironie darauf beruht, dass die Rezipienten sie entdecken und die Bedeutungen über den wörtlichen Sprachsinn hinaus vervollständigen müssen, er schließt aber mit der nichtssagenden Bemerkung, für Austen sei das Leben der hauptsächliche Ironiker.[1] Meines Wissens gibt es nur eine umfassende Untersuchung zu Austens Ironie, Walter Kühnels Monografie aus dem Jahr 1969,[2] eine immer noch brauchbare Arbeit, die aber nach vier Jahrzehnten Ironie-Forschung und Fortschritten in der Erzähltheorie überholt ist. Im vorliegenden Beitrag kann das Thema nicht in seiner ganzen Komplexität und Vielfältigkeit behandelt werden. Der theoretische Zugang soll in der Hauptsache auf kognitionswissenschaftlicher und narratologischer Grundlage erfolgen. Zumindest an zwei Beispielen soll auch der Unterschied zwischen Ironie und Komik erläutert werden.

II. Rhetorische Definition der Ironie

Als rhetorische Trope wird die Ironie als ein Sprachgebrauch bezeichnet, bei dem die intendierte Bedeutung durch ihr Gegenteil ausgedrückt wird, also Lob durch Tadel oder Tadel durch Lob. Um es genauer zu sagen, die Ironie substituiert für den eigentlichen Ausdruck (*verbum proprium*) einen semantisch entgegengesetzten (übertragenen) Ausdruck (*verbum improprium*) in der Weise, dass der substituierte Ausdruck erkannt werden kann. Das Verständnis der Ironie wird durch die sogenannten Ironie-Signale sichergestellt. Seit der Antike gibt es zwei unterschiedliche Definitionen der Ironie, erstens die Ironie, die das *Gegenteil* des wortwörtlich Geäußerten verstanden wissen will,[3] und zweitens die Ironie, die etwas *Anderes* als das Gemeinte sagt.[4] Wenn man die Ironie als Teil des Systems der rhetorischen Tropen sieht, muss man auf dem Gegensatzkriterium bestehen, sonst wäre es nicht möglich die Ironie von anderen Tropen wie der Allegorie zu unterscheiden. Eine Trope, die mit der Ironie verwandt ist, ist die Litotes, die einen Ausdruck durch die Negation seines Gegenteils affirmiert. Wenn wir

---

1 "Irony depends on its audience to detect and complete meanings extending beyond the literal sense of the language [...] for Austen, life itself is the principal ironist." (Polhemus 1986, 66, 67)
2 Kühnel 1969.
3 "[...] in utroque enim contrarium ei quod dicitur intelligendum est." (Quintilianus 1989, IX.2.44)
4 "[...] quom alia dicuntur ac sentias." (Cicero 1991, II.67.269)

über einen missgestalten Mann sagen: "Er ist ein Adonis", bedienen wir uns der Ironie, wenn wir aber sagen: "Er ist kein Adonis", verwenden wir eine Litotes. In der Litotes wird der semantische Widerspruch aufgerufen, nur um getilgt zu werden. In der Ironie bildet die Kontradiktion die Essenz des Ausdrucks. Deshalb bezieht sich Linda Hutcheon in ihrer Monografie (1995) auf "Irony's Edge".

III. Kognitive Ansätze – Kommunikationsmodelle[5]

Eine linguistisch-kognitivistische Theorie, die hier herangezogen werden soll, ist die *echoic mention theory of irony*, die besagt, dass ein Sprechakt ironisch ist, wenn der Sprecher eine frühere Äußerung zitiert oder nachahmt, um eine verachtungsvolle oder lächerliche Einstellung zum Ausdruck zu bringen. Die kognitive Leistung, die vom Rezipienten zu erbringen ist, besteht darin, dass er die Äußerung als vertraut erkennen und sie im Sinne der neuen Bedeutung, die der Sprecher vermitteln will, interpretieren muss. Eine verwandte Theorie ist die sogenannte *relevance theory*, der zufolge der Rezipient in einem kognitiven Akt unmittelbar auf die ironische Bedeutung als die relevante Bedeutung zugreift. Eine weitere geläufige Ironie-Theorie ist die *pretence theory of irony*, der zufolge der ironische Sprecher vorgibt, eine unkluge Person zu sein, die ein uneingeweihtes Publikum anspricht, mit der Intention, die Rezipienten die Verstellung erkennen zu lassen.

In den genannten Ironie-Theorien ist die Rezeptions- und die Kommunikationssituation von großer Bedeutung, die trotz Quintilians bereits zitiertem "contrarium intelligendum est" traditionell eine geringere Rolle spielte. Insofern ist die Entwicklung der Kommunikationstheorie auch für die Ironie-Forschung von erheblicher Bedeutung. Für Kommunikationssituationen, in denen die Ironie an einen Rezipienten adressiert ist, der die Äußerung auch verstehen soll, ist das einfache zweiteilige Modell von Sender und Empfänger hinreichend, aber für komplexere Situationen, in denen die ironische Äußerung an verschiedene Rezipienten gerichtet ist, die sie auf unterschiedliche Weise rezipieren, ist eine Expansion des zweiteiligen in ein dreiteiliges Modell erforderlich, das aus einem Sender, einem Empfänger und einer dritten Person als Objekt oder Opfer der Ironie besteht.[6]

IV. Auktoriale Ironie

Eine scheinbar wenig problematische Form der Ironie bei Austen ist auktoriale Ironie, eine Art der Ironie, für die die Erzählerin – die Stimme der Erzählerin – explizit verantwortlich ist. Es ist bekannt, dass Jane Austen das Standpunkterzählen verwendet, was zur Folge hat, dass sich die Erzähler in ihren Romanen selten in der ersten Person auf sich selbst beziehen und sich mit subjektiven Wertungen zurückhalten. Dennoch

---

5   Ausführlicher hierzu: Müller 2011, 195-210.
6   Der *locus classicus* für die Formulierung dieses Modells ist Fowler 1984, 295-96.

gibt es eine nicht geringe Zahl von Beispielen, in denen Austens Erzähler Kommentare vielfach ironischer Art verwenden. Diese sind gewöhnlich von subtilerer Art als die von Henry Fielding, dessen Erzähler als Paradigma des allwissenden ironischen Erzählers gelten. Am Anfang soll ein ziemlich offenkundiges Beispiel aus dem Zusammenhang der Darstellung von Mr. Collins' Heiratsantrag an Charlotte Lucas stehen:

> But here, she did injustice to *the fire and independence of his character*, for it led him to escape out of Longbourn House *to throw himself at her feet*. (*Pride and Prejudice*, XXII, 121)[7]

Die Ironie dieser Passage ergibt sich aus der Substitution der eigentlichen Ausdrücke durch ihre Antonyme. Die Leser sind sich nur zu deutlich bewusst, dass "fire" und "independence" keine Eigenschaften von Mr. Collins und körperliche Handlungen wie sich zu Füßen einer Frau zu werfen für einen so ernsten und schwerfälligen Mann völlig unmöglich sind. Das Verständnis der Ironie erfolgt hier wohl nicht in dem in der älteren Ironie-Forschung vielfach angenommenen zweistufigen Prozess von der Dekodierung der wörtlichen Bedeutung zum Erfassen der ironischen Bedeutung, sondern im Sinne der *relevance theory* in einem unmittelbaren Ergreifen der ironischen Bedeutung in einem kognitiven Akt, der durch einen "ostensive stimulus"[8] ausgelöst wird, nämlich der Diskrepanz zwischen dem, was wir über den Charakter wissen, und dem, was uns über ihn an der zitierten Stelle erzählt wird.

Das berühmteste und gleichzeitig komplexeste Beispiel für Austens auktoriale Ironie ist der aphoristische Anfangssatz von *Pride and Prejudice*:

> It is a truth universally acknowledged, that a single man in possession of a good fortune, must be in want of a wife. (*Pride and Prejudice*, I, 3)

Viele Kritiker sind der Ansicht, dass sich die Ironie dieser Äußerung aus dem Kontext des anschließenden Dialogs zwischen Mr. and Mrs. Bennet ergibt. Das lässt sich nicht bestreiten, aber hier soll argumentiert werden, dass die Äußerung auch in sich selbst ironisch ist. Um das zu verdeutlichen, sei zum Vergleich ein gleichermaßen berühmter Romananfang zitiert, der erste Satz von Tolstois *Anna Karenina*, der nicht ironisch ist: "Alle glücklichen Familien sind einander ähnlich, jede unglückliche Familie ist unglücklich auf ihre Weise."[9]

Tolstois Satz besteht aus zwei entgegengesetzten Propositionen, deren Opposition zudem durch einen Wechsel vom Plural zum Singular markiert ist. Der Erzähler drückt die Vorstellung aus, dass unglückliche Familien individueller und möglicherweise interessanter als glückliche Familien sind. Dieser Aphorismus ist der Schlüssel zur zentralen Handlung von Tolstois Roman. Jane Austens Anfangssatz besteht nur aus einer Proposition, die jedoch einen Widerspruch in sich enthält. Der Aphorismus oder vielmehr die Maxime wird als eine universelle Wahrheit angekündigt ("a truth universally

---

7 Die Werke von Jane Austen werden jeweils unter Angabe des Titels, der Kapitelnummer und der Seitenzahl zitiert aus Austen 1974. Hervorhebungen im Text in diesem und späteren Beispielen W. G. M.
8 Müller 2011, 199.
9 Tolstoi 2009, 1.

acknowledged"), die Proposition wird jedoch auf einen sehr konkreten Fall eingeengt, nämlich den, dass ein begüterter unverheirateter Mann auf der Suche nach einer Ehefrau sein müsse. Was als eine *quaestio infinita*, eine infinite Frage, angekündigt wird, erweist sich als eine *quaestio finita*, eine finite Frage. Austen geht mit der Form der Maxime ironisch um. Um die Ironie zu verstehen, müssen die Leser einen kognitiven Akt vollbringen. Sie müssen erkennen, dass Austens Maxime nur scheinbar eine Maxime ist. Auf dieses Beispiel lässt sich die *echoic mention theory* anwenden. Der Satz bezieht sich auf ein präformiertes Genre, die Maxime als eine konzise, pointierte, merkbare Aussage einer Wahrheit, eine Gattung, die hier einer ironischen Subversion unterzogen wird. Austen gibt vor eine Maxime zu präsentieren, aber sie schränkt deren generelle Anwendbarkeit ironisch ein, schneidet sie auf eine spezifische Situation zu. Zusätzlich wird die Ironie der Maxime dadurch verstärkt, dass dem wohlhabenden Junggesellen eine Willensdisposition zum Heiraten unterstellt wird ("[he] must be in want of"). Wer aber will wissen, ob ein reicher Mann einer Frau bedarf? Reiche Männer mögen andere Interessen haben. In der Zuschreibung einer Disposition eines reichen Mannes zur Ehe lässt sich eine partikularistische Mentalität erkennen, die auf Mrs. Bennet in dem folgenden Dialog verweist. Insofern bildet die Ironie des Anfangssatzes den Auftakt für manche ironische Wendung des Romans, in dem es um die prekäre ökonomische Situation einer Familie ohne Söhne geht.

Ein anderes aufschlussreiches Beispiel auktorialer Ironie liegt in der Darstellung des Heiratsantrags am Schluss von Austens *Emma* vor:

> She spoke then, on being so entreated. —What did she say?—Just what she ought, of course. A lady always does.—She said enough to shew there need not be despair—and to invite him to say more himself. [...] (*Emma*, IL, 431)

An diesem Höhepunkt der Liebeshandlung, der die Leser eine emotionale Klimax erwarten lässt – Knightley hatte Emma vorher "my dearest, most beloved Emma" genannt, von Emma heißt es, sie sei "almost ready to sink under the agitation of this moment" –, nimmt der Erzähler eine erstaunliche Distanz zu den Liebenden ein. Er suggeriert, dass Emma auf Knightleys Antrag reagiert, indem sie sagt, was jede Dame unter diesen Umständen sagen würde. Die prominente Position der Liebenden unter den Charakteren in *Emma* wird somit für einen Moment untergraben. Warum zerstört Austen an diesem besonderen Moment im Roman die Illusion des Texts? Ich bin nicht wie einige Kritiker vor mir davon überzeugt, dass Austens Zurückhaltung auf die emotionale Verkrampfung der Autorin zurückzuführen ist. Ich denke auch nicht, dass Sprachskepsis allein verantwortlich ist für den zurückhaltenden Umgang mit Emotionen an dieser und vergleichbaren Stellen in ihren anderen Romanen. Die Diskrepanz zwischen der gesamten Emotionalität der Episode und der überraschenden Trockenheit ihres Schlusses muss einen anderen Grund haben. Der Grund für Jane Austens ironische Darstellung von Liebeserklärungen und Heiratsanträgen scheint eher in einer intentionalen Distanzierung von der konventionellen sentimentalen Romanze zu sein, deren Handlung auf ein *happy ending* hinsteuert, üblicherweise mit dem Ziel, dass die Leser sich von ihren Gefühlen überwältigen lassen.

V. Ironie im Dialog

Eine wichtige Dimension von Austens Verwendung der Ironie bildet der Dialog. Am Beispiel des Dialogs lässt sich Austens Ironie am besten mithilfe moderner linguistischer Theorien untersuchen. Als Beispiel soll ein Wortwechsel zwischen Mr. und Mrs. Bennet im ersten Kapitel von *Pride and Prejudice* dienen:

> "You take delight in vexing me. You have no compassion for my poor nerves."
> "You mistake me, my dear. I have a high respect for your nerves. They are my old friends. I have heard you mention them with consideration these last twenty years at least." (*Pride and Prejudice*, I, 5)

Die Ironie wird hier durch die Wiederaufnahme und Modifikation der Aussage der Gesprächspartnerin bewirkt. Mr. Bennet gibt in der Form eines Echos die Äußerung seiner Frau zurück und nimmt dabei die Personifizierung ihrer Nerven auf, indem er sie zu einer kleinen Allegorie ausweitet. In seinem Kommentar kommt auch Verstellung ins Spiel. Er gibt vor, dass das ständige Reden von ihren armen Nerven, das für ihn sicher seit Langem ein Ärgernis gewesen ist, von ihm tatsächlich respektiert und geschätzt wird. Er bezeichnet ihre Nerven geradezu als seine Freunde. Die Ironie kommt hier dem Sarkasmus nahe. Kognitive Ansätze wie die Echo-Theorie und die Verstellungs-Theorie können, wie sich zeigt, als Schlüssel zum Verständnis solcher Stellen dienen. Wer ist in diesem Beispiel der Rezipient der Ironie? Jedenfalls nicht Mrs. Bennet, die als "woman of mean understanding" (*Pride and Pejudice*, I, 5) bestenfalls als Opfer der Ironie infrage kommt. Rezipient ist natürlich der Leser, aber möglicherweise der Ironiker selbst, der es genießen mag, seine Frau mit Ironie zu traktieren, ein Verhalten, das eine Art Überlebensstrategie für einen Ehemann ist, der mit einer intellektuell minder ausgestatteten Frau leben muss.

Betrachten wir nun noch ein Beispiel für Elizabeth Bennets Ironie in ihren vor Geist sprühenden Dialogen mit Mr. Darcy:

> "Both," replied Elizabeth archly; "for I have always seen a great similarity in the turn of our minds. – We are each of an unsocial, taciturn disposition, unwilling to speak [...]." (*Pride and Prejudice*, XVIII, 91)

Elizabeths ironische Äußerung kann als eine Art Verstellung verstanden werden. Sie etabliert eine temporäre Identität von sich und Mr. Darcy als gleichermaßen ungesellige und schweigsame Personen. Die Ironie wird durch die Verwendung des grammatischen Plurals bewirkt, der Darcy gerade den Singular verdeutlichen soll, nämlich dass er allein schweigsam und ungesellig ist. Im Verstehen der Äußerung muss Darcy einen kognitiven Akt vollbringen. Er muss verstehen, dass Elizabeths Verwendung des Plurals vorgetäuscht ist und dass er, Darcy allein, mit der Äußerung gemeint ist.[10] Ein solcher kognitiver Akt wird natürlich auch vom Leser verlangt.

Nun soll ein etwas komplexeres Beispiel aus einem Dialog der Protagonistin mit ihrem Schützling Harriet Smith in *Emma* betrachtet werden. Emma suggeriert Harriet, dass

---

10 Zu einem ähnlichen Beispiel in Shakespeares *Hamlet* vgl. Müller 2011, 200.

sie sich Hoffnung auf eine große Ehe machen könne, die Emma für sie arrangieren möchte. Dabei handelt es sich um Pläne, die gänzlich illusorisch sind und elendiglich scheitern werden, wie der Leser später erfährt:

> "This is an alliance which, whoever – whatever your friends may be, must be agreeable to them, provided at least they have common sense; and we are not to be addressing our conduct to fools. [...]"
> "Yes, very true. How nicely you talk; I love to hear you. You understand everything. You and Mr Elton are one as clever as the other." (*Emma*, IX, 75-76)

Harriets Replik enthält zwei ironische Äußerungen, ohne dass sich die Sprecherin im Geringsten der Ironie bewusst wäre: 1. Emma versteht alles (wo sie doch in Wirklichkeit nichts versteht); 2. Emma und Mr. Elton sind sich intellektuell gleich, was eine Beziehung zwischen ihnen impliziert. Dieser Wortwechsel birgt doppelte Ironie: eine, die gegen Emmas intellektuelle Arroganz und ihre Ehestiftungspläne gerichtet ist, und eine, die sich gegen Harriet richtet, die sich von Emma manipulieren lässt. Der Replikenwechsel ist ein Beispiel für die kommunikativen Effekte, die unfreiwillige Ironie haben kann. Dem Verfasser sind keine linguistischen Theorien bekannt, die dazu beitragen können, solche komplexen Formen der Ironie zu beschreiben. Die multiple Ironie in dieser Passage suggeriert das ganze intrikate Beziehungsgeflecht der drei Charaktere im Kleinen: Emma, die sich selbst bewundernde Ehestifterin, Harriet, das Opfer ihrer Manipulation und Mr. Elton, der Möchtegern-Aufsteiger in der Gesellschaft von Highbury.

VI. Ironie in der Verwendung des freien indirekten Stils

Die Innovationen im Romanwerk von Jane Austen sind vor allem in der von ihr entwickelten Kunst der Bewusstseinsdarstellung, namentlich im extensiven Gebrauch des freien indirekten Stils (erlebte Rede), zu sehen. Während die Bewusstseinsdarstellung in ihrem letzten vollendeten Roman, *Persuasion*, der in der Darstellung seiner Protagonistin Anne Elliot vergleichbar intensive Innenweltpräsentation leistet, nicht ironisch ist, ist die Bewusstseinsdarstellung in *Emma* über weite Strecken ironisch. Diesem komplexen Phänomen ist Aufmerksamkeit zu widmen. Als ein Beispiel sei ein Teil der freien indirekten Wiedergabe der Gedanken zitiert, die durch Emmas Kopf gehen, nachdem sie die Bekanntschaft von Harriet Smith gemacht hat. Es bildet sich ihr Projekt, Harriet unter ihre Fittiche zu nehmen und sie in eine Frau umzubilden, die für einen respektablen Mann infrage kommt. Das Zitat ist nur ein Ausschnitt einer wesentlich längeren Passage:

> [...] but they [the Martins] must be coarse and unpolished, and very unfit to be the intimates of a girl [Harriet] who wanted only a little more knowledge and elegance to be quite perfect. *She would notice her; she would improve her; she would detach her from her bad acquaintance, and introduce her into good society; she would form her opinions and her manners. It would be an interesting, and certainly a very kind undertaking; highly becoming her own situation in life, her leisure, and powers.* (*Emma*, III, 23-24)

Die Passage führt die Leser ganz nah an das Bewusstsein der Protagonistin heran. Die Prozesse, die in ihrem Kopf ablaufen, werden, wie es scheint, authentisch wiedergegeben. Dies zeigt sich besonders in der Wortwahl, die Emmas Denkweise entspricht, die von ihrer sozialen Arroganz bestimmt ist (wie z. B. in Wörtern wie "coarse", "unpolished", "unfit", "elegance", "bad acquaintance", "good society"), aber auch in der Verwendung von Adverbien wie "very", "highly" und "certainly", die ihre hypertrophe Urteilsposition ausdrücken und uns fast Emmas Gedanken hören lassen, obwohl sie niemals tatsächlich spricht. Jedoch führt die Nähe hier nicht wirklich zu Empathie oder gar Sympathie, weil die Darstellung von Emmas Bewusstsein unzweifelhaft durch ironische Distanz gekennzeichnet ist. Es ist gleichwohl ein erstaunliches Faktum, dass Ironie hier nicht durch auktoriale Intervention erzeugt wird. Jane Austen weicht in keinem Moment von Emmas Gedanken und Gefühlen ab. Sie benutzt, um es zu wiederholen, kein einziges Wort, das nicht Emmas Denkweise entspricht. Aber sie strukturiert den freien indirekten Stil so, dass es zu einer ironischen Subversion kommt. Dies zeigt sich am deutlichsten in der anaphorischen Sequenz von Sätzen aus dem letzten Zitat, von denen jeder mit "she" beginnt:

> *She* would notice her; she would improve her; she would detach her from her bad acquaintance, and introduce her into good society; she would form her opinions and her manners.

Das erste "she" wird durch Kursivschrift hervorgehoben, was eine klare auktoriale Markierung darstellt. Die Passage konfrontiert uns mit einem Charakter, der eine andere Person gemäß seinen eigenen Ideen und Vorstellungen neu erschaffen will. Es besteht kein Zweifel, dass Emmas Projekt, obwohl sie es für gütig hält, eine gefährliche Intervention in der Selbstbestimmung einer anderen Person involviert, die später dazu führt, dass die Protagonistin eine bestehende Liebesbeziehung auseinanderbringt. Was die Erzählform des Romans betrifft ist in diesem Zusammenhang noch ein anderer Aspekt zu bedenken, nämlich dass die anderen Figuren des Romans – mit Ausnahme von Mr. Knightley, der schon früh einen Verdacht zu schöpfen scheint – nichts von Emmas Plänen ahnen. Weil Emmas Ehestiftungsprojekte den zentralen Teil der Handlung des Romans bilden, lässt sich hier eine radikale Subjektivierung der Handlung feststellen, eine zuvor in der Romanliteratur noch nicht gekannte Verlagerung des Plots in das Bewusstsein der Protagonistin.

Es stellt sich die Frage, wie die im freien indirekten Stil realisierte Ironie erkannt wird. Eine nahe liegende Auffassung wäre, dass sich die Ironie solcher Passagen aus dem Kontext der Handlung und des Scheiterns von Emmas Ehestiftungsprojekten ergibt. So viel für diese Auffassung sprechen mag, scheint sie doch zu offensichtlich und zu einfach zu sein. Die Ironie der in Rede stehenden Passage scheint eher das Ergebnis von Austens kunstvoller Interaktion von Nähe und Distanz in der Verwendung des freien indirekten Stils zu sein. Es ist gerade das Zusammenspiel der durch die Stilform begünstigten Einfühlung und der durch subtile, kaum merkbare auktoriale Eingriffe bewirkten Distanzierung, das ein großes kognitives Stimulationspotenzial birgt. Auf dem Weg des ironischen Gebrauchs des freien indirekten Stils sind Flaubert in *Madame Bovary* und Henry James in *The Ambassadors* weitergegangen. Dieser Tradition der ironischen Standpunkt-Technik steht eine Tradition des nicht-ironischen Bewusstseinsromans gegenüber, die auch bei Austen – in ihrem letzten Roman *Persuasion* – den Anfang genommen und später prominente Vertreter in James Joyce, *Portrait of the Artist as a Young Man*, und in Virginia Woolf, *Mrs Dalloway*, gefunden hat.

VII. Ironische und komische Darstellung

Jane Austen beherrscht die Kunst komischer Darstellung, wie etwa die Gestaltung des unterwürfigen und zugleich pompös-selbstgerechten Pfarrers Mr. Collins oder Elizabeth Bennets Dialoge in *Pride and Prejudice* zeigen. Aber reine, nur zum Lachen stimulierende Komik ist nicht ihre Sache. Immer sind Ironie und mit dieser verbundene moralische Wertungen eingeschlossen. Um den Unterschied zwischen Austens ironischer Erzählweise und einer komisch-humoristischen Darstellungsweise wenigstens an einem Beispiel zu kennzeichnen, sei ein Blick auf eine Passage in Sternes *Tristram Shandy* geworfen. Es handelt sich um einen Auszug aus einem größeren Zusammenhang, in dem der Erzähler über seine Pflichten als Schriftsteller spricht:

> Have not I promised the world a chapter of knots? two chapters upon the right and the wrong end of a woman? a chapter upon whiskers? a chapter upon wishes? -- a chapter of noses? -- No, I have done that -- a chapter upon my uncle *Toby's* modesty: to say nothing of a chapter upon chapters, which I will finish before I sleep -- by my great grandfather's whiskers, I shall never get half of 'em through this year.[11]

Die Komik der Passage ergibt sich aus ihrem repetitiven Stil, der höchst unterschiedliche Themen aneinanderreiht, die in einzelnen Kapiteln zu behandeln sind, "Knoten", "das richtige und falsche Ende einer Frau" (ausgerechnet darüber sind zwei Kapitel zu schreiben), "Backenbärte" und "Nasen", "Wünsche", "Bescheidenheit". Schließlich wird ein "Kapitel über Kapitel" genannt. Es handelt sich um eine kaleidoskopische Reihung semantisch diskrepanter Ausdrücke, in denen die Leser mit ständigen kognitiven Überraschungen konfrontiert werden. Die Passage ist selbst-reflexiv, indem sie von Problemen des Erzählers handelt. Sie ist in höchstem Maße eine Selbstdarstellung als *performance* vor dem Publikum. Das zeigt sich auf verschiedenen Ebenen, in Trivialem wie den Knoten, die der "Welt" präsentiert werden, in sexueller Anzüglichkeit und in dem auf das Publikum gerichteten meta-narrativen Duktus, stilistisch in der Frageform der Aussagen, in der Unterbrechung der Sätze durch Gedankenstriche (*Shandean dashes*), der Selbstkorrektur und der gespielten Verzweiflung mit dem Ausruf ("by my great grandfather's whiskers") am Schluss der Stelle.[12]

Derartige Performanz, die Exhibition sprachlicher und komischer Äquilibristik, ist Jane Austen fremd. Ihre auch kognitiv anders geartete Erzählweise sei noch einmal an einem letzten Beispiel gezeigt, der Episode in *Emma*, in der der Pfarrer Mr. Elton, den die Protagonistin für Harriet Smith bestimmt hat, ihr zu ihrem größten Erstaunen und

---

11 Sterne 1980, Bd. 4, Kap. 9, 203.
12 Zu Humor und Komik bei Sterne vgl. Müller 2013, 19-30.

ihrer Empörung eine leidenschaftliche Liebeserklärung macht. Austen drückt Emmas Indignation zunächst so aus: "Without scruple – without apology – without much apparent diffidence, Mr. Elton, the lover of Harriet, was professing himself *her* lover." (*Emma*, XV, 129; Hervorhebung im Originaltext) Hier öffnet sich für Emma mit einem Mal der Blick dafür, dass ihr Ehestiftungsversuch das Gegenteil von dem bewirkte, was sie erreichen wollte. Es findet sich Ironie in der auf das Innere der indignierten Protagonistin gerichteten Darstellung im freien indirekten Stil, die moralische Kritik involviert. Der vermeintliche Liebhaber von Harriet ("the lover of Harriet") erweist sich als "*her* lover". Hier liegt zwar eine genuin komische Situation vor, die später im Dialog weiter entfaltet wird, aber die Darstellung zielt auf eine ironische Offenlegung des Scheiterns von Emmas Eheprojekt. Die semantische Umwertung des Bezugsworts von "lover" ("of Harriet", "*her*") zeigt, dass es um die Identität der Protagonistin und der Figuren geht, die Emma zu manipulieren versucht hat. Den kognitiven Akt, den sie vollbringen muss, muss der Leser mitvollziehen. Austen ist eine Verfasserin von ironischer und nicht komischer Literatur. Ihre Kunst der Ironie steht im größten Gegensatz zur Kunst der komischen Performanz bei Sterne. *Emma* mag eine Komödie der Irrungen sein, die die Leser belustigt, sie fordert aufgrund ihrer ironischen Struktur aber jederzeit ihr Mitdenken und ihr moralisches Urteil. Das hohe kognitive Stimulationspotenzial von Austens Romanen ist ein Grund für das intensive Lesevergnügen, das sie gewähren.

Bibliografie

Austen, Jane. *The Novels of Jane Austen*. Hg. R. W. Chapman. 5 Bde. Oxford: Oxford UP, 1974. Print.

Cicero, Marcus Tullius. *De Oratore*. Oxford: Clarendon, 1991. Print.

Fowler, H. W. *A Dictionary of Modern English Usage*. Ware: Omega Books, 1984. Print.

Hutcheon, Linda. *Irony's Edge: The Theory and Politics of Irony*. London: Routledge, 1994. Print.

Kühnel, Walter. "Formen der Ironie und ihre Funktionalisierung bei Jane Austen." Diss. Frankfurt a. M., 1969. Print.

Müller, Wolfgang G. "Style and Syntax as Catalysts of Sterne's *Tristram Shandy*." *Shandean Humour in English and German Literature and Philosophy*. Hg. Klaus Vieweg, James Vigus und Kathleen M. Wheeler. London: Legenda, 2013. 19-30. Print.

---. "Verbal Irony in Shakespeare's Dramatic Works." *Bi-Directionality in the Cognitive Sciences*. Hg. Marcus Callies et al. Amsterdam: Benjamins, 2011. 195-210. Print.

Polhemus, Robert M. "Jane Austen's Comedy." *The Jane Austen Handbook*. Hg. J. David Grey. London: Athlone Press, 1986. 60-71. Print.

Quintilianus, Marcus Fabius. *Institutio Oratoria*. Oxford: Clarendon, 1989. Print.

Sterne, Laurence. *Tristram Shandy: An Authoritative Text*. Hg. Howard Anderson. New York: Norton, 1980. Print.

Tolstoi, Lew. *Anna Karenina*. Übers. Rosemarie Tietze. Stuttgart: Hanser, 2009. Print.

"[...] laughing with glistening eyes [...]":
Lachen in Dickens' *Little Dorrit*

Felix C. H. Sprang

Es gilt als ausgemachte Wahrheit, dass Humor eine "leading quality"[1] von Dickens' Erzählwerk ist. "It is a fair, even-handed, noble adjustment of things, that while there is infection in disease and sorrow, there is nothing in the world so irresistibly contagious as laughter and good humor",[2] so der Erzähler in *A Christmas Carol*. Damit charakterisiert er treffend die ambivalente Natur dieser "leading quality": In Analogie zu den Choleraepidemien der Zeit bewegt sich auch das Lachen in Dickens' Romanen an der Grenze zwischen Beherrschung und Unkontrollierbarkeit, und die Metaphorik der '*contagion*' ist hier wie dort an soziale und moralische Aspekte gekoppelt.[3] Man tut gut daran, diesen Ansteckungsgedanken mit seinen sozialen und moralischen Implikationen im Blick zu behalten, wenn man sich der Funktion des Lachens in Dickens' Erzählwerk zuwendet. Das gilt insbesondere für die großen Gesellschaftsromane, die in den 1850er Jahren entstanden. Ich möchte im Folgenden den Blick auf die Funktion des Humors im Roman *Little Dorrit* richten, um die Deutungsmöglichkeiten des Komischen im Werk Dickens' exemplarisch auszuloten. Dabei liegt das Augenmerk auf der komplexen Erzählhaltung, die uns in den Romanen begegnet.[4] Es soll gezeigt werden, dass *Little Dorrit* uns mit seiner Erzählhaltung und der daran gekoppelten implizierten Leserlenkung eine Philosophie des Lachens präsentiert, die Lachen an der Schwelle zwischen Menschlichkeit und Unmenschlichkeit positioniert. Allerdings handelt es sich bei dieser Schwelle nicht um die anthropologische Markierung zwischen Auslachen und Mitlachen, zwischen dem Fletschen der Zähne als Drohgebärde und einem spielerischen, verbindenden Zubeißen.[5] Dickens, so werde ich im Folgenden zeigen, geht es nicht um ein aristotelisches Überlegenheitslachen, und auch nicht um ein Bergson'sches Lachen, das das Mechanische des menschlichen Verhaltens entlarvt. Grundiert mit einem ironischen Unterton, der eine unüberwindbare Distanz zwischen Figuren und Lesern schafft, regt uns Dickens an, Lachen nicht nur als Verzweiflungsakt vis-à-vis einer korrupten und korrumpierten Gesellschaft, sondern auch als genuin befreiendes Lachen zu lesen.

---

1   Butt und Tillotson 1957, 22.
2   Dickens 2003, 86-87.
3   Charles Rosenberg hat überzeugend gezeigt, dass die Ansteckungsmetapher im 19. Jahrhundert zunehmend auf moralische und soziale Bereiche ausgedehnt wurde: "Contagion seemed morally random and thus a denial of the traditional assumption that both health and disease arose from particular states of moral and social order." (Rosenberg 1993, 92)
4   Erzählhaltung wird hier und im Folgenden wesentlich als ideologische Perspektive begriffen, die soziologische, psychologische und semiotische Facetten umfasst. Vgl. Herman und Verwaeck 2013.
5   Für anthropologische Theorien, die das Lachen auf Aggression zurückführen und als Konfliktvermeidungsstrategie deuten vgl. Eibl-Eibesfeldt 1995.

Subversives und befreiendes Lachen: Versuch eines Standpunkts

Um sich dem Standpunkt zu nähern, von dem aus die Perspektiven auf das Lachen in *Little Dorrit* deutlich hervortreten, lohnt es sich den Entstehungskontext in Erinnerung zu rufen. Barbara Weiss hat auf die Bedeutung der Spekulationsskandale der 1850er Jahre als Inspirationsquelle für die Plot-Struktur um den Finanzschwindel der Figur Merdle hingewiesen.[6] Merdle, ein Finanzier ohne *social graces*, dessen "complaint" den Aufstieg und Fall der zentralen Figuren herbeiführt, lacht nicht.[7] Er ist auch keine lächerliche Figur, wenngleich ihn der Erzähler immer mit ironischer Distanz präsentiert:

> [...] Mr Merdle came home, from his daily occupation of causing the British name to be more and more respected in all parts of the civilised globe, capable of the appreciation of world-wide commercial enterprise and gigantic combinations of skill and capital. For, though nobody knew with the least precision what Mr Merdle's business was, except that it was to coin money, these were the terms in which everybody defined it on all ceremonious occasions, and which it was the last new polite reading of the parable of the camel and the needle's eye to accept without inquiry. (416-17)[8]

An anderer Stelle heißt es: "O, what a wonderful man this Merdle, what a great man, what a master man, how blessedly and enviably endowed – in one word, what a rich man!" (589) Solch eine Hyperbel – *great, master, blessedly and enviably endowed, rich* – ist amüsant zu lesen, aber die Figur, die sich in Gesellschaft an der Wand entlang bewegt und hinter geöffneten Türen verharrt ("he hardly seemed to enjoy himself much, and was mostly to be found against walls and behind doors", 266) oder sich schneckengleich fortbewegt ("Mr Merdle, as usual, oozed sluggishly and muddily about his drawingroom, saying never a word", 596) und schließlich Selbstmord begeht, ist keine Witzfigur. Merdles betrügerische Spekulation, die mit einer Blase platzt, ist alles andere als komisch; Aufstieg und Fall der Figur folgen nicht einem melodramatischen Muster. Auch ist die Figur nicht tragisch; denn Dickens zeichnet sie mit einem letzten Pinselstrich als "simply the greatest Forger and the greatest Thief that ever cheated the gallows" (743). Der Nährboden für das Lachen in *Little Dorrit* tritt uns in dieser von Spekulation, Betrug und Ausbeutung gezeichneten Welt vor Augen. Die fiktionale Welt des Romans wird als dunkle Satire entworfen, in der das Schuldnergefängnis *Marshalsea* und die *Circumlocution Office* metonymisch für eine kapitalistisch zugerichtete und technokratisch-kafkaesk verwaltete Gesellschaft stehen. Für James R. Kincaid besteht kein Zweifel daran, dass Dickens uns mit dem Gefängnis einen Mikrokosmos der viktorianischen Gesellschaft vorstellt: Klassenschranken und

---

6   Vgl. Weiss 1982.

7   Dickens lässt den Leser über die Natur des "complaint" spekulieren, deutet jedoch bereits im ersten Buch an, dass damit nicht eine gesundheitliche Beeinträchtigung, sondern der systematische Finanzbetrug ("Forgery and Robbery", 742) gemeint ist: "Mr Merdle's complaint. Society and he had so much to do with one another in all things else, that it is hard to imagine his complaint, if he had one, being solely his own affair." (272)

8   Dickens erzeugt hier eine ironische Distanz zur Figur, indem er zunächst den Duktus der Parlamentsrede parodiert und dann ein biblisches Klischee folgen lässt – eine rhetorische Strategie, auf die bereits Bachtin verwiesen hat. Vgl. Bachtin 1981, 303.

Konventionen haben den Geist und Körper der Figuren im Roman fest im Griff.[9] *Little Dorrit*, so Stephen Wall und Helen Small in ihrer Einleitung zur Penguin-Ausgabe des Textes, ist "Dickens' mature satire at full Jonsonian stretch, Merdle's sycophants being rescued from merely polemical allegory by a mockery of upper-class obsequiousness that is at once painstaking and brilliant" (xvii).

George Bernard Shaw erkannte den subversiven Charakter des Romans, dessen Kritik an einer kapitalistisch deformierten Gesellschaft gerade deshalb so eindringlich ist, weil er das expandierende viktorianische Imperium nicht realistisch abzubilden versucht, sondern ästhetisch verzerrt.[10] In genau dieser eindringlichen und zugleich irrationalen Bildhaftigkeit, die an magischen Realismus grenzt (beispielsweise wenn wir uns Lord Decimus als Elefant vorstellen sollen, der Merdle auf seinem Rüssel vor sich her trägt), liegt das Subversive und das düster Komische dieser Gesellschaftskritik.[11] Das Lachen in *Little Dorrit* ist immer eingebettet in diese verstörende Bildhaftigkeit einer makabren Existenz.

Das Bewusstsein des Lesers über diese makabre Existenz erstickt zwar nicht das Lachen in *Little Dorrit*: Auch in diesem Roman greift Dickens in die Klamottenkiste des Farcenhaften, wenn beispielsweise die Figur Pancks durchgängig als Schleppboot skizziert wird oder der Papagei die uninformierte Gesellschaftsanalyse von Mrs Merdle jeweils mit einem Lachen quittiert.[12] Aber diese Inseln der Komik lassen die fiktionale Welt des Romans nur noch dunkler erscheinen. Insofern stimme ich James R. Kincaids Beobachtung zu, dass dem Lachen auch im Spätwerk eine zentrale Rolle zukommt, dass sich Dickens' Konzeption des Lachens und dessen Verwendung aber in den 1850er Jahren entscheidend verändert: "The notion that humour declines in the later novels [...] seems to me gratuitous and false. Laughter is used in different ways in the later novels, but it is always important."[13] Hans-Dieter Gelfert hat jüngst zu bedenken gegeben, dass die "vertraute Dickens-Mischung aus Humor, Sentimentalität und moralischer Botschaft"[14] im Spätwerk, insbesondere im Roman *A Tale of Two Cities*, fehle: "So typisch für Dickens die Symbolik des Romans ist, so untypisch ist

---

9   "With bitter irony, Dickens then insists, through the rest of the novel, that prison is simply a microcosm of the social world, with its snobbery, unreal distinctions, and vicious self-delusions, and that all men share the same isolation." (Kincaid 1971, 193)

10 "*Little Dorrit* is a more seditious book than *Das Kapital*. All over Europe men and women are in prison for pamphlets and speeches which are to *Little Dorrit* as red pepper to dynamite." Zitiert nach Page 1977, 171. Für die eigentümliche Bildersprache des Romans vgl. Barnard 1971.

11 "Right or wrong, Rumour was very busy; and Lord Decimus, while he was, or was supposed to be, in stately excogitation of the difficulty, lent her some countenance by taking, on several public occasions, one of those elephantine trots of his through a jungle of overgrown sentences, waving Mr Merdle about on his trunk as Gigantic Enterprise, The Wealth of England, Elasticity, Credit, Capital, Prosperity, and all manner of blessings." (723)

12 Vgl. beispielsweise Sen 1998, der auf Dickens' "techniques of political cartooning in his portraits of those who wield power" (985) hingewiesen hat.

13 Kincaid 1971, 4.

14 Gelfert 2011, 267.

das völlige Fehlen von Humor. Von gelegentlichen Wendungen ins Makabre abgesehen rollt das Geschehen mit gleichbleibender Düsternis vor den Augen des Lesers ab."[15] Gerade jedoch vor diesem düsteren Hintergrund, der für *Little Dorrit* bestimmend ist, zeichnet sich die Funktion des Lachens besonders deutlich ab. Gelferts Beobachtung, dass das Makabre an die Stelle des Komischen tritt, weist darauf hin, dass Dickens hier das Lachen nicht mehr im Bergson'schen Sinne als rezeptionsästhetisches Phänomen thematisiert.[16] Wir lachen in *Little Dorrit* nicht primär *über* Figuren, wir werden vielmehr aufgefordert, *über* das Lachen der Figuren mit Empathie nachzudenken. Dickens, so mein Argument, ist nicht an einem Überlegenheitslachen interessiert, das immer Distanz zwischen Menschen schafft. Ihn interessiert vielmehr eine Form des Lachens, die eine emotionale Nähe zulässt und Menschlichkeit im Angesicht des Unmenschlichen aufblitzen lässt.

Der ästhetische Zugriff auf das Lachen im Spätwerk wirft somit grundsätzlichere Fragen der modernen Gesellschaft und der menschlichen Natur auf. "In der Einstellung zum Lachen verschränken sich in bezeichnender Weise Fragen der Ästhetik und der Ethik, und dabei geht es letztlich ums Ganze dessen, was man von sich selbst und von der eigenen Stellung in der Welt erwarten darf",[17] erläutert Birgit Recki mit Blick auf Kants Theorie des Lachens. Obwohl Dickens sicherlich kein Kantianer war, interessierte ihn wie Kant die Frage, was uns die Verbindung zwischen körperlicher Reaktion und ästhetischem Urteil, die uns im Lachen begegnet, über die Verfasstheit des Menschen sagt: "Das Lachen, in dem sich der psychische Anstoß bei selbstbewußter Reflexion in der physischen Reaktion entlädt, ist immer auch Form der Vermittlung jener Pole, zwischen die sich der Mensch als sinnliches und vernünftiges Wesen gespannt findet."[18] Um nicht weniger als die Stellung des Menschen in der Welt geht es folglich beim ästhetischen Zugriff auf das Lachen in *Little Dorrit*.

Das Lachen Cavallettos

In *Little Dorrit* wird viel gelacht. Das erste Lachen begegnet uns in der Figur des Schurken Rigaud, als dieser im Gefängnis von Marseille ein opulentes Mahl durch die Gitterstäbe gereicht bekommt, während sein Zellengenosse, Cavalletto, nur einen Laib Brot erhält. Das Überreichen der Würste, Brote und des Weins quittiert Rigaud jeweils mit einem Lachen, das der Erzähler wie folgt beschreibt: "When Monsieur Rigaud laughed, a change took place in his face, that was more remarkable than prepossessing. His moustache went up under his nose, and his nose came down over his moustache in

---

15 Gelfert 2011, 245.
16 Bergsons Theorie des Lachens zielt auf die interpersonale Beziehung und setzt eine emotionale Distanz zwischen Lachendem und Ausgelachtem voraus: "Das Lachen ist meist mit einer gewissen Empfindungslosigkeit verbunden." (Bergson 2011, 14) Im Original heißt es: "l'*insensibilité* qui accompagne d'ordinaire le rire" (Bergson 1900, 10).
17 Recki 2000, 178.
18 Ibid.

a very sinister and cruel manner." (20) Der Erzähler richtet hier die Aufmerksamkeit des Lesers auf die physische Veränderung, die fratzenhafte Grimasse, aber er macht zugleich deutlich, dass dieser Gesichtsausdruck die moralische Verfassung Rigauds erkennen lässt. Als Überlegenheitslachen ist dieses Lachen negativ konnotiert; es ist unpassend und scheint unmotiviert – wie das Verhalten der Figur insgesamt. Bereits in dieser Reflexion über das Lachen, die nicht mehr ist als eine Randnotiz, orchestriert der Erzähler die moralische Perspektive: "*Little Dorrit* is more darkly moral than any novel before it. It takes so stern a view of moral responsibility that any laxity is seen not as comic but as evil."[19]

Das Lachen, das besonders anschaulich skizziert wird, ist das Lachen des Italieners John Baptist Cavalletto, wenngleich es sich bei der Figur um eine Nebenfigur handelt, die vor allem dem *dénouement* dient, nämlich der Identifikation des Schurken Rigaud/Blandois. Wir lernen den Schmuggler Cavalletto wie auch Rigaud gleich im ersten Kapitel des Romans kennen. Als er in Marseille die Zelle mit Rigaud teilt, wird er von dessen Machtspielchen in den Bann gezogen. Später werden sich die beiden wieder begegnen, aber der zunächst eingeschüchterte Cavalletto entkommt dem psychologischen Zugriff des Schurken und findet bei Mr Clennam in London eine Anstellung. Er ist Untermieter im *Bleeding Heart Yard* und zählt folglich zu einer eingeschworenen Gemeinschaft der *underdogs*, die wöchentlich vor dem Problem steht, den Mietzins an den Verwalter, Mr Pancks, auszuhändigen. *Bleeding Heart Yard* ist nicht einfach eine Parodie der *working classes*, Dickens stellt die Armut und die Ignoranz der Bewohner nicht aus, wir lachen nicht über ihre Unwissenheit und ihre adressierte Obrigkeitsgläubigkeit. Und auch wenn Dickens die Figurenzeichnung ironisch bricht, sind wir kaum versucht, über die Bewohner zu lachen, zum Beispiel wenn der Erzähler erläutert:

> They believed that foreigners were always immoral; and though they had an occasional assize at home, and now and then a divorce case or so, that had nothing to do with it. They believed that foreigners had no independent spirit, as never being escorted to the poll in droves by Lord Decimus Tite Barnacle, with colours flying and the tune of Rule Britannia playing. Not to be tedious, they had many other beliefs of a similar kind. (322-23)

Dickens lenkt die Empathie des Lesers hier geschickt, und zwar weg von einem Überlegenheitslachen, einem Amüsieren über die Ignoranz der Bewohner. In den Blick gerät vielmehr die Verblendung der Mieter im *Bleeding Heart Yard*, die weniger komisch wirkt als nachdenklich stimmt. In ihrer Xenophobie und Ignoranz sind die Bewohner Opfer, die nicht Spott verdienen, sondern unser Mitleid erregen. Sie sitzen einer für sie undurchschaubaren Propaganda auf, die den Nepotismus und Chauvinismus eines Lord Decimus Tite Barnacle erst ermöglicht. In dieser ironisch skizzierten, aber nicht der Lächerlichkeit preisgegebenen Gemeinschaft des *Bleeding Heart Yard*, so gibt uns der Erzähler unmissverständlich zu verstehen, bewegt sich Cavalletto, auf seine Krücken gestützt, am untersten Ende der Hackordnung. Und auch wenn der Erzäh-

---

19 Kincaid 1971, 198.

ler keinen Zweifel an dieser Hackordnung lässt, so erscheint sie doch in einem menschlichen Antlitz:

> However, the Bleeding Hearts were kind hearts; and when they saw the little fellow cheerily limping about with a good-humoured face, doing no harm, drawing no knives, committing no outrageous immoralities, living chiefly on farinaceous and milk diet, and playing with Mrs Plornish's children of an evening, they began to think that although he could never hope to be an Englishman, still it would be hard to visit that affliction on his head. They began to accommodate themselves to his level, calling him "Mr Baptist," but treating him like a baby, and laughing immoderately at his lively gestures and his childish English – more, because he didn't mind it, and laughed too. (323)

Dickens bedient hier keinen Sozialdarwinismus, im Gegenteil: Die Schwäche weckt Schutzgefühle – die Bewohner behandeln Cavalletto wie ein Baby. Im Kontext meiner Überlegungen ist aber von besonderer Bedeutung, dass die Bewohner nicht über Cavalletto, sondern mit ihm lachen. Überhaupt ist Cavalletto die Figur im Roman, die am meisten zu lachen scheint. Als der Geldeintreiber Pancks von dem neuen Bewohner erfährt und diesen zum ersten Mal aufsucht, um den Mietzins einzutreiben, begegnet Cavalletto diesem mit einem Lachen:

> Mounting to his attic, attended by Mrs Plornish as interpreter, he found Mr Baptist with no furniture but his bed on the ground, a table, and a chair, carving with the aid of a few simple tools, in the blithest way possible.
> "Now, old chap," said Mr Pancks, "pay up!"
> He had his money ready, folded in a scrap of paper, and laughingly handed it in; then with a free action, threw out as many fingers of his right hand as there were shillings, and made a cut crosswise in the air for an odd sixpence.
> "Oh!" said Mr Pancks, watching him, wonderingly. "That's it, is it? You're a quick customer. It's all right. I didn't expect to receive it, though."
> Mrs Plornish here interposed with great condescension, and explained to Mr Baptist. "E please. E glad get money."
> The little man smiled and nodded. His bright face seemed uncommonly attractive to Mr Pancks. (323-24)

Auf dem Weg zurück in den Hof versucht Pancks das soeben Erlebte einzuordnen: ein armer Mann, der lachend seinen Mietzins aushändigt: "'He's a merry fellow, too,' said Mr Pancks, admiring him as if he were a mechanical toy." (324) – Aber Cavalletto ist eben nicht die Bergson'sche Mensch-Maschine, er ist kein "mechanical toy". Pancks ist in Cavallettos Lachen ein Lachen begegnet, in dem sich ein sinnliches und vernünftiges Wesen im Moment der Entspannung manifestiert. Cavalletto hegt keinen Groll gegen Pancks, er zahlt und scheint dabei über den Irrwitz zu lachen, dass das Kapital die Menschen degradiert – nicht nur ihn als Schuldner, sondern eben auch Pancks, der als Gläubiger auf der anderen Seite steht. Cavalletto begegnet diesem System mit Gleichmut und betrachtet es als Spiel. Diese Haltung irritiert Pancks sichtlich, und er befragt Mrs Plornish, was der Italiener denn so treibe, wenn er nicht seiner Beschäftigung, dem Schnitzen, nachgehe, worauf diese antwortet:

> "Why, not much as yet, sir, on accounts I suppose of not being able to walk much; but he goes about the Yard, and he chats without particular understanding or being understood, and he plays

with the children, and he sits in the sun – he'll sit down anywhere, as if it was an arm-chair – and he'll sing, and he'll laugh!"
"Laugh!" echoed Mr Pancks. "He looks to me as if every tooth in his head was always laughing." (324)

Cavallettos Lachen ist nicht das Lachen Demokrits, der im Spott das Elend der Menschen verlacht. Dickens zeigt uns mit dieser Nebenfigur eine Geisteshaltung und Lebenseinstellung, die das Leben mit weit geöffneten Armen empfängt. Angesichts der düsteren Welt, in der *Little Dorrit* verortet ist, mag dieser lachende Cavalletto als reaktionäre Figur erscheinen, die die menschenunwürdigen Zustände im *Bleeding Heart Yard* mit einem Lachen überspielt. In der Tat wird die Figur in der Regel so gesehen:

> The perfect type of the unrebellious servant is, on the other hand, Cavalletto. From the opening scene in the Marseilles prison to the denouement in which he discovers Rigaud/Blandois and brings him to Clennam in the Marshalsea, the little Italian is portrayed as a comic but pathetic innocent, unwilling to cooperate with evil but powerless to resist it (his only act of rebellion is to run away from the villain at a French inn).[20]

Avrom Fleishmans Typisierung, Cavalletto sei ein "comic but pathetic innocent, unwilling to cooperate with evil but powerless to resist it", erscheint mir nicht zutreffend. In einem Roman, der ursprünglich "Nobody's Fault" heißen sollte, ist eine Rebellion nur schwerlich anzuzetteln; denn gegen wen sollte sich diese richten? Gegen Merdle und die Finanzjongleure? Gegen Lord Decimus und die *Circumlocution Office*? Gegen Mr Casby und die Miethaie? Die Welt von *Little Dorrit* ist eine verworrene und hoffnungslose Welt, die keine Angriffspunkte bietet, so Kincaid: "It is a grotesque and hopeless world, but these qualities are made to move us most deeply when they are touched, briefly and poignantly, by the sanity and hopefulness of laughter." (208) Dieser Welt – und dem Übel in ihr – kann man nur lachend begegnen. Und dieses Lachen hält den Hoffnungsschimmer am Leben, dass sich mit ihm eine Menschlichkeit verbreitet, die ansteckend ist.

Und genau das scheint Dickens uns mit der Figur Cavalletto zeigen zu wollen. Auch wenn Dickens diese Kausalität nicht explizit thematisiert, so lässt sich doch argumentieren, dass Cavallettos Lachen Pancks angesteckt hat. Neben anderen kontingenten Einflüssen lässt sich Cavallettos Lachen als ein Beweggrund für Pancks Aufbegehren gegen den skrupellosen Casby lesen. Von Casby im *Bleeding Heart Yard* gedrängt, noch skrupelloser den Mietzins einzutreiben, platzt Pancks der Kragen. Er sagt sich von Casby los, schlägt diesem den Hut vom Kopf, schneidet ihm die Zöpfe ab und erklärt den Umstehenden: "Pancks is only the Works but here's the Winder!" (834) Während Casby ungläubig zu begreifen versucht, was ihm widerfahren ist, verlässt Pancks den Hinterhof: "Mr Pancks deemed it prudent to use all possible despatch in making off, though he was pursued by nothing but the sound of laughter in *Bleeding Heart Yard*, rippling through the air and making it ring again." (836) Das Lachen, das Pancks hier verfolgt, lässt sich als Bachtin'sches Lachen deuten: Die unterdrückten Bewohner des *Bleeding Heart Yard* lachen in einer karnevalesken Machtumkehrung

---

20 Fleishman 1974, 577.

über den Unterdrücker Casby. Aber Dickens' Wortwahl deutet auch in eine andere Richtung. Zum einen verfolgt das Lachen Pancks und nicht Casby, und zum anderen scheint das Lachen hier im kantianischen Sinn ein befreiendes Lachen zu sein, das die Luft erklingen und den Bewohnern ihre Menschlichkeit erfahrbar machen lässt.

Closure und *poetic justice*: Wer lacht zuletzt?

Ich habe gezeigt, dass Dickens uns in *Little Dorrit* anregt, eine ganz besondere Form des ästhetischen Zugriffs auf das Lachen zu betrachten: Als Leser werden wir eingeladen, *mit* den Figuren zu lachen, ohne dabei *über* Figuren zu lachen. Während in der modernen Satire in der Regel das Lachen ein Überlegenheitslachen ist, das sich an der Grenze zwischen Affirmation und Subversion bewegt, wie beispielsweise Jonathan Greenberg aufgezeigt hat,[21] ist die Art des Lachens in *Little Dorrit*, die ich hier vorgestellt habe, nicht primär auf ein Objekt gerichtet. Dieses Lachen ist kein Verlachen des Anderen, es ist ein Lachen der befreienden Selbsterfahrung ohne konkreten Gegenstand. Gérard Toulouse hat die Kraft dieses befreienden Lachens entlang der Kantianischen Konzeption wie folgt beschrieben: "[...] when fully enfolding, laughter brings reconciliation (or the promise thereof) between mind and body, cognition and emotion, self and non-self."[22] Aufgrund dieser nach innen gerichteten Funktion des Lachens muss dessen spezifische Natur in einem fiktionalen Werk unbestimmt bleiben; sie ist nur in der Introspektion erfahrbar. Doch auch wenn fiktionale Figuren wie Cavalletto nur bedingt einen psychologischen Zugriff auf ihr Innenleben erlauben, gelingt es Dickens, dieses Lachen anhand der Reaktion der umstehenden Figuren unter die Lupe zu nehmen. Pancks ist von dem nicht zielgerichteten Lachen Cavallettos nachhaltig beeindruckt – und mit Pancks als Reflektorfigur wird dem Leser die Besonderheit dieses Lachens vor Augen geführt. Es ist Ausdruck einer bejahenden Welterfahrung, in der Menschlichkeit für den Lachenden unmittelbar erfahrbar wird: *ego rideo, ego sum*.

Dieses Lachen ist keineswegs verklausuliert – aber Dickens vermeidet es, das Lachen Cavallettos als Allheilmittel vorzustellen. Die Missstände der Welt lassen sich nicht so einfach 'weglachen' – und insofern ist das Lachen Cavallettos vielleicht doch ein kaschierter Akt der Verzweiflung. Auf der anderen Seite ist die Gesellschaftskritik dieses Romans gerade deshalb so überzeugend, weil das Lachen Cavallettos etwas Licht in die düstere Welt ihrer Bewohner bringt. Dieses Lachen ist vielleicht das einzige spielerische Moment des Romans, das über eine dekonstruktive Lesart erhaben ist. Das befreiende Lachen ist somit auch ein Kontrapunkt, der die Stärke des Romans, die Verweigerung einer eindeutigen Perspektive, besonders deutlich hervortreten lässt:

---

21 "Thus emerges what I will be calling the *double movement* of satire: on the one hand, the satirist speaks for a community, exaggerating and ridiculing his target in order to urge reform; on the other, he is a renegade who enjoys the subversion of traditional values, delights in his own aesthetic powers, even savors the cruelty he inflicts." (Greenberg 2011, 7)

22 Toulouse 2005, 175.

And from a Derridaean point of view all closure is ideological, not because there is in *Little Dorrit* "literally" too much to say (a major problem for traditional criticism), but because literary language, lacking a "center" in text or author, without "end" or "origin," excludes totalization and permits only the "freeplay" of infinite substitution.[23]

Doch auch wenn sich der Roman den Konventionen von *closure* und *poetic justice* verweigert, so lohnt abschließend der Blick auf das letzte Lachen im Roman.[24] Dickens schenkt dieses der Protagonistin Amy, Little Dorrit, die im Verlauf des ganzen Romans zwar häufig lächelt, aber nicht lacht. Erst als Clennam, den sie heiraten wird, unwissend das Testament, das Amy Reichtum bescheren würde, ins Feuer wirft, lacht sie befreiend auf:

> "My dear love," said Arthur. "Why does Maggy light the fire? We shall be gone directly."
> "I asked her to do it. I have taken such an odd fancy. I want you to burn something for me."
> "What?"
> "Only this folded paper. If you will put it in the fire with your own hand, just as it is, my fancy will be gratified."
> "Superstitious, darling Little Dorrit? Is it a charm?"
> "It is anything you like best, my own," she answered, laughing with glistening eyes and standing on tiptoe to kiss him, "if you will only humour me when the fire burns up."
> So they stood before the fire, waiting: Clennam with his arm about her waist, and the fire shining, as fire in that same place had often shone, in Little Dorrit's eyes. "Is it bright enough now?" said Arthur. "Quite bright enough now," said Little Dorrit. "Does the charm want any words to be said?" asked Arthur, as he held the paper over the flame. "You can say (if you don't mind) 'I love you!'" answered Little Dorrit. So he said it, and the paper burned away. (857)

Das Lachen markiert hier den Moment der Befreiung; ein kapitales Erbe wird in den Wind geschlagen, und die Utopie eines geglückten Lebens frei von pekuniären Zwängen scheint auf. Diese Utopie bleibt weit hinter der Komplexität des Romans zurück, und sie mag naiv erscheinen. Aber Amys Lachen weist über das Ende hinaus: Wenn dort beide aus der Kirche in den Straßenlärm Londons treten und ihnen ein "modest life of usefulness and happiness" (859) prophezeit wird, dann wissen wir als Leser, dass auch dieses bescheidene Leben ein erfülltes, gelachtes Leben sein kann.

Bibliografie

Bachtin, Michail Michailowitsch. *The Dialogic Imagination: Four Essays*. Übers. Caryl Emerson und Michael Holquist. Austin: U of Texas P, 1981. Print.

Barnard, Robert. "The Imagery of *Little Dorrit*." *English Studies* 52.6 (1971): 520-32. Print.

Bergson, Henri. *Das Lachen: Ein Essay über die Bedeutung des Komischen*. 1900. Übers. Roswitha Plancherel-Walter. Hamburg: Meiner, 2011. Print.

---. *Le rire: Essai sur la signification du comique*. Paris: Félix Alcan, 1900. Print.

---

23 Duckworth 1978, 130.
24 Die Verbindung zwischen Dickens' Sozialkritik und seiner Kritik einer Lesererwartung im Sinne der *poetic justice* hat vorbildlich Sylvia Manning 1991 aufgezeigt.

Butt, John und Kathleen Tillotson. *Dickens at Work*. London: Methuen, 1957. Print.

Dickens, Charles. *A Christmas Carol and Other Christmas Writings*. London: Penguin, 2003. Print.

---. *Little Dorrit*. London: Penguin, 2003. Print.

Duckworth, Alistair M. "*Little Dorrit* and the Question of Closure." *Nineteenth-Century Fiction* 33.1 (1978): 110-30. Print.

Eibl-Eibesfeldt, Irenäus. *Die Biologie des menschlichen Verhaltens: Grundriß der Humanethologie*. 3. Aufl. München: Piper, 1995. Print.

Fleishman, Avrom. "Master and Servant in Little Dorrit." *Studies in English Literature, 1500-1900* 14.4 (1974): 575-86. Print.

Gelfert, Hans-Dieter. *Charles Dickens der Unnachahmliche*. München: Beck, 2011. Print.

Greenberg, Jonathan. *Modernism, Satire, and the Novel*. Cambridge, Cambridge UP, 2011. Print.

Herman, Luc und Bart Vervaeck. "Ideology and Narrative in Fiction." *Living Handbook of Narratology*. Interdisciplinary Center for Narratology. Universität Hamburg, 30. Sept. 2013. Web. 15. Okt. 2013.

Kincaid, James R. *Dickens and the Rhetoric of Laughter*. Oxford: Clarendon, 1971. Print.

Manning, Sylvia. "Social Criticism and Textual Subversion in *Little Dorrit*." *Dickens Studies Annual* 20 (1991): 127-47. Print.

Page, H. M. "'A More Seditious Book Than *Das Kapital*': Shaw on *Little Dorrit*." *Shaw Review* 21.3 (1977): 171-77. Print.

Recki, Birgit. "So lachen wir. Wie Immanuel Kant Leib und Seele zusammenhält." *Kants Schlüssel zur Kritik des Geschmacks: Ästhetische Erfahrung heute – Studien zur Aktualität von Kants 'Kritik der Urteilskraft'*. Hg. Ursula Franke. Hamburg: Meiner, 2000. 177-87. Print.

Rosenberg, Charles. *Explaining Epidemics and Other Studies in the History of Medicine*. Cambridge: Cambridge UP, 1992. Print.

Sen, Sambudha. "'Bleak House' and 'Little Dorrit': The Radical Heritage." *ELH* 65.4 (1998): 945-70. Print.

Toulouse, Gérard. "Views on the Physics and Metaphysics of Laughter." *The Anatomy of Laughter*. Hg. Toby Garfitt, Edith McMorran und Jane Taylor. London: Maney, 2005. 161-76. Print.

Weiss, Barbara. "Secret Pockets and Secret Breasts: *Little Dorrit* and the Commercial Scandals of the Fifties." *Dickens Studies Annual* 10 (1982): 67-76. Print.

Postkoloniales Gelächter:
Zur Erfahrung der Inkongruenz in Zadie Smiths *White Teeth*

Ralf Hertel

Mitunter kommen die *Postcolonial Studies* recht humorlos daher. Bezeichnenderweise fehlen im vielleicht gebräuchlichsten einschlägigen Nachschlagewerk, dem von Bill Ashcroft, Gareth Griffiths und Helen Tiffin herausgegebenen *Post-Colonial Studies: The Key Concepts*, Einträge zu "humour", "laughter", "wit", "joke", "irony" und ähnlichen Lemmata.[1] Diese Nichtbeachtung des Komischen im postkolonialen Diskurs ist beileibe kein Einzelfall, und Susanne Reichl und Mark Stein, die 2005 schließlich die erste – und bislang einzige – Aufsatzsammlung zu diesem Thema veröffentlichten, zählen beispielhaft noch ein halbes Dutzend weiterer Überblickswerke auf, denen jegliche Verweise auf das Komische in der postkolonialen Literatur fehlen.[2] Sucht man im bibliografischen Verzeichnis der *Modern Language Association* nach den Schlagworten "postcolonial" und "laughter", so finden sich – abgesehen von den Beiträgen aus dem erwähnten Sammelband – gerade mal drei Titel, während man auf mehr als achtmal so viele Einträge für die Kombination "postcolonial" und "mourning" stößt.[3] Nach einem halben Jahrhundert postkolonialer Forschung bleibt festzustellen: "Cultural criticism [...] has remained virtually silent on the multifarious connections between laughter and the postcolonial."[4] Und sind nicht in der Tat die von postkolonialer Literatur thematisierten Anliegen zu ernsthaft, um zum Lachen zu sein? Die Verhandlung einer in der Auseinandersetzung mit indigenem Ursprung und kolonialer Herrschaft gewachsenen hybriden Identität, die Suche nach adäquaten Ausdrucksformen für ein Bewusstsein voller interkultureller Spannungen und der Kampf gegen die Missrepräsentation der Geschichte sind Anliegen postkolonialer Literatur, die sich nicht eben mal leichtnehmen lassen. Kurz: Man sollte meinen, in der postkolonialen Literatur gebe es nichts zu lachen.

Doch das stimmt nicht. Es lässt sich eine Reihe von Beispielen finden, die zeigen, dass auch im – und über den – postkolonialen Roman gelacht werden darf. Salman Rushdies Romane – etwa *Midnight's Children* oder *The Moor's Last Sigh* – sind an Lau-

---

1   Ashcroft, Griffiths und Tiffin, 2000.
2   Reichl und Stein 2005, 2. Auch in Werken aus jüngster Zeit, wie z. B. in Gina Wiskers *Key Concepts in Postcolonial Literature* und John McLeods *Beginning Postcolonialism*, fehlen Verweise auf das Komische. Siehe aber auch Sam Vásquez' *Humor in the Caribbean Literary Canon*. Die Begriffe "Komik" und "das Komische" werden im Folgenden als Sammelbegriffe für den Einsatz Gelächter erzeugender Mittel verwendet.
3   *MLA International Bibliography*, 01.10. 2012.
4   Reichl und Stein 2005, 2. Als frühes Beispiel der Auseinandersetzung mit postkolonialer Identität kann etwa Frantz Fanons *Les Damnés de la Terre* (1961) gelten.

rence Sterne geschulte Meisterwerke der komischen Abschweifung, des Wortwitzes, der Comic-Sprache sowie einer der Bollywood-Ästhetik entlehnten Hyperbolik. Auch Hanif Kureishis Erstling *The Buddha of Suburbia* hat komische Seiten, und ein Roman wie Meera Syals *Life Isn't All Ha Ha Hee Hee* trägt den Bezug zum Gelächter – wenngleich negativ – schon im Titel. Insbesondere jüngere Fernsehserien und -shows, wie etwa Sacha Baron Cohens *Da Ali G Show*, beleuchten die komischen Seiten einer *immigrant experience*, wobei Cohen die Parodie klischeehafter Vorstellungen von Immigranten noch dadurch überhöht, dass seine Bühnenfigur selbst nur eine lächerliche Imitation des Immigranten ist, ein weißer Brite aus Staines-upon-Thames, der sich Sprache und Habitus eines jamaikanisch-afrikanischen Gangsta-Rappers aneignet.[5] Allem Anschein nach ist die postkoloniale Kultur weitaus weniger humorlos als ihre Interpreten.

I.

Ein besonders interessantes Beispiel stellt Zadie Smiths Debut *White Teeth* dar. Hier zeigt sich, dass im postkolonialen Roman nicht nur gelacht werden darf, sondern dass Lachen vielmehr eine zentrale Strategie postkolonialen Schreibens sein kann. "Early in the morning, late in the century, Cricklewood Broadway" – bereits der erste Satz des Romans gibt den Ton vor. "Early in the morning" – so beginnen Sätze, die vom Tagesablauf berichten, vom Aufstehen, vom Wetter an einem bestimmten Tag, vom Frühstücken, vom Einzelnen und Partikularen. Doch schon nach vier Wörtern weitet sich die Perspektive ins nachgerade Allumfassende: "late in the century", das klingt nach Epochenschwelle, historischem Kontext und dem großen Ganzen. Vier Wörter später schnurrt diese globale Perspektive schon wieder zusammen zum ganz unglamourösen "Cricklewood Broadway". Dieser erste Satz bringt das Strukturprinzip des Romans – und dessen Komik – auf den Punkt: Es ist ein Oszillieren zwischen Pathos und Bathos, ein ständiges Spiel mit Erwartungen und ihren Enttäuschungen. "Late in the century" – so mögen ambitioniert konzipierte Romane viktorianischen Umfangs beginnen, die als Panoptikum einer ganzen Gesellschaft angelegt sind, und der Umfang von Smiths Erstling lässt einen solch allumfassenden Anspruch zunächst vermuten. Doch schon im nächsten Moment – und dann immer wieder im Laufe der Lektüre – zerfällt die *grand narrative* ins Anekdotische, Partikulare, Nicht-Repräsentative, zerfällt Geschichte zu Geschichten.

Diese Bewegung von Hochgespanntem und Tiefempfundenem zu Banalem und Lächerlichem lässt jene dem Roman zugrunde liegende Dynamik erkennen, die das ihm eigene Gelächter erzeugt: die Erfahrung der Inkongruenz von Erwartung und Ergebnis. Sie zeigt sich exemplarisch in der Eröffnungssequenz: Einem gefallenen Engel gleich, die Arme ausgebreitet, sehen wir Archibald Jones zusammengesunken über dem

---

5   Zur Analyse des Humors in der britischen Populärkultur siehe Knopp 2009. Zum Humor bei Kureishi siehe Knopp 2009 und Wille 2011 (hier auch zu *White Teeth*).

Lenkrad seines Autos, in das er die Abgase mit einem Schlauch geleitet hat. Die Erzählperspektive unterstreicht das Pathos seines Selbstmordversuchs, wenn sie gleich der Schlusssequenz eines Filmes langsam hinauszoomt vom Widerschein des Blinkers im Auge des Selbstmörders über eine Außenansicht des geparkten Wagens zu den Vögeln, die Geiern gleich über ihm kreisen, bis hin zum Himmel über der ganzen Szenerie, in der die Position der Planeten und die Sphärenmusik für das Schicksal des Selbstmörders verantwortlich zu sein scheinen. Doch ist das, was ein so klischeehaftes Ende sein könnte, hier überraschenderweise ein Anfang, der Anfang vom neuen Leben des Archibald Jones, und kurz darauf wird er seine zweite Frau kennenlernen – paradoxerweise auf einer Party, auf der eigentlich der Weltuntergang gefeiert werden sollte.

Immer wieder kippt das Pathos dieser Abschiedsszene ins Lächerliche: Ein Selbstmord als Neujahrsentschluss, besiegelt durch einen Münzwurf? Noch dazu auf dem Cricklewood Broadway, einem Nicht-Ort *par excellence*, wie Archie selbst weiß:

> [...] Even as his breathing became spasmodic and his lights dimmed, Archie was aware that Cricklewood Broadway would seem a strange choice. [...] Squeezed between an almighty concrete cinema complex at one end and a giant intersection at the other, Cricklewood was no kind of place. It was not a place a man came to die. It was a place a man came in order to go to other places via the A41. (3)

Nichts an diesem Selbstmord ist heroisch: Das Leben, das an Archie noch einmal vorbeizieht, kommt ihm vor wie das metaphysische Äquivalent der "Queen's Speech" (14); und lassen die Heiratsurkunde, die er umklammert hält, sowie der Name seiner italienischen Frau – Ophelia! – ein großes Drama hinter seiner Lebensmüdigkeit vermuten, so ist die Motivation in Wirklichkeit wenig spektakulär. Es ist nicht enttäuschte Liebe, die ihn in die Verzweiflung treibt, sondern vielmehr die Erkenntnis, dass er viel zu lange gezögert hat, sich von dieser Ophelia mit ihrem Damenbärtchen und der zu Gemüse sprechenden Verwandtschaft zu trennen. Das Finale des Selbstmordversuchs ist eine lächerliche Antiklimax. Erzürnt darüber, dass Archies Wagen seine Einfahrt versperrt ("I got fifteen dead bovines turning up here at 6.30", 6), schickt der Metzger Mo Hussein-Ishmael Archie fort: "Do you hear that, mister? We're not licensed for suicides around here. This place halal. Kosher, understand? If you're going to die round here, my friend, I'm afraid you've got to be thoroughly bled first." (7) Diese bewusste Irreführung der Lesererwartung ist programmatisch für die postkoloniale Komik von Zadie Smiths Roman. Schon nach den ersten Seiten wird klar, dass hier vieles nicht so ist, wie es auf den ersten Eindruck zu sein scheint.

Unschwer ließe sich demonstrieren, dass Lachen erzeugende Strategien und Stilmittel den ganzen Roman durchziehen. So finden sich hier komische Figuren wie Archie, dem im Leben nichts recht gelingen will (selbst sein beachtlicher dreizehnter Platz als Bahnradfahrer bei den Olympischen Spielen wird durch die Nachlässigkeit einer Sekretärin aus den Annalen der Spiele getilgt) und der kläglich sogar noch am Versuch scheitert, dieses Leben zu beenden. Es finden sich von den Figuren erzählte Witze, *puns* ("Despite being in the direct mail business, Noel hated to be spoken to directly", 68), und Sprachwitze, die auf dem Missverhältnis von Zeichen und Bezeichnetem beruhen, etwa wenn sich das traditionsreiche *O'Connell's Pool House* als ein Pub erweist, der weder irisch ist noch ein Billardlokal, in dem aber irakische Einwanderer, alle Abdul mit Namen und mit Hautirritationen geschlagen, "chips, egg and beans", "egg, chips and beans" oder "beans, chips, eggs" (183) servieren. Unter einem ähnlichen Missverhältnis, einem "acronym problem" (295), leidet die militante muslimische Gruppe "Keepers of Eternal Vigilance of the Islamic Nation", die zu ihrem Leidwesen nur unter der weitaus weniger martialischen – und noch dazu sehr westlich anmutenden – Abkürzung KEVIN bekannt ist. Schließlich gibt es hier auch so etwas wie den Witz der Geschichte, der das Pathos des Historischen immer wieder ins Lächerliche kippen lässt. Den Zweiten Weltkrieg, vermeintlich Bewährungsprobe junger Männer und Großbritanniens "finest hour", verpassen Archie und Samad auf unspektakuläre Weise als Minensucher fernab der Front im Hinterland, oder wie Samad formuliert: "Like a bus, Jones. We have missed the bloody war." (105) Das Kriegsende erleben sie nicht freudetrunken auf einer Siegesparade, sondern irgendwo im bulgarischen Grenzgebiet neben ihrem steckengebliebenen Fahrzeug, während russische Soldaten mit aufgespießten Kartoffeln, die aufgemalte Hitler-Konterfeis zieren ("Hitler-potatoes", 104), durch das Dorf ziehen. Nicht einmal das Ende der Geschichte hält, was man sich davon verspricht, und die "End of the World Party", in die Archie gleich nach seinem gescheiterten Selbstmordversuch stolpert, muss mangels Weltuntergangs ausfallen.

So vielfältig die Mittel sein mögen, die Gelächter hervorrufen, so sehr ähneln sie sich doch in ihrer Art und Funktion. Wenn sich die Theorie des Humors in drei Ansätze unterteilen lässt – die Überlegenheitstheorie (*superiority theory*), der zufolge Lachen soziale Abgrenzung nach unten darstellt, die Entlastungstheorie (*relief theory*), die Lachen als Befreiung aus einer hilflosen Lage begreift, und die Inkongruenz- oder Diskrepanztheorie (*incongruity theory*), nach der Komik aus der Unvereinbarkeit verschiedener Bezugsrahmen entsteht – dann lässt sich Smiths postkolonialer Witz am besten mit letzterer beschreiben. Ob Zeichen und Bezeichnetes auseinandertreten, wie bei den militanten Muslimen, oder historischer Anspruch und banale Wirklichkeit, wie in der Kriegserfahrung Archies, ob das Pathos finaler Entscheidungen ins Lächerlich-Zufällige kippt oder des Lesers Vorstellungen von der *Englishness* vermeintlich urenglischer Institutionen wie dem Pub ad absurdum geführt werden, immer ist es vor allem die Erfahrung der Inkongruenz von Erwartung und dargestellter Realität, die Gelächter hervorruft.

II.

Die Strategie, den Leser seiner Erwartungshaltungen durch deren Enttäuschung bewusst werden zu lassen, entfaltet im Kontext postkolonialer Literatur besondere Wirkung. Dies gilt vor allem dort, wo diese gar nicht erst durch den Text erzeugt werden müssen, sondern dem Leser gleichsam durch seine kulturelle Prägung eingeschrieben sind. Nicht immer bedarf es eines derart pathetischen Vorlaufes wie in der Eingangsszene, um die Fallhöhe herzustellen, die für den Umschlag ins Lächerliche notwendig ist. Wenn Smith die *Englishness* der nationalen Institution Pub konterkariert oder die sich um den Zweiten Weltkrieg rankenden Mythen britischer Größe, dann bedarf es nicht vieler Worte, um die Leser auf eine falsche Spur zu locken – die falsche Fährte haben viele Leser gleichsam durch die kulturell bedingte Ausprägung von Stereotypen bereits verinnerlicht. Indem die Leser jedoch hier dazu gebracht werden, klischeehafte anglozentrische Perspektiven zu verlachen, öffnen sie sich für alternative Bezugsrahmen. Bezeichnenderweise sind es hier Immigranten und ihre Nachkommen – also jene, in deren Erfahrungshorizont anglozentrische Bezugsrahmen mit anderen kulturellen Bezugsrahmen konkurrieren –, welche die Borniertheit einer Sicht lächerlich machen, die *Englishness* mit *White Protestantism* gleichsetzt.

Wenn etwa Joyce Chalfen, Repräsentantin der englischen Oberschicht, Irie Jones und Millat Iqball, Jugendliche aus Immigrantenfamilien, nach ihrer Herkunft fragt, erwartet sie eine genauere Verortung im Commonwealth. Der Bezugsrahmen der beiden Jugendlichen ist jedoch nicht die *motherland/Commonwealth*-Dichotomie, sondern eine weitaus regionalere Identität.

> "Well," said Joyce [...],"you look very exotic. Where are you from, if you don't mind me asking?"
> "Willesden," said Irie and Millat simultaneously.
> "Yes, yes, of course, but where *originally*?"
> "*Oh*," said Millat, putting on what he called a bud-bud-ding-ding accent. "You are meaning where from am I *originally*."
> Joyce looked confused. "Yes, *originally*."
> "Whitechapel," said Millat, pulling out a fag. "Via the Royal London Hospital, and the 207 bus."
> (319)

Hier wird das Lachen durch das Aufeinanderprallen inkongruenter Bezugsrahmen ausgelöst: Für Joyce ist die Frage nach der Identität eine nationale; Millat dagegen beharrt auf seiner lokalen Identität und entlarvt so den unausgesprochenen Rassismus der Fragenden, für die Dunkelhäutige keine Engländer, sondern höchstens Commonwealth-Bewohner sein können. So wie hier Millats Replik, unterläuft das Gelächter im Roman immer wieder eine unreflektiert anglozentrische Perspektive. Es gibt, so scheint es, eine strukturelle Affinität zwischen der dem Gelächter der Inkongruenzerfahrung eingeschriebenen Doppelsicht und der Perspektive des postkolonialen Subjekts, das beständig gegensätzliche Bezugsrahmen in Einklang bringen muss und deren charakteristische Spannung sich bereits onomastisch manifestiert: "It is only this late in the day that you can walk into a playground and find Isaac Leung by the fish pond, Danny Rahman in the football cage, Quang O'Rourke bouncing a basketball, and Irie Jones humming a tune. Children with first and last names on a direct collision course." (326) Inkongruenzerfahrungen liegen nicht nur dem Gelächter in *White Teeth* zugrunde, sondern sind auch zentraler Bestandteil einer zwischen den Kulturen angesiedelten *immigrant experience*. Während der Leser sich lachend der durch Inkongruenzerfahrungen charakterisierten *immigrant experience* annähert, wird sein Lachen zum postkolonialen Gelächter.

III.

Für Ulrike Erichsen ist Humor im postkolonialen Text ein Mittel, um den Konflikt der widersprüchlichen Erfahrungen, den "clash of cultures", zu entschärfen, indem er unterschiedliche Perspektiven wie in einer Kippfigur nebeneinander bestehen lässt.[6] Doch im Fall von *White Teeth* greift diese Deutung zu kurz, ist das Hervorrufen von Gelächter in Smiths Roman doch nicht nur eine Geste des Zurücklachens der einst Marginalisierten, sondern auch die einer Aneignung. Gilt ein feiner Sinn für Humor als ureigenste Charaktereigenschaft der Briten, so drückt sich in der Aneignung des Komischen durch die anglo-karibische Autorin Smith nicht zuletzt der Anspruch aus, sich mit ihrem literarischen Debüt in die Tradition britischer Kultur einzuschreiben.[7] Zugleich bedeutet diese *Ein*schreibung auch eine *Um*schreibung, verschiebt sich hier doch, wer mit wem über wen lacht. Galt in der englischen literarischen Tradition lange das Motto "foreigners are ridiculous, the English laugh", so lacht der Leser hier mit jenen, die von manchen Briten mitunter gerne noch als "foreigners within" gesehen werden, nämlich den Immigranten und ihren Nachkommen – noch dazu über all das, was besonders britisch zu sein scheint: über Institutionen wie den Pub, über einen englischen Jedermann wie Archibald Jones und über Mythen nationaler Größe in Zeiten der Bedrohung.[8] Auf diese Weise partizipiert *White Teeth* an einer allgemeineren Tendenz postkolonialer Literatur, die Eva Knopp folgendermaßen umschreibt:

> Humour may be used to out-group and ridicule what is at the heart of white British identity, just as it has been employed to out-group the margins of British society. In appropriating the so highly esteemed British sense of humour, writers from minority backgrounds, in a sense, beat them at their own game.[9]

So wohnt der Inkongruenzerfahrung in Smiths Roman neben der komischen auch eine politische Funktion inne. Das Lachen hier ist ein Lachen der Leser über sich selbst, Ausdruck der Erkenntnis eigener Beschränktheit, Manifestation zunächst der Irritation und dann vielleicht der Befreiung, wenn sie erkennen, wie sehr sie unbewusst von oftmals falschen Erwartungen geprägt sind. Indem Smith Mythen entzaubert, zeigt sie Denkmuster auf, die manche Leser so sehr verinnerlicht haben mögen, dass sie sie für die Wahrheit halten. Wenn Smith diese vermeintlichen Gewissheiten komisch bricht, indem sie vorführt, wie weit sie tatsächlich von der Wahrheit entfernt sind, öffnet sie eingeschliffene Denkweisen der Reflexion und macht darauf aufmerksam, dass vieles, was wir für selbstverständlich zu halten geneigt sind, auf kultureller Konstruktion beruht. Betrachtet man, welche Stereotypen Gegenstand von Smiths quasi dekonstruktivistischem Gelächter sind, dann zeigt sich, dass es vor allem immer wieder stereotype Selbst- und Fremdbilder untergräbt. "Valiant creatures [...] of unmatchable courage"[10]

---

6   Erichsen 2005, 39.
7   Zur spezifischen *Englishness* des Humors: Pfister 2002, vii-viii; Gelfert 2007.
8   Pfister 2002, viii.
9   Knopp 2009, 65.
10 Shakespeare *Henry V* III.7.140-41.

– eindrucksvoller als von Archie mit seiner ewigen Entscheidungsschwäche könnte das tradierte Stereotyp vom männlichen – und mannhaften – weißen Briten und seiner heroischen Rolle in der Geschichte kaum widerlegt werden. In der Welt, die *White Teeth* beschreibt, sind Immigranten der zweiten Generation wie der dem Namen nach so exotische Magid Mahfooz Murshed Mubtasim Iqball mit seinem *Public-School*-Haarschnitt (423), der "stiff-upper lip" (424) und seiner Vorliebe für gebügelte Unterhosen und exakte Wissenschaft englischer als die Engländer selbst, und anscheinend so typische Engländer wie die Chalfens, die noch dazu ihre genetische Überlegenheit propagieren, stammen bei genauerer Betrachtung von jüdischen deutsch-polnischen Immigranten ab. Im Übrigen werden hier auch antikoloniale Mythen nicht vom Gelächter verschont, etwa wenn sich der von Samad zum Held des indischen Unabhängigkeitskampfes stilisierte Urgroßvater Mangal Pande als Versager entpuppt, der noch der Bezeichnung "a Pandy" – dem Oxford English Dictionary zufolge, das Archie genüsslich zitiert, "any fool or coward in a military situation" (251) – seinen unrühmlichen Namen gibt.

Vielleicht entzaubert das Lachen hier nicht zuletzt gar den Mythos vom "Happy Multicultural Land" (465) selbst, von einem besseren Land gegenseitigen Verstehens jenseits stereotyper Denkmuster. Der Roman schließt in einem Tableau, das auf ein multikulturelles Britannien vorausweist: Während sich die im Labor hochgezüchtete und bis hin zum genetisch festgelegten Todestag manipulierte Future Mouse als Sinnbild eines biologischen Determinismus im allgemeinen Tohuwabohu ihrer öffentlichen Präsentation aus dem Staub (der Geschichte) macht, erfahren wir, dass Irie ein wahrhaft hybrides Kind in sich trägt. Hybrid ist dieses Kind, Sinnbild der kommenden Generation, im Wortsinn, da es gleichsam von zwei Vätern – Magid und Millat – gezeugt ist, aber natürlich auch, weil sich in ihm jamaikanische, bengalische und englische Einflüsse vermengen. Zugleich jedoch wirkt dieses Ende mit seiner forcierten *closure*, in der so viele Handlungsstränge zusammengezwungen werden, so unwahrscheinlich, dass man es wohl selbst für einen Witz halten muss. Wie wahrscheinlich ist es, dass sich Archie bei der Vorstellung der Future Mouse durch eine unglückliche Bewegung ungewollt in einen Schuss aus der Pistole des radikalisierten Sohnes seines besten Freundes Samad wirft und dadurch unwillentlich ausgerechnet jenem betagten Nazi-Wissenschaftler das Leben rettet, den zu erschießen er in den Tagen nach dem Ende des Zweiten Weltkriegs im fernen Bulgarien nicht den Mut hatte? Wie wahrscheinlich ist es, dass der so getroffene Archie ausgerechnet auf den Glasbehälter stürzt, in dem sich die Maus befindet, diesen zerschmettert und so ungewollt der prädestinierten Maus die Freiheit schenkt? Und wie wahrscheinlich ist die Kombination all dieser Zufälle noch dazu an einem symbolträchtigen Sylvesterabend, an dessen Ende das neue Millennium eingeläutet wird? Wie glaubwürdig ist dann noch die Botschaft dieses Schlussbildes, die Vision vom Triumph der Hybridität über den biologischen Essenzialismus, wenn sie nur gegen alle Wahrscheinlichkeit zustande kommt? Möglicherweise ist eine gleichberechtigte multikulturelle Gesellschaft genauso unrealistisch wie das Romanende. In der impliziten, vielleicht gar unfreiwilligen Komik der Schlussszene wendet sich Smiths postkoloniales Gelächter gegen ihren eigenen Roman und führt den Glauben an eine multikulturelle Zukunft, an hybride Lebensformen als lediglich ein weiteres Klischee vor, als ein Wunschdenken, das sich nur in der Verweigerung jeglicher Realität realisieren kann. Indem *White Teeth* in einer letzten Wendung den Mythos vom "Happy Multicultural Land" als solchen offenbart, öffnet der Roman ihn einer Reflexion, der sich die Postcolonial Studies erst zu stellen beginnen.

Bibliografie

Ashcroft, Bill, Gareth Griffiths und Helen Tiffin, Hg. *Post-Colonial Studies: The Key Concepts*. London: Routledge, 2000. Print.

Erichsen, Ulrike. "Smiling in the Face of Adversity: How to Use Humour to Defuse Cultural Conflict." *Cheeky Fictions*. Hg. Susanne Reichl und Mark Stein. Amsterdam: Rodopi, 2005. 27-41. Print.

Gelfert, Hans-Dieter. *Madam I'm Adam: Eine Kulturgeschichte des englischen Humors*. München: Beck, 2007. Print.

Knopp, Eva. "'There are no jokes in paradise': Humour as a Politics of Representation in Recent Texts and Films from the British Migratory Contact Zone." *Translation of Cultures*. Hg. Petra Rüdiger und Konrad Gross. Amsterdam: Rodopi, 2009. 59-74. Print.

McLeod, John. *Beginning Postcolonialism*. Manchester: Manchester UP, 2010. Print.

MLA International Bibliography. New York: Modern Language Association of America. Web. 01. Okt. 2012.

Pfister, Manfred. "Introduction: A History of English Laughter." *A History of English Laughter: Laughter from Beowulf to Beckett and Beyond*. Hg. Manfred Pfister Amsterdam: Rodopi, 2002. v-x. Print.

Reichl, Susanne und Mark Stein. "Introduction." *Cheeky Fictions: Laughter and the Postcolonial*. Hg. Susanne Reichl und Mark Stein. Amsterdam: Rodopi, 2005. 1-23. Print.

Shakespeare, William. *Henry V*. 1599. Hg. T. W. Craik. Walton-on-Thames: Nelson, 1998. Print. The Arden Shakespeare.

Smith, Zadie. *White Teeth*. London: Penguin, 2001. Print.

Vásquez, Sam. *Humor in the Caribbean Literary Canon*. Basingstoke: Palgrave Macmillan, 2012. Print.

Wille, Anna. "'Born and Bred, Almost' – Mimicry as a Humorous Strategy in Zadie Smith's *White Teeth* and Hanif Kureishi's *The Buddha of Suburbia*." *Anglia* 129.3-4 (2011): 448-68. Print.

Wisker, Gina. *Key Concepts in Postcolonial Literature*. Basingstoke: Palgrave Macmillan, 2007. Print.

Witze als Erzählungen:
Vorschläge zu einer Narratologie des Witzes

Peter Hühn

Witze sind eine relativ klar abgrenzbare Textgattung, die man folgendermaßen definieren kann. Der prototypische Witz erzählt eine kurze fiktive Begebenheit, oft in Form eines zwei-phasigen Geschehens mit zwei oder mehr Figuren, gewöhnlich als dialogische Sequenz beispielsweise von Frage und Antwort oder von Äußerung und Replik. Die Sequenz endet stets mit einer unerwarteten, überraschenden Wendung, in einer wörtlich wiedergegebenen Figurenrede, der "Pointe", die aufgrund einer abrupten Umpolung von Sinn oder Perspektive spontanes Lachen auslöst.[1] Narrativ im Sinne einer minimalen Geschichte ist diese dialogische Sequenz, wenn sie eine *Zustandsveränderung*, einen Umschwung involviert, d. h. wenn mindestens eine der Figuren eine Veränderung meist mentaler Art, also in Bezug auf Einstellung, Bewusstsein oder Wahrnehmung, durchmacht. Da die Pointe einerseits gattungsspezifisch durch raffinierte sprachliche Manipulationen bewerkstelligt wird, ist sie seit Längerem ein bevorzugter Untersuchungsgegenstand der Linguistik geworden. Da die überraschende Wende in der Pointe sich andererseits häufig auf anstößige, unerlaubte oder abwegige, etwa sexuelle oder kriminelle, vorzugsweise "politisch inkorrekte" Themen bezieht, hat die Psychologie hier früh einen aufschlussreichen Einblick in das Feld menschlicher Motivationen und Bedürfnisse, speziell unterdrückter oder verdrängter Triebe gesehen (seit Sigmund Freuds Abhandlung *Der Witz und seine Beziehung zum Unbewußten* von 1905). Dementsprechend existiert inzwischen ein umfangreicher Fundus an linguistischen und psychologischen Publikationen zum Witz.

Eigenartigerweise gibt es dagegen nur wenige spezifisch *erzähltheoretische* Untersuchungen zum Witz,[2] obwohl er doch aufgrund seines erzählerisch strukturierten Geschehensablaufs eine prononciert narrative Gattung darstellt und sich daher als Gegenstand für eine genauere Untersuchung seiner Erzählstrategien, vor allem von Plot, Perspektive und Ereignishaftigkeit eignet.[3] Die wenigen Ausnahmen sind unergiebig. Ein früher Aufsatz, Morin (1966), benennt mit dem Schema von Gleichgewicht – Störung – Gleichgewicht nur unspezifisch die Analogie der Witz-Erzählung zum Verlaufsmuster vieler Geschichten. Unspezifisch bleibt ebenfalls Wenzels (1989) Untersuchung zur Pointe, wenn er derartige Schlüsse nicht erzähltheoretisch, sondern eng semiotisch als

---

1   Vgl. z. B. Wenzel 1994, 123.
2   Vgl. Attardo 2001, 23.
3   Es ist symptomatisch, dass die narrative Struktur von Witzen zwar vielfach registriert wird, aber die Untersuchung humoristischer Techniken vom Witz als einer Kleinform sogleich auf verwandte Kurztexte wie *short stories* oder humoristische Passagen in größeren Erzählwerken ausgedehnt wird. Siehe z. B. Wenzel 1989 und Attardo 2001.

Korrespondenz zwischen Exposition und Pointe bestimmt. Selbst ein so prominenter Vertreter der Humorforschung wie Salvatore Attardo, der seine Studie *Humorous Texts: A Semantic and Pragmatic Analysis* (2001) als ein "work in narratology"[4] bezeichnet, liefert lediglich eine Plot-Typologie von Ausprägung und Platzierung humoristischer Elemente im Text,[5] ohne auf Erzählstrukturen und Geschichtenverläufe einzugehen.

Ich möchte nun eine derartige erzähltheoretische Analyse unter Heranziehung narratologischer Kategorien, mit besonderem Bezug auf *Sequenzstruktur*, *Perspektivtechnik* und *Ereignishaftigkeit* vorschlagen und anhand dreier verschiedenartiger Beispiele konkret analysieren, inwiefern Witze zentral mit narrativen Elementen arbeiten und mit deren Funktionalisierung ihre spezifische Wirkung erzielen.

I.

Ich beginne mit einem kurzen prototypischen Witz-Beispiel, um hieran die relevanten narratologischen Kategorien zu erläutern – vor dem Hintergrund vor allem von linguistischen Beschreibungsverfahren:

> Hitlerzeit. Parteigenosse Müller erblickt auf der Straße seinen Bekannten Kohn und sagt neckend: "Heil Hitler!"
> Kohn: "Bin ich Psychiater?"[6]

Der Witz erzählt eine Geschichte mit zwei Figuren und einem Mini-Plot in einem bestimmten (historischen, politischen) Kontext, der eingangs explizit genannt wird. Die Konstellation der Figuren wird durch Namensgebung bzw. Charakterisierung angedeutet: Müller, offensichtlich Nicht-Jude, wird als Mitglied der NSDAP vorgestellt; Kohn ist Jude (durch Namen und Syntax seiner Frage kenntlich gemacht); ihr Verhältnis erscheint ambivalent – einerseits politisch-sozial natürlich antagonistisch, andererseits noch halbwegs freundschaftlich, wie sich in dem Adjektiv "neckend" verrät. Der Plot ist eine kurze narrative Sequenz bestehend aus zwei Äußerungen, die die Spannung zwischen beiden Figuren zum Ausdruck bringen: Der provokative Gruß und die scheinbar fragende (aber faktisch zurückweisende) Erwiderung stellen den Versuch einer Demütigung und seine gelungene Abwehr dar. Die Replik scheint auf den ersten Blick nicht als Antwort auf den Gruß zu passen, und ihre Relevanz wird im Text nicht erklärt, sondern muss vom Zuhörer entschlüsselt werden. Die Pointe (und der Witz der Erzählung) besteht nun darin, dass Kohn den politischen Segenswunsch "Heil" als Imperativ des Verbs "heilen" und damit medizinisch umdeutet, was impliziert, dass Hitler psychisch krank und der Therapie bedürftig sei. Diese Umdeutung suggeriert natürlich massive Kritik, die dadurch aggressiv verschärft wird, dass die Gegenfrage "Bin ich Psychiater?" zusätzlich unterstellt, dass der Nazi sich mit der Bitte um medizinische

---

4   Attardo 2001, 32.
5   Ibid., 92-102.
6   Landmann 1963, 237.

Hilfe für Hitler ausgerechnet an einen Juden wendet und dass dieser das Hilfegesuch zurückweist oder vielmehr zurückweisen muss, da er nicht qualifiziert sei.

Die linguistische Standardanalyse von Witzen weist auf folgende einschlägige Elemente und semantische Mechanismen hin:[7] eine zentrale Wendung im Text (hier das Wort "Heil") ist semantisch und/oder syntaktisch doppeldeutig. Dieser Ausdruck funktioniert zunächst fraglos und alternativlos innerhalb eines durch die vorangegangene Textpassage etablierten Rahmens (*frame*),[8] d. h. eines bestimmten thematischen Kontextes und eines dadurch implizierten Ablaufschemas (*script*), hier der politischen Machtdemonstration der Nazis gegenüber Gegnern und Andersdenkenden, und entsprechend steuert er die Erwartung des Zuhörers in diese Richtung – hier hinsichtlich einer passenden direkten positiven oder negativen Reaktion Kohns. Dessen Äußerung aber passt auf den ersten Blick überhaupt nicht dazu und verlangt vom Zuhörer zur Herstellung von Kohärenz eine semantische Interpretation des Sinns der Gegenfrage. Diese Gegenfrage aktiviert nun einen anderen und andersartigen Rahmen im eklatanten Gegensatz zum politischen Rahmen und Skript – psychische Krankheit und Notwendigkeit einer Therapie: Es wird eine Rahmen-Opposition aufgebaut (die Linguisten sprechen von *script-opposition*). Dieser neue Rahmen steht aggressiv-polemisch konträr zur politischen Lage und ist unpassend, in der augenblicklichen Situation unerlaubt und sogar gefährlich, stellt aber für den intendierten Zuhörer, der sicher kein Nazi-Sympathisant ist, eine befriedigende, befreiende Replik dar, einen kleinen intellektuellen Triumph. Die Wirkung – beschrieben mit dem in der Literatur vorgeschlagenen Spektrum (Raskin 1985) von drei Humortheorien: *incongruity*, *aggression*, *release* – ist sowohl als Aggression und Feindlichkeit (gegen den Nationalsozialismus) als auch als Lösung oder Entlastung (Freude über den gelungenen kleinen verbalen Triumph gegen Hitler und den nationalsozialistischen Parteigänger) zu klassifizieren. Die Plötzlichkeit und Überraschung dieses kognitiven Umschwungs löst Lachen aus.

Die narrative Ablaufstruktur lässt sich nun weitergehend narratologisch mit dem Begriff des *Ereignisses* in ihrer Spezifik genauer beschreiben.[9] Der hier zugrunde liegen-

---

7   Die linguistische Standardtheorie existiert in zwei Versionen mit unterschiedlicher Differenziertheit: zum einen als "semantic script-based theory of humor" (der Witz basiert auf zwei "scripts", die in semantischer Opposition zueinander stehen, "script opposition") und zum andern als "general theory of verbal humor" (der Witz basiert auf fünf "knowledge resources": "language", "narrative strategy", "target", "situation" und "logical mechanism" in Verbindung mit "script opposition"); siehe Attardo 2001, 1-36. Vgl. Raskin 1985, Attardo und Raskin 1991, Ritchie 2004 (mit weiteren Differenzierungen) sowie Wright 2005 (aus philosophischer Perspektive).

8   Linguisten, wie Raskin 1985, sprechen hier meist von *script*. Nach Schank und Abelson 1977 kann man aber sinnvollerweise zwischen *frame* und *script* als dem thematisch-situativen Kontext einerseits und andererseits den in ihm etablierten Ablaufprogrammen differenzieren (ihr Beispiel ist der Restaurantbesuch als *frame* im Unterschied zur Prozedur von Tischanweisung durch Kellner, Speisenauswahl anhand einer Karte, Bestellung, Essen, Bezahlen etc. als *script*). Deswegen scheint es mir angemessener zu sein, bei Witzen primär von Phänomenen der Rahmung (*frame*) zu sprechen, die allerdings in vielen Fällen ein bestimmtes *script* implizieren.

9   Zum Folgenden grundsätzlich vgl. Hühn 2008; 2010.

de Ansatz beruht vornehmlich auf zwei Prämissen zur Beschreibung des Erzählens im Alltag (in Form von Erlebnismitteilungen, Klatsch, Erfahrungsberichten etc.) wie auch in der Literatur und generell in der Kunst (Romanen, Novellen, Dramen, Filmen, aber auch Gedichten und Gemälden oder Fotografien): erstens, dass Narrativität durch eine Zustandsveränderung auf der Ebene des mitgeteilten Geschehens, also durch dessen zeitliche Organisation, konstituiert wird (und sich hierdurch von anderen Text- und Diskurstypen wie Beschreiben, Erklären oder Argumentieren unterscheidet) und, zweitens, dass als notwendige Zusatzbedingung eine überraschende Wende, eine unvorhergesehene Abweichung vom Normalen und Erwartbaren innerhalb dieses zeitlichen Ablaufs vorkommen muss, eine Abweichung, die als *Ereignis* im emphatischen Sinne bezeichnet wird. Tritt dieses Ereignis nicht ein, ist der Leser oder Zuhörer enttäuscht ("So what?"). Die Ereignishaftigkeit ist gradierbar – in Abhängigkeit von dem Grad der Abweichung oder Erwartungsdurchbrechung. Gemäß der Platzierung des Ereignisses im Aufbau der Erzählkommunikation mit seinen drei Ebenen – der des erzählten Geschehens, der des Erzählaktes und der der Rezeption durch den Leser oder Zuhörer – kann man drei verschiedene Ereignistypen unterscheiden:

- *Geschehensereignisse*, bei denen die überraschende Wende im erzählten Geschehen liegt; dies ist der Normalfall, z. B. im Märchen die Belohnung oder Verwandlung des Helden;
- *Präsentationsereignisse*, bei denen die Wende auf der Ebene des Erzählaktes, also in der Einstellung oder dem Verhalten des Erzählers eintritt, z. B. in Laurence Sternes *Tristram Shandy* als signifikante Veränderungen in Bezug auf Gesundheit und Schicksal des Erzählers im Verlauf seines Erzählprozesses;
- *Rezeptionsereignisse*, bei denen eine signifikante Veränderung auf der Ebene des Erzählten – obwohl im Text als notwendig, sinnvoll oder wünschenswert impliziert – *nicht* geschieht oder *nicht* ausgeführt wird, sondern stattdessen beim Leser, in seinem Bewusstsein als Einsicht oder Erkenntnis eintreten *soll*; z. B. erweisen sich in Joyces *Dubliners* die Protagonisten aller Geschichten als unfähig, eine erforderliche Veränderung in ihrem Verhalten oder an ihrer Situation vorzunehmen, was den Leser zur Einsicht in die Notwendigkeit einer persönlichen Überwindung der lähmenden Stagnation in Dublin veranlassen soll.

Der oben zitierte Witz kombiniert zwei Ereignistypen miteinander. Er präsentiert einerseits ein Geschehensereignis, nämlich im erzählten Geschehensablauf Kohns witzige aggressiv-polemische Zurückweisung von Müllers neckender Machtdemonstration, und andererseits zielt er auf ein Rezeptionsereignis, nämlich die plötzliche Einsicht des Lesers in ebendiesen Sinn von Kohns Äußerung als raffinierte Zurückweisung. Das Rezeptionsereignis (die Einsicht des Lesers) ist dabei die Voraussetzung für die Wahrnehmung des Geschehensereignisses (den intellektuellen Triumph Kohns über Müllers intendierte Demütigung). Die Kombination dieser Ereignistypen besteht hier darin, dass der Leser die versteckte Invektive Kohns lediglich entschlüsseln und bewusstseinsmäßig nachvollziehen muss, da sie von diesem bereits intendiert ist – anders als in Joyces *Dubliners*, wo der Leser *statt* der Figuren eine Einsicht haben soll, da diese sich als dazu unfähig erweisen. Der Grad der Ereignishaftigkeit (gemessen am Grad der Überraschung) wird hier – generell typisch für die Witz-Gattung – durch zweierlei Momente erheblich erhöht. Dies geschieht einerseits durch den eklatanten Bruch der Erwartung, die der Text prononciert auf einen bestimmten Rahmen, nämlich die Etablierung und aggressive Demonstration der nationalsozialistischen Ideologie und Macht gegenüber anderen, besonders den Juden, lenkt – eine Rahmung, die man als Textperspektive oder Fokalisierung beschreiben kann, wie sie durch eine Reihe gleichgerichteter semantischer Aspekte[10] in den Ausdrücken "Hitlerzeit", "Parteigenosse", "Heil Hitler" eingerichtet wird, andererseits durch die große und brisante Diskrepanz zwischen dem politischen und dem medizinischen Rahmen. Witze erhöhen also die Ereignishaftigkeit stets gezielt durch prononcierte Fehllenkung der Erwartung und das große Ausmaß der Rahmendiskrepanz. Erhöht wird die Ereignishaftigkeit zudem dadurch, dass sie erst durch eine eigenständige kognitive Entschlüsselungsleistung des Rezipienten zustande kommt. Das Lachen wird durch diesen unerwarteten, abrupten und selbst-erzeugten Erkenntnisschub hinsichtlich des (im implizierten Kontext) Unerlaubten, Anstößigen oder Abwegigen ausgelöst.

Der Sinn des Ereignisses – von Lotman als radikale Grenzüberschreitung in wertmäßiger oder normativer Hinsicht definiert[11] – besteht in einer evaluativen Umpolung und Umorientierung des Geschehens durch den Protagonisten, hier der intellektuell raffinierten Diskreditierung einer politischen Richtung und Ideologie, der Zurückweisung einer ideologischen Machtdemonstration. Es ist signifikant für die Gattung des Witzes, dass das erzählte Geschehen immer aus Dialogen besteht oder zumindest am Ende in eine wörtlich zitierte Figurenrede mündet und dass es auf den verschiedenen narrativen Ebenen durchweg um Bewusstseinsphänomene, um Einstellungen, Erkenntnisse oder Verkennungen geht. Das in Witzen dominante Ereignis – das Rezeptionsereignis – ist stets kognitiv definiert und besteht in einer Einsicht. Dieser konstitutive kognitive Aspekt des Witzes kommt in dem deutschen Begriff "Witz" für diese Textgattung zum Ausdruck, der sich im 19. Jahrhundert aus der etymologischen Wurzel von "Witz" als Verstand, Einsicht, Bewusstsein ausbildet[12] – im Unterschied zu der englischen Bezeichnung *joke*, die auf lateinisch *iocus*, Scherz, zurückgeht.

II.

Der dem zitierten Witz zugrunde liegende unerwartete Rahmenwechsel als Basis für die Ereigniskonstitution und die Ausrichtung auf ein intendiertes Rezeptionsereignis

---

10 Gemäß Greimas' (1971) strukturaler Semantik handelt es sich hier um die Aktualisierung identischer *Seme* in einer Reihe von Wörtern zur Etablierung einer dominanten, durchgängigen *Isotopie*.
11 Lotman 1972, 329ff.
12 Etymologisches Wörterbuch des Deutschen 1995, 1576.

aufseiten des Lesers oder Zuhörers stellen das dominierende, prototypische Strukturmuster dieser Gattung dar. Es gibt aber auch andere Formen, die ebenfalls zentral mit narrativen Elementen arbeiten und einer erhellenden narratologischen Analyse zugänglich sind, wie im folgenden Beispiel:

> Hans-Dietrich Genscher zu Helmut Kohl: "Sag mir, Helmut: Wer ist der Sohn meines Vaters, aber nicht mein Bruder?"
> Kohl: "Keine Ahnung."
> Genscher: "Nun, das bin *ich*!"
> Zu Hause fragt Kohl seine Frau: "Rate mal: Wer ist der Sohn meines Vaters, aber nicht mein Bruder?"
> Frau Kohl: "Keine Ahnung."
> Kohl: "Ich hab das auch nicht gewusst. Es ist der Genscher."[13]

Der Fehler Kohls liegt (linguistisch beschrieben) darin, dass er eine von einem Sprecher auf sich selbst bezogene Aussage als einen von diesem unabhängigen faktischen Sachverhalt missversteht. Hierin äußert sich ein fundamentales Verkennen des spezifischen Bezugs und der begrenzten Gültigkeit von in der ersten Person geäußerten selbst-bezogenen Mitteilungen, was als ein kindlich beschränktes, naiv faktengläubiges Sprachverständnis zu qualifizieren ist.

Narratologisch gesehen endet auf der Geschehensebene der erzählte zweimalige Dialogaustausch beide Male mit einem kleinen Ereignis, dem Eingeständnis der Unfähigkeit zuerst bei Kohl, dann bei seiner Frau, die einfache (Scherz-)Frage zu beantworten, was eine beträchtliche geistige Beschränktheit verrät, d. h. unterstellt, und natürlich als Invektive gegen den Regierungschef (und seine Frau) gemeint ist. Dies sind zwei strukturell analoge kleine Geschehensereignisse mit negativer Implikation für die betreffenden Figuren und deren (mangelnde) intellektuelle Kapazität. Kohls abschließende Erklärung, es handele sich um Genscher, ist ein weiteres, aber höherstufiges Geschehensereignis, da sie einen noch erheblich höheren Grad an geistiger Beschränktheit offenbart, welcher die vorher eingestandene Unwissenheit in einem so unerwartet hohen Maße übertrifft, dass dies hämisches Lachen auslöst. Hierin äußert sich eine noch stärkere politische aggressive Verunglimpfung des Politikers Kohl, zusätzlich verstärkt dadurch, dass er zu seinem Nachteil mit seinem kleineren Koalitionspartner und Außenminister kontrastiert wird. Dies Geschehensereignis ist wiederum wie im ersten Witz-Beispiel, aber auf konträre Weise, mit einem Rezeptionsereignis gekoppelt. Da der Zuhörer oder Leser den Sinn der Frage sofort verstehen dürfte, kann er vor diesem Hintergrund das ganze Ausmaß von Kohls Irrtum erkennen und sich ihm aufgrund dieser Einsicht überlegen vorkommen – anders als im ersten Beispiel, wo der Rezipient die ereignishafte intellektuelle Überlegenheit Kohns allererst entschlüsseln und dann lediglich im gemeinten Sinne und im Einverständnis mit der intendierten Wertung nachvollziehen muss. Auch in diesem Witz ist sowohl das Er-

---

13 Vgl. Wüst 2012, 38. Dieser möglicherweise ursprünglich jüdische Witz, wie die Veröffentlichung in Wüsts Sammlung nahezulegen scheint, wurde in der zitierten Form während der Regierungszeit Kohls erzählt.

eignis auf der Geschehensebene als auch das auf der Rezeptionsebene prononciert kognitiver Natur – Missverstehen bzw. Verstehen und Einsicht.

III.

Nicht alle Witze sind narrativ. Nicht narrativ ist z. B. diejenige Subgattung des Witzes, die aus einer Frage (häufig einer Verständnisfrage) und einer Antwort besteht, etwa beim Typus "Anfrage an Radio Eriwan", oder in der Frage nach dem Unterschied zwischen zwei Dingen oder Phänomenen. Dieser Typus ist deswegen als nicht-narrativ einzustufen, weil solche Witze zwar ebenfalls eine zeitliche Sequenz von Frage und Antwort enthalten und auch manchmal auf Figuren bezogen sind (etwa als Frage von Sohn an Vater),[14] aber im engeren Sinne keine Handlung oder Geschehen repräsentieren und auf Seiten von Figur und/oder Leser/Zuhörer keine Bewusstseinsumpolung oder plötzliche Einsicht implizieren oder anstreben. Der witzige Effekt besteht vielmehr meist in der unerwarteten, vielfach mit ungehörigen Implikationen verknüpften Diskrepanz zwischen den semantischen Rahmen von Frage und Antwort.[15]

Das folgende Beispiel eines derartigen Witzes zeigt aber, dass auch in solchen Texten manchmal narrative Elemente verwendet werden:

> David zu seinem Großvater: "Großvater, was ist eigentlich Chuzpe?" – "Nu, das kann ich dir leicht erklären: Chuzpe ist, wenn jemand seinen Vater und seine Mutter erschlägt und später vor Gericht um mildernde Umstände bittet, weil er Vollwaise ist."[16]

Hier wird also die Verständnisfrage nach einem (jiddischen) Wort nicht mit einer Definition oder Umschreibung, sondern mit einer beispielhaften Geschichte beantwortet. Deren Ablaufstruktur weist zur Illustration und Exemplifikation des Begriffs eine unerwartete, überraschende, also ereignishafte Wende auf, und zwar liegt diese Ereignishaftigkeit – im Sinne eines Geschehensereignisses – in der dreist unverfrorenen und unverschämten Umfunktionierung der Schuld in einen Grund für Schuldreduktion und Entschuldigung. Der eklatante paradoxe Erwartungsbruch wird dadurch bewerkstelligt, dass der Protagonist dieser kleinen Geschichte die (spätere) *Folge* seines Verbrechens als Grund für die verminderte Schuldfähigkeit (*per implicationem*) bei der (vorhergehenden) *Verübung* der Tat anführt. Der Begriff Chuzpe impliziert mit der Verhaltensstrategie dreister Unverfrorenheit stets das Unerlaubte und Regelwidrige einer Handlung und enthält insofern als solcher bereits essenziell die Qualität des Ereignis-

---

14 Ein Beispiel: "David zu seinem Vater: 'Tate, was versteht man eigentlich unter einer *Hausse* und was unter einer *Baisse*?' Der Vater: 'Nu, das kann ich dir leicht erklären: Eine Hausse, das ist Champagner, Kaviar, teure Autos und schöne Frauen. Eine Baisse, das ist ein Glas Bier, ein Paar Würstchen, die Straßenbahn und deine Mama.'" (Wüst 2012, 224)

15 In dem Beispiel von Fußnote 14 besteht eine scharfe Diskrepanz zwischen der allgemein wirtschaftlichen Dimension der Frage und dem personalisierten Bezug der Antwort auf die Folgen für das Alltagsleben von Geschäftsleuten, am Schluss überraschend und anstößig konkretisiert im Verhalten des Vaters selbst.

16 Wüst 2012, 32.

ses. Auch hier kommt der humoristische Effekt durch das Moment des Erwartungs- und Konventionsbruchs zustande. Es handelt sich aber nur um ein Geschehens- und nicht um ein Rezeptionsereignis, denn der Umschwung liegt auf der Ebene der erzählten (beispielhaften) Geschichte. Letztlich zielt dieser Witz nicht auf ein Verhalten (d. h. er ist auf der höheren Ebene der Präsentation nicht-narrativ), sondern auf eine Argumentation und eine kognitive Einstellung.

IV.

Aus den drei analysierten Beispielen lässt sich tentativ die These ableiten, dass das Genre des Witzes gattungstypisch – zumindest in der großen Mehrheit der Fälle – zum einen durch die Konstitution eines Rezeptionsereignisses (im Kontrast zu einem ausbleibenden oder aber zu einem eigens zu entschlüsselnden Geschehensereignis) und zum anderen durch die prononciert kognitive Natur dieses Rezeptionsereignisses (als Einsicht, Erkenntnis, Wahrnehmungsumpolung etc.) charakterisiert ist. Dass dies Rezeptionsereignis Lachen provoziert, ist durch das hohe Ausmaß und die ungewöhnliche Art der Erwartungsenttäuschung bedingt, die dieses Ereignis konstituiert – eine Erwartungsenttäuschung jedoch, die nicht negativ, sondern positiv ist, insofern an die Stelle des Erwarteten nicht nichts, sondern etwas anderes tritt. Diese Erwartungsenttäuschung wird entweder durch einen eklatanten Rahmenbruch (wie im ersten Beispiel) oder durch die eklatante kognitive Differenz zu einer Figur auf der Geschehensebene (wie im zweiten Beispiel) bewirkt. Auch in Ausnahmefällen, wo ein Witz ein Geschehensereignis erzählt (wie im dritten Beispiel), kommt der Erwartungsbruch durch eine eklatante kognitive Volte zustande, die einen überraschenden, plötzlichen Ein- und Vorstellungswechsel bedeutet.

Bibliografie

Aarons, Debra. *Jokes and the Linguistic Mind.* London: Routledge, 2012. Print.
Attardo, Salvatore. *Humorous Texts: A Semantic and Pragmatic Analysis.* Berlin: Mouton de Gruyter, 2001. Print.
---. *Linguistic Theories of Humour.* Berlin: Mouton de Gruyter, 1994. Print.
Attardo, Salvatore und Victor Raskin. "Script Theory Revis(it)ed: Joke Similarity and Joke Representation Model." *Humor: International Journal of Humor Research* 4.3 (1991): 293-347. Print.
Freud, Sigmund. *Der Witz und seine Beziehung zum Unbewußten.* 1905. Frankfurt a. M.: Fischer, 1992. Print.
Greimas, Algirdas Julien. *Strukturale Semantik: Methodologische Untersuchungen.* 1966. Übers. Jens Ihwe. Braunschweig: Vieweg, 1971. Print.
Hühn, Peter. *Eventfulness in British Fiction.* Berlin: Mouton de Gruyter, 2010. Print.

---. "Forms and Functions of Eventfulness in Narrative Fiction." *Theorizing Narrativity*. Hg. J. Pier und J. Á. García Landa. Berlin: Mouton de Gruyter, 2008. 141-63. Print.

Landmann, Salcia, Hg. *Jüdische Witze*. München: dtv, 1963. Print.

Lotman, Jurij M. *Die Struktur literarischer Texte*. Übers. R.-D. Keil. München: Fink, 1972. Print.

Morin, Violette. "L'histoire drôle." *Communications* 8 (1966): 102-19. Print.

Pfeifer, Wolfgang, Hg. *Etymologisches Wörterbuch des Deutschen*. München: dtv, 1995. Print.

Raskin Victor, Hg. *The Primer of Humor Research*. Berlin: Mouton de Gruyter, 2008. Print.

---. *Semantic Mechanisms of Humor*. Dordrecht: Reidel, 1985. Print.

Ritchie, Graeme. *The Linguistic Analysis of Jokes*. London: Routledge, 2004. Print.

Schank, Roger C. und Roger P. Abelson. *Scripts, Plans, Goals and Understanding: An Inquiry into Human Knowledge Structures*. Hillsdale, NJ: Lawrence Erlbaum, 1977. Print.

Wenzel, Peter. "Joke." *Simple Forms: An Encyclopedia of Simple Text-Types in Lore and Literature*. Hg. Walter A. Koch. Bochum: Brockmeyer, 1994. 123-30. Print.

---. *Von der Struktur des Witzes zum Witz der Struktur: Untersuchungen zur Pointierung in Witz und Kurzgeschichte*. Heidelberg: Winter, 1989. Print.

Wright, Edmund. *Narrative, Perception, Language, and Faith*. Basingstoke: Palgrave Macmillan, 2005. Print.

Wüst, Hans Werner. *"...wenn wir nur alle gesund sind!" Jüdische Witze*. Stuttgart: Reclam, 2012. Print.

Über die Autorinnen und Autoren

Rüdiger Ahrens ist emeritierter Professor für Kulturwissenschaft der englischsprachigen Länder und Fachdidaktik in Würzburg mit zahlreichen Gastprofessuren, u. a. in Cambridge (UK), Vancouver, Toronto und Tokyo. Zu seinen Forschungsschwerpunkten zählen Literatur der englischen Renaissance (Shakespeare, Bacon), Literaturtheorie, modernes englisches Drama, postkoloniale Literaturen, Kulturwissenschaft und Literaturdidaktik. Mehrfach ausgezeichnet, u. a. mit dem Bundesverdienstkreuz, dem Bayerischen Verdienstorden und dem Order of the British Empire.

Ute Berns ist Professorin für Britische Literatur und Kultur (Romantik bis Gegenwart) an der Universität Hamburg. Zu ihren Forschungsgebieten gehören Subjektkonstruktionen im Drama und Theater der Frühen Neuzeit, Wissenschaftsdiskurse in der Literatur der Romantik und des zwanzigsten Jahrhunderts, sowie Theorien der Performativität und Performance. Zuletzt erschien ihre Monografie *Science, Politics and Friendship in the Works of Thomas Lovell Beddoes* bei Delaware University Press (2012).

Dieter Borchmeyer ist Emeritus für Neuere deutsche Literatur und Theaterwissenschaft an der Universität Heidelberg, Ehrendoktor der Universität Montpellier III, Honorarprofessor in Graz, Gastprofessor an europäischen und amerikanischen Universitäten und lehrt im Rahmen einer Stiftungsdozentur weiter in Heidelberg. Bis 2013 war er Präsident der Bayerischen Akademie der Schönen Künste. Seine Forschung gilt der deutschen Literatur vom 18. bis 20. Jahrhundert und dem Musiktheater, zumal Goethe, Schiller, Mozart, Richard Wagner und Thomas Mann.

Werner Brönnimann unterrichtete bis zu seiner Emeritierung im Sommer 2013 Englische Kulturwissenschaften an den Universitäten von St. Gallen und Basel. Er ist Herausgeber von *Troilus and Cressida* in der Reihe der Englisch-deutschen Studienausgabe der Dramen Shakespeares und arbeitet an der Edition des *King Lear*. Die Studienausgabe betreut er auch als einer der Hauptherausgeber. In der Deutschen Shakespeare-Gesellschaft ist er Vorstandsmitglied und wirkt in der Jury des Lehnert-Preises mit.

Marc Föcking ist Professor für Italienische und Französische Literatur an der Universität Hamburg mit den Forschungsschwerpunkten italienische Renaissance und Barock, französische und italienische Literatur des 19. Jahrhunderts sowie Trivialliteratur (*James Bond – Anatomie eines Mythos*, hg. zusammen mit Astrid Böger, Heidelberg: Winter 2012). Er ist erster Vorsitzender des Deutschen Italianistenverbandes.

Bettina Friedl ist Professorin i. R. für Amerikanische Literatur und Kultur mit dem Schwerpunkt Visuelle Kultur an der Universität Hamburg. Ihre Forschungsinteressen sind die amerikanische Literatur des 19. und frühen 20. Jahrhunderts, amerikanische Malerei, Fotografie, Film sowie kulturwissenschaftliche Phänomene. Sie war Postdoctoral Fellow an der Yale University (1973-74) und verbrachte Lehr- und Forschungsaufenthalte u. a. am Smith College (Massachusetts) und in Harvard.

Herwig Friedl ist Professor i. R. für Amerikanische Literatur und Ideengeschichte an der Heinrich-Heine-Universität Düsseldorf. Seine Forschungsgebiete sind gegenwärtig vor allem der amerikanische Transzendentalismus und der Pragmatismus sowie literarische und philosophische Beziehungen zwischen Ostasien und Amerika. Seine Publikationen beschäftigen sich u. a. mit Henry James, Poe, Emerson, den Fireside Poets, Whitman, William James, John Dewey, Gertrude Stein und E. L. Doctorow. Er lebt in Berlin und Cambridge, Massachusetts.

Horst-Jürgen Gerigk ist seit 1974 Professor für Russische Literatur und Allgemeine Literaturwissenschaft an der Universität Heidelberg. Zu seinen Forschungsschwerpunkten gehören die russische, deutsche und amerikanische Literatur sowie die Geschichte der Ästhetik von Kant bis Heidegger. Seine jüngste Publikation, *Dostojewskijs Entwicklung als Schriftsteller: Vom "Toten Haus" zu den "Brüdern Karamasow"*, ist im S. Fischer Verlag, Frankfurt am Main, als Taschenbuch erschienen. Seit 2008 ist Gerigk korrespondierendes Mitglied der Akademie der Wissenschaften zu Göttingen.

Inke Gunia ist Professorin für Hispanistische Literaturwissenschaft an der Universität Hamburg. Zu ihren Forschungsschwerpunkten zählen Formen der Aneignung von Wirklichkeit in der spanischsprachigen Fiktion (im hispanoamerikanischen Roman des 19. Jh.s, in der mexikanischen Literatur der Kontrakultur der 1960er und 1970er Jahre, im argentinischen Theater der 1970er Jahre, im spanischen Schelmenroman) und poetologische Fragestellungen (das Literaturkonzept im spanischen 18. Jh., die Poetiken der späten argentinischen Avantgarden der 1940er bis 1960er Jahre).

Jörg Hasler ist emeritierter Professor für Englische und Amerikanische Literaturwissenschaft an der Universität Trier, der er von 1978 bis 1995 als Präsident diente. Die Lehr- und Wanderjahre verbrachte er u. a. am Shakespeare Institute (Birmingham/ Stratford-on-Avon) und als Fellow der Folger Shakespeare Library, Washington D. C. Er war Gastprofessor an der Clark University (Worcester, Mass.), Präsident der Saar-Lor-Lux Hochschul-Charta und wurde zum Ehrenprofessor der Universität Wuhan (VR China) ernannt. Träger der UNESCO-Medaille und des Bundesverdienstkreuzes erster Klasse.

Ralf Hertel ist Juniorprofessor für Englische Literatur und Kultur an der Universität Hamburg. Zu seinen Forschungsschwerpunkten zählen das Drama der Frühen Neuzeit, die literarische Verhandlung nationaler Identität, anglo-asiatische Kulturbegegnungen und Sinnlichkeit in der Literatur. Seine jüngste Publikation, *Staging England in the Elizabethan History Play*, erscheint 2014 bei Ashgate, Farnham.

Über die Autorinnen und Autoren

Andreas Höfele ist Lehrstuhlinhaber für Englische Literaturwissenschaft an der Ludwig-Maximilians-Universität München. Er beschäftigt sich vor allem mit Shakespeare und der Frühen Neuzeit, hat aber auch zur Literatur des 19. und 20. Jahrhunderts gearbeitet. Von 2002 bis 2011 war er Präsident der Deutschen Shakespeare-Gesellschaft.

Jochen Hörisch ist seit 1988 Ordinarius für Neuere Germanistik und Medienanalyse an der Universität Mannheim. In seiner Forschungs- und Lehrtätigkeit setzt er sich vor allem mit den vielfältigen Dimensionen des "Verstehens" jeder Art von Medien auseinander. Zu seinen jüngeren Publikationen zählen *Tauschen, Sprechen, Begehren – Eine Kritik der unreinen Vernunft* (Hanser 2011) und *Man muss dran glauben – Die Theologie der Märkte* (Fink 2013). Er ist Mitglied der europäischen Akademie für Wissenschaften.

Peter Hühn ist emeritierter Professor für Anglistik an der Universität Hamburg. Seine Forschungsschwerpunkte sind Theorie und Geschichte der englischen Lyrik, Narratologie (insbesondere die Anwendung auf Lyrik), Detektivromane sowie Systemtheorie und Literatur. Hühn ist Verfasser von *Geschichte der englischen Lyrik* (1995), *The Narratological Analysis of Lyric Poetry* (2005), *Eventfulness in British Fiction* (2010) und federführender Herausgeber des *Handbook of Narratology* (2009, 2. Aufl. 2014, online als *Living Handbook of Narratology*).

Helmuth Kiesel ist Professor für Neuere Deutsche Literaturgeschichte am Germanistischen Seminar der Universität Heidelberg. Sein Hauptarbeitsgebiet ist die Literatur der avantgardistischen und reflektierten Moderne.

Markus Marti ist Dozent am Englischen Seminar der Uni Basel und hat für die englisch-deutsche Studienausgabe der Dramen Shakespeares *Timon of Athens* und *Titus Andronicus* herausgegeben, übersetzt und kommentiert. Zur Zeit arbeitet er an der Ausgabe von *Macbeth*. Seine dreisprachige Ausgabe von Shakespeares Sonetten (englisch, hochdeutsch und walliserdeutsch) erschien im Verlag Signathur.

Ewald Mengel ist Universitätsprofessor für Englische Literatur am Institut für Anglistik und Amerikanistik der Universität Wien. Er hat Monografien und Aufsätze publiziert zum englischen Roman vom 18. zum 20. Jahrhundert, zum englischen Drama des 20. Jahrhunderts, zu englischen Adaptionen klassischer deutscher Dramen und zur Rezeption englischsprachiger Theaterstücke auf Wiener Bühnen im 20. Jahrhundert. Derzeit beschäftigt er sich mit dem Thema "Trauma, Erinnerung und Erzählung im südafrikanischen Gegenwartsroman", zu dem er (mit Michela Borzaga) 2010 und 2012 zwei Monografien herausgegeben hat.

Wolfgang G. Müller ist Professor i. R. an der Friedrich-Schiller-Universität Jena. Seine Forschungsschwerpunkte umfassen Lyriktheorie, Erzähltheorie, Literatur und Poetik der Renaissance, Rhetorik und kognitionswissenschaftliche Zugänge zur Literatur. Zu seinen Publikationen zählt eine mit Norbert Greiner zusammen herausgegebene

Edition von Shakespeares *Hamlet* (2005). Zur Zeit leitet er von der Deutschen Forschungsgemeinschaft geförderte Projekte über die *Don Quijote*-Nachfolge im englischen Roman und über den Flaneur in der englischen und amerikanischen Literatur.

Lothar Pikulik war Professor für Neuere Deutsche Literaturwissenschaft an der Universität Trier und ist seit 2001 emeritiert. Forschungsschwerpunkte: Literatur des 18. Jahrhunderts, der Klassik und der Romantik; Literatur der Moderne, besonders Thomas Mann; Drama und Theater. Jüngste Publikationen: *Thomas Mann: Der Künstler als Abenteurer*, 2012 beim mentis Verlag, Paderborn; *Thomas Mann und der Faschismus*, 2013 beim Georg Olms Verlag, Hildesheim.

Susanne Rohr ist Professorin für Literatur und Kultur Nordamerikas an der Universität Hamburg. Zu ihren Forschungsschwerpunkten zählen Literatur- und Kulturtheorie, die semiotischen und pragmatistischen Theorien Charles S. Peirces, amerikanische Literatur des 19. und des 20. Jahrhunderts, jüdisch-amerikanische Literatur, Lyrik der amerikanischen Avantgarde sowie internationale Holocaust-Darstellungen des ausgehenden 20. Jahrhunderts. Das aktuelle Forschungsprojekt beschäftigt sich mit Repräsentationen des Wahnsinns in der amerikanischen Kultur.

Susanne Rupp ist Professorin für Britische Literatur und Kultur an der Universität Hamburg. Ihre Forschungsschwerpunkte liegen im Bereich der britischen Literatur und Kultur der frühen Neuzeit sowie des 18. Jahrhunderts. In diesem Zusammenhang gilt ihr Interesse vor allem den Beziehungen von Musik und Literatur, religiösen Diskursen und der Antikenrezeption des Klassizismus.

Johann N. Schmidt lehrte bis 2010 als Professor für Englische Philologie an der Universität Hamburg. Zu seinen Forschungsschwerpunkten gehören Gattungsästhetik (Satire, Melodrama), der Roman vom 18. bis 20. Jahrhundert sowie Film Studies. Weitere Buchpublikationen beschäftigen sich mit Architektur und Urbanistik in den USA.

Jörg Schönert lehrte bis 2007 als Professor für Neuere Deutsche Literatur an den Universitäten München, Aachen und Hamburg. Schwerpunkte seiner Forschungen sind theoretische und fachgeschichtliche Aspekte der Literaturwissenschaft sowie die Geschichte der deutschen Literatur des 18., 19. und frühen 20. Jahrhunderts. Demnächst erscheint von ihm bei de Gruyter *Kriminalität erzählen: Studien zur deutschsprachigen Literatur 1600-1920*.

Joseph C. Schöpp ist emeritierter Professor für Amerikanische Literatur und Kultur an der Universität Hamburg. Zu seinen Forschungsschwerpunkten zählen die amerikanische Gegenwartsliteratur, zu der er zwei Buchpublikationen vorgelegt hat, sowie die Literatur der Antebellum-Zeit mit Schwerpunkt 'American Transcendentalism'.

Sabine Schülting ist Professorin für Englische Philologie (Cultural Studies) an der Freien Universität Berlin. Zu ihren Forschungsschwerpunkten zählen die frühe Neuzeit und das 19. Jahrhundert sowie Gender Studies. Sie ist Herausgeberin des *Shakespeare Jahrbuchs*; neuere Publikationen umfassen *Early Modern Encounters with the Islamic East: Performing Cultures*, hg. mit S. L. Müller und R. Hertel (Ashgate 2012), und *Shylock nach dem Holocaust*, hg. mit Z. Ackermann (de Gruyter 2011).

Dieter Schulz ist Professor Emeritus für Englische Philologie mit Schwerpunkt Amerikanische Literatur an der Ruprecht-Karls-Universität Heidelberg. Sein wichtigster Forschungsschwerpunkt, die anglo-amerikanische Romantik, ist dokumentiert in *Suche und Abenteuer: Formen der "Quest" in der englischen und amerikanischen Erzählkunst der Romantik* (Heidelberg: Winter, 1981), *Amerikanischer Transzendentalismus: Ralph Waldo Emerson, Henry David Thoreau, Margaret Fuller* (Darmstadt: Wiss. Buchgesellschaft, 1997) und *Emerson and Thoreau, or Steps Beyond Ourselves: Essays in Transcendentalism* (Heidelberg: Mattes, 2012).

Felix C. H. Sprang ist Wissenschaftlicher Mitarbeiter an der Universität Hamburg. Zu seinen Forschungsschwerpunkten zählen Wissenskulturen der frühen Neuzeit und des 19. Jahrhunderts sowie epochenübergreifende Aspekte der Ästhetik und Poetik, die beispielsweise in seiner Habilitationsschrift, *The Seat of the Sonnet's Soul: Poetic Form and the Unfolding of the* volta *in Literary History*, zum Tragen kommen.

Roland Weidle ist Professor für Literatur der Shakespearezeit und Frühen Neuzeit an der Ruhr-Universität Bochum. Zu seinen Forschungsschwerpunkten zählen das Drama von der frühen Neuzeit bis in die Gegenwart, die Werke Shakespeares, britische Gegenwartsliteratur und transmediale Erzählforschung. Seine jüngste Publikation, *Englische Literatur der Frühen Neuzeit: Eine Einführung*, ist 2013 beim Schmidt Verlag in Berlin erschienen. Er ist Vizepräsident der Deutschen Shakespeare-Gesellschaft.